OEUVRES COMPLÈTES

DE BRANTÔME

IMPRIMERIE GÉNÉRALE DE CH. LAHURE
Rue de Fleurus, 9, à Paris

OEUVRES COMPLÈTES
DE PIERRE DE BOURDEILLE
SEIGNEUR DE
BRANTÔME

PUBLIÉES D'APRÈS LES MANUSCRITS
AVEC VARIANTES ET FRAGMENTS INÉDITS
POUR LA SOCIÉTÉ DE L'HISTOIRE DE FRANCE

PAR LUDOVIC LALANNE

TOME PREMIER
GRANDS CAPITAINES ESTRANGERS

A PARIS
CHEZ Mme Ve JULES RENOUARD
LIBRAIRE DE LA SOCIÉTÉ DE L'HISTOIRE DE FRANCE
RUE DE TOURNON, N° 6

M DCCC LXIV

EXTRAIT DU RÈGLEMENT.

Art. 4. Le Conseil désigne les ouvrages à publier, et choisit les personnes les plus capables d'en préparer et d'en suivre la publication.

Il nomme, pour chaque ouvrage à publier, un Commissaire responsable, chargé d'en surveiller l'exécution.

Le nom de l'Éditeur sera placé à la tête de chaque volume.

Aucun ouvrage ne pourra paraître sous le nom de la Société sans l'autorisation du Conseil, et s'il n'est accompagné d'une déclaration du Commissaire responsable, portant que le travail lui a paru mériter d'être publié.

Le Commissaire responsable soussigné déclare que l'Édition des OEUVRES COMPLÈTES DE BRANTÔME, *préparée par* M. LUDOVIC LALANNE, *lui a paru digne d'être publiée par la* SOCIÉTÉ DE L'HISTOIRE DE FRANCE.

Fait à Paris, le 15 *octobre* 1864.

Signé : JULES MARION.

Certifié,

Le Secrétaire de la Société de l'Histoire de France,

J. DESNOYERS.

TITRE, PRÉFACE ET DÉDICACE

DE LA PREMIÈRE RÉDACTION DE BRANTÔME.

Recueil[1] d'aucuns discours, devis, contes, hystoyres, combatz, actes, traitz, gentillesses, mots, nouvelles, dictz, faictz, rodomontades et louanges de plusieurs empereurs, roys, princes, seigneurs, grands et simples capitaynes, gentils-hommes, adventuriers, soldatz et autres; ensemble de plusieurs reynes, princesses illustres, vertueuses et généreuses dames, tant grandes, moiennes, basses que communes, que j'ay peu veoir moy-mesmes, cognoistre, sçavoir et apprendre de mon temps, tant des uns que des autres; dédié à la plus belle, la plus noble, la plus grande, la plus généreuse, la plus magnanime et la plus accomplie princesse du monde, madame Marguerite de France, fille et seur restée unique de noz roys de Valoys, derniers trespassez[2]; par moy, Pierre de Bourdeille, seigneur de Brantosme, gentilhomme ordinayre de la chambre de noz deux derniers roys, Charles IX et Henry III, et chambellan de Monsieur d'Alançon, son très humble et très obéissant subject et très affectionné serviteur.

1. Ce titre, la préface et la dédicace qui l'accompagnent se trouvent en tête du manuscrit 6694 qui contient la première rédaction de Brantôme.
2. Brantôme avait ajouté : « *Maintenant reyne de France et de Navarre.* » Mais ces mots ont été raturés, et probablement après le divorce d'Henri IV et de Marguerite.

PRÉFACE.

Or[1], ce recueil, en ce que touche les hommes, est rédigé en deux grands volumes : le premier, qui est très grand et ample, traite des plus grands capitaines qui ont estez despuis cent ans jusqu'aujourd'huy parmy les Espaignolz et François, et remarque aucuns de leurs particuliers beaux faitz d'armes et ditz, en nos guerres que nos pères et nous avons veues ; le second volume contient cinq fort grands chapitres ou discours :

Le premier traicte de tous nos coronnelz françois et maistres de camp, et d'aucuns de leurs particuliers beaux exploitz, despuis leur première institution jusques à ce temps ;

Le 2e parle et traicte d'aucuns duelz, combatz, camp-clos, apelz, deffis qui se sont faitz, tant en France qu'ailleurs ;

Le 3e traite d'aucunes belles rodomontades espaignolles, mises en leur langue et traduites en françois ;

Le 4e traite à sçavoir à qui on est plus tenu, à sa patrie, à son roy ou à son bienfacteur ;

Le 5e parle d'aucunes retraites de guerre qu'ont fait ancuns capitaines, et comment elles valent bien autant quelquefois que les combatz.

Le tout dédié à nostre reyne Marguerite.

Pour le Recueil des Dames, il est aussi rédigé en deux grands volumes ;

Le premier est dédié aussi à nostre susdite reyne Marguerite, qui contient plusieurs longs et grands discours :

Le premier parle et traite de la reyne Anne de France, duchesse de Bretaigne, et d'aucunes de ses vertuz, mérites

---

1. Ce sommaire des œuvres de Brantôme est écrit d'une autre main que le reste du manuscrit.

et louanges, comme font tous les autres cy-après de mesmes;

Le 2e de la reyne mère de nos derniers roys;

Le 3e de la reyne d'Écosse et reyne douairière de France;

Le 4e de la reyne d'Espaigne, Madame Élisabet de France;

Le 5e de la reyne de France et de Navarre, Madame Marguerite de France, fille à nous restée maintenant seulle de la noble maison de France;

Le 6e de Mesdames les filles de France, qui sont estées despuis cent ans;

Le 7e des deux reynes Jehannes de Naples, extraites du noble sang de France.

Le 2e volume est dédié à Monsieur le duc d'Alançon de Brebant, et conte de Flandres; qui contient aussi plusieurs beaux discours:

Le premier traite de l'amour de plusieurs femmes mariées, et qu'elles n'en sont si blasmables comme l'on diroit, pour le faire; le tout sans rien nommer et à motz couvertz;

Le 2e, sçavoir qui est la plus belle chose en amour, la plus plaisante et qui contente le plus, ou la veue, ou la parolle ou le touchement;

Le 3e traicte de la beauté d'une belle jambe, et comment ell' est fort propre et a grand vertu pour attirer à l'amour;

Le 4e, quel amour est plus grand, plus ardent et plus aysé: ou celluy de la fille, ou de la femme maryée, ou de la vefve; et quelle des trois se laisse plus aisément vaincre et abattre;

Le 5e parle de l'amour d'aucunes femmes vieilles, et

comment aucunes y sont autant ou plus subjettes et chaudes que les jeunes ; comme se peut parrestre par plusieurs exemples, sans rien nommer ny escandalliser ;

Le 6ᵉ traite qu'il n'est bien séant de parler mal des honnestes dames, bien qu'elles fassent l'amour, et qu'il en est arrivé de grands inconvénientz pour en mesdire ;

Le 7ᵉ est un recueuil d'aucunes ruses et astuces d'amour qu'ont inventé et usé aucunes femmes maryées, vefves et filles, à l'endroit de leurs marys, amans et autres : ensemble d'aucunes de guerre de plusieurs capitaines, à l'endroit de leurs ennemys ; le tout en comparaison, à sçavoir quelles ont esté les plus rusées, cautes, artifficielles, subellines[1], et mieux invantées et pratiquées tant des uns que des autres : aussi Mars et l'Amour font leur guerre presque de mesme sorte ; et l'un a son camp et ses armes comme l'autre [2] ;

Le 8ᵉ traite comment les belles, honnestes et généreuses dames ayment coustumierement les braves, vaillantz et généreux hommes, aussi telz ayment les dames telles et courageuses, ainsi que j'en allègue des exemples d'aucuns et aucunes de nos temps.

J'estoys[3] cecy escrivant dans une chambre et ung lict, assailli d'une malladie, si cruelle ennemie qu'elle m'a donné plus de mal, plus de douleurs et tourmans que ne receut jamais ung pauvre criminel estandu à la gesne. Hélas ! ce fut ung cheval malheureux, dont le poil blanc ne me présagea jamais de bien, qui, s'estant renversé sur moy contre terre, par une très rude cheute, m'avoit brisé et fracassé tous les

---

1. *Subellines*, subtiles.
2. Il y avait ici un commencement de phrase *j'avois voué ce 2ᵉ livre* qui a été effacé.
3. Le manuscrit portait d'abord *j'allois*, que Brantôme a corrigé lui-même en *j'estoys*.

raings. De sorte que j'ay demeuré l'espace de troys ans et demy perclus et estropié de mon corps; tellement que je ne me pouvois tenir, remuer, tourner et aller qu'aveq les plus grandes douleurs du monde, jusqu'à ce que je trouvay ung très grand personnage et opérateur dict M. Saint-Cristophle, que Dieu me suscita pour mon bien et ma guérison, qui la me remist ung peu apprez que plusieurs autres médecins y eurent failli. Cependant, durant mon mal, pour le soulager, privé de tout autre exercice, je m'advise et me propose de mettre la main à la plume, et faisant reveüe de ma vie passée et de ce que j'y avois veu et appris, faictz cest œuvre. Ainsin faict le laboureur, qui chante quelque fois pour alléger son labeur; et ainsin le voiageur faict des discours en soy pour se soustenir en chemin; ainsin [1] fait le soldat estant en guarde, à la pluie et au vent, qu'il songe en ses amours et advantures de guerre, pour autant se contenter.

Je prie donq tous ceux et celles qui me lyront excuser les fautes qu'on cognoistra icy, sur ma malladie, qui me rend, comme le corps, mon esprit imbécille, bien que tel je l'aye [2] de nature.

A LA REYNE DE FRANCE ET DE NAVARRE [3].

Madame,

Si j'ay heu quelque fois, par vostre permission, cest honneur de parler à Vostre Majesté aussi privément que gen-

---

1. Ce qui suit jusqu'à la fin de l'alinéa a été ajouté en marge de la main de Brantôme.
2. Il faut sans aucun doute lire : Bien que tel je *ne* l'aye de nature.
3. Marguerite de Valois, fille de Henri II et première femme d'Henri IV.

tilhomme de la court, abaissant en cela, par vostre généreuse bonté, vostre grandeur, j'ay remarqué en vous telle curiosité, qu'encor' que vous soiez la princesse et la dame du monde la plus accomplie en toutes vertus et sciences, si voullez vous tousjours aprendre quelque chose de plus, s'il se peut. Que c'est que d'une belle âme, qui despend du ciel en toutte perfection, et toutefois elle s'aplicque en tout! Je le dis, Madame, d'autant que je vous vis ung jour curieuse d'ouir raconter des rodomontades hespaignolles; en quoy vous y prinstes tel plaisir, que, dès lors, je m'advise de faire cest œuvre, où vous y en verrez de toutes façons, non pas seullement de celles des Hespaignolz, mais de celles de voz nobles François et autres.

Je vous le dédie, Madame, et l'appendz à vos piedz, n'estant digne d'estre touché de voz belles et roialles mains; car, et qui est l'œuvre, tant parfaict soit-il, qui se puisse toucher de vous si n'est ce qui vient de vous-mesmes, qui estes toute parfaite? Toutesfois, Madame, pour la fiance que j'ay en vostre curiosité, j'ay opinion que possible, en passant, vous y jetterez voz beaux yeux. Et par ainsin, je le vous adresse, vous priant, Madame, de l'assurer et le fortifier de vostre sacré et divin nom. Que s'il en peut estre le moings du monde supporté, il peut braver par dessus toutes les rodomontades qui sont icy escrittes. Je n'en ay mis aucunes estrangères en leurs langues, si non les hespaignolles, d'autant que le langage en est plus bravasche et ressent mieux sa superbeté. Aussi l'empereur Charles V le disoit fort brave, superbe et de soldat, comme il tenoit l'italien pour le courtisan et l'amoureux; et le françois le reservoit pour les roys, les princes et les grands.

Au reste, Madame, s'il vous prend envie, par curiosité,

à quelque meschante heure de loisir, en lire quelques feuilletz, et qu'y remarquiez quelques fautes, excusez, je vous suplie, le peu de proffession que j'ay faict du sçavoir et de l'art de bien escrire et bien dire : car despuis que j'ay commencé à veoir le monde, je me suis amusé toujours à faire voiages en plusieurs endroictz, à servir les Roys mes maistres en leurs armées, les suivre et les courtizer en leurs courtz, et passer aussi mon temps en autres exercices. Je seray doncques excusé, Madame, si vous ne voiez point ici ung seul bel ordre d'escripre, ni aucune belle disposition de parolles elloquantes. Je les remetz aux mieux disans : j'entends de ceux qui vous ont peu immiter en vostre beau parler. Bien vous diray-je, Madame, que ce que j'escris est plain de verité : de ce que j'ay veu, je l'asseure; de ce que j'ay sceu et apris d'autruy, s'on m'a trompé je n'en puis mais. Si tiens-je pourtant beaucoup de choses de personnages et de livres très véritables et dignes de foy. Voilà comme je me présente à vous, aveq' veu et dédication que je fais à Vostre Majesté de vous demeurer pour jamais vostre très humble et très obéissant subject et très afectionné serviteur.

TITRE ET DÉDICACE DE LA SECONDE RÉDACTION[1].

Les Vies des grands capitaines estrangers du siècle dernier, empereurs, roys, princes et gentilz-hommes avec celles de leurs partizans, recueillies en forme d'histoire, par messire Pierre de Bourdeille, vivant seigneur de Branthome et des

1. Ce titre et cette dédicace sont en tête du premier volume du manuscrit 3262 qui contient la seconde rédaction de Brantôme, celle que nous suivons dans la présente édition.

baronnies de Richemont, Saint-Crespin et La Chapelle Montmoreau, chevalier de l'ordre du Roy et de l'habito de Christo de Portugal.

(Il faudra mettre ici les armes de Bourdeille et de Vivonne [1].)

A LA REYNE MARGUERITE.

Madame,

Vostre Majesté a reçu de si grands adventages du ciel, qu'il n'y a puissance qui ne se veuille soubmettre à la sienne ; vous le voyez, Madame, par les respects que luy viennent rendre les empereurs, roys et grands capitaines estrangers du siècle dernier, lesquels ont passé de leur pays dans le vostre avecque leurs partizans, non pour y arborer leurs estendarts et y faire une vaine parade de leur courage et valeur, mais bien pour s'y rendre encor le subject des victoires du nom que vous portez, et pour y servir de trophées à vostre royalle grandeur, de laquelle ils implorent le sauf-conduit et la protection ; et moy, Madame, avec eux, puisque je leur sers de maistre de cérimonies et d'interprète, par l'honneur des commandemens que j'en ay reçu de Vostre Majesté ; de laquelle je suis,

Madame,
le très humble, très obéissant et très affectionné serviteur et subject,

BOURDEILLE.

De Branthome, le dernier de mars 1604.

[1]. *Bourdeille*, d'or à deux pattes de griffon de gueules, onglées d'azur, et posées en contrebande l'une sur l'autre ; *Vivonne*, d'hermines au chef de gueules.

LES VIES

DES

GRANDS CAPITAINES

ESTRANGERS.

Je commance mon livre par les louanges et gloire[1] d'aucuns grands capitaines et grands personnages de guerre qui ont esté, [comme j'ay dict cy devant en l'intitulation de mes livres][2], de nos temps et de nos pères, et me prendray premièrement aux Espaignolz et estrangers, et puis je viendray à nos François. Et pour ce, à ce commancement[3], je veux imiter ces divins architectes, lesquelz embellissent leurs bastimens par des plus orgueilleux frontispices qu'ilz peuvent, soit de la matière de leur marbre beau, de

1. *Variante.* J'acommence mon œuvre par l'exaltation d'aucuns grands capitaynes et personnages de guerre qui ont estez de nostre temps et de noz pères; et pour ce, je veux immiter à ce commencement ces divins architectes.... (ms. 6694 f° 2).

2. Les mots mis entre crochets sont biffés sur le manuscrit.

3. Le correcteur qui a modifié en bien des passages le texte du manuscrit 3262 a mis ici : « Et pour cest effect à ce commencement des Vies des estrangers. »

leur porfyre, ou de quelqu'autre[1] belle pierre, comm' il leur en vient la fantaisie, ou soit de l'art industrieux de leur main admirable, afin que l'œil humain, au premier aspect, juge la perfection de l'œuvre. Mais en cecy pourtant, il m'est impossible de les ensuivre du tout, car ilz ont les deux choses, la belle matière et l'art, et moy je n'ay que la matière, belle certes du beau subject et très hault qui se présente, mais le dire fort bas et foible[2]. J'apose donc à ce premier front[3], le plus grand empereur qui ayt esté despuis Jules Cæsar et nostre grand Charlemaigne ; je le puis dire ainsi, le tenant de grandz cerveaux[4] et selon ses exploictz signallez, ayant eu affaire à de si grandz guerriers comm' il a eu, autres certes que les ennemis de Jules Cæsar et de Charlemaigne.

L'Empereur Charles. C'est donc Charles le Quint[5], dict Charles d'Autriche, dont je parle, que les anciens François de son temps,

1. *Var.* Ou d'autre.
2. *Var.* Je n'ay que la matière et le seul subject très haut, mais le dire fort bas. J'appose donq à ce premier front le plus grand empereur qui ayt esté despuis Jules Cæzar et Charlemaigne, qu'est l'empereur Charles cinquiesme (*les mots suivants sont écrits en marge du manuscrit de la main de Brantôme*), dit Charles d'Autriche, que les bons causeurs de son temps appelloyent en France *Charles qui tryche,* faysant une allusion badine et vraye pourtant sur *Autriche qui triche,* autant à dyre qui trompe, vieux mot; comme de vray l'allusion, toute badyne qu'ell' estoyt, n'estoyt point mauvaise, car son art s'adonoyt fort à tromper. Les effectz en ont fait foy. La fiance que j'ay en luy et en sa grandeur couvrira l'imbécillité de ma plume fort aisément. Je parleray donq', et diray comm' autrefois... (Ms. 6694 f° 2).
3. Mots rajoutés : De la louange des estrangers.
4. Le correcteur du ms 3262 a changé *cerveaux* en *hommes.*
5. Charles-Quint, fils aîné de l'archiduc Philippe (fils de l'em-

brocardans, et mesmes les Picardz, qui sont grands ocquineurs, mot propre à eux pour dire grandz cau-

pereur Maximilien I) et de Jeanne de Castille, dite *la folle*, fille de Ferdinand le Catholique et d'Isabelle de Castille, naquit à Gand, le 24 février 1500, jour de Saint-Mathias. Roi de Castille et d'Aragon à la mort de son aïeul Ferdinand (1516), il fut élu empereur d'Allemagne à Francfort le 28 juin 1519. Il céda le 24 novembre 1555 les Pays-Bas, et le 6 février suivant tous ses royaumes à son fils Philippe II. Au mois de septembre de la même année, il abdiqua la couronne impériale en faveur de son frère Ferdinand, et le 24 février 1557 se retira au monastère de Yuste, dans l'Estramadure, où il mourut le 21 septembre 1558.

Charles-Quint a été dans ces dernières années l'objet de travaux fort importants. Nous signalerons seulement les suivants : Carl Lanz. *Correspondenz des Kaisers Karl V*, Leipzig, 1846, 3 vol. in-8. — G. Heine. *Briefe an Kaiser Karl V geschrieben von seinem Beichvater in den Jahren* 1530-1532 (texte espagnol et traduction allemande), Berlin, 1848, in-8. — W. Bradford. *Correspondance of the emperor Charles V and his ambassadors at the courts of England and France*, Londres, 1850, in-8. — Mignet. *Charles-Quint, son abdication, son séjour et sa mort au monastère de Yuste*, Paris, 1854, in-8. — Gachard. *Retraite et mort de Charles-Quint au monastère de Yuste*, Bruxelles, 1854, in-8. — A. Pichot. *Charles-Quint, chronique de sa vie intérieure et de sa vie politique, de son abdication et de sa retraite dans le monastère de Yuste*, Paris, 1854, in-8.—*Commentaires de Charles-Quint*, publiés pour la première fois par le baron Kervyn de Lettenhove, Paris et Bruxelles, 1862, in-8. — Voyez en outre l'article Charles-Quint dans la *Bibliographie biographique universelle* d'OEttinger, Bruxelles, 1854, 2 volumes in-4.

Il existe de ce prince des lettres originales à la bibliothèque du Louvre (F. 209), et dans divers fonds de la Bibliothèque impériale, entre autres dans les *Cinq cents* Colbert, n° 129, et dans la collection Dupuy (n°⁵ 281, 688 etc.); le n° 3016 du fonds français (*olim* Béthune), contient un testament original de lui écrit en espagnol et signé *Carlos*. Sur la page qui le précède on lit ceci : *Testament de l'empereur Charles-Quint, lequel fut pris en France, l'envoyant en*

seurs, appelloient *Charles qui triche;* faisant allusion sur *Autriche qui triche*, autant à dire qui trompe; comme de vray, toute badine quell' estoit, n'estoit point mauvaise, car il a esté un grand trompeur et un peu trop manqueur de foy. J'ay donc si grande fiance à ce grand empereur, qu'il couvrira l'imbécillité de ma plume, par l'ombre de ses hautes conquestes, et ses exploicts les nompareilz. Je diray donc de luy, com' m'autresfois j'ay ouy raconter à feu monsieur l'admiral[1] (je ne luy donray point de surnom, car ses hautes valeurs, mérites, grandes entreprises, et leurs exécutions, luy en donnent assez, sans le nommer M. l'admiral de Chastillon[2]), lorsqu'il fut envoyé de par nostre grand roy Henry second[3] en Flandres vers ce grand empereur Charles, comme de son costé il[4] envoya le comte de Lalaing[5] pour jurer la trefve faicte

Espagne au gouverneur de Milan pour en estre dépositaire. — La bibliothèque Mazarine possède sous le n° 2818 un manuscrit intitulé : *Cronica del emperador don Carlos V deste nombre conpuesta por don Fr. Alegre, cronista de Su. C. R. M., en el ano de 1525.* Enfin nous citons plus loin le journal manuscrit de Vandenesse.

1. Gaspard de Coligny, amiral de France dont il sera parlé en son lieu. Il fut avec Sébastien de l'Aubespine, le négociateur de la trève de cinq ans conclue à Vaucelles, près de Cambrai, le 5 février 1556, par la France avec Charles-Quint (qui avait déjà abdiqué la souveraineté des Pays-Bas et la couronne d'Espagne), et Philippe II. Ce fut Coligny qui rompit la trève en attaquant Douai le 6 janvier 1557. Cf. de Thou, liv. XVII et XVIII.

2. Tout ce qui est entre parenthèses moins les mots *de Chastillon*, a été biffé sur le manuscrit.

3. *Var.* De par le roy Henry son maistre (ms. 6694, f° 3).

4. *Il,* Charles-Quint.

5. Charles, comte de Lalaing, chevalier de la Toison d'or, mort en 1585.

entr'eux deux, si heureuse et advantageuse pour toute la France, et si malheureuse aussi quand elle se rompit; advint un jour qu'en devisant avec Sa Sacrée Magesté[1], et tombant de propos en propos, elle vint à discourir des guerres passées et des grandz capitaines qu'y avoient commandé, et s'en estre tant perdu, qu'il n'en sçavoit plus, de ces temps, restez qui méritassent le nom de grandz capitaines que trois : luy premièrement, se donnant le premier lieu, comme de raison (ainsi que fit Anibal en son pourparlé de mesme subject avec Scipion chez le roy Antiochus); M. le connestable, son oncle[2], pour le second, et le duc d'Albe[3] pour le tiers : non qu'il voulust faire tort à la suffisance du roy Henry, son maistre; mais pour son peu d'aage et sa jeune expériance, il ne pouvoit avoir encor attaint, ce disoit-il, ce grand nom et perfection; mais qu'avec le temps, luy, qui estoit si brave et cou-

1. *Var.* Et venant à discourir des guerres passées et des grandz cappitaynes qu'y avoient commandé, il luy dist s'en estre tant perdus qu'il n'en sçavoit plus de ce temps restez qui méritassent enporter ce grand nom que trois; qu'estoit luy premièrement, se donnant le premier lieu, comme de raison. (*Ce qui suit est en marge, de la main de Brantôme*) : Ainsin que fist Annibal en un pareil pourparlé sur mesme quasi subjet aveq Scipion (ms. 6694). — Les souvenirs de Brantôme le trompent. Annibal ne se donna pas la première place, mais la troisième, après Alexandre et Pyrrhus, et dit seulement à Scipion qu'il se mettrait au premier rang, s'il l'avait vaincu. Voyez Tite Live, livre XXXV, ch. 14.

2. *Correction :* Oncle dudict sr admiral.—Anne de Montmorency connétable de France, dont la sœur aînée Louise avait épousé Gaspard de Coligny, père de l'amiral. On trouvera ailleurs la vie du connétable.

3. Voyez plus loin sa vie, après celle de l'empereur Rodolphe.

rageux, et filz de France, et ambitieux qu'il estoit[1], il y parviendroit fort aisément. Il en dist autant de M. de Vandosme, de M. de Guyse[2], et de M. l'admiral, à qui il parloit. Mais il falloit que le temps, maistre de tous artz et mestiers, leur apportast une longue expérience et maturité, en ce qu'ilz apprissent tousjours, et continuassent leurs lecons[3] à bien faire, sans estre divertis de leurs plaisirs, de leurs oysivettez, de maux aussi, ny de disgraces qui viennent coustumièrement en guerre, et advisassent à luy, qui n'y avoit nullement espargné son corps tout royal, mol et tendre, l'y ayant abandonné comme le moindre soldat; de telle sorte qu'il n'en rapportoit qu'une fascheuse possession de gouttes, qui le tourmentoient si fort qu'il n'eust pas la force d'ouvrir des lettres qu'il luy presenta un' autre fois du roy, son maistre; dont il luy dist, la larme à l'œil : « Vous voyez, Monsieur l'admiral, comme mes mains, qui ont faict et parfaict tant de grandes choses, et manié si bien les armes, il ne leur reste maintenant la moindre force

1. *Var.* Estant courageux, brave et vaillant et entreprenant qu'il estoit (ms. 6694).

2. François de Vendôme, vidame de Chartres, mort en 1560 à trente-huit ans.—François de Lorraine, duc de Guise, assassiné par Poltrot en 1563. Brantôme a écrit leurs vies.

3. *Var.* Leurs escolles, sans en estre divertis ni de maux, ni de disgrâces, ni d'aucunes incommoditez que la guerre produist, à son exemple qu'il n'avoit nullement espargné son corps tout royal l'y ayant abandonné de telle sorte qu'il n'en raportoit qu'une fascheuse pocession de gouttes qui le tourmentoient si fort et le rendoient si impotent qu'il n'eust pas force, ce dict monsieur l'admiral, d'ouvrir des lettres qu'il luy présenta ung jour de son roy, dont l'empereur luy dict la larme à l'œil..... (ms. 6694).

et puissance du monde pour ouvrir une simple lettre. Voylà les fruicts que je raporte [1] pour avoir voulu acquérir ce grand nom, plein de vanité, de grand capitaine et très capable et puissant empereur! et quelle récompense. » Or, par ce discours que faisoit ce grand empereur, de ces grands capitaines, il semble qu'il nous veuille monstrer [2] et assurer que la longueur du temps [3], engendrant les expériences, est du tout propre pour assaisonner et façonner un grand capitayne, comme ne le pouvant estre sans ce moyen.

Sur quoy, dans ce livre, j'espère et veux alléguer des exemples de plusieurs bons et grandz capitaines, desquelz l'aage et vieille expérience a beaucoup servy en cela, et d'autres ausquelz une continuelle et assidue pratique d'armes, encor qu'ilz soient esté assez jeunes, a fort aydé à les rendre pairs aux vieillards, voire les surpasser; comme nous en avons l'exemple de ce grand Scipion [4], de la rodomontade qu'il fit à Fabius Maximus, lorsqu'il voulut empescher le sénat de luy donner la charge, en l'aage jeune où il estoit, et peu praticq, d'aller en Affrique, en faisant le morceau si gros, que c'estoit tout, disoit-il,

1. *Var.* Voylà les fruictz que j'en porte pour avoir voulu gaigner ce beau titre de grand capitayne que je vous ay dict et quelle récompense (ms. 6694). — Charles-Quint avait été atteint pour la première fois de la goutte en 1528. Voyez ses *Commentaires*, cités plus haut, p. 22.

2. *Var.* Signiffier et asseurer (ms. 6694).

3. *Var.* Des années (ms. 6694).

4. *Var.* Scipion l'Affricain (ms. 6694). — Il s'agit de Scipion Émilien, le second Africain. Voyez Tite Live, livre XXVIII, ch. 40 et suivants.

ce que luy, vieux [1] et expérimenté capitaine, ou son filz, qui estoit faict de sa main, sçauroient mordre ou digérer. En quoy ce jeune Scipion, plein de courage et d'esprit, le renvoya bien loing [2] avec sa comparaison qu'il faisoit, disant que tant s'en falloit [3] qu'il voulust se comparer à eux, qu'advant qu'il fust long temps il leur fairoit [4] telle honte, qu'en peu de temps il mettroit fin à une guerre laquelle ilz n'avoient eu la valeur, le courage, ny l'esprit et addresse de la parfaire en tant d'années qu'ilz y avoient consommé, avec tant de trésor public. Et de faict, ainsi que ce jeune capitaine le dist, il le tint et le fit [5]. J'espère en alléguer plusieurs en ce livre qui ont faict tout de mesme; mais advant il faut retourner encor à ce brave empereur,

1. *Var.* Que c'estoit tout, disoit-il, que luy vieillard et expérimenté capitaine (ms. 6694).
2. *Var.* Mais ce jeune Scipion le renvoia bien loing. (ms 6694).
3. *Var.* Tant s'en faut (Ms. 6694).
4. *Var.* Qu'il les surpasseroit tous deux et leur feroit (Ms 6694).
5. *Var.* Le cœur ny l'esprit de parfayre en je ne sçay combien d'années; et de faict ainsin que ce jeune capitayne le dist, il le tinst, comme les histoyres le confirment; et j'espère en alléguer aucuns en ce livre qui ont faict tout de mesmes que luy. Mais pour retourner à ce brave empereur, certes il faut advouer qu'il a esté ung fort grand cappitayne de guerre. Toutesfois, si bien on considère toutes choses, si se mist-il fort tard à la besogne du mestier de Mars, et estoit si advancé dans l'aage que c'est chose toute évidente qu'il vist devant ses yeux faire et parfayre ces belles guerres d'Ytallie, qui sont estez les plus belles de son temps, par ses lieutenans généraux, sans s'i estre jamais trouvé; tesmoing ce que le roy François luy reproche qu'il ne le voioit jamais en ses armées. (Ms. 6694, fº 6). — Charles V ne se mit pour la première fois à la tête d'une armée qu'en 1532 pour aller défendre Vienne que Soliman II menaçoit pour la seconde fois. Voyez ses *Commentaires*, p. 30.

lequel certes il fault advouer avoir esté un très grand capitaine. Toutesfois, si l'on considère bien toutes choses, il se mit fort tard au mestier de Mars et si advancé en l'aage, que c'est chose toute esvidente qu'il se fit de grandz exploictz de guerre et fort signallez par ses lieutenantz généraux en Italie, et d'aussi beaux qu'il en soit esté faict de son temps, sans jamais s'y estre trouvé. Et c'est ce que le grand roy François luy sceut très bien reprocher sur cela, qu'il ne le voyoit jamais en ses armées, où il l'y peust rencontrer, et là vuider leur différend de personne à personne ; lequel reproche, possible fut cause de faire sortir l'empereur de ses Espagnes et montz Pyrenées [1] pour prendre le vent et charger [2] les armes. Ce grand Jules Cæsar en fit de mesmes, qui, arrivant au sépulchre d'Alexandre, se mit à plorer qu'il n'eust faict encores aucune chose signallée en l'aage auquel Alexandre avoit conquis tout le monde. L'empereur, pour son premier essay [3], certes il fit un essay très signallé,

1. *Var.* De ses cavernes et montaignes d'Hespaigne (Ms. 6694).

2. *Var.* Et porter les armes. Cæzar en fut de mesmes et assez tard se mist aux armes, ainsin qu'il le fist paroir lors qu'arrivant au sépulchre d'Alexandre. (Ms. 6694.) — Ce fut en Espagne, en lisant la vie d'Alexandre, et non point en voyant son tombeau, que César versa des larmes. Voyez Plutarque, *Jules-César*, ch. xiii.

3. *Var.* Il faut dire le vray, fist ung coup fort signallé que d'aler luy mesmes chasser le grand seigneur sultan Sollyman de la Hongrie, qui la ravageoit et l'achevoit de l'empiéter, sans l'aigle de l'empereur qui le cuida empiéter luy mesmes, s'il ne se fut retiré bien à point; car apprez avoir faict reveue devant Vienne de son armée, il se trouva avoir nonante mill'hommes de pied paiez et trente mille chevaux; et là cest empereur valleureux prist si bon goust à ceste première curée qu'il heust là, que despuis il a faict les choses mémorables que nous avons veu. Et si l'on me demande

quand luy-mesme en personne chassa ce grand sultan Soliman[1] (grand certes le peut-on dire en toutes sortes) de la Hongrie, laquelle il ravageoit et pilloit à son [bel] aise, comm' il luy plaisoit, et l'achevoit de ruiner et emporter sans l'aigle de l'empereur, qui l'eust empietté[2] luy-mesme, sans qu'il se mit à la fuitte ou à la retraicte ; bien marry qu'il ne le peust combattre,

mon opinion, desquelles il mérite plus de louanges, je diray que Cæzar est plus à estimer de ce qu'il a faict en la Gaule l'espace de huict ans que quasi de tout ce qu'il a jamais faict, si l'on veut bien considérer la vaillance de ces braves Gauloys aveq lesquelz il a eu affayre tant de fois. Aussi les guerres que l'empereur a faict contre le roy François et Henry et leurs vaillans subjectz luy ont plus acquis de gloyre et honneur que de ce qu'il a jamais entrepris et achevé contre les Turcz, les Italiens, les Mores, les Indiens et les Allemans en sa guerre des protestans, qui a esté tant vantée des Hespaignolz et autres nations. Car enfin il y a gens et gens ; et pourtant encor' qu'il ayt faict souffrir aux François des grands routtes, pertes et dommages, si n'ont-ilz jamais ploié soubz le joug qu'ont faict les Allemans, qu'il rengea pour ung temps peu de temps à petit pied ; et comme dit Louys d'Avila qui a escrit très bien la guerre d'Allemagne, bien que Sleydan le désapreuve, mais il le faut croyre mieux que l'autre ; car tant qu'elle durast, il y fust toujours avecq l'empereur et la vist, et l'autre n'en ouyt que parler ; et qui fust un grand cas, dit cet auteur hespagnol, exaltant son maistre avec ce grand empereur Charlemagne (Ms. 6594).— J. Philipson dit Sleidan, né à Schleide dans l'électorat de Cologne en 1506, mort en 1566. Il fut d'abord attaché au cardinal du Bellay, puis se retira à Strasbourg qui le députa au concile de Trente. On a de lui : *De statu religionis et reipublicæ, Carolo Quinto cæsare, commentarii,* Argentorati, 1555 in-f°, ouvrage souvent réimprimé. Il a été traduit en français par le P. Courrayer.

1. Soliman II ; en 1532. Voyez de Hammer, *Histoire de l'empire ottoman*, livre XXVI ; et *Commentaires* de Charles V, p. 30.

2. « Empiéter, en terme de blason, se dit de l'oiseau lorsqu'il est sur sa proie et qu'il la tient avec ses serres. » (*Dictionnaire de Trévoux.*)

car il avoit une très belle armée, de laquelle, en ayant faict la reveue devant Vienne, il se trouva avoir nonante mil hommes de pied payez et trente mille chevaux; car tous y avoient frayé[1], et pape et pottentats d'Italie et d'Allemaigne. Qui plus est, il voulut le poursuivre jusques aux fins de l'Hongrie, voir par delà[2]; mais tous s'excusarent, et sur tous les Allemans, qui, pour leurs excuses, dirent ne vouloir passer outre, n'estant là assemblez ny venus que pour deffendre leurs frontières et leur patrie, non pour deffendre ny conquérir l'autruy; dont l'empereur en fut fort mal content d'eux, et en déprima[3] beaucoup, ainsi que je l'ay ouy conter à aucuns vieux capitaines et soldatz espagnolz, qui enrageoient tous de passer plus outre[4], selon la devise de leur brave général, lequel prist tel goust à ceste curée première, que depuis il fit et continua choses très memorables. Et si l'on veut croyre l'opinion d'aucuns grandz guerriers, et qu'on leur demande, comme j'ay veu, desquelz des deux mérite plus de louanges en ses actes, ou luy, ou Jules Cæsar, certés Cæsar a esté fort estimé de ce qu'il a faict en la Gaule, l'espace de huict ans, si l'on veut bien considérer la vaillance de ces Gaulois, qui pourtant ont faict

1. *Frayer*, faire des frais, contribuer.
2. Sleidan dit précisément le contraire : « Cum pedem Turca retulisset, Cæsar, eorum rejecta sententia qui persequendum hostem esse dicerent, exercitum dimittit. » (Édition de 1555, liv. VIII, f° 127 r°.) C'est aussi ce que raconte Charles V dans ses *Commentaires*, p. 32.
3. *Déprimer*, mépriser, humilier, abaisser.
4. *Plus ultra*. Cette devise avait été faite pour Charles-Quint par le Milanais Louis Mariano qui, dit-on, en fut récompensé par le don d'un évêché.

leurs guerres plus par le grand nombre de gens et de leurs partialitez[1] que par leur grande valeur ; mais l'empereur eut affaire contre ce grand roy François et Henry II, leurs grandz capitaines, leurs braves et vaillans subjectz et soldatz très bien aguerris, contre lesquelz il a plus acquis (comme je tiens d'aucuns) de gloire et réputation, que ce qu'il a jamais entrepris et faict contre les Turcz, les Italiens, les Mores, les Indiens et les Allemans en sa guerre des protestans, tant vantée des Espaignolz et autres nations. Non pourtant qu'il y menast si souvant ny si longuement les mains[2] comme contre les François, qui luy donnèrent bien plus d'affaire que les autres, et nous en a bien donné aussi, sans pourtant nous faire ployer soubz le joug de celuy des Allemans[3], que dict Louys d'Avila[4] qui en a escrit la guerre comm' y estant et voulant exalter son maistre par trop, dict que ç'a esté un grand cas de luy, que Charlemaigne demeura trente ans à subjuguer les Saxons, et l'empereur Charles n'y demeura que trois mois, print prisonnier[5] leur prin-

---

1. *Partialités*, partis, alliances.
2. *Mener les mains*, combattre, guerroyer.
3. C'est-à-dire sous un joug pareil à celui des Allemands.
4. Louis d'Avila y Zuniga, historien et diplomate, né à Placentia vers 1500. Il fut ambassadeur de Charles V auprès des papes Paul IV et Pie IV, prit une part active à la guerre des protestants d'Allemagne et commandait la cavalerie des impériaux au siège de Metz. On a de lui : *Comentario de la guerra de Alemana* (1546-1547), Anvers, 1550, in-8, traduit en français la même année par Mathieu Vaulchier, Anvers, in-8.
5. A la bataille de Mühlberg, gagnée par Charles V le 24 avril 1547, contre les princes protestants de la ligue de Smalkalde, commandés par l'électeur de Saxe Jean-Frédéric, qui y fut fait prisonnier, et par le landgrave Philippe de Hesse.

cipal chef, le duc de Saxe, avec d'autres de ses grandz seigneurs et capitaines ; les autres furent en fuitte [1], et à qui sauve qui peut, comme le langrave, lequel, se retirant de ville en ville, ainsi qu'on luy demandoit ce qu'ilz avoient affaire, il ne leur respondoit que, comme dict l'espaignol : *cada raposa guarda su cola*, chasque renard garde sa queue. Voylà un bon reconfort et bon payement pour avoir tenu son party ! Enfin, il falut qu'il vint boucquer [2], et se rendre prisonnier à sa miséricorde, demander pardon, et le prier de ne le tenir point en prison perpétuelle ; en quoy il faillit bien pour un homme d'esprit, car il se prit par sa bouche (*e cosi si pigliano le volpe* [3], dict l'italien). Car, selon qu'il demanda, l'empereur luy promit fort bien ; si que le l'endemain, pensant sortir et se retirer en sa maison et ses païs, fut mis entre les mains de Guevara [4], maistre de camp du terze de Lombardie, luy ayant commandé le duc d'Albe, de par l'empereur

1. *Var.* Les autres mettant en fuitte et puis les réduisans là qu'ilz vindrent à demander mercy et grâce, en contraignans leurs grands villes venir porter les clefz à ses pieds, estant en son lict et siége impérial, et triumphant en une très grande assemblée ; si bien que le duc de Saxe qui bravoit tant et qui ne l'apelloit que Charles de Gand, pris et mené devant luy, fallust qu'il ne l'y appelast plus, ains sire empereur ; ce qu'il luy sceut très bien reprocher qu'il ne l'apelloit plus Charles de Gand. Quand au lantgrave sauvant et fuiant de ville en ville, ainsin qu'elles luy demandoient ce qu'il avoit affaire, il ne leur disoit autre chose sinon que chasque renard gardast sa queuhe. Si fallut-il qu'il vint boucquer, s'humilier et demander pardon. (Ms. 6694. f° 5, v°.)

2. *Boucquer*, céder à la force. Voyez le *Dictionnaire* de Littré.

3. Ainsi se prennent les renards.

4. Jean de Guevara. Voyez de Thou, livre IV. — *Terze*, régiment, de l'espagnol *tercio*.

son maistre, et luy dire que, pour la prison perpétuelle, il luy tiendroit fort bien la foy et la parolle, mais non pour celle qui est préfise[1] à quelque temps, qui pourroit monter et durer jusques à quatorze ans. Quelz motz rusez et ambigus pour tromper son prisonnier, en tout honneur! Qui fut estonné? Ce fut ce prince[2]. Ledict Louis d'Avilla et Sleidam en parlent assez sans que j'en die davantage, lesquelz pourtant ne s'accordent pas bien. Si ne sçauroit nyer ledict Sleidan, qu'après ceste grand victoire de battaille qu'eut l'empereur, les villes, tant grandes que petites, n'apportassent les clefz à ses piedz, estant en son lict et siège impérial. J'en ay veu les tableaux portraictz de telz trophées peinctz en taille-douce, qu'il faisoit très beau voir[3]. Il gaigna ceste victoire heureuse le 24 d'apvril, l'an 1548[4], après la feste de ce brave chevallier monsieur sainct George, que les Turcz révèrent fort et non d'autres sainctz, comme j'en parle ailleurs.

1. *Préfise*, fixée.

2. Le landgrave pressé par son gendre Maurice de Saxe vint faire sa soumission à l'empereur le 18 juin 1547. Mais Charles, dans le traité qu'il avait conclu avec lui et qui portait que le landgrave ne subirait pas de détention, fit substituer le mot *ewige* (perpétuelle) au mot *einige* (aucune). Le jour même l'empereur le fit conduire en prison et l'y laissa quatre ans. Voyez de Thou, livre IV et Sleidan, livre XIX.

3. Ces gravures sont de Heemskerck.

4. Lisez 1547. Le 23 avril était la fête de Saint-Georges et le 24 la veille de la Saint-Marc. Suivant d'Ohsson (*Tableau général de l'empire othoman*, in-f° tome I, p. 64), parmi les saints que les Turcs reconnaissent entre la mort de Jésus-Christ et la naissance de Mahomet, figure Djirjiss, autrement dit Saint-Georges « qui livré dans Moussoul au dernier supplice, mourut et ressuscita trois fois. » — Le 23 avril est un jour sacré pour les Musulmans.

Venant aux vespres du jour de Sainct Marc, pensez que ce brave sainct voulut combattre pour luy en sa juste querelle, de sorte que ledict de Saxe, qui paradvant ne l'appeloit que Charles de Gand, [certes] par trop excessifve dérision, falut qu'estant mené devant luy, et s'estant mis à genoux, lui demandast grâce, et qu'il le traictast en prisonnier de guerre, et l'appelast : sire empereur. Il luy sceut bien reprocher qu'il ne l'appelloit plus Charles de Gand, et le traicteroit comm' il le méritoit (disent ainsi les Espagnolz). J'ay ouy dire à gens qui estoient à la court de nostre roy Henry II qu'avec les nouvelles que l'on y apporta de ceste grand deffaicte, on y apporta aussi par grand merveille une des bottes dudict duc, qui estoit si gros, gras et replect, qu'aucuns courtizans brocquardeurs, la voyant si grosse à toute extrémité [1], rencontrarent là-dessus qu'elle estoit propre et assez bastante [2] pour servir d'un fourreau de bois de lict de camp. Il se dict de ce brave empereur [3] que, le jour mesme de la battaille, il estoit si mal mené de ses gouttes, qu'il portoit une de ses jambes appuyée dans un linceul ou nappe attachée à l'arçon de la selle de son cheval, qui estoit un genest d'Espaigne très beau. Non, il n'en devoit estre ainsi traicté, ny si tost,

1. C'est-à-dire au delà de toute mesure.
2. *Bastante*, suffisante, de l'italien *bastare*.
3. *Var.* J'ay ouï dire à de vieux soldatz, et cappitaynes hespaignols que, durant la plus part de la guerre d'Alemaigne, il en estoit si tourmanté et persécuté qu'ordinairement il portoit ung grand linge à l'arçon de la celle, pour mieux supporter et appuier ses jambes gouteuses comm' il fist à ceste bataille susdite. Devant Metz, il en fut de mesmes tourmenté de ses goutes, et à la bataille de Renty où il se fist porter en littyère. (Ms. 6694, f° 5 v°.)

n'estant pas trop encor advancé sur l'aage. Sur quoy nos farceurs et brocquardeurs françois, pour avoir revanche des mocqueurs et oguineurs [1] (comme j'ay dict), mesmes ceux d'Arras, qui donnoient souvant sur la fripperie [2] de nos roys François premier et Henry II, firent ceste ryme pour joyeuse rencontre, et badine pourtant :

> L'empereur Charles le Quint,
> Ne portant hotte ne manequint,
> Avec ses finesses toutes
> Fut fort tourmenté de ses gouttes.

Voylà [3] donc comme cet empereur se met fort tard en la dance de Mars; mais il y persévéra si bien par l'espace de vingt ans, qu'il devint et fut estimé des meilleurs danseurs de la feste ou de Bellonne, tant qu'elle tint grand bal pour luy; et, s'il ne fust esté par trop tour-

---

1. Ocquineurs ; voyez plus haut, p. 11.
2. « On dit proverbialement se jeter sur la friperie de quelqu'un, pour dire le battre.... médire de lui, déchirer sa réputation. » (*Dict. de Trévoux.*)
3. *Var.* « Il ne faut point dire ainsin là dessus que l'aage ayt aporté à ce grand empereur ces grands espériences qui luy ont prévalu cela, s'estant mis si tard à la dance de la guerre comme il fist; mais aussi quand il y fut entré une fois, il la continua si bien et d'une telle affection qu'en l'espace de vingt ou de vingt-cinq ans par apprez il fut estimé estre des meilleurs danseurs de la feste de Mars et des plus grands cappitaynes; et si le faut louer en cella que, nonobstant l'ordinayre tourmant de ses gouttes qu'il heust avant le temps, il ne discontinua jamais ce bel exercice guerrier jusqu'à la totale extrémité et qu'il n'en pouvoit plus sur ses fins, tant il fut tourmenté de ses gouttes, malheureuses pour luy en toutes façons. (Ms. 6694, f° 5, v°.) Brantôme a rajouté ici à la suite en marge le passage qu'il a mis plus haut dans la seconde version : « *Sur quoy nos farceurs de France.* »

menté de ses dictes gouttes, il en eust faict mieux dire. Et mesmes à la battaille et rencontre de Ranty[1], où il se fit porter en lytière, n'estant point encor assez saoul de l'ambition qui l'affamoit; et là pourtant il fallut changer et prendre un cheval turc pour se sauver, et là aussi fut son période[2], et dès lors prit occasion de faire[3] la trefve, et se dévestir (parce qu'il n'en pouvoit plus : c'estoit bien patience par force, car autrement ne l'eust pas faict, tant il estoit courageux et magnanime) de son empire, de ses estats et royaumes, pour se retirer en Espaigne près de Valle-Dolit[4], en un monastère[5] (où j'ay esté), retiré du monde, faire une vie très sollitaire. Encor, tout relligieux demy-sainct qu'il estoit, ne se peut engarder (ce disoit-on lors, et que la commune voix en couroit par tout) que, quant le roy son filz eut gaigné la battaille de Sainct-Quentin[6], de demander, aussi tost que le courrier luy apporta les nouvelles, s'il avoit bien poursuivy la victoire, et jusques aux portes de Paris. Et quand il sceut que non,

1. Renty, près de Saint-Omer, était assiégé par Henri II qui y battit Charles V le 13 août 1554 et n'en fut pas moins forcé de se retirer deux jours après. Voyez de Thou, livre XIII, et F. de Rabutin, *Commentaires sur les guerres de Belgique*, livre VI.
2. *Période*, terme, fin.
3. *Var*. De demander. (Ms. 6694.)
4. Au monastère de Yuste, près de Valladolid.
5. *Var*: « En ung monastère (que j'ay veu) faire la vie solitayre et retiré du monde. Encor, tout religieux et demi-sainct qu'il estoit avecq' les reynes ses bonnes sœurs, ne se peut engarder, ce dit-on, lorsque le roy son filz.... (Ms. 6694.)
6. Le duc de Savoie Emmanuel-Philibert, commandant les troupes de Philippe II, avait assiégé Saint-Quentin le 28 juillet 1558. Le connétable de Montmorency voulut secourir la place, livra bataille le 10 août, fut vaincu et fait prisonnier.

il dit qu'en son aage, et en ceste fortune de victoire, il ne se fust arresté en si beau chemin, et eust bien mieux couru ; et, de despit qu'il en eut, il ne voulut voir la despesche que le courrier luy apporta.

Il faut certes conffesser, comme j'ouys dire une fois à un vieux capitaine espagnol, que si ce grand empereur eust été immortel, seulement de cent ans bien sains et disposez, il fust esté par guerre le vray fléau du monde, tant il estoit frappé d'ambition[1] si jamais empereur le fut. Et il avoit pris la devise des deux coullonnes avec ces motz : *plus outre*[2], voulant en cela braver et surpasser Herculez, qui les avoit plantées au destroict de Gibertal[3], sur les deux montaignes qui s'y voyent encores. Sur ce, je vays faire ce compte, que je tiens du feu capitaine Bourdeille[4] mon second frère, et M. d'Argy, qui avoit espousé la belle Sourdys[5] l'une des filles de la feue reyne[6]), je croy qu'il vist encores, et n'y a pas long-temps qu'il m'en remémora le conte), qu'à l'advènement du roy Henry II,

1. *Var.* Tant il avoit l'âme ambitieuse et courageuse, et certes il estoit ambitieux, si jamais empereur l'a esté, et pour mieux le manifester, il prist les deux collones d'Herculles, pour devise, qu'il (Hercule) avoit posé au dettroit de Gibertal aveq' ces motz : *Plus oultre*. Aussi la il bien mise en évidence et besongne sans aucunement se faindre. J'ay ouy raconter à feu mon frère le capitayne Bourdeille et à Monsieur Dargy.... (Ms. 6694, f° 7.)
2. Voyez plus haut, p. 19, note 4.
3. Gibraltar.
4. Jean de Bourdeille.
5. Jacqueline de Sourdis, fille de Jean d'Escoubleau, seigneur de La Chapelle, maître de la garde robe de François Ier, mariée à René de Brilhac, seigneur d'Argy.
6. Élisabeth d'Autriche, femme de Charles IX, morte en 1592.

que son règne¹ estoit encor' en paix, se trouvarent en Piedmont et à la court quelques gentilz-hommes françois, ainsi qu'a esté tousjours leur coustume d'aller chercher la guerre ailleurs et contre estrangers, quand ne la treuvent près d'eux, se faschans d'estre par trop accroppis en oysivetez; desquelz estoient le seigneur de Piennes (celuy qui mourut à Thérouane), de Beaudiné² qu'y mourut aussi, Estauges, qui mourut au voyage d'Allemaigne³, le jeune Dampierre et ledict capitaine Bourdeille, qui moururent tous deux aux assautz de Hedin⁴, et Argy, qui vit encor et les survesquit tous. Ils prirent donc, tous ces messieurs, résolution d'aller en la guerre d'Ongrie; et partans, les uns de Piedmont⁵, où estoit mon frère, et les autres de la court, arrivarent à Vienne en Austriche, où pour lors estoit l'empereur; et pour, ce luy allarent

1. *Règne*, royaume.
2. Antoine de Halluin, seigneur de Piennes; Jean de Crussol, seigneur de Beaudisné. — Thérouanne fut pris par les impériaux, le 20 juin 1554.
3. *N.* d'Anglure, seigneur d'Estoges. Le voyage d'Allemagne, c'est-à-dire l'expédition de Henri II en Alsace, eut lieu en 1554.
4. Hesdin fut pris d'assaut par les impériaux, le 18 juillet 1553.
5. *Var.* Et partans tous de Piedmond, estans arrivez à Vienne en Autriche, sceurent que l'empereur Charles y estoit; et pour ce furent d'advis de luy aller fayre la révérance, car il avoit desja sceu leur venue. Estans donq' venus devant Sa Majesté et le salluant, il les recueillist d'un très bon visage et de très belles paroles, et leur aiant demandé l'occasion de leur voiage, ilz firent responce que c'estoit pour chercher guerre ne pouvant vivre en paix en l'aage où ilz estoient, estans là venuz pour luy faire service contre les ennemis de Dieu et les siens et du nom chrestien. Il les en loua grandement, et leur dist qu'il estoit bien marry que, veu leur bon courage, ils avoient failly... (Ms. 6694 f° 7.)

faire la révérence, car il avoit desjà sceu leur venue. S'estans donc présentez devant sa Cæsarée Majesté, il les recuillit tous d'un très bon visage et très belles gratieuses parolles : et ayant tiré d'eux l'occasion de leur voyage pour ceste guerre et pour l'y servir, ne pouvant demeurer en paix, pour leur jeune aage où ilz estoient, il les en loua bien fort, et les en remercia de mesmes et de fort bonne façon; puis leur dit qu'il estoit bien marry qu'ilz avoient failly à leur voyage, et n'avoient eu de quoy à monstrer leur brave courage : car la trefve venoit d'estre faicte avec le Turc[1]. « Mais, ce dit-il, retournez-vous en, Messieurs. Je vous assure que vous ne serez pas plus tost en Piedmont, que vous y trouverez la guerre ouverte pour Parme[2], où vous trouverez de la besoigne taillée pour vous exercer. Priez Dieu[3] seulement pour ma santé et ma vie : car, tant que je l'auray, je ne vous laisseray point oysifz en France : et n'aime la paix non plus que vous autres. Je suis esté nay, faict et accoustumé pour les armes : il faut que je les continue tant que je n'en pourray plus[4]. D'autre part, je cognois votre roy,

---

1. Le 19 juin 1547, une trève de cinq ans fut conclue avec Soliman par Charles-Quint et son frère Ferdinand, roi des Romains. Voyez de Hammer, *Histoire de l'empire ottoman*, livre XXVII.

2. Pierre-Louis Farnèse, duc de Parme, avait été assassiné le 10 septembre 1547, et Fernand de Gonzague, gouverneur du Milanais, venait de s'emparer d'une partie de ses États.

3. *Var.* Et ne faut doutter que tant que j'auray de vie et de bonne santé que je demeure oisif et en paix non plus que vous autres. (Ms. 6694, f° 7, v°.)

4. *Var.* « Il faut que je continue et que je meure avecq' les armes; comme d'autre part je cognois votre roy, du noble sang de France, estant jeune comme il est, je m'asseure qu'il ne se voudra lier les

issu du noble sang de France (comme j'en suis aussi sorty[1]). Estant jeune comm' il est, et ambitieux aussi bien que moy, il n'a garde s'acaignarder en oysivetté, ny aux plaisirs de sa court. Jamais deux grands voysins puissans et convoiteux ne sçauroient guières demeurer en paix. Parquoy désormais n'ayez peur d'avoir faute d'exercice pour les armes, tant que luy et moy vivrons et bruslerons d'envies. Vous en retournerez donc, messieurs, quand il vous plaira, après avoir veu ma court, vous estre pourmenez par la ville, et veu le pays où voudrez aller, en remerciant vos bonnes voulontez, que je prise autant que les effectz : vous promettant, à foy de gentilhomme, que si, durant les guerres, vous tumbez entre mes mains ou des miens prisonniers, en me le faisant sçavoir, je vous recognoistray ceste affection et ce plaisir au double. » Et pour ce, voulut sçavoir leurs noms et les faire mettre par escrit, pour s'en ressouvenir, ayant pourtant ouy parler de leurs maisons, qu'il tenoit pour fort illustres[2] et généreuses : et appella M. de Pienne son vassal, comme de vray ceste maison a de grandz biens en Flandres. Ces messieurs donc, ayant pris congé de ceste grande Magesté avecque force grandes carresses et honnestes offres, s'en retournarent en Piedmont, où ils ne faillirent trouver la guerre

mains ni se caignarder en oisiyeté et aux plaisirs de sa court, mais il espiera les occasions pour me faire guerre, s'il peut. Il est grand et ambitieux, et moy je ne le suis pas moings. Jamais deux grandz voisins convoiteux ne sçauroient guières durer en paix. » Quelle ambition et quelle gloyre! (*Ibid.*)

1. Par son aïeule Marie de Bourgogne, fille de Charles le Téméraire.

2. Sur le Ms. 6694 Brantôme avait ajouté de sa main le mot *anciennes*, qui ne se retrouve pas au Ms. 3262.

ouverte pour Parme, comme il leur avoit dict. Et nottez qu'il leur parla tousjours en très bon françois[1]. Telz propos de ce grand prince monstroient bien qu'il aymoit la guerre, l'ambition et une grand gloire.

Or, laissons là ces guerres, car elles sont assez publiées par les histoires : il faut faire d'autres contes de luy.

Les François, Flamans et Allemans racontent encor aujourd'huy plusieurs particularités de ses dictz et faicts, comme seroit, entr'autres, l'édict qu'il fit publier aux Pays Bas, que les Barbançons et Allemans ne peuvent encor despendre de leur mémoire; car ce fut un' ordonnance observée par toutes les dix-sept provinces, que l'on n'eust plus à faire caroux[2]; car, encor qu'il fust de la patrie, il n'estoit point bon biberon, (que c'est d'une belle naissance et bonne nourriture!) et sur peines de grosses admandes contre les contrevenants; et cela à cause des grands maux qui sortoient de ces brindes[3] ordinaires et dissolus; tellement qu'il sembloit advis à un chascun que l'Empereur avoit bien puny tous ses peuples, tant Vallons que Flamans, à cause de ces deffenses faictes de ne plus ainsi carrouser. Pour doncques oublier[4] le mes-

1. *Var.* En françois et aussi bon qu'ilz eussent sceu faire. Telz propos de ce prince monstrarent bien son ambition, et qu'il ne vouloit se reposer et qu'il aymoit fort la guerre, comme il a bien monstré certes. Et pour ne plus parler de ces guerres, car les livres en sont tous pleins, il faut faire... (Ms. 6694.)

2. *Caroux, carroux*, débauche de boisson. Voyez le *Dictionnaire* de Littré, art. CARROUX.

3. *Brinde*, coup que l'on boit à la santé de quelqu'un. Voyez le *Dictionnaire* de Littré, art. BRINDE.

4. *Var.* N'oublier. (Ms. 6694.)

tier à la longue que la nature leur avoit appris, devenus quinaux[1] en leurs festins, s'advisarent d'esnerver cest édict prinsautier[2] en ceste façon, selon le contenu du vieux proverbe italien : *Chi ha fatto la legge, trovato l'inganno*[3] : c'est qu'aux banquetz qu'ilz faisoient, ilz se montroient les ungs aux autres les godetz[4] et les tasses pleines de vin[4], et les soubstenantz regardoient à qui ilz les portoient et vouloient, puis s'entredisoient : « Holà, l'entendz-tu ? » Celuy qui estoit tenu de pleiger[5] son compagnon respondoit : « Et quoy ? » L'assaillant replicquoit : « Ce que l'Empereur a deffendu. » Et là-dessus, il falloit trinquer et faire raison. Finalement, l'empereur fut contrainct de laisser hausser le temps[6] aux bons bibérons, comm' ilz avoient accoustumé.

J'ay ouy faire ce conte à plusieurs, et principallement à madame de Fontaines-Chalandray[7], qui estoit de ce temps en Flandres, fille avec la reyne Eléonor sa maistresse, et avoit tout cela veu pratiquer. On l'appeloit la belle Torcy.

Disoient encor les Allemans, Flamans, Valons et

---

1. *Quinaud*, camus, sot.
2. C'est-à-dire d'énerver de prime-saut cet édit.
3. Qui a fait la loi y a trouvé l'échappatoire.
4. *Var.* Les godets, les hanaps et les tasses (Ms. 6694).
5. *Pleiger*, cautionner, et ici de répondre à un toast.
6. « On dit des gens qui font bonne chère *qu'ils haussent le temps, qu'ils ont bien haussé le coude*, pour dire qu'ils ont bien bu. » (Leroux, *Dictionnaire comique*, art. HAUSSER.)
7. *Var.* J'ay ouy faire ce conte à madame de Fontaines (Ms. 6694). — Claude de Blosset, dame de Torcy, mariée à Louis de Montberon, baron de Fontaines-Chalendray. — Éléonore, sœur de Charles-Quint et veuve d'Emmanuel de Portugal, épousa François Ier en 1530.

Espagnolz[1], que cet empereur avoit de coustume de saluer souvant les gibets devant lesquelz il passoit, monstrant par là qu'il honnoroit grandement la justice, tenant en cela de son ayeule Yzabelle de Castille, qui s'esjouissoit fort quand elle voyoit les gibetz bien garnys de mal-faicteurs[2]. C'estoit une de ses joyes : j'en parle ailleurs. J'ay veu de mon jeune temps en Italie, et sur tout à Naples, les soldatz espagnols suivant les bandes ne passer jamais devant les fourches où il y avoit des pendus et branchez, despuis les plus grandz jusqu'aux plus petis et leurs mochaches[3], qu'ilz ne levassent tous à la file le bonnet ou le chappeau de

1. *Var.* Disent encor les Allemans que Charles le Quint salluoit vollontiers les gibets. (Ms. 6694, f° 9 r°.)

2. *Var.* Qui disoyt que quatre choses luy plaisoient fort à veoir : *hombre d'armas en campo, obispo en habito pontifical, linda dama en la cama, y un ladron y veillaco en la horca* : « ung homme d'armes dans le camp, un évesque en son habit pontifical, une belle dame au lict, et ung méchant au gibet. » Ce que, comme venu de luy, j'ay veü de mon temps observer religieusement les Hespaignols suivans les armes, car ilz ne passoient point devant les fourches où ung, deux ou bien trois ou plusieurs soldatz auroient estez pendus, branchez ou exécutez, que voyre passast-il une armée de vingt cinq mill' hommes despuis le plus grand capitayne jusques au plus petit muchacho de la trouppe qu'ilz ne tinssent et levassent tous à la fille le chapeau les uns aprez les autres.

Racontent aussi autres particularitez les mesmes Tudesques et Flamens de leur empereur, qui sont si fresches parmy eux qu'à tous propos elles sont en leur bouches, assavoir qu'il beuvoit trois fois à chascun repas ; que lorsqu'il couchoit aveq' quelque dame qu'il la baisoit trois fois la nuict ; outre plus, qu'il se vantoit d'estre né le jour de sainct Matias, qu'il avoit pris le roy de France à tel jour, esté esleu empereur à tel jour, et couronné empereur à tel jour. (Ms. 6694, f° 9, v°.)

3. De l'espagnol *muchacho*, petit garçon.

la teste comme devant une croix, et ce à l'imitation de leur empereur.

On raconte aussi de cet empereur qu'il bevoit tousjours trois fois à son disner et son soupper, fort sobrement pourtant en son boire et en son manger.

Lorsqu'il couchoit avec qu'une belle dame (car il aymoit l'amour, et trop pour ses gouttes), il n'en eust jamais party qu'il n'en eust jouy trois fois.

Il aymoit le jour et feste de sainct Mathias[1] et le sainct et tout, parce qu'à tel jour il fut esleu empereur, et à tel jour couronné, et à tel jour aussi il prit le roy François prisonnier, non pas luy proprement, mais ses lieutenans.

Entre toutes langues[2], il entendoit la françoise

---

1. Le 24 février. — Brantôme se trompe ici : ce jour-là était bien la date de la naissance de Charles V (1500), de son couronnement à Bologne (1530), de la bataille de Pavie (1525); mais c'est le 28 juin (1519), qu'il fut élu empereur à Francfort, et le 23 octobre (1520) qu'il fut couronné à Aix-la-Chapelle.

2. *Var.* Aussi qu'entre toutes les langues, ainsin qu'il en pouvoit juger pour estre prince d'une très heureuse mémoyre, disoit la françoize tenir plus de la majesté et que c'estoit la langue des roys et des princes; car il avoit plusieurs langues familières, prononceant et répettant fort souvant le proverbe turquesque par mi ses plus grands favoris, quand il tumboit sur le devis de la beauté des langues, qui dict : *su cadar dil lu cadar adanis;* brave et superbe proverbe turc qui veut dire qu'autant de langues que le gentilhomme sçait parler qu'autant de fois est-il homme; tèllement que si une personne parloit de neuf ou dix sortes de langages, il l'estimoit autant luy tout seul qu'il heust faict dix autres hommes, ou plus, de semblable qualité.

De faict, et affin que j'en die ma ratellée, ung homme en païs estrange, s'il n'entend la langue du païs où il est, n'est tenu que pour ung porteur de moumon et pour une pièce de chair sans sel; et pour ce il heust bien peu aimer le drogman ou truchement du

tenir plus de la magesté que tout autre. Quel bon juge et suffisant pour la mieux honnorer ! Et se plaisoit de la parler, bien qu'il en eust plusieurs autres famillières, répettant et disant souvant, quand il tumboit sur la beauté des langues, selon l'opinion des Turcz, qu'autant de langues que l'homme sçait parler, autant de fois est-il homme; tellement que si un brave homme parloit de neuf ou dix sortes de langages, il l'estimoit autant luy tout seul qu'il eust faict dix autres. Il fut fort curieux d'attirer à soy le drogman du grand sultan Soliman, jusques à luy proposer soubz main de grandz gages et pentions; mais il estoit entre trop bonnes mains, qui luy donnoient tout ce qu'il vouloit : il parloit distinctement et bien parfaictement dix sept langues, qui sont : grec vulgaire et litéral, turc, arabe, more, tartare, persian, arménien, hébrieu, hongre, moscovite, esclavon, italien, espagnol, allemand, latin et françois; et s'appelloit Genus Bey, natif de Corfou, homme certes faict par miracle, voire incroyable qu'il eust jamais attainct ceste perfection; et l'empereur le devoit bien estimer et desirer, puis que luy mesme parloit cinq ou six langues.

J'ay ouy dire qu'il fit traduire l'histoire de messire Philippes de Comines, françoise[1], en toutes les autres

grand Sollyman qui parloit distinctement.... (Ms. 6694, f° 9, v°.) Nous avons consulté sur la phrase turque citée par Brantôme M. Zotenberg, attaché à la bibliothèque impériale. Il a bien voulu la rectifier et la traduire ainsi : *Su qadar dil lu qadar ádemî* : c'est-à-dire autant de langues, autant d'hommes.

1. *Var.* L'histoire de nostre Philippes de Commines, françoise, en trois ou quatre langues aymant fort la dicte hystoyre et la tenant toujours sur sa table; aussi a il immité en plusieurs traictz son aieul Charles de Bourgongne, et ce bon rompu le roy Loys unsiesme et

qu'il sçavoit, pour ne les oublier, les pratiquer, et retenir mieux ladicte histoire, et pour imiter mieux son ayeul, le brave Charles de Bourgoigne, [et le bon, rompu[1] le roy Louys XIe], en leurs faicts et condictions, et principallement en rompement de foy, pour régner à l'exemple de Cæsar, qui en disoit et en faisoit de mesmes.

Il fut nourry de très bonn'heure aux affaires par ce sage M. de Chièvres[2] que ce prudent Louys XIIe luy donna pour son curateur[3] segond, car luy estoit le premier, qui l'instruisit si bien que l'on en a veu les effectz et la fin.

Il fut fort haut de courage, et présumant fort de soy. Il se dict et se list que, lors qu'il annonça la guerre aux protestans, il avoit si peu de forces au commancement, que, si les autres fussent estez telz grandz capitaines, vaillans et hasardeux comme luy, ilz l'eussent deffaict; car ilz avoient plus de forces deux fois que luy, n'ayant encores receu celles du pape, d'Italie et de Flandres ; et par ainsi son conseil luy persua

mesmes en mode de rompre la foy, pour régner et faire valoir son ambition à l'exemple de Cæzar qui en fist de mesme et tenoit ceste maxime. (Ms. 6694, f° 10, v°.) — Comines a été traduit en latin par J. Sleidan, 1545, in-4.

1. *Rompu*, aujourd'hui nous dirions roué.
2. Guillaume de Croy, seigneur de Chièvres, duc de Soria, gouverneur de Charles V, chevalier de la Toison d'or, mort à Worms, en mai 1521, à soixante-trois ans. Voyez plus loin la notice que lui a consacrée Brantôme.
3. *Var*. Par M. de Chèvres son gouverneur et tuteur à luy donné par le roy Louis dousiesme, quelques trois années ou environ devant que l'empereur mourust. Il y avoit un fort grand prédicateur à sa court qui estoit hespaignol.... (Ms. 6694, f° 10, v°.) Voyez plus loin la suite de ce passage, p. 55, note 2.

doit de temporiser : rien pour cela ; par son brave cœur il hazarda tout.

J'ay ouy dire aussi que, lors qu'il vint assiéger Metz[1], son conseil le conseilla de l'envoyer sommer advant, selon la mode de guerre. « Non, dit-il ; ce seroit une cérémonie de peu de valleur. Ce M. de Guyse, ce jeune prince, ce brave et vaillant, ne s'est point renfermé léans avec si belle noblesse françoise, grandes et delibérées forces, pour parlementer et se rendre. Aussi ma victoire en la prise de ceste façon n'en seroit si glorieuse ; mais je la veux avoir par force et de bravade : *Y el triumpho*, dist-il, *mas bravo sera d'haver los por mucha sangre derramada, que por gratia y misericordia*[2]. » Il y fut bien trompé. J'en parle ailleurs.

Or, si ce prince avoit le cœur haut, brave et valeureux, il avoit aussi l'ambition bien grande, qui le guidoit et conservoit ; car, ne se contentant[3] de ce beau et spécieux nom d'empereur, des terres de son empire, et de tant d'autres réaumes qu'il avoit, il fut une fois en résolution (ce dist l'histoire de Flandres, et

---

1. Le siège de Metz commença en octobre 1552 et fut levé le 1er janvier 1553. Le duc François de Guise commandait dans la ville.

2. « Le triomphe sera plus beau de les avoir par beaucoup de sang versé que par grâce et miséricorde. »

3. Ce passage est intercalé dans le Ms. 6694, au f° 11. Il est écrit de la main de Brantôme et le commencement est rédigé ainsi : Après avoir bien recognu la Flandres et tous ces Pays-Bas et remarqué la grandeur, la fertiité, la beauté et superbeté et forteresses des villes, il prit résolution une foys se fondant sur sa coustumière ambition de les ériger en un réaume et se fayre nommer aveq son grand titre d'empereur, roy de la Gaule belgique, sous laquelle l'on peut dyre y avoyr plus de trente cinq villes....

que cela y est commun) de se faire roy de toute la
Gaule belgique, soubz laquelle l'on peut dire plus de
trente-cinq grosses villes très-fameuses, supperbes et
très magnifficques, comme Louvain, Bruxelles, Anvers, Tournay, Mons, Valencianes, Bos-le-Duc,
Gand, Bruges, Ypre, Malines, Cambray, Arras, Lisle,
Liège, Nammur, Utrecq, Amiens, Bouloigne, Sainct-
Quentin, Calais, Rains, Trèves, Metz, Nancy, Tou,
Verdun, Strabourg, Mayance, Aix, Couloigne, Clèves,
Juilliers, et force autres, jusques à Rouen (ce dist l'histoire), et la plus part de Paris, asçavoir celles du costé
de la Sene : toutes lesquelles places sont décorées de
toutes dignitez et tiltres impériaux, royaux, ducaux,
marquizatz, contez et baronnies, archeveschez, éves-
chez, et de tous autres honneurs et degrez de préé-
minence. De plus, il y a plus de deux cens villes,
lesquelles, pour leurs qualitez et facultez, ont privil-
lèges de villes murées, sans un' infinité de beaux et
grandz villages, qui paressent villes ayant clochiers,
avec un peuple infiny et incroyable. Tout cela est astheure bien changé depuis ces guerres civiles d'estatz.
Ce n'est pas tout ; car ell' est embellie et enrichie de
grosses rivieres navigables comme le Rin, la Meuse, la
Sène, l'Escaud ; puis de très grandes et belles forestz,
comme les Ardenes, Charbonière[1] et autres.

L'empereur donc, tenté de tant de belles choses et
d'envies[2], proposa à son conseil de faire un royaume

1. La forêt charbonnière était la partie occidentale de la forêt
des Ardennes. Le Ms. 6694 ajoute encore : Faigne et Sory-
men.
2. *Var.* De tant de belles choses et de sa devise outrecuidée
d'*outre plus*, il eust non seulement volonté d'érigé ces provinces

tout à part pour luy ; mais il y trouva des difficultez, et principallement sur la diversité des poix, mesures, coustumes, des loix et des langues qui sont entre tant de régions et païs particuliers, lesquelz l'un à l'autre en chose aucune, comme par union et vraye institution de réaume conviendroit faire, ne voudroient céder. Toutes ces difficultez furent débattues[1], mais pour cela rien ; car l'empereur en fust bien venu à bout[2], aussi

en un réaume, mays il le proposa plusieurs foys en son conseil. Toutes foys il y trouva force difficultez.—Cette variante et les deux suivantes sont tirées d'additions autographes de Brantôme, interalées dans le ms 6694, f°s 11 et suivants.

1. *Var.* Poisées (pesées).

2. *Var.* Car il en fust venu à bout, et le vouloyt ainsin sans les grandes guerres qui luy survindrent et autres plus hautes, courageuses et guerrières entreprises, aymant mieux mener les mains en grand et belliqueux empereur que mesnager tel affayre en forme d'un vray mesnager mécanicque ou d'économe de fouyer. Consydérez ycy, je vous prye, l'ambition et la grand' insatiété de cet homme qui ne se contentant de son empire, nom très espécieux, et dignité très suprême par dessus toutes les autres et qui les couvre et offusque toutes, ne se contentant dis-je encor de tant de réaumes de ses Hespagnes, de Naples, Scicile, Sardaigne, Majorque, Oram et autres, se vouloyt encor se dyre roy de la Gaule belgique, nom très beau et glorieux pourtant, et l'ériger en royauté. Je dis ériger, non pas fayre ériger, d'autant qu'aucuns ont voulu dyre que c'est aux papes à ériger les royautés et fayre les roys comme nous en avons force exemples. D'autres ont tenu que cela apartenoyt aux empereurs. C'est une fort belle question en laquelle je ne veux enfoncer pour n'estre assez suffisant à la dissoudre ; (encor présumè-je tant de moy que si je vouloys l'entreprendre et que l'humour m'en prist, j'en penseroys fayre un beau traité et gentil selon ma petite capacité), le layssant faire à de plus capables que moy, s'ils en ont envye ; car la matyère le vaut.

Pour retourner encor à cet grand et insatiable empereur, il ne

bien qu'on faict jadis nos roys sur le réaume de France, où il y a diverses loix, diverses coustumes,

faut point doubter que, sans nostre grand roy Francoys qui luy rompoyt à chasque coup la fusée de ses hautes ambitions et grandes entreprises, qu'il n'eust conquis et réduit à soy quasi toute la chrestienté. Car tant d'ennemys qui se fussent voulu oposer à luy, il les eust abatus comme un foudre, les estimants si petitz et si foybles qu'ilz n'eussent pas heu la puyssance de luy faire non plus de mal que les petitz diablotins de nostre maistre Rabelays avoyent, sinon pour gresler quelque persil et geller quelques chous de jardin. Que fist-il encor de plus grand que tout? Il prist un pape prisonnier. A propos de ceste prison, si faut-il que je face encor ceste petite digression :

J'ay ouy conter à aucuns vieux hespagnols et italiens que lorsque l'empereur Charles s'alla fayre couronner à Boulongne, il y eust quelques seigneurs de ses plus favoris et familiers tant hespaignolz que flamans qui sont grands causeurs et hocquineurs, autant à dyre en tout pays que mocqueurs, comme j'ay dit (*voyez plus haut p.* 11), qui luy dyrent un jour causant aveq luy, qu'il seroit bien estonné si, lorsqu'il feroit la révérence au pape Clément qu'il luy presteroyt l'obédiance en luy baisant sa pantoufle, s'il luy en faysoyt de mesme comme fist l'autre pape à l'empereur Fédéric, et luy mist le pied sur la gorge de mesmes, ou luy donnast de sa dite pantoufle en or deux si grands coups à travers la bouche et le nez qu'il luy en fist sortyr et pisser le sang bien loing, en revanche de ce qu'il l'avoyt pris et retenu prisonnier, au moins ses lieutenantz. A quoy le dit empereur respondit : « s'il se jouoyt à cela, je uy donroys de l'espée sur les oreilles si sarré qu'il s'en souviendroyt toute sa vye, » et qu'il se contentast de la submission qu'il luy faysoyt gratis et de la rayson; autrement s'il en vouloyt abuzer, qu'il la luy feroyt bien sentyr. Aussi fust-il très advisé quant il alla vers luy et en sa ville; car il n'y alla pas en petit prince, mays en vray empereur et comme homme advizé aussi qui le craignoyt fort, et aveq telles forces qu'il n'eust pas fait seullement trambler e pape et ses cardinaux, mays le plus puyssant prince ou grand capitayne de la chrestienté qui eust sceu chose de la guerre. Paulo Jovio en descrit ses forces et la forme efroyante qu'il entra aveq elles dans Boulongne, en son hystoyre, mays non si bien à mon

diverses mesures, divers poix et divers langages. Mais l'encloueure [1] estoit en ce qu'il eust de grandes guerres de tous costez, et principallement contre ce grand roy François, valeureux comme luy, ambitieux comme luy envieux et jaloux comme luy, sur tout de voir son vassal plus grand et plus riche que luy, lequel ne l'eust jamais permis, et mesmes qu'il fust venu régenter son réaume si près et aux portes de Paris. Quelque fat de roy [2] l'eust enduré; aussy bien luy rompit-il tous ses dessaings en cela.

Sur quoy j'ay veu disputer si c'estoit audict empereur, comm' au nom et tiltre d'empereurs, il pouvoit faire et ériger ce réaume. Aucuns disent que ce privillège appartient aux empereurs de ce faire; les autres tiennent que c'est aux papes : je m'en raporte à de plus sçavans que moy pour en faire la conclusion. Je penserois pourtant, tout tel que je suis, en faire un traicté selon ma fantaisie; mais pour ce coup je m'en déporte, craignant de me destourner trop de mon grand chemin.

Tant y a encor que, sans nostre grand roy François, voire sans son ombre seulement, cet empereur fust venu aisément à ce dessaing. Et tant de petitz princes et potentatz qui s'y feussent voulu opposer, il en eust autant abbattu comme de quilles; et leur puissance n'y eust eu pas plus de vertu que celle des petitz diablotins

---

gré qu'ung livre en hespagnol que j'ay veu, ny aussy ouy dyre à force vieux soldatz, capitaines espagnols, italiens, et à de vieilles gens aussi de Boulongne quy virent le tout. Il entra donc ainsin. (Ms 6694, f°s 11, r° et suivants.)

1. *Encloueure*, obstacle.
2. *Correction :* Quelque autre roy.

de Rabelais, qui ne peuvent [par leur pissac] que greller et geller les choux et persil d'un jardin[1]. Le quite pape[2] ne luy en eust peu résister, qu'il ne fust pris dans sa forteresse de Sainct-Ange, imprenable prétendue ; mais pourtant, ayant affaire de luy pour sa couronne il vint s'humillier à luy ; ce qui fust très bien et sainctement faict.

Sur quoy j'ay ouy faire un conte plaisant à des Espaignolz et Italiens, mesmes dans Boulloigne, où fut faict ce couronnement, qu'advant y aller il y eut aucuns de ses favorys, et mesmes Espaignolz, qui sont soubçonneux comme singes de court parmy des pages, qui luy dirent qu'il seroit bien estonné qu'en faisant sa sumission au pape, qu'il[3] luy fist l'affront que fist l'un de ses prédécesseurs à l'empereur Fédéric[4], et luy mist le pied sur la gorge, en récompense de ce qu'il l'avoit faict prendre et retenir prisonnier si longtemps. A quoy respondit l'empereur : « S'il se jouoit à cela, je luy donrois de mon espée si estroit sur l'oreille, qu'il s'en resouviendroit pour jamais, et l'endormirois bien pour un long temps ! » Et pourtant, y songeant un peu

1. « Ung petit dyable, lequel encores ne sçavoyt ne tonner ne gresler, fors seullement le persil et les choulx ; encores aussy ne sçavoyt lire ny escrire. » Voyez *Pantagruel*, liv. IV, ch. XLV.

2. *Le quite pape*, le pape lui-même. *Quite* est un mot gascon qui signifie même.

3. *Il*, le pape, Clément VII.

4. Brantôme fait allusion à un conte rapporté par certains écrivains très-postérieurs au douzième siècle. Ils prétendent que, dans une conférence tenue à Venise en 1177 entre Frédéric Barberousse et Alexandre III, celui-ci posa le pied sur la tête de l'empereur prosterné devant lui, en répétant ces paroles du psalmiste : *Tu marcheras sur l'aspic et le basilic*. Le fait ne se trouve dans aucun historien contemporain.

et ne voulant estre pris sans gantellet, il alla par devers luy, non en petit prince s'humiliant, mais en vray empereur arrogant, et avec telles forces, qu'il fit plus de peur au pape que le pape à luy, bien qu'il fust sur ses terres et en sa ville de Boulloigne. Paulo Jovio[1] en raconte l'histoire et son entrée; mais je l'ay mieux leue et apprise dans un livre espaignol, et que je l'ay ouy aussi confirmer à aucuns vieux capitaines et soldatz espaignolz et italiens de ces temps. Il entra donc ainsi[2] :

Premierement, marcha à la teste quatre mille Espaignolz, tous vieux soldatz des guerres passées, lesquelz menoit dom Anthoine de Leve[3], porté par des esclaves dans une chaire couverte de vellours cramoysy, et luy très bien en poinct[4].

Amprès venoient dix-huit grosses pièces d'artillerie, fournies de tout leur attirail et munitions qu'il n'y manquoit rien, estans suivies de mill' hommes d'armes des vieilles ordonnances de Bourgoigne, tous bien

1. Paolo Giovo, en français Paul Jove, évêque de Nocera, né à Côme le 19 avril 1483, mort à Florence le 11 décembre 1552. On a, entre autres, de lui : *Historiarum sui temporis tomi duo* (1494-1547), Florence, 1550-1552, 2 vol. in-f°. Cette histoire, souvent réimprimée, a été traduite en français par Denis Sauvage, 1581, in-f°.

2. Il existe trente-huit planches in-f° gravées par Hogenberg et représentant l'entrée de Charles V à Boulogne, entrée qui eut lieu le 5 novembre 1529. On peut consulter à ce sujet, outre les ouvrages imprimés, un journal très intéressant intitulé : *Histoire des voiages faicts par l'empereur Charles le cinquiesme depuis l'an 1514 jusqu'à sa mort*, par Jean de Vandenesse (Biblioth. impér. Ms. Dupuy n° 560), f°s 29 et suivants.

3. Voyez sa vie plus loin.

4. C'est-à-dire très-bien vêtu.

montez et bien armez, et couvers de leurs belles et riches cazacques d'armes, la lance sur la cuysse. Puis venoient les pages de l'empereur, qui pouvoient monter à vingt et quatre seulement, tous supperbement vestuz de vellours jaune, grix et violet, estans pour lors ses couleurs, montez sur de très beaux chevaux, les uns à la genette [1], les autres à la commune, que les Espaignolz appelloient pour lors à la bastarde. Les pages emprès estoient suivis du grand escuyer de Sa Magesté, armé de toutes pieces d'armes blanches, portant en sa main droicte l'estocq de Sadicte Magesté. Puis l'empereur marchoit, monté sur un fort beau genet d'Espaigne, bay obscur, armé de fort belles et riches armes d'orées et couvertes d'un saye [2] (ainsi l'appelle l'espagnol) de drap d'or, l'espaule droicte pourtant descouverte, et la moitié du costé et les bras aussi, par où se pouvoient voir les armes aisément, et en la teste un bonnet de vellours noir (le livre l'appelle *un bonete de terciopelo negro* [3]), sans panache ny autre garniture.

Le temps passé, on en usoit ainsi souvent de ces bonnetz à cheval pour une parade, comme j'ay veu les escuyers de nos roys en porter quelquesfois, quand ilz piquoient [4] les grands chevaux devant leurs roys;

1. « On dit porter les jambes à *la genette*, c'est-à-dire tellement raccourcies que l'éperon porte vis-à-vis des flancs du cheval. On dit monter à *la genette*, courre à *la genette*. Les Espagnols et les Turcs courent ainsi, serrant le cheval des jambes et talons retrécis, sans étriers. » (*Dictionnaire de Trévoux.*)

2. *Saye*, ou *saie*, espèce de casaque.

3. « Un bonnet de velours noir. » Dans les planches de Hogenberg, Charles V est représenté avec une couronne.

4. *Piquer*, essayer, manier.

mesmes le roy Charles[1], je luy ay veu les porter estant jeune, quand il falloit les[2] picquer, non pas tousjours, mais quelque fois. Feu M. de Guyse, ce brave dernier mort[3], comparut ainsi en sa parade et entrée de camp, en un combat à cheval, qui se fit un jour au Louvre, aux nopces de M. de Joyeuse[4], sur un grand coursier, qui alloit fort bien deux pas et un saut; aussi le sçavoit-il fort bien mener, ayant un bonnet d'escarlate en la teste. Et il me dit qu'il l'avoit trouvé dans des vieux meubles de feu Monsieur son père, car de ces temps il s'en portoit fort en la teste, garny de force pierreries et de longs fers d'or, à l'antique; ce que tout le monde trouva fort beau. Aussi à ce prince tout seyoit bien, tant il estoit bien nay et nourry; et pour moy, jamais je ne le vis avoir si bonne et belle grâce, non de prince seulement, mais d'empereur et de roy.

Ainsi donc ce grand empereur s'accommoda de ce bonnet[5] sans porter de chapeau, qu'il n'aymoit pas tant qu'*una gorra o gorriqua*, que l'Espaignol appelle aussi ainsi, bonnet ou petit bonnet, voire de drap,

---

1. Charles IX.
2. *Les*, les chevaux.
3. Henri, duc de Guise, tué à Blois en 1588.
4. Anne duc de Joyeuse, l'un des mignons de Henri III, qui le maria en 1581 avec Marguerite de Lorraine, sœur de la reine. Il périt à la bataille de Coutras.
5. « On conserve au musée de Cluny un bonnet du genre de ceux dont Brantôme vient de parler, et une inscription nous apprend qu'il a appartenu à Charles-Quint : *Gorro que pertenecio al emperador don Carlo V. Guardalo mi hijo es memoria de Juhan de Garnica.* » (Note de l'édition de MM. Mérimée et Lacour.)

qu'il portoit quasi ordinairement; et que de ces temps les bonnetz estoient fort en usage, non comme aujourd'huy les grands fatz de chappeaux que l'on porte garnys plus de plumes en l'air qu'une autruche ne peut fournir en chascun [1].

Il a falu que j'aye faict ceste digression : il faut qu'elle passe pour bardot sans payer péage [2].

Pour retourner encore à nostre grand empereur, il estoit donc monté sur beau genet (comme j'ay dict [3].) Les cardinaux venoient après sur leurs mulles, et leurs grandes chappes sur eux [4]. Après lesquelz venoit d'Astorgia [5], qui conduisoit la trouppe de quatre ou cinq cens gentilz-hommes de la cour, les uns plus braves que les autres, et très bien montez armez. Suivoient encor mille cinq cens chevaux légers et gensdarmes, tous

1. *Var.* Les bonnetz estoyent en usage qu'on ha perdu aujourdhuy, pour prendre de grands fatz chapeaus aveq plus de plumes qu'une austruche n'en peut produyre, qui ne frisent point si bien ny ne font sa cerveille escarbillate et gentile comme, le temps passé, les bonnets garnis de quelques gentiles plumes à la légère. (Ms. 6694, f° 14, v°.)

2. *Var.* Il faut qu'elle passe pour bardot sans payer péage, comme font les muletiers (*Ibid*). — « On dit passer pour bardot (petit mulet), c'est-à-dire passer franc et sans payer, parce que le muletier ne paye rien pour le bardot qui le porte. » (*Dictionnaire de Trévoux.*)

3. *Var.* Il estoyt monté sur son genet, comme j'ay dit, qui estoyt tout armé jusques à la teste, aveq la barde pardessus de drap d'or. C'estoyt beaucoup pour un genet qui ne pouvoyt estre si fort qu'un gcoursier du Règne. (Ms 6694, f° 14 r°). Voyez p. 72, note 2.

4. *Var.* Sur eux, acoustumées en telles grandes cérémonies (*Ibid.*).

5. Probablement Pedro Alvarez Perez Ossorio, marquis d'Astorga, mort le 1er novembre 1560. Voyez Imhof, *Genealogiæ viginti illustrium in Hispania familiarum*, 1712, in-f°, p. 220.

l'armet en teste ou bourguignotte¹. Et pour l'arrière garde, trois mill' hommes de pied encor, tant Espagnolz, Italiens, que lansquenetz.

C'estoit marché, cela, en brave et grand empereur, pour faire trembler la terre, ainsi qu'il fit aussi trembler le ciel lorsque son artillerie commença à tirer et faire un bruict de diable, que dom Anthoine de Lève fit bravement jouer ce jeu, et avec les arquebusades redoublées souvant de ses soldatz. Or, de narrer et desduire tout le reste de son entrée, et comm' il arriva à l'église, ce qu'il y fit, et comm' il fut receu, c'est chose supperflue, puisque cela se treuve assez par escrit. Seulement, je diray, pour reprendre nostre premier thème, comment il se comporta en son obédience vers le pape.

Quand il fut donc joinct à luy, il se mit à genoux, et luy baisa les piedz; et puis, s'estant levé, il luy baisa la main. Le pape aussi tost (les siens luy ayant levé sa mytre par derrière) luy baisa la joue. Cela faict, l'empereur se remit encor à genoux, et le pape, avecqu'un grand geste de faveur (dict ainsi l'histoire), le pria de se lever; et estant ainsi, vint un de l'empereur, qui tira une pièce d'or de la bource de drap d'or, qui la donna à l'empereur, laquelle il offrit au pape, en béneffice de tout son pouvoir, et luy disant: « Père sainct, grâces soient rendues à Dieu de là haut, qui m'a concedé tant de grâce que je soye venu icy en toute seurté à baiser le pied de Vostre Sainteté, et à estre receu d'elle bénignement plus que je ne mérite; et par ainsi je me metz dès ores en vostre sauvegarde. »

Quelz motz faintz et rusez voylà, et quelle sauve-

---

1. *Var.* Salade ou bourguignote en teste, la lance sur la cuysse de mesme que les autres (Ms 6694, f° 15).

garde, puisque le pape estoit en la sienne, et qu'il estoit le plus fort! De mesmes en fit le loup (de la fable d'Ysope)¹, qui, faignant d'estre chassé et d'avoir pœur, se vint rendre en la sauvegarde de sa commère madame la chièvre, et après la mangea; car elle vouloit faire de la gallante avec luy. Mais nostre empereur ne fit pas de mesmes sur le dernier poinct. Et ne faut pas doubter pourtant que, si le pape eust voulu abuser de son autorité, que l'empereur ne l'eust faict sauter haut comm' une mitaine. Et voylà pourquoy il fut très sage et bien advisé de s'estre bien accompaigné².

Aussi fut sage le pape quand il luy dist : « Ta Cæsarée Magesté (c'estoit un grand mot, celuy là du pape) et ta veuë m'a estée fort desirée ; et pour ce, je rendz grâces à Dieu de vous avoir veu et receu, non comm' elle mérite ; et par ainsi nous nous mettons en Sa garde.. » C'estoit bien dict au pape, cela, de se mettre en sa garde, et sans faintise³, comme l'empereur avoit dict la sienne.

Cela dict, le maistre des cérimonies haussa l'empereur, et le mit auprès du pape, près duquel ne de-

1. Cette fable ne se trouve pas dans le recueil des fables d'Ésope.
2. *Var.* Et voyla pourquoy l'empereur Fédéric fist bien du fat de ne s'estre bien acompagné pour empescher ceste insolence de son pape ; car s'il eust heu un' armée à son cul et à sa dévotion, possible le pape ne l'eust ainsin traité et y eust songé. Le pape Clément fist bien plus sagement à l'endroit de l'empereur, ou qu'il fust plus bening et gratieux, ou qu'il craignist quelque choq et prist patience par force. Par ainsin il respondit à l'empereur très gentimant : Ta césarée Majesté et ta veue.... (Ms. 6695, f° 15 v°).
3. C'est-à dire sans la feintise avec laquelle l'empereur....

meura guieres; et s'en alla[1] avec les cardinaux pour parfaire le reste de ses cérimonies : et puis, advant que se départir du tout, firent une grand' amitié et réconcilliation, comme il se voit par escrit. Et par ainsi cet empereur demeura fort content, n'ayant rien eu tant en affection que ce couronnement, pour plusieurs raisons, et principalement qu'il n'estoit que my-empereur, et ne l'appelloit-on que l'*esleu empereur;* non pas les Espagnolz, qui l'appelloient fort bien tout à trac *emperador*, sans le my-partir[2].

Ce ne fut pas tout, car encor dic-ton qu'il se voulut faire couronner empereur du nouveau monde; mais il n'estoit pas bien encore achevé d'estre conquis, de la façon que le temps et les guerres qui s'y sont faictes en ayent achevé les conquestes; où les Espagnolz certes y ont acquis de belles réputations, et non sans grandes peines que nous autres François n'eussions peu souffrir, tesmoing la Flouride et autres petites terres de sauvages, que n'avons sceu guieres bien gaigner n'y garder; au lieu que ces braves Espagnolz, n'estans que petites poignées de gens, y ont faict des effectz et des miracles fort estranges, non pas seulement en leurs premières conquestes soubz l'empereur, mais soubz le roy Phillippes, qui se sont

---

1. *Var*. Et s'en alla aveq ses cardinaux pour le laysser achever le reste de ses cérimonies, remettant le tout aux autres jours à ...... et à sa cérimonie de sacre et couronnement, et fyrent une grande réconsiliation et amytié, sans plus se resouvenyr de sa prison ny de tout le passé. Tel et si grand empereur fust donc si heureux en sa vye.... (Ms 6694, f° 15.). Voyez la suite p. 57, note, ligne 3.

2. C'est-à-dire sans le diminuer de moitié.

eslargies estrangement, sans aucunes séditions et révoltes, comme fut celle[1] de Francisque Pizarre, ce brave et vaillant capitaine. J'en parle ailleurs.

Ce ne fut aussi sans grandes effusions de sang sur ces paouvres Indiens, dont on en blasme fort les Espagnolz, qui n'avoient pas tant de tort qu'on diroit bien; car ces barbares, quand ilz les trouvoient à l'escart, n'en avoient aucune commisération, jusques à les manger; et, par ainsi, faut que la cruauté soit compensée par cruauté. De sorte qu'il se dict et se treuve par escrit que ces Indiens, estans ainsi si cruellement traictez, s'advisarent de se faire baptiser et se faire chrestiens pour n'estre plus subjectz à ces tourmens cruelz, et s'y en abordarent tant à ce sainct mystère[2], que force Espagnolz furent contrainctz de présenter requestes aux magistralz de l'empereur, que les prebstres et moynes n'eussent plus à tant baptiser de personnes; d'autant qu'ilz ne pouvoient plus trouver d'esclaves pour fournir au travail et cavement des mines. Voylà un plaisant traict! Que si on l'eust faict du règne de ceste bonne et dévotte la reyne Yzabelle de Castille[2], elle les eust tous faictz mourir pour telle requeste, n'estant son intention de conquérir ce nouveau monde sinon d'autant pour gai-

---

1. *Comme fut celle*, c'est-à-dire comme fut la conquête de Pizarre. — François Pizarre, né à Trujillo en 1475, conquit le Pérou en 1528 et périt assassiné en 1541.

2. Isabelle, fille de Jean II, roi de Castille, née en 1450, épousa (1469) Ferdinand roi d'Aragon; devint (1474), à la mort de son frère Henri IV, reine de Castille au préjudice de sa mère, et mourut en 1494. Voyez plus loin la notice sur son mari, Ferdinand II d'Aragon et Ferdinand V de Castille.

gner et réduire ces paouvres ames, qui estoient du tout perdues; tant ell' estoit bonne et dévotte chrestienne! Ceste requeste pourtant estoit plaisante pour un léger chrestien.

Or, pour reprendre encor ceste conqueste, ç'a esté une très grande richesse, non pas seulement pour l'Espaigne, mais pour toute la chrestienté qui s'en est quasi saoulée, n'ayant auparadvant que fort peu de mines d'or et d'argent. Aujourd'huy il y a parmy la chrestienté, voire ailleurs, plus de pistolles de deux et de quatre qu'il n'y avoit, il y a soixante-dix ans, de petitz et simples pistolletz, de doubles ducatz à deux testes de la reyne Yzabelle et Ferdinand son mary. Il n'y en a pas tant certes comme de la première descouverte par Christoffe Coulon[1], soubz ce roy et reyne, tesmoingt M. de Chièvres[2], qui, pour cela, en esmeut une sédition en Espagne[3], comme chacun sçait; mais on a réduict aujourd'huy toutes ces belles et fines pièces en autres espèces augmentées et falciffiées.

Si fairay-je ce conte que, lorsque je vins d'Espaigne, y estant allé pour mon plaisir voir le païs et la guerre, et le siége du Pignon de Belys[4], [comme j'ay dict ailleurs], je vins trouver le roy et sa court à Arles[5] en

1. Christophe Colomb, né en 1435, découvrit l'Amérique en 1472 et mourut en 1506.
2. Voyez plus haut p. 35.
3. L'insurrection des *comuneros*.
4. Peñon de Velez de la Gomera, sur la côte du Maroc, fut pris en septembre 1564 par les Espagnols unis aux Génois et aux chevaliers de Malte. Voyez de Thou, livre XXXVI.
5. Charles IX et Catherine de Médicis séjournèrent à Arles du 16 novembre au 7 décembre 1564. Voyez dans le tome II des

Provence. Ainsi que j'entretenois la reyne mère à son soupper, elle me demanda si j'avois esté en Séville, et si j'y avois veu arriver la flotte des Indes, et combien on l'estimoit. Je luy dis que je l'avois veue, et qu'on l'estimoit à vingtz millions d'or, moitié pour le roy et moitié pour les marchans. Lors elle me dict : « M. de Savoye[1] (qui estoit lors à la court) m'a dict qu'il ne falloit pas tant vanter toutes ces flottes qu'on diroit bien, car elles coustoient plus au roy d'Espaigne qu'elles ne luy revenoient. » Je ne sçay pas pourquoy M. de Savoye disoit cela à la reyne, ny à quelle finesse et intention ; car, sans ces flottes et commerces des Indes, le roy d'Espaigne n'eust sceu fournir à tant de fraiz qu'il luy a falut supporter (tant qu'il a régné), qui ça qui là, et sur tout en ces guerres de Flandres. Or, tant y a, quoy que dict M. de Savoye, ce sont esté de grandz trésors qui sont sortis de là despuis cent ans ; et M. de Savoye s'en est bien ressenty luy-mesmes, et tous les jours tout le monde s'en ressent.

Ce n'est pas tout ; car les perles et pierreries nous sont si communes, que les moindres femmes de nos courtz et de nos villes s'en ressentent et s'en parent mieux que ne faisoient, il y a cent ans, nos princesses et grandes dames ; et telz marchans y a-il en Espaigne et Portugal qui ont plus de belles pierreries et perles que ne valloient le temps passé les bagues de la cou-

---

Pièces fugitives du marquis d'Aubaïs le Voyage de Charles IX en France par Abel Jouan, « l'un des serviteurs de Sa Majesté, » p. 14.

1. Emmanuel-Philibert, dit *Téte de fer*, duc de Savoie de 1553 à 1580. Il avait épousé Marguerite de France, fille de Henri II et de Catherine de Médicis.

ronne. Tesmoingt la belle et incomparable perle de cet Hernand Cortez, qu'il raporta des Indes, sur laquelle il fit graver ces motz : *Inter natos mulierum non surrexit major*, pour si monstrueuse grandeur et grosseur, qu'elle revenoit à la grosseur d'une poire; bien certes dissemblable à celles de Cléopatre [2], dont je parle ailleurs, laquelle il perdit despuis devant Alger, la monstrant à un de ses amis, et par malheur, estant sur le tillac de son navire [3], tumba dans la mer, et ne la peut jamais recouvrer, quelque recherche et pescherie qu'il peust faire : punition possible divine [4], pour avoir donné à une chose prophane une subscription de nostre Ecriture Saincte. Il ne la voulut jamais vendre ny mettre à prix, non pas mesmes à l'empereur, la réservant pour en estrainer la femme qu'il vouloit espouser [5].

1. « Entre les fils des femmes il n'y en a point eu de plus grande. » (St. Matthieu, chap. xi, vers. ii.)

2. Voyez Pline, livre IX, ch. lviii.

3. *Var.* Sur la courcie de la gallère ou tillac de navire. (Ms. 6694 f° 17.)

4. *Var.* Pour punition divine possible de son engraveure et de ses motz par trop blasphémans (*Ibid.*).

5. Brantôme s'est trompé ici : le joyau dont il parle n'était point une perle, mais une émeraude. Le chapelain de Cortez, Fr. Lopez de Gomara, en a donné la description suivante dans son *Historia general de las Indias* (1554, in-12). « Cette émeraude formait une petite coupe avec son pied en or; quatre petites chaînes la retenaient et venaient se rattacher à une large perle disposée en bouton; le bord de la coupe était également d'or et portait gravé à l'entour : *Inter natos mulierum non surrexit major*; pour cette seule pièce, la plus précieuse de toutes (Cortez avait encore quatre autres émeraudes), il lui avait été offert quarante mille ducats par des Génois qui voulaient la revendre au Grand-Turc. Il les donna à dona Juana (sa femme) comme joyaux

Ce Ferdinand fut certes grand capitaine, qui conquesta le réaume de l'empire de Montezuma pour l'empereur son maistre. Or, si ceste perle se perdit et se coula dans la mer, et disparut des yeux des hommes, indignes de posséder un miracle de nature, elle présagea la perte de la belle âme et du beau corps de nostre grand empereur, ainsi que les Affricquains appellent leurs roys et empereurs *Pierres Précieuses,* pour estre recuillie au ciel et y servir de quelque lumineuse estoille, d'autant que les grandz princes sont en ce monde comm' estoilles, qui donnent influence à tous leurs peuples.

S'il eust peu accomplir un dessaing qu'il avoit de se faire pape, comm' il vouloit, il eust encor mieux esclairé le monde, comme estant tout divin; mais il ne peust pas, par les voix des cardinaux, comme

et ce furent les plus précieux que jamais femme ait portés en Espagne. » Suivant le même historien, lors de l'expédition désastreuse de Charles V contre Alger en 1541, Cortez qui montait *l'Esperanza,* voyant son navire au moment d'échouer, se ceignit d'un mouchoir où il plaça ses cinq émeraudes « qui tombèrent par mégarde ou par fatalité dans la vase du rivage. » — Nous tirons ces détails de deux curieux articles que M. Ferdinand Denis a insérés dans le *Magasin pittoresque,* 1851, p. 127 et 146.

1. *Var.* Tout le butin de nature ramassé en ceste pierre, ceste bell'âme de nostre empereur, vray Jocan Belul, c'est-à-dire vraiement pierre précieuse, comme (les Abissins, en Afrique, appellent leur empereur Pret Jocan, ou bien Jocan Belul, c'est-à-dire pierre précieuse, car entre les Abissins qui sont chrestiens tous les noms signifient quelque chose) nullement assortissable à autres qu'à soy mesmes. En contre eschange de ceste perle perdue fut recuillie despuis au ciel où je ne doutte point que Nostre Seigneur, pour salayre de sa foy, ne l'ayt assise sur les clartez de quelque lumineuse estoille, attandu que les bons et grands princes sont en ce monde comme estoilles.... (Ms. 6694, f° 17 r°).

fust le duc Aymé de Savoye[1], qui le fut esleu, et puis se retira en son monastère de Ripaille, et fit l'empereur aussi au sien ; lequel pourtant j'ay ouy dire que, s'il eust eu encor des forces du corps comme de son esprit, il fust allé jusques à Rome avec puissante armée, pour se faire eslire par amour ou par force ; mais il tenta ce dessaing trop tard, n'estant si gaillard comme d'autres-fois ; aussi que Dieu ne le permit, car il vouloit rendre le papat héréditaire (chose pour jamais non ouye) en la maison d'Autriche. Quel traict, et quel homme ambitieux voylà ! Ne pouvant donc estre pape, il se fit religieux. C'estoit bien s'abbaisser. S'il eust au moins tasté de ce papat comme ce duc, encor mieux pour luy, et eust peu dire en mourant qu'il avoit passé par tous les degretz de la bonne fortune, et pris tous les ordres de la grandeur. Toutesfois, pour le meilleur de son âme et de son salut, il fit mieux de se rendre ainsi religieux, quasi à demy sainct, et non par dissimulation, et non aussi ainsi que me dist une fois un soldat espagnol, à Naples, d'un qui faisoit ses pasques, en me le monstrant du doigt : *Señor, mira tal con su pascua ; que voto á Dios es una pascua dissimulada*[2].

Mais je croy que la conversion et religion de cet empereur ne fut jamais dissimulée, car il en porta

---

1. Amédée VIII, premier duc de Savoie, abandonna en 1434 le gouvernement de ses États à son fils Louis, se retira au prieuré de Ripaille, et en 1440 fut élu pape par le concile de Bâle. Il prit le nom de Félix V ; mais craignant un schisme, il abdiqua le 9 avril 1449 et mourut à Genève le 7 janvier 1451.

2. « Señor, voyez cet homme avec sa pâque : je jure bien que c'est une pâque fausse. »

l'habit très austèrement deux ans quelque mois; et bien souvant se fouettoit d'un fouet de pénitent.

Avant que se réduire, il avoit près de sa personne ce grand hypochratiste et anatomiste, voire fisionomiste, André Vesalius[1], médecin flaman très fameux, natif de Bruxelles, qui s'advança de luy dire souvant qu'il n'avoit plus guière à vivre. De plus[2], il avoit un

1. André Vesale, le créateur de l'anatomie, né à Bruxelles en 1514, mort à Zante en 1564.
2. Ce passage se trouve au f° 10 du manuscrit 6694. (Voyez plus haut, p. 35, note 3). Il y est rédigé ainsi : « Il y avoit ung fort grand prédicateur à sa court qui estoit Hespaignol, homme grandement zélé qui preschoit ordinayrement devant luy; cestuy-cy l'essorta (*l'exhorta*) de telle façon, luy cria et luy répéta tant de foys qu'il falloit mourir ung jour, et ce disoit devant tout le monde, adressant sa parolle à sa Majesté, apprez tant de batailles gaignées, aprez avoir causé tant de maux par son ambition, aprez avoir levé les armes contre toutes sortes de nations, amprez avoir espanché tant de sang humain par toute la chrestienté, qu'il falloit meshuy qu'il pensast de fayre pénitence, autrement que s'il faisoit le rétif aux inspirations du Sainct-Esprit, ausquelles il le voioyt disposé, il estoit à craindre que Dieu ne se courrouceast à bon escient contre luy ; de manière qu'aiant esté battu infinies fois de semblables parolles, il se résolut de dire adieu au monde et se faire pape s'il eust peu. Telle fust un temps son ambition à quoy ayant failly, se fist religieux, comme quelque cents année auparavant, le duc Anne (Lisez : *Amé*) de Savoye qui se retira au monastère de Ripaille sur le lac de Lozanne, aprez avoir faict jurer la fidélité à son filz par tous les vassautz de ses Estatz tant de là que deçà les monts, jouxte que l'emperuer avoit prez de sa personne ce trois foys très grand annatomiste André Vezalius, médecin flament qui estoit natif de Bruxelles, qui par les secretz admirables du poux (*pouls*), où il estoit singulier sur tous les hypocratistes du monde, comme il le fist bien paroistre au conte de Bure[*], luy prédisoit souvantes fois qu'il n'avoit plus guières à vivre ; tout cela l'un sur l'autre, jouxte

[*] Voyez dans ce volume l'article de M. de Bure.

grand prédicateur espagnol qui preschoit ordinairement devant luy, qui l'exorta de telle façon, luy cria et luy répéta tant de fois devant tout le monde

qu'il est croiable que Dieu frapoit au marteau de sa conscience, fist qu'il se résolust de faire le saut de résigner l'empire entre les mains de Ferdinand son frère roy des Romains, bailler ses royaumes à son filz, puis offrir son corps et son âme au service de Dieu; et de faict, il porta l'habit de religieus (bien différant à sa belle cotte d'armes de jadis) l'espace de deux années entières et davantage, n'aiant jamais plus voulu ouir parler d'affayres despuis qu'il se fut une fois embarqué dans le monastère, ainsin que j'ay ouy dire en Espaigne.

Telle a esté la fin de Charles le Quint, le plus brave et magnanime empereur qui allaicta* oncques mammelles de mère, lequel, amprez avoir cassé le front et abbattu les cornes des plus superbes empires qui fussent de son temps, qui sont ceux des Indes et du Pérou, et mis finallement cul sur pointe, et le tiers qui est celuy de Soliman, il le choqua si bien et si rudement que de l'heurt il en demeura estourdy plusieurs années. Et quand à ceux d'Atabalipa et Montezzuma, ilz estoient telz que s'ilz heussent heu trois choses qui leur manquoient en ceste piaffante splendeur de tous biens, qui estoit : la barbe au manton de bons hommes, les chevaux et la cognoissance de l'artillerie, je donne ce jugement aujourd'huy, duquel ne sera jamais apellé par cy amprez, c'est qu'ilz heussent surpassé en toute grandeur l'empire de Auguste*, principalement celuy de Montezzuma, roy du Mexico, empereur de plus de huict vingtz grandes provinces, qui y estoient enclavées, comme le temps les fera cognoistre par leur nom. (Ms. 6694 f° 10). Ici Brantôme a intercalé quatre pages de sa main contenant ce qu'on a vu plus haut (p. 37) sur le dessein de Charles V de faire un empire belgique; puis il ajoute : Il prist ung pape prisonnier, ung grand roy aussi le plus grand du monde, et forces autres princes souverains, grands seigneurs et potentatz et les fist boucquer.

Viennent encore 6 pages de la main de Brantôme intercalées et qui présentent une relation un peu différente de son entrée à Bo-

* *Allaiter* avait, au seizième siècle, les deux sens du latin *lactare: allaiter* et *teter*.
** Il y avait d'abord Nabuchodonosor. La correction est de la main de Brantôme.

qu'il falloit mourir un jour, et tost, après tant de
batailles gaignées, espandu tant de sang, cause de tant
de maux pour son ambition, et qu'il en falloit faire

logne, (voyez plus haut p. 42, 43, 45 et suiv.), puis le manuscrit
continue ainsi :

Tel et si grand empereur fust donq si heureux en sa vie, mais
beaucoup plus heureux à sa mort, qui aiant heu loisir de vacquer
sérieusement au service de Dieu deux années durant devant que
mourir, fraia le chemin à tous les plus sublins * espritz de la terre
et leur monstra que, pour gaigner le ciel, il faut fouler aux pieds
les grandeurs de ce siècle, fermer la porte au nez du monde, la
tenir serrée sur soy pour n'y vouloir jamais plus retourner pour
entendre ce qui s'i faict de nouveau.

Telle, encores une fois, a esté la fin de cest empereur, solide-
ment religieux en son âme que je puis dire, en ung mot, avoir
esté les délices et les amours de la chrestienté, ainsin que aucuns
ont apellé Titus les délices du monde ; lequel, amprez avoir ar-
raché des mains des Vénitiens, Florentins et Genevoys, le commerce de l'espicerie, par la descouverte des Mouluques, que fist
Magaillan** soubz son aucthorité et à ses despans, fist fermer bou-
tique à tous ces raquedenares qui ratelloient tout l'or et l'argent
de l'univers, pour en impatroniser l'empire hespaignol, de façon
qu'à bon droit le roy Philippes se peut nommer le roy absolu de
l'espicerie de tout le monde, pour avoir despuis rendu tributayre
la couronne de Portugal à la puissance des Castillans. Vivra certes
et ne flestrira jamais la mémoyre de ce grand empereur chrestien,
qui, de plus, a comblé d'or, d'argent et de pierres précieuses toute
l'Heurope, la pierrerie aiant esté en si grand' abondance en toute
l'Hespaigne, luy vivant, qu'il se dist que les joyaux que les an-
cians Hespaignolz tenoient si rares n'estoient que poix et dragées
d'harquebuz pour le gibier, en parangon des grandes et grosses
perles qui se voioyent communément de son temps, tesmoing en
pourra estre la perle de Ferdinand Cortez (Ms 6694, f°s 10 et 17 r° ;
Voyez la suite plus haut, p. 52.)

* *Sublins*, sublimes.

** Fernand Magellan, en portugais Magalhaens, mort en 1522. Il n'est pas
bien certain qu'il ait fait partie de l'expédition qui découvrit les Moluques.

*** *Raquedenares*, racle-deniers.

pénitence, autrement Dieu s'en pourroit irriter contre luy. Tout cela l'un sur l'autre, et que Dieu desjà commança à le frapper en sa conscience, fit qu'il se résolut de faire le saut, maugré luy pourtant, et de résigner l'empire à son frère Ferdinand [1] et tous ses réaumes à son filz [2]. Et pour ce, il fit sollempnellement assembler ses estatz à Bruxelles, dont j'en parle ailleurs, au discours de la reyne d'Ongrie [3], qui estoit assise lors près de luy, comme gouvernante de ces Païs-Bas. Voylà pourquoy je m'en désiste ast'heure d'en parler, car ce ne seroit qu'une redicte [4].

1. Ferdinand Ier. L'acte de renonciation de Charles V à l'Empire est du 7 septembre 1556.

2. Philippe II. L'assemblée eut lieu le 6 février 1556.

3. Marie, sœur de Charles-Quint, veuve de Louis roi de Hongrie, tué à la bataille de Mohatz en 1526. — Brantôme a écrit sa vie.

4. *Var.* Il y a force gens aujourd'huy encor vivans dont j'en ay veu aucuns qui racontent que, lorsque ce grand empereur se voulut divertir du monde, ung peu devant envoia querir le roy Philipes son filz, et l'espace de deux mois seul à seul luy fist ces leçons, et luy conféra tous ses conseilz, mémoyres et advis qui importoient le meintien de sa grandeur et conservation de ses royaulmes, terres et pocessions, et l'entretien des princes tant estrangiers que proches de sa personne; entre autres particularitez, la recognoissance de ses anciens serviteurs et de leurs services, et sur tout aussi qu'il s'apointast aveq le roy de France, au moings qu'il temporisast à certain temps (quel mot et conseil!) pour estre le plus fort ennemy qu'il heust point et pourroit avoir; et, s'il ne pouvoit accorder aveq' luy, sur tout qu'il ne se séparast d'amitié d'aveq le roy des Romains, son oncle, et autres grands princes d'autant que s'il se séparoit d'eux, il auroit beaucoup d'affaire aveq' ung si puissant ennemy que le roy de France. Toutes ces leçons données et remonstrances faictes, il fit une assemblée génralle à Bruxelles de tous les estatz du Païs-Bas, où aiant desduict l'indisposition de sa santé et que pour l'amander et remettre, il

Et s'estant ainsi desfaict de tous ses réaumes, estatz et terres, il ne se réserva pour tout que l'usufruict de Castille, la surintendence des commanderies, pour récompenser ses anciens serviteurs. D'autres

estoit besoing de changer d'ayr et s'en aller en Hespaigne, et despuis aiant faict ample déclaration des biens et faveurs et secours qu'ilz avoient receu de luy, il les pria de vouloir accepter et recepvoir son filz pour leur naturel seigneur; ce qu'estant accepté aveq' grandes acclamations, le roy Philippes se lève de sa chayre et se mettant à genoux, la teste nue devant l'empereur son père, le remercia très humblement; auquel l'empereur mettant la main sur sa teste, luy dist : « Mon filz, je vous donne dès asture entièrement tous mes biens patrimoniaux, vous recommandant le service de Dieu et la justice : ce faisant, vous serez toujours bien assisté de luy, lequel je prie vous faire grand de mieux en mieux »; et puis luy donna sa bénédiction. Amprez, le roy se leva, aiant faict une grand révérence à l'empereur son père, et à la reyne d'Hongrie, sa tante qui estoit une maistresse femme et assise prez de l'empereur, tant pour estre sa sœur que pour le rang qu'elle tenoit de gouvernante des dictz pays. (J'en parle en son Discours d'elle à part). Il se tourna vers le peuple lequel il harangua, et leur fist force belles promesses et protestations en leur remonstrant les grandes obligations qu'il avoyt à son père et en le louant bien fort; à quoy l'empereur ne se peut garder de plorer, dont il en esmeut tout le peuple d'en fayre autant. Toutes ces cérémonies et circonstances parachevées, l'empereur remist et quitta à tous ses subjectz le sermant qu'ilz luy avoient faict, et s'ostant de son siège impérial, il fist asseoir le roy Philippes qui receut dès l'heure l'hommage et serment de tous les siens; et, à la veue de tous, les sceaux de l'empereur furent cassez, brisez et annulez, et en leur lieu aportez ceux du roy Philippes, desquelz sur le champ on scella quelques grâces et despesches. Tout ce mistère fut joué aveq' force larmes et tristesses, si bien que j'ay ouï dire qu'on ne vist rien si pitoiable qu'ung tel spectable de ce grand empereur, et sur tout ses serviteurs, de luy les mieux aymez, crevoient de deuil et de tristesse. Voylà comme il se desfist de ses grands biens, terres et pocessions (Ms. 6694 f°s 17 v° et 18 r°.)

disent encor qu'il ne se réserva que cent mill' escus sur ladicte Castille.

J'ay leu dans un petit livre faict en Flandres, inscript : l'*Apologie du prince d'Orange*[1], une chose estrange, que je ne veux ny puis croyre ny estre croyable, estant faicte des ennemis du roy d'Espaigne ; possible aussi ce pourroit estre (je n'afirme rien, sinon ce que j'ay veu, et bien certainement sceu), et que, de cent mill' escus réservez ou autre revenu, le roy son filz luy en retrencha les deux partz : si bien que la plus part du temps il n'avoit le moyen de vivre, ny pour luy, ny pour les siens, ny pour donner ses aumosnes, et d'exercer ses charitez envers ses vieux serviteurs et fidelles soldats, qui l'avoient si bien servy ; ce qui luy fut un grand despit et crèvecœur qui luy advança ses jours. Il mourut en l'aage de cinquante-huict ans[2] (peu vescu certes!), et ne demeura religieux que deux ans quelques mois, comme j'ai dict.

Ce livre dict bien pis : qu'il fut une fois arresté à l'inquisition d'Espaigne, le roy son filz présent et consentant, de désenterrer son corps et le faire brusler comme hérétique (quelle cruauté!) pour avoir tenu en son vivant quelques propos légers de la foy ; et pour ce estoit indigne de sépulture en terre saincte, et très bruslable comme un fagot et mesmes qu'il avoit

---

1. Les faits mentionnés par Brantôme ne se trouvent pas dans l'*Apologie*, ou Défense de très-illustre prince Guillaume, par la grâce de Dieu prince d'Orange, 1581, in-4, mais dans le *Discours sur la blessure de Monseigneur le prince d'Orange*, 1582, in-8 (sans lieu d'impression ni pagination), f° 10.

2. Il était âgé non pas de cinquante-huit ans, mais de cinquante-neuf ans, six mois et vingt-sept jours.

trop adhéré aux opinions et persuasions de l'archevesque de Tolède[1], qu'on tenoit pour hérétique; et pour ce, demeura long-temps prisonnier à l'inquisition et rendu incapable et frustré de son évesché, qui vaut cent à six vingtz mille ducatz d'intrade[2]. C'estoit bien le vray moyen pour faire acroyre qu'il estoit hérétique, et pour avoir son bien et sa despouille. Moy estant en Espaigne, il n'y avoit pas longtemps qu'il avoit esté encarceré. J'ouy dire qu'on luy faisoit tort, et qu'on luy faisoit acroyre qu'il avoit mangé le lard, pour jouïr de ce bon revenu. J'ay ouy dire que despuis il fut envoyé querir par le pape et mené à Rome, et mis dans le Castel[3] où il fut trouvé innocent, déclaré absoubz. Pour fin, ce fut une terrible délibération contre le corps de cet très-auguste empereur et sa très illustre mémoire[4].

J'adjousteray encor ce mot à la fin, et à sa réduc-

---

1. Barthélemy de Carranza, dominicain, né à Miranda (Navarre) en 1503; nommé archevêque de Tolède par Philippe II (1557), il ne tarda pas à être dénoncé comme hérétique. Emprisonné le 22 août 1559, et réclamé par Pie V, il fut conduit à Rome où il arriva le 29 mai 1567; il y resta en prison jusqu'en avril 1576, et mourut la même année le 10 mai, dix-sept jours après avoir recouvré la liberté. Voyez Llorente, *Histoire de l'inquisition d'Espagne*, 1818, t. III, ch. xxxii, p. 183 à 315.

2. *Intrade*, revenu, rente. (Voyez le *Dictionnaire* de Cotgrave, art. INTRADE).

3. *Var.* Au castel Sainct Ange (Ms 6694, f° 18 r°).

4. *Var.* Tant y a qu'on trouve fort estrange ceste supposition qu'on a faite de ce mauvais tour qu'on vouloit faire au corps auguste et à la mémoyre noble de ce grand empereur. Voylà donq sa fin à quoy j'adjoutteray ce mot que, lorsqu'il fist ceste réduction de vie, on disoit qu'alors et en mesme temps il se fist deux fort estranges métamorphoses.... (Ms. 6694, f° 18 r°).

tion, qu'alors, et en ce mesme temps, il se fit deux estranges métamorphoses, plus qu'il ne s'en void dans celles d'Ovide ; que le plus grand, mondain, ambitieux guerrier du monde, se voua et se rendit religieux ; et le pape Paul IV, dict Caraffe, qui avoit esté le plus austère théatin, dévot et religieux, se rendit mondain, ambitieux et guerrier [1].

Il se fit de ces temps (dont bien m'en souvient) une comparaison de la grandeur dudict empereur à celle de l'ancienne Rome, pour y avoir eu quelque sympathie : car, tout ainsi que ceste ville, la plus triumphalle des cinq parties du monde, après sa gloire qui l'a tousjours accompagnée despuis sa fondation jusques au temps de Constantin ; après avoir esté la glorieuse demeure des empereurs, qui l'ont gorgée de triumphes, trophées, richesses, et de toutes sortes de grandeurs et splandeurs ; après avoir faict trembler toutes les plus glorieuses provinces de la terre, et s'estre faict recognoistre comme un seul soleil posé au milieu [2] de l'Italie, principalle pièce de la masse de tout cet univers ; outre plus, s'estre faict marquer pour cisterne toute pleine de sang humain, duquel

---

1. Dans le Ms. 6694, f° 18 v°, on lit à la suite ce passage qui se retrouve en partie au folio suivant : C'est assez parlé de luy puisque de si grands historiograffes en ont si dignement escript, lesquelz en avoient beau subject, entre autres Alfonce Ulloa[*]; mais qui est le meilleur, ce grand empereur à l'immitation de Cæsar, son patron, a faict et composé ung livre de sa vie et ses faictz. J'ay veu fayre comparaison de la grandeur dudict empereur.....

2. *Var.* Au fonds. (*Ibid.*)

[*] Alfonso de Ulloa, auteur de *Vita dell'invittissimo e sacratissimo imperatore Carolo V*, 1559, in 4 ; souvent réimprimé.

emprès encor s'estre abrevé en ses guerres civiles[1], après, dis-je, tout cela, devenant sur son déclin vieille et lassée, quicta toutes ses boubances[2] et pompes venteuses pour espouser une repentance tranquille, saincte et religieuse, comm' ell' a faict, y recevant le très sainct père spirituel, pasteur et chef, pour passer le reste de ses années soubz l'obéissance de ses sainctz commandemens; et tout ainsi qu'elle a commancé par un pasteur, aussi finira-elle soubz un pasteur.

Ainsi Charles le Quint, tant de fois auguste[3], après avoir affronté les roys ses voisins, foudroyé toutes les partz de l'univers, deffaict tant d'armées, faict mourir tant de millions de personnes, ensanglanté les mers et la terre, pris un pape et un roy de France, triumphé d'eux, et voyant qu'il n'en pouvoit plus, se retira au service de Dieu[4], se soubzmettant à ses sainctz commandemens pour les observer, et aussi pour pratiquer le proverbe : *De moço diablo, viejo hermitano*, de jeune diable, vieux hermite.

Or, c'est assez parlé de luy, encores trop, car les

---

1. *Var.* Encor en vouleut-elle ennivrer les plus martiaux peuples qui bordoient les marches de leur empire. (*Ibid.*)
2. *Var.* Bobances. (*Ibid.*)
3. *Var.* Trois fois très-auguste. (*Ibid.*)
4. *Var.* Luy, dis-je, devenu chiragre et podagre par tant de travaux supportez en ses armées, à par luy pensant qu'il falloit mourir quelque fois, et voiant avoir passé ses plus belles années en triumphes et en victoyres espouvantables, voulant recognoistre son Dieu, foulant aux pieds la viollence de sa vie passée, s'en fourra en un monastère pour y passer le reste de ses jours et y pratiquer et reviser ses sainctz commandemens, et y pratiquer ainsy le proverbe.... (Ms. 6694, f° 19.)

livres en sont pleins de sa vie particulière ; et mesmes on dict qu'il en fit un livre de sa main en françois, comme Jules Cæsar en son latin. Je ne sçay s'il l'a faict, mais j'ay veu une lettre imprimée parmy celles de Belleforest, qu'il a traduicte d'italien en françois, qui le testiffie, et avoir esté tourné en latin à Venise, par Guillaume Marindre, ce que je ne puis bien croire[1] ; car tout le monde y fust accouru pour en achepter, comme du pain en un marché en temps de famine, et certes la cupidité d'avoir un tel livre, si beau et si rare, y eust bien mis autre cherté qu'on ne l'a veue, et chascun eust voulu avoir le sien[2].

1. Voici le passage auquel Brantôme fait allusion ; il est tiré d'une lettre de Jérôme Ruscelli écrite le 3 avril 1561 à Philippe II : « L'empereur Charles-Quint avoit escrit luy mesme en françois la plus part des choses principales qu'il avoit mises en exécution, ainsi que feit jadis le premier César dressant les commentaires de ses gestes ; et d'heure à autre on s'attend de les voir en lumière, mises en latin par Guillaume Marinde. » (*Epistres des princes*, etc., *recueillies d'italien* par Hieronyme Ruscelli *et mises en françois* par F. de Belleforest, Paris, 1572, in-4°, f° 199 v°.) — Guillaume Marinde ou Marindre, autrement dit Guillaume Van Male, secrétaire de Charles-Quint et qui en effet avait traduit ou du moins projeté de traduire en latin les Commentaires de son maître, était mort en Flandre le 1ᵉʳ janvier 1561, trois mois avant la lettre de Ruscelli, qui est écrite de Venise.

2. *Var*. Car il y ha ung infinité de livres qui l'ont sceu louer beaucoup mieux que je ne sçaurois jamais fayre ; ny ung autre plus adroit que moy. C'est ung très grand dommage pour les bons et curieux espritz de quoy ce livre, que j'ay dit fait et labouré de la main de ce grand empereur, nous est caché et point mis en lumière ; car il y en ha ung faict comme j'ay veu une lettre imprimée le testiffier et l'a faict en françois et puis fut tourné en latin à Venise par Guillaume Marindre. J'adjouteray encor' ce petit discours pour conclusion des louanges de ce grand empereur : il n'en faut emprunter d'autres que celles qui luy furent données en ses su-

Il faut maintenant faire fin aux louanges de ce grand empereur; et qui les voudroit encor mieux apprendre, il faudroit lire les belles subscriptions qui luy furent données aux supperbes obsèques que le roy Philippes son filz luy fit faire à Bruxelles, en l'esglise de Sainte-Julle[1], desquelle j'en ay veu et eu le portraict faict en taille-douce[2].

Entr'autres magnifficences, il y avoit un navire très grand qu'on faisoit aller par gentil artiffice parmy les rues, lequel estoit tout à l'entour chargé de beaux tableaux représentans ses victoires, y estans d'un costé escritz ces motz : « Affricque ruynée, Guedres prise, la mer seure, Tremisen restably, Soliman chassé. » Au costé gauche, on lisoit : « Monde nouveau trouvé, Milan recouvert, l'Allemagne et Boëme

---

perbes et pompeuses funérailles à Bruxelles que le roy d'Hespaigne luy fist cellébrer par ung bon et dernier office de piété filliale. Ce grand roy donc aiant sceu à Bruxelles là où il tenoit sa court la mort de l'empereur son père, luy fist ce superbe appareil d'obsèques en l'église de saincte Julle au dict Bruxelles.... » (Ms. 6694 f° 19 v°).

M. Kervyn de Lettenhove a publié en 1862 (Didot, XLVI et 210 p., in-8), sous le titre de : *Commentaires de Charles-Quint* la traduction française d'un manuscrit portugais conservé à la bibliothèque impériale de Paris et que tout permet de regarder comme une version de l'ouvrage original de l'empereur. Cet écrit, il faut le dire, ne répond guère à l'espérance qu'on en avait conçue.

1. Sainte Gudule.
2. Voyez la *Pompe funèbre* de Charles-Quint, par J. et Lucas Duetechum, d'après Nic. Hogenberg, 38 planches in-f°. Il a été publié de ces obsèques, au seizième siècle, une description que Brantôme avait évidemment sous les yeux, et qui a été reproduite dans le *Théâtre funèbre* d'Adrien de Meerbeck d'Anvers, Bruxelles, 1622, 8, p. 57 à 96.

appaisées, Moron et Coron forcez, Thunis pris et restitué, et les captis ramenez, la foy plantée en Indie. »

Après ce grand vaisseau marchoient deux coullonnes, posées sur deux grands roches, tirées par des Tritons, qui disoient qu'à bon droict pour devise il les avoit prises; car, comme héros, il avoit dompté les monstres, et si avoit passé plus advant et plus outre [1].

En après marchoit le roy avec son grand deuil, M. de Savoye, et après tous les grands princes, seigneurs, chevalliers de son ordre de la Toizon, et ambassadeurs, tous en deuil, avecques les enseignes et armoyries de tous ses royaumes et seigneuries.

En l'église, on y voyoit d'un costé et d'autre escrit en belle et grosse lettre ce qui s'ensuit :

« A l'Empereur Cæsar, Charles cinquiesme, religieux, heureux, Auguste des Gaules, grand des Indes, grand de Tunis, grand d'Affrique, grand de Saxe, grand victorieux et triumphant de plusieurs nations. Combien que les choses par luy faictes par mer et par terre, sa singulière humanité, son incomparable prudence, sa très fervante religion, soient assez cogneues au monde, toutesfois, la républicque chrestienne, pour la mémoire de sa justice, piété et vertu, a desdié ce navire pour avoir à nostre monde descouvert un autre monde, et adjousté au nom de

---

1. Cf. p. 26. Les colonnes portaient ces deux vers :
Jure tibi herculeas sumpsisti signa columnas,
Monstrorum domitor temporis ipse tui.

Voyez planche V de la *Pompe*, et p. 8 du *Théâtre funèbre*.)

chrestien plusieurs nations estranges, et acreu l'empire d'Espaigne de plusieurs royaumes et provinces ; pour avoir pris un pape et un grand roy françois [1] ; pour avoir préservé l'Allemaigne de trois cent mille chevaux et cent mill' hommes de pied [2], avec lesquelz Soliman, empereur des Turcz, vouloit envahir ceste région ; et pour avoir entré avecqu' armée navalle dedans la Morée, et pris Patras et Coron, ville turquesque, pour avoir surmonté le tyran Barberousse en bataille près Cartage, lequel estoit accompagné de deux cens mill' hommes de pied et de soixante mille chevaux ; pour avoir chassé deux cens gallères et plusieurs vaisseaux de corsaires, et pris le fort de la Gollette, avec Thunis et Hypone la Royalle; pour avoir pris le royaume de Thunes, et rendu tributaire à la couronne d'Espaigne ; pour avoir de là ramené libres en leurs païs vingt mill' ames chrestiennes captives ; pour avoir rendu le royaume de Tunes à son roy ; pour avoir, par armée navale, dompté l'Affricque, havre très renommé de la Barbarie, avec les villes de Suzze, Monestayre, Dupée [3], et autres maritimes, et les seigneurs d'icelles faictz tributaires ; pour avoir rompu par deux fois [4] deux

1. Les dix mots qui précèdent ont été rajoutés en marge et de la main de Brantôme.

2. Le correcteur a mis : De cent mill' chevaux et trois cent mill' hommes de pied. Le texte du *Théâtre funèbre* (p. 73), porte ; « Trois cens mille hommes à pied et à cheval. »

3. L'*Affricque*, Africa ou Mahdia ; *Suzze*, Susa ; *Monestayre*, Monastir ; quant à Dupée que le Ms. 6694 écrit Clupée, je ne sais quelle ville Brantôme désigne sous ce nom.

4. *Var.* Pour avoir rompu près la Mauritanie et près l'isle de Sic (Ms. 6694, f° 20).

armées de Turcz courans nos mers; pour avoir rendu
la mer seure contre les courses ordinaires des pirat-
tes; pour avoir remis la république de Gênes en son
ancienne liberté; pour, après avoir chassé six fois les
armées ennemies, et trois fois en bataille deffaict les
ennemis, remis par deux fois à l'Empire le duché
de Milan, et par une fois restitué au Duc; pour avoir
avecqu' une promptitude incroyable, forcé la ville de
Dure, et réduit soubz sa puissance le duché de Gueldres; pour avoir réprimé plusieurs peuples d'Allemaigne et provinces esmouvans le tumulte et sédiction, forçant leurs villes et chasteaux; et, par amprès
la prise des chefz de leur armée, paciffié l'Allemaigne;
pour (luy estant empereur) avoir passé le fleuve
d'Albis[1], et amprès avoir vaincu en bataille ses ennemis, et les villes réduictes soubz son obéissance et
puissance, et leurs chefz renduz captifz, estre de là
revenu victorieux; pour avoir, de son bon gré, contre les ennemis du nom chrestien, et contre les chrestiens, sinon forcé et en se garentissant de ces outra-
ges, prins les armes. A très puissant catholique et très
bon prince, ceste mesme républicque chrestienne,
affectionnée à Sa Magesté, a posé ces titres et trophées,
adjoustant à son tumbeau les marques et enseignes
de ses royaumes, et les tableaux des nations subju-
guées.

« A nostre Seigneur Empereur, Cæsar, Charles,
religieux, heureux, auguste, roy de plus. royaumes,
triumphant[2] de plus. mil., victorieux des Indes, vict.

---

1. Albis, l'Elbe.
2. *Var.* triumphé (Ms 6694, f° 20).

de Libie, vict. des Mores, victorieux des Turcz, libérateur de l'Allemaigne, libérateur d'Italie, libérateur de la mer, libérateur des catifz, pacifficateur de l'Allemaigne, pacifficateur de l'Italie, pacifficateur de l'Espaigne, pacifficateur de la mer, restablisseur de plusieurs princes, arbitre de plusieurs princes, et à très glorieux prince des catholiques, la Républicque chrestienne a desdié cecy, pour exemple de justice, de clémence et de force, à son très religieux filz.

« Dieu très bon et très puissant, un seul en Trinité, le peuple chrestien vous consacre ces titres et trophées, pour la mémoire des gestes de Charles Cæsar Auguste, lequel vous avez faict empereur des Romains et roy de plus. royaumes ; la piété, justice, clémence, prudence, magnanimité et force duquel est admirée par tout le monde. Iceluy a, par vostre conduicte, augmenté cet empire et ses royaumes, laissant l'un à son frère et les autres à son filz, avecqu'un exemple de ses vertuz. »

Voylà les faictz et louanges de ce grand empereur, et le nompareil despuis Charlemaigne. Ces escriteaux et tableaux sont faictz à l'antique, qui en ont d'autant meilleure grâce, comm' un que j'ay veu et leu d'autres fois à Rome, de ce grand Pompée, qui est tel, et qui ne monstre tant de titres que celuy de nostre empereur :

« Pompeius Sicilia recuperata, Africa tota subacta, Magni nomine indè capto, ad solis occasus transgressus, exactis in Pyreneo tropheis, opid. D.CCC.L.XXXVI. ab Alpibus ad fines Hispaniæ redactis, Sertorium domuit. Bello civili extincto, iterum triumphales currus eques romanus indixit[1]. Deinde, ad tota maria et solis ortus missus, non seipsum tantum sed patriam coronavit [2]. »

Or, quant au tableau de la prise de nostre roy, celuy-là ne fut si immodeste ny si scandaleux qu'un qui fut faict à Rome par l'ambassadeur d'Espaigne qu' y estoit pour lors, lequel fut si indiscret et insolent, que venant à célébrer ses [3] mesmes funérailles dans l'église de Sainct-Jacques, entr'autres tableaux avoit représenté au naturel le roy François pris, lié et garotté comm' un criminel, et entourné de forces satelistes : ce qui despita si fort aucuns braves François qui estoient pour lors à Rome, qu'ilz entrèrent la nuict par subtil moyen dans l'église, et mirent ledict tableau en cent pièces, et tous les autres représentans les autres trophées de cy-dessus monstrez; et n'en fut autre chose, sinon que les Espaignolz en cuydarent enra-

---

1. *Indixit*, lisez : *induxit*.
2. Cette inscription avait été très-inexactement rapportée dans les éditions précédentes de Brantôme où on lisait : *Magni nominis Judæa capta*, ce qui n'offrait aucun sens, et deux fois *erectis* au lieu de *exactis* et *redactis*. — Mais d'où venait-elle? Pour résoudre cette question je me suis adressé à notre savant épigraphiste, M. Léon Renier, qui l'a retrouvée textuellement dans un ouvrage de Gabriel Simeoni : *Illustratione de gli epitafi e medaglie antiche*, Lyon. 1558, in-4, où elle est donnée comme transcrite « d'une pierre antique récemment tirée de terre dans le pays de Rome. » De plus, dans une lettre insérée au numéro du 25 mars 1864 de la *Correspondance littéraire*, il a démontré que l'inscription était fausse et que le faussaire l'avait composée en empruntant presque textuellement les termes de la *préface* du dernier triomphe de Pompée rapportée par Pline, *Histoire naturelle*, livre VII, ch. XXVI.
3. Ses, ces.

ger. Le pape [1] et plusieurs cardinaux et braves seigneurs romains le trouvarent fort bon. J'arrivay, au bout de deux ans [2], à Rome, la première fois que j'y allay, où l'on m'en fit le compte : et disoit-on que le généreux et valeureux cardinal du Belay [3] avoit faict faire le coup, estant trop obligé à ce roy et à la France pour l'endurer.

C'estoit mal récompensé les grandes honneurs et pompes que le roy Henry II luy desdia et fit faire en la grand' église de Nostre-Dame de Paris, et autres principalles églises du royaume. Pour quant aux autres tableaux et trophées, je n'en parle autrement, sinon que si l'exellent peintre qui les fit les a bien représentez, le grand ouvrier, qui fut l'empereur, en donna les bons et vrays subjectz, et luy en fournit de bonnes couleurs, fors en l'entreprise d'Alger [4], laquelle il fallit par une trop despiteuse conjuration de tous les ellémens, qui furent contre luy en un si sainct, chrestien et beau dessaing. Et eust-on dict qu'ilz le

1. Paul IV.
2. En 1560.
3. Le cardinal Jean du Bellay fut successivement évêque de Paris, de Limoges, du Mans, et archevêque de Bordeaux. Après avoir été ambassadeur en Angleterre (1527 et 1533), il fut envoyé (1534) à Rome où il mourut en 1560.
4. Le 18 octobre 1541, Charles-Quint mit à la voile de Majorque avec une flotte qui portait vingt mille hommes de pied et deux mille chevaux. Le 20 octobre, il parvint à grand'peine à débarquer près d'Alger ; mais une tempête terrible s'éleva et fit périr dans une journée (25 octobre) quinze vaisseaux de guerre, cent quarante transports et huit mille marins. L'armée put enfin se rembarquer le 31 octobre. Mais la flotte fut encore assaillie par d'affreux coups de vent, et le 3 décembre Charles V arriva presque seul à Carthagène.

faisoient à l'envy; mais par sur tous[1] le ciel et l'air, qui ne firent autre chose que plouvoir; et la mer s'irrita et s'enfla de telle sorte, qu'on eut toutes les peines de gaigner la terre; jusques là que, pour l'appaiser, falut jetter dedans tout ce qu'on avoit de bon de chargé, fors les hommes, car les quites[2] chevaux n'y furent espargnez, tant genetz d'Espagne que beaux coursiers du Règne[3], et autres si beaux, si bien choisis, et si généreux, qui avoient tant valu et cousté qu'il n'y eut cœur qui n'en fust blessé de pitié et de deuil, de les voir nager en pleine mer, la fendant à la nage, et s'efforçant à se sauver, si bien que, désesperez de la terre, pour en estre trop loing, suivoient de veue et de nage, tant qu'ilz pouvoient, leurs navires et leurs maistres, qui les aregardoient piteusement périr et noyer devant eux.

J'ay ouy raconter à de vieux mariniers de ces temps, à Gênes, que la chose qui leur attendrist plus le cœur en telz nauffrages, après les hommes, c'estoit ce piteux spectacle de chevaux; et ne tenoient conte ny faisoient douleur d'autres despouilles tant que de celles-là.

Paulo Jovio en conte prou, mais je l'ay ouy encore mieux dire à d'autres, et comme l'empereur se despita de ceste malle advanture, maudissant cent fois

1. *Par sur tous*, par dessus tous.
2. *Quites*, voyez plus haut, p. 41, note 3.
3. *Var.* Et jusques aussi aux chevaux, ces beaux chevaux, dis-je, d'Espaigne et de Naples, si beaux, etc. (Ms. 6694, f° 21). — Le mot *Règne*, regnum, désignait au moyen âge chez les jurisconsultes, et particulièrement en Italie, le royaume de Naples, le seul état de l'Italie qui fût à cette époque gouverné par un roi. *Cheval du Règne* était un cheval de Naples. Voyez du Cange, *verbo*: Regnum.

ciel, astres et mers (voire la terre) qui luy avoient esté si contraires. Aussi eut-il grand tort de s'estre advancé dans ce temps, et n'eust un peu temporisé pour un' autre plus douce saison que de cest' autonne si pleuvieux et orageux, et n'avoir creu ses grands capitaines, tant de terre que de la mer, qui l'en dissuadoient : mais quoy? (disoit-il) pourquoy Dieu ne l'eust-il favorisé en une si saincte, juste et chrestienne entreprise, qu'il devoit faire croyre cette fois au monde que rien n'est assuré qu'après le coup faict.

Les François, bien aises pour lors d'un tel désastre arrivé, en firent ceste ryme en forme de dixain, par mocquerie, et mal à propos, certes :

> L'Aigle voulant tromper la Salamandre
> Et la surprendre, parurent autour d'elle
> Les fœuz ardans, qui la sceurent deffendre.
> Parquoy, craignant de brusler là son aesle,
> Reprist en mer une voye nouvelle.
> Mais, ne pouvant aux siens dissimuller
> Son double cœur, qu'elle vouloit celler,
> Fut d'eux battue, et baignée de sorte,
> Qu'elle ne peut nullement revoller,
> Et presqu'autant luy valust estre morte.

J'ay trouvé ceste ryme dans de vieux papiers de nostre maison : laquelle ryme fust estée bonne si elle n'eust touché le mal[1] du chrestien et le bien de l'infidelle[2].

1. *Var.* La partialité (Ms. 6694 f° 21 v°).
2. *Var.* Par l'Aigle, elle entend l'empereur et par la Sallemandre le roy François, qui portoit pour devise la sallemandre aveq' ces mots : *Nutrisco et extinguo*. Car on tient qu'elle est si froide de son naturel qu'elle se nourrist dans le feu et de sa froideur l'extainct aussy (*Ibid.*).

Je faictz astheure fin de ce grand empereur et de ses louanges, bien qu'en cent endroictz de mes livres je parle de luy.

L'empereur Maximilian.

Or, ce grand empereur succéda à l'Empire par la mort de l'empereur Maximilian son ayeul[1], lequel,

[1]. Maximilien Ier, fils et successeur de Frédéric III, né le 22 mars 1459, élu roi des Romains le 16 février 1486, empereur en 1493, mort le 12 janvier 1519. Il avait épousé le 20 août 1477 la fille unique et héritière de Charles le Téméraire, Marie de Bourgogne, dont il eut Philippe I, dit le Beau, roi de Castille, père de Charles V.

Voici comment Brantôme avait rédigé d'abord le chapitre sur Maximilien :

Ce grand empereur Charles succéda à l'Empire aprez la mort de Maximilian, son grand père, et non sans grandes brigues, lesquelles Seleidan descrit très bien sans que j'en parle. D'escrire aussi des hautz faitz, vertus et valeurs dudit empereur Maximilian, aussi je m'en passeray; car les hystoyres de ces temps là en parlent assez. Je dyray seullement que ç'a esté le plus légier, variable et inconstant prince qui fust jamais, et d'aussi peu de tenue en sa foy et sa parolle. Et, sans ce vice, il estoyt un très grand et renommé empereur; car de courage il en avoyt ce qu'il failloyt comme d'ambition, de grand esprit et de grands dessaings. J'ay ouy dyre à de grands discoureurs que tous ces défaux luy provenoyent de fautes de moyens, voyre de pauvreté, usoient ilz de ses motz, qui luy troubloent ses sens, son esprit, sa foy et ses entreprises, si que la plus part du temps, il ne sçavoyt ce qu'il vouloyt ne ce qu'il faysoyt, et puis failloyt avoyr recours à l'inconstance et au changement. Si fist-il pourtant de belles choses à son advènement aprez qu'il eust espousé madame de Bourgongne, car il releva très bien de ses pertes et usurpations que le roy Louys XI avoyt fait et vouloyt faire, dis-je, sur ceste noble et sage princesse, demeurée jeune pauvre orfeline. Je l'appelle pauvre, car elle fut layssée de son père trop de bonne heure, abandonnée de secours et persécutée des siens propres : car autrement c'estoyt la plus riche héritière de la chrestienté et la plus honneste, et qui ne mériloyt d'estre traitée de la façon que la traita le roy Louys, la

et jeune et aagé, fut grand capitaine; car, quand il
n'auroit faict autre chose que de s'estre despestré en
son jeune aage des menées, des ruses, des entreprises
et des mains bonnes par guerres, par finesses, du
roy Louis XI, il fit un beau coup : car j'appelle celuy grand capitaine, qui, ayant en teste et affaire
avecqu' un autre grand son pareil, ne s'en estonne

gouspillant sans respect de son noble et beau et foyble sexe et sa
parante, comme une simple damoyselle, et ses terres comme pays
de barbares. Et que pouvoyt-elle mays de la faute de son père et
de l'animosité que portoyt le roy à son père? Et bien luy servyt
d'avoir trouvé un si brave mary que Maximilian, qui luy* tourna
les dens si bien que sans luy elle estoyt du tout ruynée et abatue.
Il nous donna en son temps deux mauvaises secousses de batailles
ou journées, celle de Guignegate et celle des Esperons. Brief, s'il
eust heu de grands moyens, il eust fait de grandes choses. Il eust
grand tort de varier tant à l'endroit du roy Louys XII, car s'ilz se
fussent bien entendus, comme le roy le desyroyt, ilz eussent fait
trambler toute l'Italie et s'en fussent faitz maistres; et le désyr
qu'avoyt tant l'empereur de se saisyr de Romme fust esté totalement accomply. Ilz estoyent toutz deux bien différans en libéralité; car l'empereur estoyt très libéral et magnifique, donnoyt fort
et despendoyt fort; nostre roy estoyt, au contraire, fort escarse **
et fort espargnant. A l'un la libéralité nuysist, pour luy oster les
nerfs de la guerre; à l'autre l'espargne nuisist dadvantage, car pour
trop espargner son peuple et pour porter le beau titre de père du
peuple, il n'en tyroyt les fynances qu'il debvoyt et failloyt pour en-
tretenyr ses guerres; que s'il l'eust resarré et espuysé un peu dadvantage, il eust entretenu de plus belles armées et fait de plus belles
choses qu'il ne fist. Les hystoyres, tant nostres qu'estrangères,
rendent ce dyre clayr plus que je ne sçauroys dyre, ausquelles je
renvoye messieurs les lecteurs curieux, tant pour le subject dudit
Maximilien que du roy Louys, bien que j'espère ycy parler de
cestuy nostre roy à son tour (Ms 6694, f° 23).

* *Luy*, à Louis XI.
** *Escarse*, ménager, avare. Le mot *escarcelle* nous est resté.

point, luy tient visage et luy faict penser à sa conscience, aussy bien que l'autre à luy. Et faut advouer que si madamoiselle de Bourgoigne [se fust mariée avecqu' un autre qui fust esté pusilanime et nullement magnanime, comme Maximilian, le roy Louis la gouspilloit[1] estrangement et la despouilloit de la plus part de ses terres et places, voire des meilleures, comm' il avoit desjà accommancé. En quoy il eut tort et rendit mal la pareille des plaisirs, bien faictz et nourritures qu'il avoit receu l'espace de cinq ans du bon duc Philippe son ayeul[2]. Qu'y eust-on faict? il en vouloit avoir, à quelque prix de conscience qu'il fust, le bon seigneur! Mais Dieu ne luy voulut permettre, par l'ayde qu'il luy suscita de ce Maximilian contre luy[3]].

Ce mariage de luy et d'elle fut fort sortable; car, s'il estoit beau et brave prince, ell' estoit aussi fort belle, comme j'en ay veu le portraict au naïf[4], et bien honneste, bonne et douce, et qui ne méritoit point les maux et les affrontz que les siens et les autres luy firent. Mais après avoir espousé ce gentil prince, elle se revira bien; aussi, lorsqu'on parloit de plusieurs mariages pour elle, sa dame d'honneur, madame de Ravastain[5], très sage dame (il parut en sa nourri-

---

1. *Gouspiller*, houspiller, mal mener.
2. Louis XI se retira en 1456 à la cour de Philippe le Bon, duc de Bourgogne, et y resta jusqu'à la mort de Charles VII (1461).
3. Ce qui est entre [ ] a été biffé par le correcteur sur le manuscrit 3262 et remplacé par cette phrase : « Et fault advouer que mademoiselle de Bourgoigne ne se pouvoit mieux marier. »
4. Il a été gravé par Suyderhoes, d'après une peinture de Southman. Il l'a été aussi par Odieuvre pour une édition de Comines, et par Moncornet.
5. Anne, bâtarde de Philippe le Bon, duc de Bourgogne, morte

ture), et qui avoit estée sa gouvernante, disoit tousjours qu'elle vouloit un homme pour sa maistresse, et non un enfant.

J'ay leu en un livre de la chronique de Guienne que le roy Louys ne fit jamais telle faute et folie de quoy il ne la maryast avec le comte Charles d'Angoulesme [1], qui l'eust emportée infailliblement s'il eust voulu : car la paouvre princesse ne sçavoit à quel party recourre, ny quelle sainct prendre pour son patron et protecteur, et eust pris celuy-là, mais ce n'estoit pas ce que vouloit ledict roy.

Il estoit trop ambitieux et jaloux de la grandeur d'autruy, et mesmes de son vassal, qu'il n'eust pas voulu estre si grand, et faire du compaignon avecques luy, et l'eust aymé mieux le ruyner que l'agrandir : il n'avoit garde, le gallant, de faire le coup. Il valut mieux donc pour ceste belle infante d'espouser ce Maximillian, qui, pour peu de temps, environ cinq ans, luy fit de beaux enfans, l'un, Philippe [2], archiduc, et l'autre, madame Marguerite de Flandres [3],

le 17 janvier 1504. Elle avait épousé en secondes noces Adolphe de Clèves, seigneur de Ravestein, chevalier de la Toison d'or, mort sans postérité le 18 septembre 1493.

1. Voici la phrase des *Annales d'Aquitaine*, de J. Bouchet (édition de 1644, p. 283) : « Le roy Loys perdit le sens en ce passage ; car s'il eust voulu, l'eust mariée avec Monsieur Charles d'Engoulesme, père du roy François. »

2. Voyez plus haut, p. 10, note 5.

3. Marguerite d'Autriche, née à Gand en 1480, morte à Malines en 1530. Fiancée d'abord au dauphin Charles (VIII), elle épousa (1497) le fils de Ferdinand le Catholique, Jean, qui mourut peu de temps après. Elle se remaria (1501) à Philibert II, duc de Savoie, devint veuve une seconde fois en 1504 et se retira en Allemagne auprès de son père. Gouvernante des Pays-Bas en 1513, elle prit

l'une des belles du monde pour lors. Il en fit deux autres (dict l'histoire de Flandres), mais ne vesquirent guières.

Dict aussi que cet honneste mary et honneste femme s'entr'aymoient uniquement ; de sorte que, tant qu'elle vesquit, elle luy donnoit tout ce qu'il vouloit, et disposoit privément de ses biens et revenu pour entretenir ses libéralitez ; car il estoit fort libéral, et elle aussi.

Elle mourut d'une cheutte de cheval [1], où elle s'aymoit fort, pour tenir aussi compagnie à son mary, qui la regretta fort : car, après sa mort, il ne peut pas bien disposer de son revenu comm' auparavant, ayant esté réglé par les Estatz, et elle faisoit tout comme dame souveraine et seulle héritiere.

Il estoit d'un grand cœur et remply d'entreprises, lesquelles il ne pouvoit exécuter à faute des moyens, pour lesquelz il estoit fort changeant : car, pour en avoir, il en prenoit de qui luy en donnoit ; et pour ce aysément et souvant il rompoit sa foy, comm' il fit à nostre roy Charles VIIIe, à son retour de son royaume de Naples, et au roy Louis XII ; qu'il quicta pour se joindre avec le roy d'Angleterre[2], qui l'entretint en ceste dernière guerre de Picardie, et la journée des Esperons, que dict l'histoire, et la moytié de son armée, voire toute, jusques à son vivre et au train de sa maison.

Il eust cet heur et la gloire de gaigner sur nous

une part active à diverses négociations avec la France et conclut entre autres (1529) avec Louise de Savoie le traité de Cambrai.

1. Le 27 mars 1482.
2 Henri VIII.

deux batailles, celle de Guignegate, et celle des Esperons[1]. Il s'associa avec le roy Louis XII pour faire la guerre aux Vénitiens[2], que nostre roy espoussetta bien à bon escient[3]; et en peu de temps luy recouvra ses villes qui tenoient de l'Empire, les luy rendit fort fidèlement, sans que l'autre y fist de grandz fraiz du sien, ny grand assistence de sa personne, sinon pour recouvrer Padoue, qu'il avoit laissé perdre[4] : et pour la recouvrer luy envoya M. de La Pallisse avecqu'une gente armée et bien délibérée; mais luy n'y demeura guières (bien que le siège durast deux mois quelques jours), car, estant sur le poinct de donner l'assaut et de l'emporter, il n'y voulut employer que les François (pensez pour s'en deffaire mieux), et sur ce espargner ses seigneurs et grandz gentilz-hommes allemans. Voyez le roman de M. de Bayard[5],

1. Le 7 août 1479 Maximilien battit à Guinegate les Français venant au secours de Thérouanne qu'il assiégeait. Il les battit encore au même lieu et dans les mêmes circonstances le 18 août 1513. Cette dernière journée est connue sous le nom de *journée des éperons*.

2. Il avait accédé en 1508 à la ligue de Cambrai formée contre les Vénitiens par Jules II, Louis XII et Ferdinand d'Aragon. Il s'en détacha en 1512 et s'unit avec le pape et l'Espagne contre la France et en 1513 se mit à la solde du roi d'Angleterre.

3. Le 14 mai 1509, à Agnadel.

4. André Gritti, vénitien, avait surpris Padoue le 17 juillet 1509; Maximilien, aidé de troupes françaises commandées par Jacques de Chabannes, seigneur de la Palice, et le chevalier Bayard, essaya vainement de la reprendre.

5. C'est-à-dire *La très joyeuse, plaisante et récréative histoire, composée par le Loyal Serviteur, des faicts, gestes, etc., du bon chevalier sans paour et sans reproche, gentil seigneur de Bayart*, ch. xxxi et suivants.

qui en parle mieux que tout autre livre que j'aye veu, et du lèvement de ce siège, et comme ledict empereur usa de son accoustumée libéralité envers M. de La Pallisse, lieutenant là pour nostre roy, et envers les principaux capitaines qu'y estoient.

Il estoit fort loué de ses libérallitez (dict le livre), et qu'il n'estoit possible de trouver un prince plus libéral et bon, selon sa puissance. « Un mal (dist-il) avoit en luy, qu'il ne se pouvoit fier en personne, et tenoit à part luy ses entreprises si secrettes, que cela luy avoit porté beaucoup de dommage en sa vie. Si est-ce qu'en ce voyage et siège de Padoue, cela luy nuisist par trop, pour s'estre fié en un señor Constantin, Grec, qui le gouvernoit et le trahissoit, comme mondict sieur de la Palisse le voulut combattre sur cela.

Or, c'est assez parlé de cet empereur, lequel nous fit bien du mal tant qu'il vesquit, et par sa personne, et par ses menées, et qui fut cause de l'hasard de la bataille de Ravanne [1]; car il manda à tous les Allemans qui estoient dans nostre camp de se retirer, sur peine de rebellion. Il n'y eut que le bon capitaine Jacob [2] qui tint bon, et fut fort fidel à nostre roy (j'en parle ailleurs); car il [3] estoit aymé et redoubté en son empire, bien qu'il ne fust jamais couronné empereur des trois couronnes [4].

---

1. Le 11 avril 1512 Gaston de Foix, duc de Nemours, battit les Espagnols à la bataille de Ravenne et y fut tué.
2. Brantôme lui a consacré une notice.
3. *Il*, l'empereur.
4. L'empereur d'Allemagne pouvait se faire couronner trois fois, dans une ville de l'Empire, puis à Milan et à Rome. Maximilien

Or, c'est assez, pour venir à l'empereur Ferdinand, frère de Charles, et roy des Romains, qu'il avoit faict tel avecques difficulté ; ce qui luy ouvrit le chemin pour l'Empire, et aussy pour la résignation qu'il luy en fit, rattiffiée par messieurs les eslecteurs, qui l'aymoient et l'estimoient jusques-là, que d'autres fois les protestans l'avoient esleu pour leur principal arbitre, voire total, sur les différans entr'eux et l'empereur Charles[2].

Le pape Paul IV, dict Caraffe, se voulut lors opposer à ceste eslection, à cause de la haine[3] qu'il portoit à la maison d'Austriche ; fondant ses raisons que les eslecteurs protestans ne devoient estre receuz aux eslections des empereurs, ny estre eslecteurs, à cause de leur religion hérétique ; mais il fallust qu'il passast par là [ou par la fenestre]. Et qu'eust-il fait, [pauvre homme]? S'armer contre l'Allemaigne? Cela luy estoit deffendu, s'il ne se fust armé des armes spirituelles,

n'ayant pu, en 1508, se rendre à Rome pour s'y faire couronner par le pape, ne prit plus à partir de cette époque que le titre d'*empereur élu*.

1. Ferdinand Ier, frère puîné de Charles V, né à Médine (Castille), le 10 mai 1503, roi de Hongrie et de Bohême en 1527, élu roi des Romains le 5 janvier 1531, empereur en 1556 après l'abdication de son frère, mort à Vienne le 25 juillet 1564. — Il avait épousé le 5 mai 1521 Anne, fille de Ladislas, roi de Hongrie et de Bohême, morte le 27 janvier 1547. Il en eut quinze enfants.

2. *Var*. A ce grand empereur Charles succéda Ferdinand roy des Romains, par la résignation de son beau-frère, et aussi par l'élection et confirmation des électeurs de l'Empire, qui l'aimoient et l'extimoient beaucoup, jusques là que d'autre fois les protestans l'avoient esleu pour leur principal et total arbitre des différans entre eux et l'empereur Charles. (Ms. 6694, f° 21, v°.)

3. *Var*. L'hayne (*Ibid*).

qui sont censurés et fulminations ; mais les autres s'en soucient beaucoup [1]. Il me souvient que, de mon jeune temps, cela se disoit pour lors, et aussi qu'il se trouve par escrit.

A ceste nouvelle eslection de l'empereur, fut faicte une diète à Ausbourg [2], où tous les princes d'Allemaigne s'y trouvarent, et où nostre roi Henry II y envoya une ambassade sollempnelle, estant la coustume des grandz, au changement d'estatz et de personnes, de s'entre-visiter les uns les autres. Et de ceste ambassade estoient les chefz : M. de Bourdillon [3], lieutenant du roy en Champagne, en l'absence de M. de Nevers [4], et M. de Marillac [5], archevesque de Vienne, grand et sçavant prélat, qui, du règne du roy François, avoit esté fugitif à cause de la nouvelle religion dont il estoit soubçonné [6] en Constantinople, ce qui fut cause de son advancement [7], dont j'en parle

1. *Var.* Mais les autres s'en fussent bien faict après rellever.(*Ib.*)
2. Le 25 février 1559.
3. Imbert de La Plattière, seigneur de Bourdillon, maréchal de France, chevalier de l'ordre du Roi, lieutenant général en Champagne, mort à Fontainebleau le 4 avril 1577. Ses négociations en Allemagne sont conservées en manuscrit à la Bibliothèque impériale, n° 8628. Il existe de lui des lettres originales dans la collection Dupuy, n° 479 et à la Bibliothèque du Louvre. — Brantôme lui a consacré un article.
4. François de Clèves, premier duc de Nevers, mort en 1566.
5. Charles de Marillac, archevêque de Vienne, mort le 2 décembre 1560. Divers manuscrits relatifs à ses ambassades en Angleterre et en Allemagne sont conservés à la Bibliothèque impériale. Il était cousin de Jean de La Forest, chevalier de Malte, qui au mois de février 1535 conclut à Constantinople le premier traité d'amitié et de commerce entre la France et la Porte.
6. Le correcteur a rajouté *à tort* en interligne.
7. *Var.* Car amprez, à la mort de l'ambassadeur La Fourest,

ailleurs; et puis fut archevesque, [en laquelle dignité n'y croyoit guieres, comm' on le disoit à la court, ce que j'ay veu].

Ceste ambassade du roy ouye, qui luy[1] offroit toutes sortes d'amitié et à tout l'Empire, trop discourtoisement fut respondu : que quand le roy auroit faict restitution des villes impérialles de Metz, Toul et Verdun, qu'ilz croyroient à ses parolles.

M. Marillac, qui estoit subelin à bien parler, ne faillist à leur bien répliquer, non pourtant si bravement comm' eust faict M. de Bourdillon[2] s'il eust eu la parolle pareille; si en dist-il pourtant sa rastellée, en bravant fort. Sur ce, ilz furent congédiez, et eux de retour, en ayant faict leur rapport au roy, il jura qu'il se repentoit cent fois de les y avoir envoyez, et faict si honnestes offres qu'il leur avoit faict. En quoy il y songea pourtant à se tenir sur ses gardes en sesdictes villes, et surtout à Metz, bien qu'on ne les craignist guières; car on n'avoit pas crainct le frère, plus puissant et plus grand homme de guerre, qui n'y avoit rien faict.

Après la mort du roy Henry, le roy François[3] y envoya vers ledict empereur, pour ce mesme subject de visite que j'ay dict, le seigneur de Montpezac[4], qu'on disoit à la court une très-belle charge et ambassade

---

petit compagnon pourtant estant ledit Marillat à sa suyte, il y fut employé pour les affayres du roy de par delà (Ms. 6694, f° 24).

1. *Luy*, à l'empereur.
2. *Var*. Un brave capitaine de guerre. (*Ibid.*)
3. François II.
4. Melchior des Prez, seigneur de Montpezat et du Fou, maître des eaux et forêts, gouverneur et sénéchal du Poitou, chevalier de

pour luy, pour estre jeune et n'estre guières advancé en charges et grades, sinon qu'il estoit simple lieutenant de la compagnie de M. de Guyse; mais son capitaine, qui gouvernoit tout lors, luy valut cela, ce coup. Donc en eschange, lorsque les dix-huict chevalliers furent faictz à Poyssy par le petit roy François II[1], on passa la paille par le bec[2] audict Montpezac, qu'y estoit présent, que tous ses compagnons eurent cet ordre, et luy point; d'autant qu'il avoit espousé la fille du marquis de Villars, aujourd'huy madame du Mayne, en secondes nopces, et avoit, par ce moyen[3], pris l'alliance de Montmorancy, qui n'estoit pour lors trop aymée de la maison de Guise. Et voylà la frasque[4] qui fut donnée audict de Montpezac en récompance de ceste dicte ambassade, lequel s'en acquicta fort bien, car il avoit bonne façon, et parloit fort bien : et, à toutes pareilles offres qu'il fit de la part de son roy à l'empereur, il luy fit toute pareille responce pour ces villes, et que luy et les princes de l'Empire les vouloient avoir[5].

Il s'en retourna donc ainsi, aprez avoir esté bien traicté de luy et eu pour présent un beau buffet d'ar-

l'ordre du Roi et son sénéchal en Guyenne. Il se maria en 1560 à Henriette de Savoie, marquise de Villars, qui épousa en secondes noces Charles de Lorraine, duc de Mayenne, et mourut en octobre 1611.

1. En 1559, les choix du roi tombèrent si mal qu'on appela dès lors le collier de Saint-Michel, le *collier à toutes bêtes*. Voyez de Thou, livre XXIII.

2. Passer *la paille* ou *la plume par le bec*, tromper, duper.

3. Voyez plus haut, p. 84, note 4.

4. *Frasque*, mauvais tour, malice.

5. *Var.* Toutesfois il s'en acquitta assez bien : il fist toutes pa-

gent de la valeur de dix à douze mille francs vaillant, qu'il me monstra à son retour à la court à Amboyse, lors de la conjuration, et me conta le tout, car nous estions fort proches parens; et me loüa fort cet empereur, tant pour affaires d'estat que de guerre; comme de vray, tant qu'il a esté roy des Romains, il a faict tousjours bravement teste à ce grand sultan Soliman, ores le guerroyant comm'il pouvoit, ores l'amadouant par trefve, jusques-là que, luy venant à l'Empire, ledict sultan luy envoya demander la trefve.

Si fut-il pourtant fort malheureux en ses guerres faictes par aucuns de ses lieutenans, comme par le seigneur de Roquandolf[1], qui pourtant se monstra tousjours brave et vaillant capitaine, mais malheureux, et qui assista fort bien à ce grand conte Palatin, au siège de Vienne[2]. Il eut aussi d'autres capitaines, bien qu'ilz fussent bons, mais il fut aucunement malheureux en eux. Paulo Jovio en descrit assez sans que j'en die d'advantage[3].

Ce dict empereur n'eust pas grand partage des biens

reilles offres à l'empereur, qui luy fist pareille responce qu'aux précédens, s'opiniastrant toujours sur ceste ville de Metz, et que les princes de l'Empire s'en altéroient fort, et s'en retourna ainsin après avoir esté bien traitté de luy et heu pour présent ung beau buffet d'argent, etc. (Ms 6694, f° 24.)

1. Roggendorf.
2. Frédéric II, comte palatin. Il défendit Vienne contre Soliman en 1529. Brantôme lui a consacré un article.
3. *Var.* Si fust-il fort malheureux pourtant en faisant le plus souvent fayre les guerres par ses lieutenantz comme par Rocquandolfe et autres dont on en peut voyr les routes, pertes et défaites dans Paulo Jovio, lequel le descrit. N'allant guières en personne aux grandes expéditions de guerre, mays envoyoyt ses lieutenantz, non pas pour crainte qu'il eust à s'exposer aux hazards,

de la reyne sa mère[1], estant la coustume d'Espaigne que le tout va à l'aisné de la maison, ny rien de la Flandre, son aisné le traictant en cadet, et prenant tout pour luy[2], en gaignant l'amitié de ses braves soldatz Espaignolz, par le moyen desquelz il cousoit et tailloit comm' il vouloit : et toutesfois, s'il eust voulu, il l'eust bien brouillé en son estat et son empire, et s'il eust voulu s'allier et joindre avec les princes protestans, qui l'eussent fort desiré; car un brouillon ne cherche qu'à brouiller un autre. Mais luy, qui estoit sage et bien advisé, n'y voulut jamais entendre, considérant le mal et le déshonneur qui luy escheroit de la désunion de son bon frère, et que possible seroit la ruyne de tous deux.

Aussi l'empereur l'assistoit de ce qu'il pouvoit, et Ferdinand lui en rendoit de mesmes; tesmoing le secours qu'il donna à M. de Bourbon, pour Pavie, et la prise de nostre roy; ce qui servit fort à l'un, et nuisit fort à l'autre.

mais que, despuys la mort du roy Louys d'Ongrie*, il sembloyt que la destinée deust toujours ainsin porter sur tous les autres roys d'Ongrie, et deussent ainsin finyr malheureusement, et eux et leurs gens avoyr toute pareille et désastreuse desconfiture. Voylà une bonne excuse et qui en doyt bien remercier Monsieur le *Fatum* ou Destin. Or ce bon empereur Ferdinand.... (Ms 6694, f° 24.) Cette variante est rajoutée en marge, de la main de Brantôme.

1. Jeanne de Castille.
2. *Var*. Par trop excessif en ambition d'empire et d'authorité. Aussi il avoit ses bons soldatz hespaignols et autres et bons capitaynes, par le moien desquelz il faisoit la part, et toutes fois.... (*Ibid.*, v°.)

* Voyez plus haut, p. 58, note 3.

L'empereur aussi luy ayda bien en ses réaumes de
Boëme et de l'Ongrie [1].

Il n'estoit pas si bouillant et mouvant comme l'empereur; il estoit plus froid, et tenoit cela de son ayeul
Ferdinand, (mais non pourtant si corrompu, et estoit
plus homme de bien) dont il en portoit le nom, et
l'empereur, celuy de ce brave Charles, son grand
ayeul [2]. Souvant ceux qui portent les noms de leurs
ayeulz leur ressemblent voulontiers, comme je l'ay veu
observer et discourir à aucuns philosophes [3]. Ce Ferdinand, de mesmes que son ayeul, porta ses cheveux

---

1. *Var.* Il se maintint toujours en bonne amitié aveq luy, assistant à son frère tout ce qu'il pouvoit; aussi le frère luy en rendoit de mesmes, si bien que s'estant contanté du patrimoyne d'Autriche, par ses vertus, valleurs et armes il y adjousta la Boesme et quelque peu de l'Ongrie. (Ms. 6694, f° 24 v°.)

2. Charles le Téméraire.

3. *Var.* Il estoit son fileuil aussi et en portoit le nom. L'empereur portoit celuy de son bizaieul Charles, duc de Bourgongne. Voiez comme les fileux quelque fois tiennent de l'humeur de leur perrains, et de ceux dont ilz en portent le nom, comme j'ay ouï dire souvent à aucuns filosofes, ainsin que l'empereur ressembla en tout celui dont il porta le nom, et tel pour l'amour de luy luy fut donné; et son frère Ferdinand tint de son aïeul et en faictz, en vertus, en sagesse et froidz advis. Pour fin, cest empereur mourut fort glorieusement et fort cassé et fort regretté de tous ceux de ses pays, et de l'Empire qui tous, pour l'amitié qu'ilz portoient au père et à la bonne estime qu'ilz avoient heu de luy, ne faillirent aussi tost eslire en sa place, sans aucune dificulté ny contraste, Maximilian, son filz, paravant roy des Romains et roy d'Hongrie. Si la faveur du père luy aida en cela, sa vertu et sa valeur et la bonne réputation en laquelle on le tenoit le favorisa bien autant; car ç'a esté ung très sage, vertueux, courageux et très magnanime prince. Ainsin l'ay-je ouï descripre à nostre roy Henry troisiesme dernier. (Ms. 6694, f° 24 v°.)

tous longs¹, et ne les fit jamais coupper, dont j'en faiz un conte, ailleurs, plaisant.

Pour fin, cet empereur Ferdinand vescut et mourut en fort homme de bien.

Il se dist et se list que l'empereur Charles, après qu'il eust résigné son empire à son frère, comme quasi s'en repentant, il l'envoya prier de le résigner au roy son filz², et fit en sorte que les eslecteurs l'esleussent empereur, et que meshuy, estant fort sur l'aage, il devoit faire de mesmes que luy, quitter le monde et servir Dieu. Ledict Ferdinand fit responce qu'il en vouloit parler ou faire parler premièrement à Maximillian son filz³, et en sçavoir son oppinion, lequel estoit vice-roy en Espaigne, créé dès que le roy Philippe alla prendre possession des Païs-Bas; de laquelle charge on s'estonna que l'empereur l'en avoit chargé, puis que Ferdinand son père n'avoit rien eu du bien de sa mère de par delà. Mais il fut si sage qu'il n'y voulut faire aucune révolte, ny semblant d'en avoir ressentiment; fust, ou qu'il craignist la grand force et bonne fortune de l'empereur, ou que sa femme, fille de l'empereur, très sage et vertueuse, l'en empeschast.

1. D'après ses portraits gravés, et entre autres d'après celui qui est dû au burin de Beham, l'empereur Ferdinand portait en effet les cheveux assez longs, suivant la mode du temps de Louis XII, c'est-à-dire couvrant les oreilles; mais le roi Ferdinand le Catholique les portait tombant sur les épaules, comme le témoigne un portrait du temps conservé au musée de Madrid, et qui a été lithographié dans l'*Iconografia española* de M. Carderera.
2. C'est-à-dire au fils de Charles-Quint, Philippe II. Voyez au sujet de cette proposition de Thou, livre VII.
3. Maximilien II, dont il est parlé à l'autre page.

En fin, Ferdinand ayant faict venir son filz, vers luy, et luy ayant conféré ceste proposition de l'empereur son frère pour ceste résignation du père à son filz, il luy fit responce belle et bonne : qu'il le prioit de ne s'en deffaire point, et qu'il le gardast encor, et que pour luy il n'en vouloit quicter sa part à son cousin, et qu'il avoit le cœur assez haut et l'estomach assez bon pour digérer et avaller ce grand morceau, aussi bien que son cousin : comme de faict, après la mort de Ferdinand son père, les eslecteurs ne faillirent de l'eslire empereur, le cognoissant très valleureux, vertueux, sage, et fort digne à gouverner cet empire. Ainsi l'ay-je ouy descrire à nostre roy Henry III, qui disoit que c'estoit le prince du monde à qui il desiroit le plus de ressembler, et qui luy revenoit le mieux.

Il avoit raison, en ayant faict preuve[2] grande de sa vertu et de sa foi magnanime, lors qu'estant party de Pouloigne à la desrobée et grandes traictes, il se vint jetter, quasi par manière de dire, entre ses bras à sauvetté : il l'y receut, et le traicta très honnorablement, non pas seulement en empereur ny en compagnon, mais quasi luy déférant beaucoup. Et bien qu'il fust fort poussé et persuadé des princes d'Allemaigne sur la remise des villes impérialles[3], rien pour cela ; il ne luy en parla que fort peu, et comme frère. Il ne

L'empereur Maximilian, dernier de ce nom[1].

1. Maximilien II, fils de Ferdinand Ier et d'Anne de Hongrie, né à Vienne le 1er août 1527, élu roi des Romains le 24 novembre 1562, succéda à son père le 25 juillet 1564 et mourut à Ratisbonne le 12 octobre 1576. Il avait épousé Marie, fille de Charles V.

2. *Preuve*, épreuve. — Henri III revint de Pologne au mois de septembre 1574.

3. Metz, Toul et Verdun. Voyez plus haut, p. 83.

faut point doubter que, s'il eust repris le chemin de l'aller), qu'il ne fust esté retenu par les autres princes Allemans; mais il luy assista fort bien d'un autre chemin vers la Charantye¹, et ailleurs; en quoy il monstra bien sa magnanimité et sa sincère conscience, qui d'ordinaire est fort légère et porte petit poix en la ballance des roys et princes (dict-on), en chose où il y va de l'ambition et du proffit².

Il a supporté, comme son père, de grandes guerres durant son empire, et en toutes s'est monstré un très sage et vaillant capitaine, sur tout lors que ce grand sultan Soliman vint, pour sa dernière main, en personne et avec de très grandes forces³, luy mettre le siège devant Siguet⁴; dont il ne s'en estonna pas, mais bravement se mit en campaigne pour luy livrer battaille, s'il fust venu à propos, ayant assemblé une fort belle et gaillarde armée, non pareille pourtant à celle de son ennemy, qui montoit à plus de cent mil hommes. Il fut pourtant si bien assisté des princes d'Allemaigne, des Italiens et autres, tant d'hommes que d'argent, qu'il monstra bien par là qu'il estoit fort aymé, et avoit une grande créance parmy les chrestiens. M. le duc de Ferrare, très brave et vaillant prince, qui avoyt espousé sa sœur⁵ (grand dommage certes de

1. La Carinthie.
2. *Var.* Quand il y va du profict de leur ambition, ce disoit Cæsar. (Ms. 6694, f° 25 v°.)
3. *Var.* Avecque les plus grandes forces qu'il avoit jamais rammené là bas (*Ibid.*).
4. Szigeth, en Hongrie. Soliman II mourut au siège de cette place le 30 août 1566.
5. Barbe, mariée en 1565 à Alphonse II, duc de Ferrare, morte en 1572. Son époux mourut sans enfants le 27 octobre 1597.

quoy il ne laissast après luy de sa noble et généreuse race), sans y envoyer, l'alla trouver en personne. Il luy mena quatre cens gentilzhommes voulontaires, qu'on nomme là Adventuriers, trois à quatre cens arquebuziers à cheval, deux cens [1] chevaux légers et cent hommes d'armes payez, fust, ou d'argent du sien, ou de celuy du roy de France, ayant, tant qu'il a vescu, tenu de luy cent hommes d'armes de ses ordonnances ordinaires soldoyez. M. de Guyse son nepveu [2] lors fort jeune, l'alla trouver pour son plaisir, avecqu'une belle noblesse françoise.

Pour fin, ce brave empereur fit si bien [3], qu'il se dira d'icy à mill' ans que, dessoubs luy et son empire [4],

---

1. *Var.* Cent. (Ms. 6694, f° 25 r°.)
2. Anne d'Este, fille d'Hercule II, duc de Ferrare, et sœur d'Aphonse II, avait épousé en 1548 François de Lorraine duc de Guise.
3. *Var.* Fist si bien teste. (*Ibid.*)
4. *Var.* Que dessoubz ce grand empereur Maximilian, le plus grand prince et monarque des Otthomans qui fut ni qui sera jamais en tout, mourut au siège de Siguet, cet empereur chrestien se préparant et s'acheminant pour luy livrer bataille, s'il heust voulu ou peu passer plus avant. La gloyre n'en sera pas commune, mais très rare. Qui voudra plus amplement sçavoir des faitz de ce grand empereur et de son père en trouvera assez à foison tant parmi les guerres de l'Hongrie, de Boesme, de Transsilvanie, de Poulongne que des autres païs de là bas qui se sont ressantis de la valleur de l'espée de ces empereurs et de leurs lieutenans, généraux et capitaynes, ores vaincueurs, ores vaincus, mais pourtant non jamais subjuguez. Voylà pour quoy je m'en desporte d'en parler davantage, car il y en ha force livres escriptz, non plus que je parleray de l'empereur d'aujourd'hui, Rodolphe, filz de Maximilian pour estre ses faictz tous fraiz soubz l'Empire, et par la valeur et la sagesse duquel pourtant le grand Turc s'est ressenti de grandes deffaictes, meurtres et pertes de gens, et si heureusement que de

le plus grand prince en tout, et monarque des Otomans, voire du monde, mourut en ce siège de Siguet, renommé à jamais par sa belle mort et très honnorable, n'ayant voulu mourir ailleurs (dist-il), qu'au mitan de l'exercice qu'il avoit tousjours aymé et mené en sa vie.

Qui voudra plus au long sçavoir les faictz et les louanges du père et du filz, Ferdinand et Maximilian, en trouvera prou par les livres qui ont esté escrits de leurs valeurs qu'ilz ont monstré aux guerres d'Ongrie, de Boëme, Pouloigne, Transilvanie, tant faictes de leurs mains que de leurs braves capitaines : par quoy je n'en parle plus, pour dire que l'empereur Rodolphe, qui impérie [2] aujourd'huy, bien qu'il n'ayt

L'empereur Rodolphe [1].

long temps ne s'est veu telles victoyres si heureuses et si signalées, et si sanglantes que celles que de nouveau il a obtenu sur les infidelles, qui s'estoient assemblez en si grand nombre et en telle animosité et présumption contre les chrestiens, que leur Grand Seigneur (*Amurat III*) ne les menassoit rien moings qu'en ung tour de main emporter et raffler Vienne d'autre façon que le sultan son ayeul, et de la pousser en Allemaigne, et dans deux ans l'empiéter pied à pied ; mais Dieu aiant colloqué ung si brave empereur pour luy faire teste, a mis au vent toutes les vanitez de ses outrecuidez dessaings, et leur en ha faict sentir les siens plus aigres par la vertu et valeur de cettuy nostre empereur, et de ce brave et jeune roy de la Transsilvanye (*Sigismond Bathori*), et de plusieurs et vaillans seigneurs et capitaynes d'Allemaigne, et de ce brave Charles, conte de Mansfeld. Venons à d'autres capitaynes et parlons du duc d'Albe. (*Ibid*, fo 25 r°.)

1. Rodolphe II, fils de Maximilien II et de Marie d'Autriche, né à Vienne le 18 juillet 1552, roi de Hongrie en 1572, de Bohême en 1575, élu roi des Romains le 27 octobre 1575, succéda en 1576 à son père, et mourut à Prague le 20 janvier 1612.

2. *Impérie*, gouverne l'Empire.

esté souvant en campagne comme ses prédécesseurs, si a-il monstré avoir du courage et de l'esprit, et ne s'est point estonné ; car il a esté fort traversé quasi tous les ans. Il luy a fallu supporter de grandes forces que le Grand Turc luy a jetté sur les bras, ores vainqueur, ores vaincu et battu ; et sur tout ne s'est point estonné des grandes menaces et préparatifz qu'il a faictz sur Vienne, de laquelle il ne fut jamais si voysin qu'il est ast'heure ; dont Dieu le garde de la prise !

En fin, cet empereur a bien pourveu à tout son faict, que Dieu l'a préservé de grandz coups, ayant esté assisté de bons et grands capitaines. Je n'en parle plus, car il s'en est faict plusieurs livres, et s'en faict tous les jours, des belles guerres qui s'y sont faictes et s'y font encores, pour lesquelles s'en sont faictes et se font souvant, par le commandement de Sa Sainteté, jubilez, de belles dévotions, prières et processions. Et il a esté fort bien servy et assisté de bons et braves capitaines Allemans, Italiens, Hongres, Boëmes, Albanois et autres, et sur tout de ces deux braves capitaines, l'un, ce brave Charles, comte de Mansfeld[2], qui, très bien s'estant façonné aux guerres de Flandres, de France et autres, monstra bien ce qu'il avoit appris et sçavoit faire : j'en parle ailleurs ; l'autre, M. le duc de Mercure[3], brave, vaillant et hazardeux

---

1. *Le*, l'empereur.

2. Charles, comte, puis prince de Mansfeld, né en 1543, mort le 14 août 1595.

3. Philippe-Emmanuel de Lorraine, duc de Mercœur, prince du Saint-Empire, né le 9 novembre 1558, mort à Nuremberg le 19 février 1602.

prince certes, dont j'en parle aussy ailleurs en son discours à part.

<small>Le duc d'Albe[1].</small>

Je les laisse donc là astheure pour venir à ce grand duc d'Albe, que l'empereur cy devant a mis et colloqué avec les trois grandz capitaines[2].

Ce grand duc d'Albe donc suivit l'empereur son maistre, tant en ses guerres qu'il commença qu'en celles qu'il paracheva avecques luy[3]. Il eut cet honneur à la retraicte de son voyage d'Ongrie vers l'Italie[4], l'empereur menant l'advant-garde, de mener l'arrière-garde, avec les lansquenetz et la cavalerie Espaignolle ; et le marquis del Gouast[5] menoit la battaille[6] avec l'infanterie espaignolle et les chevalliers de la garde. Avec l'empereur estoit Ferdinand de Gonzague[7] avec les chevaux-légers, desquelz il estoit général.

J'ay ouy raconter à une grand dame de la court,

---

1. Ferdinand Alvarès de Tolède, duc d'Albe, né en 1508, mort le 12 janvier 1582.

2. Voyez plus haut, p. 13.

3. *Var.* Le duc d'Albe a fait de mesme que son maistre et est venu aussi tard à l'escolle de Mars que luy, car ainsin que j'ay oui conter à une dame de ce temps de la court, lorsque l'empereur passa par France, il estoit aveq' luy et se monstroit avoir de l'âge. Il estoit de belle apparence et grande taille, mais non pourtant si habile comme il ha esté despuis, encor qu'il heust faict aveq l'empereur tous les voiages qu'il avoit faict, et mesmes heust cest honneur à la retraicte... (Ms. 6694 f° 25 v°.)

4. En 1532, voyez les *Commentaires de Charles-Quint*, p. 32.

5. Alfonse d'Avalos, marquis du Guast ou del Vasto, dont on lira la vie dans ce volume.

6. La *battaille*, le corps de bataille.

7. Ferdinand de Gonzague auquel Brantôme a consacré plus loin un article.

où ell' estoit pour lors du passage de l'empereur par France[1], qu'il luy monstroit grand amitié et faveur, et qu'il paroissoit de bonne façon, mais fort froide et retirée[2], et qui ne s'advançoit pas tant que Le Peloux[3], brave gentilhomme françois, qui avoit suivy M. de Bourbon en sa deffortune[4]; mais il se monstroit lors plus entrant et plus bravasche que le duc d'Albe, bien qu'il fust de belle façon, comme j'ay dict, et de belle et haute taille[5]. Si bien que l'empereur disoit quelques fois aux dames qu'il entretenoit : « Voylà le duc d'Albe, que j'ayme bien ; il est encores jeune[6] (bien qu'il se monstrast vers l'aage de trente ans), il n'a pas encores veu ce qu'il luy faut ; mais je vous assure qu'il sera[7] un jour un grand homme de guerre,

1. Charles-Quint arriva à Bayonne le 27 novembre 1539 et à Paris le 1ᵉʳ janvier suivant.
2. *Retirée*, peu communicative.
3. François Le Peloux, gentilhomme du Vivarais, seigneur de Gourdan. Il avait suivi le connétable de Bourbon dans sa fuite et dans sa campagne d'Italie et mourut à Bruxelles au moment où il se disposait à rentrer en France. Suivant Jean de Vandenesse, Charles-Quint l'avait nommé en 1531 gentilhomme de sa chambre. (Ms. Dupuy, nᵒ 560, fᵒ 38, vᵒ).
4. *Var.* Il paroissoit peu en ce passage de France que fist l'empereur au pris de M. du Peloux, gentilhomme françois qui avoit suivy feu M. de Bourbon en sa deffortune, et mesmes que le duc d'Albe le recherchoyt, quasi si bien que l'empereur disoit.... (Ms. 6694 fᵒ 25, vᵒ.)
5. *Var.* Il est encor neuf. (*Ibid.*)
6. *Var.* Je m'asseure qu'il se fera, car il est de fort bonne et généreuse race, et aussi que je l'advanceray ; mais Le Pelloux est ung homme qui a veu, qui sçait aller, venir et parler et qui ne s'estonne en quelque compaignie que ce soit. Je voudrois que le duc d'Albe fut aussi asseuré. Aussi est-il Hespaignol, froid et retiré ; mais Le Pelloux est Françoys, entrant et effronté. Dont il ne

car il est de fort bonne et valeureuse race ; aussi qu'il a bon commancement et que je l'advanceray selon ses mérites, desquelz j'ay bonne espérance. Je voudrois qu'il ressemblast un peu Le Peloux d'une chose, qu'il fust plus entrant qu'il n'est en compagnie ; car Le Peloux, il sçait aller, venir, et veut entrer par tout. Aussi est-il un François bouillant et effronté ; l'autre est un Espaignol froid et discret. »

Dont ne faut doubter que Le Peloux ne le fist à dessaing, possible par l'advis et commandement du maistre, parce qu'il avoit de fort bonnes parties[1] en luy, mais principallement pour monstrer, comme bra-

faut doutter que Le Pelloux ne le fist tant par ce qu'il avoit sur luy de bonnes parties pour le fayre, qu'aussi que comme bravasche et présomptueux, il vouloit bien faire parestre à son roy et à ceux de sa nation que, pour les avoir quittez et choisi et pris autre maistre le plus grand de la chrestienté, il n'estoit point estonné. Quelle gloyre et quel contentement à ce fugitif françoys, fayre là telle parade et de sa faveur et de telle monstre de soy receue du plus grand empereur du monde, devant son roy et ses compagnons du pays. Je croy qu'il y a force gens qui voudroyent estre bannys de leur patrye en ceste sorte. Il luy aidoit aussi à traitter ses amours, car le roy François lui voulant faire chère entière en sa court, luy avoit fait adresser et donner une grande dame de sa court, pour la servir, voyre pour mieux ; car il en tira ce qu'il falloit, mesmes qu'il en laisse race, que je dirois bien ; et aussi qu'à demi il servoit quasi de truchement et conducteur, encor que l'empereur parlast et entendist bien le françois ; mais il usa lors de ceste finesse hespaignolle de caresser ainsin ce gentilhomme devant les autres, tant pour les gaigner et attirer s'il heust peu, que pour leur monstrer qu'il sçavoit bien n'abandonner les pauvres bannis de M. de Bourbon et qui luy avoient faict service, comme il le fist de mesmes à ung infinité. (Ms. 6694, f° 26 r°.)

1. *Parties,* nous dirions aujourd'hui *côtés.*

vasche et présumptueux, à son roy, toute sa court et sa nation, que, pour les avoir quictez, pris et choisy autre party estranger et autre maistre, le plus grand de la chrestienté, il ne se soucioit guières de la France ny du roy non plus; aussi l'empereur luy faisoit bonne chaire[1]. Bref, il paroissoit et bravoit fort; possible aussi pour cet artiffice, et pour monstrer et faire venir l'envye à d'autres gentilzhommes françois de le suivre, que, puisqu'il[2] traictoit si bien les pauvres bannys de M. de Bourbon, il en fairoit de mesmes aux autres s'ilz s'y vouloient retirer. Quelle gloire et contentement estoit-ce à ce brave fugitif[3] faire là telle parade de sa faveur devant son roy et ses compagnons du païs, auquelz il ne celloit sa fortune qu'il leur faisoit encores plus grande qu'elle n'estoit! Ceste dame disoit que le roy en avoit quelque certain petit despit en soy; mais il le cachoit. Je croy qu'il y a force gens, tant bons François fussent-ilz, ou autres, qui voudroient estre bannys à ce prix[4].

Ledict Peloux aussi servoit son maistre en ses amours; car le roy, son bon frère, luy voulut faire chère entière pour luy faire servir une belle et honneste dame de la court, pour lors, et en tirer ce qu'il voulut; dont il en laissa à la France une race après luy, qui ne se peut dire pour astheure.

J'ay veu le portrait dudict Peloux dans le cabinet de

1. *Chaire*, chère.
2. *Il*, l'empereur.
3. Le correcteur a changé ainsi cette phrase : « Quelle gloire et présomption à ce fugitif et desnaturé François ! »
4. Le correcteur a modifié ainsi la phrase : « Je crois qu'il y a force gens mauvais françois qui voudroient...»

Madame de Fontaines de Chalandray (estant fille pour lors de la reyne Léonor, et la disoit-on la belle Torcy[1]), qu'elle me louoit fort. Aussi monstroit-il une belle représentation d'un gallant homme, mouricaut pourtant, ressemblant un peu à son frère, que j'ay veu lieutenant du mareschal de Brissac[2] en sa compagnie de gens d'armes, qui estoit certes un brave et vaillant capitaine et qui n'en devoit rien à son frère.

Mais, pour retourner au duc d'Albe, il faut croire que, dès lors qu'il se mit aux guerres, il ne chauma pas d'en apprendre et en faire valoir de bonnes leçons en toutes ses belles expéditions qu'il a faictes en ses lieutenances générales qu'il a eu de ses maistres à part, ou soubz leurs personnes en la guerre d'Allemaigne, en Italie, en Lombardie, en Piedmont, au royaume de Naples, en Flandres, et de fraiz en la conqueste de Portugal. Bref, en tant de lieux le nom du duc d'Albe s'est tant faict sonner que rien que le duc d'Albe n'oyt-on encor que raisonner[3] par la chrestienté; et est mort en réputation d'avoir esté un grand capitaine et avoir peu failly soubz ses charges, en despit du dieu Mars, qui est un dieu fort trahistre et ambigu, qui faict souvant bruncher lourdement ceux qui le suivent[4].

1. Voyez plus haut, p. 31.
2. Charles de Cossé, comte de Brissac. Brantôme lui a consacré un article.
3. *Raisonner*, résonner.
4. *Var*. Et est mort aiant faict contre l'opinion que nul ne peut estre parfaict capitayne qu'aprez la mort (comme disoit Solon de l'homme heureux); car c'est ung estat le plus subject à glisser et à bruncher qu'il en soit point, estant Mars ung dieu fort thraistre et bien ambigu. Néantmoings le duc d'Albe, en despit de ce dieu

Il eut cet heur et l'honneur, en la battaille des protestants[1], d'avoir très bien combattu et bien commandé en l'advant-garde avec M. de Savoye[2], qu' y commandoit aussi, mais il estoit encor fort jeune. Aussi l'empereur le luy associa, pour estre vieux capitaine. Il se monta ce jour sur un cheval d'Espagne tout blanc, armé tout à blanc, et de grandes et longues plumes blanches qui luy pendoient sur sa sallade et sur les espaules bien bas. Il monstroit bien par là qu'il vouloit se signaller et parestre par dessus les autres, comm' il fist, tant par ses belles enseignes que par sa prouesse qu'il monstra ce jour : et fut si heureux encor que le duc de Saxe fust pris si près de luy qu'il le mena et le présenta le premier à l'empereur (Beau présent certes et digne de bonne récompanse) avec les autres qu' y avoient aydé.

Il eut un peu de malheur en Piedmont[3]; car l'empereur et le roy d'Angleterre[4] l'y ayant envoyé, voire en toute l'Italie, pour général, avecqu' une fort grosse et bell' armée, très bien garnie de tout ce qu'il luy falloit, tant de gens de guerre que grand attirail d'artillerie, et sur tout de si grande quantité de pyonniers, pour, à la mode des Turcs, remuer de grand terre et combler les fossez de bois et fascines, qu'il brava et assura, non pas seulement de lever le siège

thraistre, est mort sans qu'on luy puisse rien reprocher, et en la réputation que l'empereur son maistre luy avoit donnée. (Ms. 6694 f° 26 v°.)

1. La bataille de Mühlberg. Voyez plus haut, p. 20, note 5.
2. Emmanuel-Philibert, alors prince de Piémont.
3. En 1555 et 1556.
4. Édouard VI.

de Vulpian[1], mais de reconquérir en peu de temps tout le Piedmont, ainsy que je l'ay ouy raconter à de vieux capitaines françois et estrangers qui estoient de ce temps. Mais tant s'en fallut qu'il ne peut pas prendre Santiac[2] qu'il assiégea, où M. de Bonnivet[3], couronnel de l'infanterie françoise, s'estoit jetté dedans avec Ludovic de Birague[4] et autres bons capitaines, dont j'en parle ailleurs; et fust si bien deffendu qu'il en leva le siège; dont en ce siège, il n'en fut trop loué; car la place ne venoit d'estre fortifiée que de fraiz et à la haste[5]. Il eust encor ce malheur, qu'à sa barbe, ce brave entrepreneur et aussi bon exécuteur, M. de Salvoyson, luy enleva Montcalvo[6] par escalade. L'on le dict, en ce voyage, malheureux, mais non qu'il faillist en sa charge et y perdist sa réputation; car, si petite tache, il la rabilla fort bien

---

1. Vulpiano, près de Suze. La ville, que le maréchal de Brissac assiégeait, fut d'abord délivrée par le duc d'Albe; mais, assiégée de nouveau, elle capitula le 20 septembre 1555. Voyez les Mémoires de François de Boyvin, baron du Villars, livres V et VI.

2. Santia.

3. François Gouffier, seigneur de Bonnivet, mort en décembre 1556 d'une blessure reçue au siége de Vulpiano.

4. Ludovic de Birague, seigneur d'Ottabiano, gouverneur de Chivasso, chevalier de l'ordre du Roi. Il était fils de César de Biragne.

5. *Var.* De fraiz par ce bon capitayne Ludoviq de Byrague; en quoy j'ay ouy dire à aucuns bons capitaynes qu'une place fortyfyée de frais et à la haste, comme fust celle-là, n'est si bonne ny si tenable comme une vieille, à cause du rampart mieux afermy, qu'un nouveau esbranlé encor de la terre nouvellement reportée et remuante encor. (Ms. 6694 f° 26 v°.)

6. Jacques de Salveyson dont Brantôme parle ailleurs. Il s'empara de Montecalvo le 7 octobre 1555. Voyez sur cette campagne du duc d'Albe : de Thou, livre XV et XVI, et Boyvin du Villars.

vers le royaume de Naples, et vers Rome contre le pape[1], lorsqu'il fit bravement teste contre ce grand capitaine M. de Guyse[2], quand il luy rompit ses dessaings et du pape [et tout], qu'il eust bien faussé dans sa ville de Rome, voire pris, disoit-on lors, comme je l'ay ouy dire dans Rome mesme, s'il eust voulu; mais il eut respect au Sainct Siège, pour n'estre blasmé d'une telle entreprise et prise, comme fut le prince d'Orange pour celle du pape Clément[3]; dont j'ay ouy dire encor que l'empereur n'en fust pas pourtant trop content de ce respect, et qu'il devoit avoir poussé plus outre, selon sa devise[4], et que la gloire fust estée à jamais immortelle pour luy que d'avoir pris deux papes. S'il se monstra là donc trop respectueux, il se monstra bien de l'autre costé fort sage et advisé d'avoir rompu les fœuz et furies de cest' armée dudict M. de Guyse, si délibérée et fraische, qu'elle ne demandoit que combattre; mais, comm' un Fabius Maximus, par sa cunctation et temporisement, fit aller nos fœuz en vapeurs et fumées. Toutesfois, ne faut point doubter que, si le pape n'eust point failly audict M. de Guise et à sa promesse, les choses ne fussent pas allées ainsi; et disoit tout le monde alors qu'il fust demeuré quelque chose dudict duc[5], et luy eust fallu se retirer viste dans Naples : j'en parle ailleurs.

1. Paul IV.
2. En 1557.
3. Voyez plus loin les notices sur le connétable de Bourbon et le prince d'Orange.
4. La devise de Charles-Quint; voyez plus haut, p. 19.
5. Le duc d'Albe.

Ilz se cognoissoient tous deux, et à bonnes enseignes, dès le siège de Metz, où ledict duc estoit lieutenant de l'empereur en cest' armée et en toutes les expéditions qui se firent là : et pour ce M. de Guyse ne le craignoit guieres, ny là ny ailleurs. Quand deux grandz capitaines comme ces deux là se sont tastez une fois en telz hasardz, sièges, combatz et rencontres, celuy qui a eu du pire, comme l'eust ceste fois l'empereur et le duc son lieutenant, voulontiers ilz en craignent la seconde touche.

Brief, il n'y alla rien pour ce coup, en ce voyage d'Italie, ny de l'un, ny de l'autre : et comme deux braves combattans en une estocquade, après qu'ilz ont bien faict leur devoir, viennent à estre séparez par les juges et mareschaux de camp, se retirent avec esgal honneur[1], ainsin fyrent ces deux grands capitaynes.

Longtemps après vint là guerre de Flandres contre les rebelles qui se faisoient appeller les Gueux[2], sot nom pourtant et mal heureux, et tout! Le roy son maistre l'y envoya son lieutenant, encor son général, où il passa gentiment, non avec un grand ambarras ny multitude confuse de gens de guerre, mais se chargea seulement d'une petite et gentille troupe de braves et vaillans soldatz bien choisis des terzes de Lombardie, de Naples, de Scicile, de Sardaigne, et d'une partie de celuy de la Golette, montant le tout à dix mil'

1. Les six mots qui suivent, sont écrits en interligne de la main de Brantôme.
2. Ce nom fut donné en 1566 aux réformés des Pays-Bas, lorsqu'ils s'unirent pour repousser l'inquisition et demander la liberté de conscience. Voyez de Thou, livre XL.

hommes de pied, tous vieux et aguerrys soldatz, tant bien en poinct d'habillemens et d'armes, la plus part d'orées et l'autre de gravées, qu'on les prenoit plustost pour capitaines que soldatz : et fut luy le premier qui leur donna en main les gros mousquetz, et que l'on veid les premiers en guerre et parmy les compagnies; et n'en avions point veu encores parmy leurs bandes [1], lorsque nous allasmes pour le secours de Malte [2]; dont despuis nous en avons pris l'usage parmy nos bandes, mais avec de grandes difficultez à y accoustumer nos soldatz, comme j'en parle au livre des couronnelz. Et ces mousquetz estonnarent fort les Flamans, quand ilz les sentirent sonner à leurs oreilles; car ilz n'en avoient veu non plus que nous : et ceux qui les portoient les nommoit-on *Mousquetaires*, très-bien appoinctez et respectez, jusques à avoir de grands et forts gojatz qui les leur portoient; et avoient quatre ducatz de paye; et ne leur portoient qu'en cheminant

1. *Var.* Car à aucuns d'eux avant en nostre voiage de Malte, nous n'en avions point veuz parmi nos bandes hespaignolles. Il est bien vray que du temps de nos pères, aux guerres de delà les monts, l'on usa des mousquetz qu'on appelloit des harquebuz à croc et qu'on appuioyt sur des fourchettes; mais c'estoient des canons gros et courtz, que despuis, nos soldatz par mocquerie appelloient des vitz de muletz. J'en ay veu force de pareils par my les vieilles armes des vieux chasteaux, et me souvient d'en avoir veu au chasteau de Bourdeille plus d'une vingtayne. Mais le duc d'Albe mist alors à ce voiage en usage ces beaus mousquetz que nous avons pratiquez despuis, et qui luy servirent bien en ses belles expéditions de Flandres qui en estonnarent bien les Flamens pour n'en avoir jamais veuz ni senti à leurs oreilles. Ceux qui les portoient.... (Ms. 6694, f° 27 r°.)

2. En 1565, lorsque Malte fut menacée par Soliman qui la fit assiéger au mois de mai.

par païs : mais quand ce venoit en une faction, ou marchans en bataille, ou entrans en garde ou en quelque ville, les prenoient. Et eussiez dict que c'estoient des princes, tant ilz estoient rogues et marchoient arrogamment et de belle grace : et lors de quelque combat ou escarmouche, vous eussiez ouy crier ces motz par grand respect : *Salgan, salgan los mosqueteros ! Afuera, afuera ! Adelante los mosqueteros*[1] ! Soudain on leur faisoit place ; et estoient respectez, voire plus que capitaines pour lors, à cause de la nouveauté, ainsi que toute nouveauté plaist.

Je les vis alors passans par la Lorraine, et les y allay voir exprès en poste, tant pour leur renom, qui en resonnoit et retentisoit par tout, que pour y revoir aucuns capitaines et soldatz que j'avois veu et cogneu[2] en l'armée que le roy d'Espaigne avoit envoyé à Malte, M. le marquis de Pescayre[3] en estant le général ; et n'y avoit qu'un an quasy que je les y avois veuz. J'y en vis plusieurs, qui me recogneurent avec force caresses gentiles et militaires à l'espagnolle ; car je parlois lors espagnol aussy bien que mon franciman[4] et vous diray que, sans la seconde guerre civile que je voyois se préparer[5], j'allois avecqu'eux ; et avois desbauché un gentilhomme provençal, nommé Valon,

1. « Qu'ils sortent, qu'ils sortent, les mousquetaires ! Hors les rangs, hors les rangs ! En avant les mousquetaires ! »
2. *Var*. Au voiage de Malte n'i avoit qu'un an. (Ms 6694, f° 27, r°.) — Voyez plus haut p. 104, note 2.
3. Voyez sa vie, plus loin.
4. Ces mots ont été changés par le correcteur en ceux de *mon françois*.
5. Elle commença en novembre 1567.

gentil et vaillant compaignon, mon grand amy (il mourut à La Roche-la-Belie [1], à l'escarmouche et prise de M. d'Estrozze; j'en parle ailleurs; il estoit à M. d'Anjou, frère du roy [2]), pour aller tous les deux ensemble; car j'avois faict la révérance au duc d'Albe, qui me recogneut et me fit fort bonne chère, par ce qu'il m'avoit présenté quelques années devant au roy d'Espagne à Madrid, par la prière de ceste bonne et généreuse princesse la reyne d'Espagne [3], à mon retour du voyage du Pignon de Belys, en Barbarie, et de Portugal, et que je l'avois aussi veu et salué à Bayonne, à l'entrevue du roy et des reynes [4].

Or, pour retourner encor à ceste gentille et gaillarde armée, ell' estoit composée, comme j'ay dict, du terze de Naples, dix-neuf enseignes, maistre de camp don Sanctie de Leve [5]; du terze de Scicile, dix enseignes, maistre de camp Jullian Romero, que j'avois fort cogneu, comme j'en parle ailleurs; du terze de Sardaigne, dix enseignes, maistre de camp dom Gonzalle de Bracquamont; du terze de Lombardie, dix enseignes, maistre de camp don Sanctie de Londogña; et pour maistre de camp général, ou, pour mieux dire, couronnel commandant à tous (car tel l'avoit

1. Le combat de La Roche-Abeille, en Limousin, où les protestants furent vainqueurs, fut livré en 1569, le 15 juin, suivant de Thou, le 23 suivant d'Aubigné. Philippe Strozzi, qui avait succédé à Brissac dans la charge de colonel général de l'infanterie française, y fut fait prisonnier.

2. *Var.* Despuis roy Henry. (Ms. 6694, f° 27 r°.)

3. Élisabeth de France, femme de Philippe II.

4. Voyez plus haut p. 50, et plus loin, p. 113.

5. Don Sanche fils d'Antoine de Lève. Le nom Sanche se traduit en latin par *Sanctius*.

esleu le duc d'Albe), Chapin Vitelly[1], gentilhomme italien, très-grand et advisé capitaine, dont j'en parle ailleurs. Grand cas pourtant que les Espagnolz souffrirent un Italien leur commander en telle dignité ; mais ilz le permirent estant choisy de leur brave général, et qu'ilz le trouvarent fort capable, doux et gracieux, et qui leur sçavoit commander gratieusement et de grâce : j'en parle ailleurs.

Le grand prieur don Hernand[2], son filz bastard, estoit général de la cavallerie, composée de quatorze compagnies de lanciers, et quatre d'harquebuziers à cheval, que despuis on a appellé parmy eux et nous *carabins*. Plus, y avoit quatre cens courtizanes à cheval, belles et braves comme princesses, et huict cens à pied, bien en poinct aussi.

Ce grand prieur estoit fort aymé de son père, autant que ses enfans légitimes : aussi estoit-il homme de grand valeur et mérite. Il fut pris aux premières guerres par le bastard du roy de Navarre[3], se tenant à La Rochefoucaud, et y faisant ses courses et retraictes, par l'assistance de Madame la comtesse de La Roche[4], mais aussi tost eslargy ; car la paix avoit esté faicte devant Orléans[5], et la court retirée à Amboise, où je vis la reyne fort en collère de ceste prise

1. Chiapino Vitelli. Brantôme lui a consacré un article.
2. Ferdinand, grand prieur de l'ordre de Saint-Jean.
3. Antoine de Bourbon laissa un fils naturel, Charles, qui mourut en 1610 et fut successivement évêque de Comminges (1569), de Lectoure (1590), archevêque de Rouen (1594), abbé de Marmoutiers, etc.
4. Charlotte de Roye, comtesse de Roucy, femme de François, comte de La Rochefoucauld, tué en 1572 à la Saint-Barthélemy.
5. Le 12 mars 1563.

contre M. le Prince[1] et le comte de La Rochefoucaud, et parla bien à eux; lesquelz aussi tost mandarent le lascher, ce qui fut faict : et vint audict Amboise trouver le roy et la reyne, qui se monstroit avoir bonne façon et fit gentiment sa charge. Du despuis je le vis à Malte, où fut notée une chose, que le grand-maistre, qui se faict là respecter quasi plus qu'un roy, et tous luy défèrent tout de mesmes et parlent à luy avecque toutes les révérences, tousjours la teste descouverte ; mais ne faisoit pas cela ledict grand prieur, que M. le grand-maistre ne le fit aussi tost couvrir, et luy déféra beaucoup. Plusieurs notarent cela aussi bien comme moy.

Or, pour faire fin à ceste belle armée que ce duc emmena en Flandres, il fit si bien par la valeur de luy et d'elle, et rangea si bien les Flamans à leur devoir et obéissance, qu'il s'en fit ériger un'estatue de marbre en signe de triumphe et trophée, qui fut posée en la grand place d'Anvers[2], s'estant donné et

---

1. Louis de Condé, tué à Jarnac le 13 mars 1569.

2. En 1571. De Thou (livre XLVI) et le P. Strada (livre VII) ont donné la description de cette statue, qui n'était point en marbre, comme le dit Brantôme, mais en bronze, et avait été placée dans la citadelle. Le métal provenait des canons pris sur Louis de Nassau, à la bataille de Gemminghen (1568). Le duc, debout, avait à ses pieds deux autres statues en bronze représentant la noblesse et le peuple des Pays-Bas. Le piédestal était couvert d'inscriptions et de bas-reliefs allégoriques. Au-dessous de la statue on lisait : *Jungelingi opus ex ære captivo.* Jacob Jongeling avait été en effet le sculpteur et le fondeur de ce monument dont, suivant Strada, l'idée était due au savant orientaliste espagnol Arias Montanus. Lorsqu'en 1578 la citadelle d'Anvers retomba au pouvoir des États, le groupe mis en pièces fut fondu de nouveau et redevint ce qu'il avait été ; on en refit des canons. Suivant Nagler

attribué un titre en grec autant à dire que *glorieux et supperbe*¹. Du despuis, ceux d'Anvers, estans les plus fortz, l'abbatirent et rompirent en mille pièces. Pour un autre trophée que le bon pape Pie quinte luy envoya, une sallade et un' espée béniste, qu' est un présent et honneur qui s'accoustume de donner par les papes aux grandz princes et illustres capitaines qui ont combatu pour le soubstien de l'Esglise bravement, et en sont sortys victorieux; ainsi que fit de mesmes le pape Paulo terze Fernez² à l'empereur Charles, après sa victoire des protestans, et triumphé d'eux; et comme fit aussi devant tous eux le pape Jules [le bon rompu] à l'endroit des Souysses, y adjoustant de plus l'estendard général de l'Église, les baptisans par le beau nom de restaurateurs et protecteurs de la saincte Église : autant de flatterie et de vanité pour eux, si le roy François ne les eust bien batus à Marignan. Le pape Paulo quarto, dict Caraffe, envoya par son nepveu le

---

(*Neues allgemeines Kunstler-Lexicon*, art. *Jongeling*), le duc d'Albe avait fait faire de sa statue un double qu'il emporta avec lui en Espagne. — Le monument est gravé dans l'histoire des Pays-Bas de Van Meteren (Meteranus), et il en existe six reproductions différentes au Cabinet des Estampes de la Bibliothèque impériale.

1. *Var.* S'étant donné ce brave nom d'Ἀλεξίκακος (Ms. 6694, f° 28). Au côté droit du piédestal était un bas-relief représentant un berger menant paître son troupeau, tandis que des bêtes fauves et des oiseaux de nuit s'enfuyaient devant un génie entouré de rayons. Au bas on lisait ces mots : ΑΛΕΞΙΚΑΚΟΣ ΗΩΣ, pour ἀλεξίκακος Ἡώς, *L'Aurore chassant tous les maux*. On voit que Brantôme a eu raison de supprimer dans sa seconde rédaction le mot grec qu'il avait transcrit incorrectement d'après la gravure et qu'il avait traduit d'une manière fautive.

2. Paul III, de la maison de Farnèse.

cardinal[1] au roy Henry II un chapeau que j'ay veu, quasi faict à l'Albanoise, de drapt d'or, et un espée dorée, pour luy demander secours, rompre la trefve et faire la guerre ; don certes qui fut très malheureux pour la France.

Il est temps meshuy de finir le discours de ce grand duc ; mais advant faut dire comm' estant retiré en sa maison, où le roy son maistre l'avoit confiné pour quelque consentement d'un certain mariage clandestin que son filz avoit faict en sa court ou ailleurs[2], si bien que, sans ses grands services, il en eust pâty, tant ce roy estoit grand observateur de la justice ; estant donc ainsi retiré, il se donna la garde[3] que le roy pour un matin luy envoya un courrier avecqu'une fort petite simple lettre avec ces motz[4] : « Ne faillez, aussi tost la présente veue, de vous en aller en telle part (il me semble avoir ouy dire que c'estoit à Aroyo del Puerco[5], ou à la Raya de Castilla et de Portugal où j'ay esté) à un tel jour, vous y trouverez le rendez-vous de toute mon armée, laquelle vous prendrez, et

1. Carlo Caraffa. Il fut envoyé en France en 1556. Voyez de Thou, livre XVII.
2. Frédéric de Tolède, marquis de Coria, déjà deux fois veuf, avait reçu de Philippe II l'ordre d'épouser une des filles d'honneur de la reine qu'il avait séduite. Il n'en tint compte, fut relégué au château de Tordesillas, d'où il s'enfuit pendant quelques jours pour aller épouser, du consentement de son père, Marie de Tolède, sa cousine, fille du marquis de Villa-Franca. Le roi irrité envoya le duc d'Albe prisonnier à Uzeda.
3. *Se donner la garde*, être averti, s'apercevoir.
4. *Var.* Le roy luy envoia le petit courrier avecq'une despesche par laquelle il luy manda sans autre forme ne sollempnité qu'il s'en allast en telle part. (Ms. 6694, f° 28 v°.)
5. Sur la frontière de Castille et de Portugal.

la menerez droict et aussi tost en Portugal pour me le conquester[1]. » Ce qu'il fist sans s'arrester nullement sur son despit et mescontentement, ny sans faire la moindre difficulté du monde. Il voyoit bien à quel maistre il avoit affaire. Ha! que je sçay beaucoup de princes, grands seigneurs[2] et capitaines, et gentilzhommes de par le monde, qui ne fussent pas estez si

1. Le duc d'Albe fit en 1581 la conquête du Portugal sur Dom Antoine de Crato. Le royaume resta uni à l'Espagne jusqu'en 1640.

2. *Var.* Grands seigneurs des nostres de par le monde, voyre des gentilshommes qui ne fussent estez si prompts à s'appaiser estans si mal contans, ni à partir pour si peu de papier, ni pour ung simple courrier ni chevaucheur d'escurye. Il y en heut bien fallu des courriers sur courriers, et d'autres ambassades plus sollempnelles, et, qui plus est, de bons apoinctemens, soit de grades et d'honneurs, soit de bon argent. J'en ay veu des expériences et de bons exemples. Or ce brave duc d'Albe n'advisa point de si prez à tous ses mescontantemens (aussi sçavoit-il bien à quel maistre il avoit affayre, comme tous ces gouverneurs l'ont bien cogneu despuis); ains bougea soudain et alla fort librement et vollontayrement fayre sa charge, le commandement et le service de son maistre, et s'emploia si fidellement et vaillamment à sa besongne que bien tost, aveq un grand heur, il fist son maistre encor roy d'un nouveau royaume, dont il en ha acquis une grande réputation; puis, au bout de deux ou trois ans, aprez avoir bien servy et contanté son maistre en cest exploict, comm' il avoit faict en ung infinité d'autres, et luy et l'empereur son maistre le mieux aymé; car à ce que j'ay oui dire, il n'en parloit jamais que la larme à l'œil, et l'ay veu aussi.

Si faut-il que je die ce petit trait de sa mort que j'ay ouy dire à aucuns hespagnolz que, lorsqu'il voulut mourir *, il se sentit ataint en sa conscience si vivemant des cruautés qu'il avoyt fait fayre en Flandres qu'il s'en confessa et à chasque coup en eust en soy une grande contrition et crainte que Dieu ne luy pardonnast. Ce qu'estant raporté au roy d'Hespagne.... (Ms. 6694, f° 28 v°.)

* C'est-à-dire lorsqu'il fut sur le point de mourir.

aisez à partir et à s'appaiser ainsi si mal contens ! Il eust bien fallu plus d'un courrier et plus que d'une simple lettre. J'en ay bien veu des exemples.

Ce grand duc donc, sans aucun respect de serment, d'injure et mescontentement, s'achemine et faict sa conqueste si prestement et heureusement que son maistre se contenta fort de luy, et s'en faict roy paisible, comme nous avons veu et le voyons encor.

Voylà comm' il a bien servy le filz, comm' il avoit bien servy le père, l'empereur, duquel il n'en parloit jamais que la larme à l'œil, le regrettant extrêmement et le servant de pure et vraye affection, non de telle qu'il faisoit le filz ; lequel, disoit-on, il servoit comme quasi par contraincte.

J'ay ouy raconter à un religieux espagnol, très-habil' homme, que ce grand duc, advant que mourir, il se sentit attaint, en sa conscience, des cruautez qu'il avoit faict ou faict faire en Flandres, dont il s'en confessa, et en monstra une grande contrition et appréhention que son âme en pâtist. Ce qu' estant raporté au roy d'Espagne, il luy manda pour un grand reconfort, que, quand à celles qu'il avoit exercées par l'espée de sa justice, qu'il ne s'en mist autrement en peine, car il les prenoit toutes sur soy et sur son âme; quand aux autres qu'il avoit faictes par l'espée de guerre, que c'estoit à luy d'y penser et d'en respondre en son propre et privé nom. Quel reconfort pour la fin de ses jours ! Julles Cæsar n'en fit pas de mesmes à l'endroict de ses soldatz, le jour advant la bataille de Farsale, dans l' harangue que Lucain nous représente[1],

---

1. *Var.* Le jour de la bataille de Pharsale. (Ms. 6694, f° 28 v°.)

où il les prie et remonstre leur devoir; et tant qu'ilz mèneront les mains, qu'ilz n'ayent devant eux nul image de pitié. « Tuez tout (leur dist-il)¹, n'espargnez ny pères, frères, cousins, ny aucuns de vos proches, sans aucun respect ny pardon; je prens tout sur ma coulpe et sur mon blasme². » Le roy d'Espagne³ n'avoit gardé d'en dire de mesmes dudict duc, car il sçavoit bien que l'un et l'autre en avoient trop faict, et que les diables leur pourroient jouer une trousse⁴ en cachette; et par ainsi se deschargeant l'un sur l'autre, qui auroit moins de charge se sauveroit plus aisément d'eux. Voylà ce que m'en dist ce bon religieux de l'un et de l'autre. En fin ce grand capitaine mourut en l'aage de quatre-vingtz ans ou plus⁵, chargé de force chappeaux de victoires, de triumphes et de trophées, monstrant, jettant et produisant encor en son

1. Dans le Ms. 6694 Brantôme fait parler César à la troisième personne.

2. Sed dum tela micant, non vos pietatis imago
    Ulla, nec adversa conspecti fronte parentes
    Commoveant.

(Lucain, chant vii, vers 314-316). Rien dans le poète ne rappelle les mots : « Je prends tout sur ma coulpe. »

3. *Var*. Aucuns disent que le roi d'Hespagne luy tint ces propos de sa propre bouche, l'estant allé visiter. Tant y a qu'aucuns treuvent que ledit duc ne fust pas assez encor cruel, car à un rebelle on ne doyt estre miséricordieux, ainsin que mal en prist à ung qui vinst aprez luy. Pour quant à la justice, il ne pouvoyt moins fayre ayant heu ce commandement du roy. Je dyrai encor cecy de luy : Il est mort couronné de plusieurs chapeaux de triumphes, en l'aage de quatre vingtz ans ou dadvantage, monstrant.... (Ms. 6694, f° 28 v°.)

4. *Jouer une trousse*, jouer une pièce, un tour.

5. Lisez : soixante-quatorze ans.

vieux tronc tousjours quelques petis jettons verds, vigoureux, et tous généreux, ny plus ny moins qu'un beau, grand et vieux arbre jette de ses racines quelques gentilz et verds arbrisseaux qui dénotent bien qu'il a esté d'autres fois l'honneur d'une grande forest, ainsi que ce grand duc l'a esté de son païs d'Espaigne; lequel, outre ses vaillantises, prouesses et sages conduictes, je puis dire que ce seigneur, tout vieil qu'il estoit, monstroit bien une bonne grâce et belle apparance en toutes ses actions.

Il fut un des principaux conducteurs, à l'entreveue de Bayonne, de la reyne d'Espaigne, sa bonne maistresse[1], là où il fut veu par tous les seigneurs françois et autres, grands et petis, et les dames, en grand'admiration, en tous les combatz à la barrière et couremens[2] de bagues qui se firent là. Le roy Charles l'avoit esleu pour l'un de ses mareschaux de camp avec M. le connestable[3]. Il faisoit beau voir ces deux braves et honnorables vieillardz en ces honnorables charges, et monstroient bien qu'en un bon jour de guerre ilz avoient sceu mieux faire et à bon escient qu'en un fainct et de plaisir[4]. M. le connestable déféroit tousjours à son compagnon comm' à l'estranger; et la raison et l'usage le vouloient ainsi.

Le duc d'Albe servoit le roy avec autant de respect

1. La reine d'Espagne Élisabeth vint à Bayonne en juin 1565, pour rendre visite à son frère Charles IX et à Catherine de Médicis. Le duc d'Albe était chargé de propositions fort importantes pour le roi. Voyez de Thou, livre XXXVII.
2. Le correcteur a remplacé *couremens* par *cources*.
3. Anne de Montmorency.
4. C'est-à-dire en un jour feint.

et révérence comme si ce fust esté son roy, lui donnant sa lance, la luy prenant, luy donnant sa picque, son espée, luy accoustrant son habillement de teste et ses autres armes, comme craignant qu'il ne luy en arrivast de mesme inconvéniant qu'au roy son père (qu'il avoit veu mourir), tant il estoit songneux de sa personne, disoit-il. Chascun l'en louoit fort; aussi la reine sa bonne sœur le luy avoit fort recommandé [1].

Il aymoit le roy naturellement; car, bien qu'il fust fort jeune lors, il en présageoit de grandes valeurs et vertuz qui luy escheroient un jour [2]; comme de vray luy fussent-elles estées escheues, sans la mort qui le print advant le temps.

Le roy luy faisoit des demandes de ses guerres passées et de l'empereur qu'il s'estonnoit merveilleusement de son vif esprit et de son bon jugement, comme certes il l'avoit. Je vous laisse à penser, s'il eust eu plus longue durée, ce qu'il fust esté. J'en parle d'advantage en sa vie.

Le roy l'honnoroit fort (en tenant sa petite grandeur pourtant tousjours, comme s'il fust esté plus en aage) pour l'honneur qu'il portoit à la reyne sa maistresse. Certes il estoit grand, fust ou qu'il se tint sur sa chaire derrière elle quand ell' estoit à table, ou qu'il l'accom-

1. Le manuscrit ajoute : *ce qu'il n'aymoit pas mieux*. Ces mots qui n'offrent aucun sens manquent dans d'autres manuscrits.

2. *Var.* Et en présageoit tous les biens que nous luy avons veu arriver despuis. Le roy aussi l'aymoit bien fort, et luy portoit grand honneur, et tout jeune qu'il estoit l'arraisonnoit souvant et luy faisoit des demandes dont ledit duc s'en estonnoit merveilleusement, et le tenoit ung jour pour ung grand roy, généreux et fort habile, comme certes il a esté pour si peu qu'il a vescu. Je vous laisse à penser... (Ms. 6694, f° 28 v°.)

pagnast en marchant, ou parlast à elle, tousjours la teste descouverte, bien qu'elle le priast souvant se couvrir; car c'estoit la mesme honnesteté[1] et douceur. Aussi estoit-elle toute noble françoise, comme j'en parle en sa vie.

A tant, c'est assez parlé de ce grand capitayne, car j'en parle encor en plusieurs endroictz de mes livres. Meshuy il est temps de finir en disant ce que deux braves vieux soldatz me dirent une fois parlant de luy : *Ha! Señor, el buen padre de los soldados es muerto*[3]. Aussi en sa vie leur a-il donné de bonnes lipées[4] et de bons moyens pour gaignier la piece d'argent, et mesmes aux curées de la Flandre. Et me disoient encor qu'ilz s'y estoient veuz pour un coup leur estre deues dix-huict payes, sans jamais s'en estre mutinez; aussi n'en perdirent-ilz pas une. Quelle créance parmy eux, et quelle providence[5] au chef!

---

1. L'honnêteté même. Corneille a dit encore dans le Cid :

    Sais-tu que ce vieillard fut la même vertu?

2. *Var.* Or, c'est assez parlé de ce grand capitayne, car sans que j'en parle davantage les soldats hespaignolz parmy leurs bandes le résonnent tellement encor qu'avecq de grands regretz quand ilz parlent de luy, ilz disent : Ha! Señor... (Ms. 6694, f° 29 r°.)

3. « Ah! seigneur, le bon père des soldats est mort ».

4. *Var.* Aussi leur a-il donné de bonnes praticques et friandes lipées et curées en son temps, et mesmes en Flandres. Et ce qui est à noter tant qu'il a heu charge de ses armées peu a-on veu arriver soubz luy de mutinations parmy ses soldatz hespaignolz lesquelz de tout temps sont estez fort prompts à ces mutineries. (*Ibid.*)

5. *Providence*, prudence, prévoyance.

GRANDS CAPITAINES ESTRANGERS.

El grand Commendador

Il partit d'avecqu' eux en grandz regretz, quand il laissa sa place au grand Commendador, qu'ilz n'aymarent pas tant; mais si fut-il un bon capitaine. Il n'en faut autre preuve que la bataille d'Elepanto[2], le roy d'Espagne l'ayant donné à don Joan d'Austrie pour l'un de ses principaux conseillers et combattans près de sa personne, où il fut plus heureux qu'en Flandres, où les choses s'accommencçarent un peu à changer; dont je m'en rapporte à ceux qui les ont veues; c'est chose de fraiz[3].

Le roy Ferdinand d'Arragon

Or d'autant, comme j'ay dict, que je veux commancer par les Espagnolz et puis finir par nos Fran-

1. Don Louis de Zuniga et de Requesens, grand commandeur de Castille, gouverneur des Pays-Bas où il avait remplacé le duc d'Albe (1574). Il mourut à Bruxelles en mars 1576.
2. La bataille de Lépante fut livrée le 5 octobre 1571. Don Juan d'Autriche, fils naturel de Charles-Quint, y commandait la flotte chrétienne qui détruisit la flotte turque.
3. C'est-à-dire c'est chose récente. Dans la première version Brantôme fait suivre le paragraphe consacré au grand Commendador du paragraphe suivant : *Monsieur le connétable de Montmorency. Pour le tiers grand capitayne que tenoit l'empereur (voyez plus haut p. 13) qu'est M. le connestable de Montmorancy, nous en parlerons en son lieu; et pour continuer ce discours entrepris sur les grands capittaynes de nostre temps et de noz pères, j'en ay voulleu fayre recherche d'aucuns, tant de ceux qui ont tenu le party hespaignol que de noz françois, depuis que le petit roy Charles huictiesme commença à la conqueste de Naples que nous commençames les grands guerres par my les hespaignolz et impérialistes, affin qu'on cognoisse qu'il y en ha bien d'un costé et d'autre de très-bons; et ramenteveray premièrement ung roy, qu'est le roy Ferdinand d'Arragon, duquel les hystoyres de ce temps disent encor qu'il ne se trouve point que de sa main propre il ayt manié de grands guerres et faict de grands combatz; si est-ce pourtant que c'a esté un roy....* (Ms. 6694, f° 29 r°).
4. Ferdinand V, dit le Catholique, fils de Jean II roi de Na-

LE ROY FERDINAND D'ARRAGON.

çois, je vays un peu donner au roy Ferdinand d'Aragon, duquel, bien que disent les histoires de ces temps, et le tient-on encor parmy les Espaignolz, qu'il n'a pas faict de grandz combatz ny de grandes guerres de sa main, ç'a esté un roy fort exellent en vertuz et sages conseilz. Et si constamment, disent les histoires, il eust gardé ce qu'il promettoit, on n'eust trouvé guières à redire en luy; mais il ne se soucioit de rompre sa foy, pourveu qu'il en tirast proffit. Il le monstra au roy Charles VIII, qui, advant son voyage de Naples, avoit traicté et juré avecques luy sollempnellement, et pour ce luy avoit quitté la conté de Roussillon[1]. Il s'alla en un tournemain se liguer contre luy avec ceux qui luy cuidarent oster la vie à la bataille de Fornoue[3], s'il ne se fust bien deffendu.

Il vendit après son pauvre oncle Fédéric[4], comme à beaux deniers, au roy Louis XII; et partagèrent son royaume et sa despouille, et le chassarent de son bien,

varre et d'Aragon, né le 10 mars 1452, mort le 23 janvier 1516. Il épousa en 1469 Isabelle qui lui apporta le royaume de Castille, et, lorsqu'il eut conquis le royaume de Grenade sur les Maures, l'Espagne, pour la première fois depuis l'invasion arabe se trouva réunie sous un même sceptre.

1. Louis XI avait conquis en 1475 le Roussillon que Charles VIII céda à Ferdinand au moment de son expédition d'Italie (1494).

2. *Var.* Dans un rien aprez (Ms. 6694, f. 29 v°).

3. La bataille de Fornoue fut gagnée par Charles VIII le 6 juillet 1495.

4. Frédéric III, fils de Ferdinand Ier, était monté sur le trône de Naples en 1496, après la mort de son neveu Ferdinand II. Il fut en 1501 dépouillé de ses États par Louis XII, uni à Ferdinand le Catholique, et alla mourir à Tours le 9 septembre 1504. Son

Il la rendit tout de mesmes audict roy Louis XII; car pour une querelle légère et faicte à propos[1], il prit subject de le chasser du tout hors du réaume, et prendre tout pour luy.

Voyla comme il faisoit bon marché de sa foy. Aussi lisez Philippes de Commines; vous y verrez les punitions que Dieu luy envoya[2]. Encor en fut-il quicte à bon marché; car il le devoit despouiller comm'il avoit faict les autres.

En[3] quoy si faut-il que je face ce petit discours par une légière digression, com' il faut noter que de ces temps, il peut avoyr envyron de cent à six vingt ans, à propos de ce roy Ferdinand, l'on ha veu la foy violée et le parjure avoyr aussi grand vogue comme la plus grand vertu qui eust peu régner quasi jusques aujourduy, parmy noz papes, roys, empereurs, princes, segneurs, segneuries et républiques, cantons de Suysses. Au diable! ilz se soucyoyent autant de tenyr leur foy, leur parolle, leur amytyés, leur convantions de paix, comme s'ilz n'eussent point heu de Dieu, pourveu qu'ilz régnassent selon la maxime de Jules Cæsar. Il s'en trouva bien à la fin!

Le plus grand maystre en cet art pour noz temps a esté ce bon rompu le roy Louis XI, qui jouoyt de sa

---

grand-père Alphonse V, roi d'Aragon, était frère de Jean II, roi de Navarre, père de Ferdinand le Catholique.

1. *Var*. Car pour une querelle petite ou castille d'un pied de mouche. (Ms. 6694, f° 29 v°.)

2. Voyez Comines, livre VIII, chap. 23.

3. Tout ce qui suit jusqu'à la p. 124, ligne 18, *on le disoit*, est une addition que nous tirons du manuscrit 6694, f° 30, où elle est écrite de la main de Brantôme qui l'a supprimée dans sa dernière révision. Elle figure déjà dans l'édition de MM. Mérimée et Lacour.

conscience et de sa foy comme d'une pelote. Jusques au quite roy Charles VIII, son filz, qui estoyt la mesme bonté, s'acquita très mal à l'endroyt des pauvres Pysans[1] qui si libéralement s'estoyent donnez à luy, lesquelz encor, outre cela et force maux endurez et receus des Françoys, lorsque M. d'Aubigny[2], quelques temps aprez, allant pour la conqueste de Naples, ilz donnarent passage et à la moytyé de ses gens par le beau mytan de leur ville, avec une grand allégresse et aplaudissemant, tant des Françoys que des habitans. Le roy Louis XII se ressentist de la légièreté, aussi bien que les papes Alexandre, son filz le Valantinois[3], et Jules premier[4] et Maximilian, roy des Romains, les Venitiens, Ludovicq Esforce[5], Ascanio, son frère le cardinal; les Genevoys[6], les Fleurentins, les Sienoys, le marquis de Mantoue[7], bref, une infinité de potentas grands et petitz signeurs, capitaynes, lesquelz tous à l'envy faisoyent aussi peu d'estat de changer de foy, de promesses et de parolles, comme de changer de viandes en leur festins; enfin c'estoyent de bons marchants de foy; aussi mille malédictions, maux, ruines

---

1. Les Pisans soumis aux Florentins depuis quatre-vingt-sept ans s'étaient donnés à la France, lors de l'expédition de Charles VIII, en 1494.

2. Éberard Stuart, sire d'Aubigny. Brantôme a écrit sa vie.

3. César Borgia, duc de Valentinois, fils d'Alexandre VI.

4. *Lisez*: Jules II.

5. Louis-Marie Sforce, dit *le More*, duc de Milan, mort en prison en France en 1510. Son frère, Ascagne-Marie, cardinal, évêque de Crémone, mort en 1505.

6. Les *Genevoys*, les Génois.

7. Jean-François II de Gonzague, dernier marquis de Mantoue, de 1484 à 1509.

et calamitez leur tombarent et sur eux et sur les leurs. Mays ce n'est pas tout, car ilz en semarent si bien la greyne qu'ell' en ha pris et porté fruict long temps aprez, et prend encor.

Vint un autre volée aprez ceux là qui volarent tout de mesmes, comme les papes Léon, Clément[1], l'empereur Charles, le roi Filippe son filz et tous leurs grands capitaynés, les Vénitiens, le duc de Mylan, les Genevoys, Fleurentins et autres comme ceux de devant, qui tous de leur foy en jouoyent à la mode des basteleurs : *qu'il est dedans, qu'il est dehors.*

Noz autres roys de France venus emprez s'en meslarent aussi un peu, comme le roy Françoys, sur le traité de Madrid[2], mays ce subjet estoyt plus que raisonnable; et sur force d'autres, je m'en raporte à ce qui en est; car les Hespagnolz l'acusent qu'il racommençoyt toujours la guerre comme celle de Savoye[3], duquel le duc[4] estoyt compris au traité de Cambray, disoyt l'empereur; je le croys bien quant on luy en bailloyt les occasions, comme quant on luy tua ses ambassadeurs Maraveille, César Frégouse et Rincon[5], et qu'on ne luy tenoyt ce qu'on luy avoyt promis; et par ainsin, il n'estoyt si tant blasmable comme l'em-

1. Léon X; Clément VII.
2. Le traité conclu le 14 janvier 1526 à Madrid avec Charles-Quint par François Ier son prisonnier.
3. En 1536.
4. Charles-Emmanuel, mort en 1553.
5. Maravelia (et non Maraviglia comme on l'écrit ordinairement), agent de François Ier à Milan, décapité dans cette ville le 7 juillet 1533. Antoine de Rincon, Espagnol, agent du même prince près de Soliman, et César Frégose furent, pendant une trêve, assassinés par ordre du marquis del Guasto, le 3 juillet 1541.

pereur, qui en donoyt les occasions et si souvent commençoyt.

Nostre roy Henry II a esté en cela moins légier que tous, bien qu'on l'accuse de la routure¹ de la trève faite entre luy et l'empereur²; mays encor y a-t-il là à disputer. Il layssa aussy, à son traité de paix, au bout de la plume les pauvres Siennoys et Toscans sous un joug servile, et les pauvres Corses. Le roy Françoys II n'eust loysir de produire aucuns fruitz légiers de sa parolle, car il régna peu, bien que les Huguenotz le blasment d'avoyr fait venyr le prince de Condé à Orléans et puys l'avoyr fait emprisonner³. Aucuns disent qu'il est permis au roy d'ainsin fayre à l'endroyt de son subjet qui l'a offencé, et que par letres douces et parolles il le peut apeller à soy, et puys le chastier; d'autres disent que cela sent son Turc, qui mande à ses baschas et capitaynes, et puys estans venus leur fait trancher la teste, s'ilz en ont quelque mescontentement; autres disent qu'il est plus beau et plus magnanime au roy d'envoyer prendre son subjet aveq belle justice armée et le fayre venyr à soy s'il ne veut venyr autrement, et le fayre punyr sans user de ses⁴ artifices de renard.

1. *Routure*, rupture.

2. La trève de Vaucelles; voyez plus haut, p. 12, note 1. Le traité de Cateau-Cambrésis mit fin à la guerre le 3 avril 1559. Par ce traité, les Siennois fidèles alliés de la France furent définitivement abandonnés aux Florentins auxquels Philippe II les avait déjà livrés, et les Corses furent rendus aux Génois. Quant aux Toscans dont parle Brantôme, il y avait longues années qu'ils étaient sous le joug des Médicis.

3. Louis Ier, prince de Condé, le 30 octobre 1560.

4. *Ses*, ces.

Nostre roy Charles fist bien tout ce qu'il peust pour attraper les grands segneurs huguenots et par justice et par guerres; mays ne les ayant peu vaincre ny attraper, il les atrapa par finesse à la Saint-Barthélemy, les ayant fait venyr sous titre de bonne foy. Aucuns ont estimé l'acte; autres l'ont fort détesté, ainsin qu'a esté celuy par nostre roy Henry III dont il usa à l'endroyt de M. de Guise et de M. le cardinal son frère [1], ayant pardonné les barricades de Paris et tout le passé par une foy solennellement jurée. S'il fist bien ou mal, je m'en raporte aux grands discoureurs qui sont plus suffisans que moy, qui ne suys pas digne d'en dyre mon advys.

Enfin, qu'est-il advenu de tous ces traitz de ces grands que je viens de dyre, sinon les effectz que le courroux de Dieu a produitz sur les uns et sur les autres? Nous avons nostre grand roy Henry IV à qui ceste meschante greyne de parjure et d'infédélité n'est point encore enracynée ny grenée dans le noble champ de son cueur généreux. Les Liguez le peuvent bien testifyer, qui le vouloyent metre à blanc s'ilz eussent peu. Or Dieu le maintienne en ceste belle vertu de loyauté!

Bref, comme j'ay dit, despuys ces longues années une certayne saison, ou, pour mieux dyre, un certain destain a couru qu'il n'estoyt pas galant prince ou segneurie qui ne jouast du passe-passe sur sa foy, dont j'en feroys, s'il me semble, un beau et long discours, et en noteroys mot par mot tous les cayers et exemples qui se peuvent là dessus alléguer et prandre des hystoyres, tant nostres qu'estrangères, et de ce qu'avons

---

[1] Assassinés à Blois en décembre 1588.

veu en noz temps. Je n'y espargneroys non plus le grand feu roy Henry d'Angleterre[1], ny plusieurs princes d'Allemagne. Aussi croys-je que nos braves roys françoys, qui de tout temps immémoriaux avoyent estés si francz et loyaux, aprirent ceste complexion mauvayse de ces estrangers, pour les avoyr par trop praticquez; car, comme on dit, on aprend à hurler aveq les loups.

Je voudroys fort qu'un galant discoureur entreprist ce chapitre, affin que sur un tel myroyr se myrassent non les petitz seullement, mays les plus grands; dont je m'estonne que les grands prescheurs ne leur en ont fait des remonstrances, voyre des réprimandes; car il leur semble que ce n'est rien que de violer sa foy et sa parolle; mays tant s'en faut qu'ilz les en ayent preschez, au moins aucuns, que lors qu'on leur venoyt demender advys sur le point, selon les subjetz qu'ilz leur présentoyent, gaignez ou par belles parolles ou par bons bénéfices ou par argent ou autrement, leur disoyent soudain qu'à un meschant homme, à un rebelle, à un parjure, à un héréticque, il ne falloyt nullement garder sa foy, ains à un traistre, estre traistre, non à demy seulement, mays à toute outrance et plainière liberté; et sur ce s'aydoient de quelques passages qu'ilz alloyent soustraire de l'Escriture Sainte pour leur fayre trouver la sausse bonne, qu'ils goustoient assez par le bon apétit qu'ilz y prenoient (le diable y ait part!), sans l'assaisonner d'advantage, et en faysoyent pis qu'on ne leur conseilloyt! Ils en pourroyt là dessus alléguer force exemples, feuillet par feuillet, qu'il n'y

---

1. Henri VIII.

auroyt rien à dyre; sur quoy j'ay ouy dyre à de grands théologiens et jurisconsultes que jamays ilz n'ont veu proffiter les personnes qui avoyent estées condemnées et mises à prester le sermant sur une chose incertayne en jugemant, et sur les Saintes Évangiles ou reliques, qui le faisoyent faux et se perjuroyent.

Que doyvent dont craindre les grands, et quels maux, peynes, et misères et fins, que volontiers je particulariseroys, sont tombées sur tous ces grands que je viens d'alléguer! Je parle aussi bien pour les grandes dames et princesses, qui sont aussy varéables en leur foy que les hommes, et quasi tous et quasi toutes la changent et diversifient aussi souvent qu'ung comédiant ne change d'habitz en un eschafaut[1]. Si faut-il croyre qu'il y a un Dieu qui ne manque, quoy qu'il tarde, aux vengances!

Or, pour retourner à ce bon et parjure roy Ferdinand[2], on le disoit fort tenant[3] en sa despance; et pourtant, quand il fut mort, on ne luy trouva grands amas de thrésors. Il est vray aussi qu'il soubstint de grandes guerres, et contre les François et contre les Mores de Barbarie et Grenade, qu'ilz avoient tenue plus de huict cens ans, et à ses portes; réduisant ce beau réaume, et l'unissant à celuy de Castille, ce qui fut certes un' œuvre bien pie et sainct[4]; et croy que Dieu luy en

---

1. Sur le théâtre, sur les tréteaux.
2. Ici finit le passage ajouté par Brantôme.
3. *Tenant*, avare, parcimonieux.
4. *Var.* Il est vray que sa vertueuse et courageuse femme Ysabelle de Castille l'y anima fort. Il nous osta aussi le royaulme de Naples, contre sa foy sollempnellement donnée. Il conquist aussi les royaumes de Navarre (soubz le duc d'Albe son général) et Oram

sceut plus de gré que de s'attaquer à nos roys de France très sacrez. Et à ceste saincte entreprise disoit-on que la reyne Yzabelle de Castille l'y avoit autant ou plus poussé, car c'estoit une fort dévoste et religieuse princesse, qu'aucun grand zelle qu'il y eust, n'estant dévostieux que par hypochrisie, couvrant ses actes et ambitions par ce sainct zelle de religion, comm' il prit le réaume de Navarre par ce moyen.

Les entreprises et prises qu'il fit sur Oran, Alger et autres places de Barbarie et Affricque, luy raportarent aussi bien de l'honneur et de la réputation.

Estant filz second du roy Jehan d'Aragon, il vint à la couronne par la mort de son frère aisné[1], et fut roy de Castille par sa femme Yzabelle, deux heurs grandz arrivez à luy tout à coup. Il fit faire la descouverte des Indes par ce grand personnage Christofle Coulom, pour le zelle sainct de sa femme qu'ell' avoit à convertir ces pauvres gens, plus tenant des bestes que des hommes; et luy [le galant], le fit pour la convoitise d'avoir de ce bel' or, dont il en fit faire ces beaux doublons.

Il régna quarant' ans assez [2] heureusement : car s'il fut heureux d'un costé, il fut malheureux de l'autre,

et plusieurs autres places d'importance vers l'Affrique. Bref il fut toujours maistre et dompteur de tous ses ennemis, et sur tout il couvrist presque toutes ses convoitises et ambitions de l'honneste zelle de la relligion (comme beaucoup d'autres que je sçay) et d'une saincte affection vers le bien commun. En quoy la fortune aparust manifestement conjointe avec sa vertu et industrie. Bref, il fut très heureux. Estant second filz.... (M. 6594, f° 29, v°.)

1. Jean d'Aragon mort en septembre 1461.
2. *Var.* Ainsi heureusement, fors qu'il heust deux grandes traverses. (Ms. 6694, f° 29, v°.) Ferdinand régna non pas quarante ans, mais quarante deux.

parce qu'il perdit son filz unique [1], qui luy mourut, et sa fille Jehanne [2], au moyen d'une certaine mélencolie qui la prit emprès la mort de son mary le roy Philippe, et devint perdue [3] de son sens et entendement, ayant laissé ses enfans jeunes, dont l'aisné [4] n'avoit pas encores dix ans. Ce qui fut cause que ledict Ferdinand ne s'amusa guières à Naples, où il en estoit allé prendre possession, bien que le peuple de là l'aymoit et le tenoit en grand estime, et l'eust fort voulu là; et s'en retourna en Espagne avec sa seconde femme, Germaine de Foix, niepce du roy Louis XII, et sœur de ce brave Gaston de Foix [5]; et passa à Savonne [6], où les deux rois se virent par une grande admiration et contentement, à voir leur façon de faire et apparence faincte ou vraye, et avec grande joye de toute la grande assemblée qui se trouva là pour voir ceste entrevue bien estrange de ces deux roys, qui un peu aupardavant avoient esté si grandz ennemis à se coupper la gorge, et alors devenus si bons amis et si bien réconcilliez, non seulement de par ce nouveau parentage et alliance, mais d'assoupissement de toute hayne et d'offences passées.

Nostre roy l'alla voir le premier dans sa gallère, par un pont de bois qu'il avait faict faire tout exprez sur

1. L'infant don Juan, mort d'une chute de cheval.
2. Jeanne *la Folle*, femme de Philippe le Beau, roi de Castille, mort le 25 septembre 1506. Elle mourut le 12 avril 1555.
3. *Var.* Aliénée de... (Ms. 6694, f° 29 v°.)
4. Depuis Charles V. Il était dans sa septième année à la mort de son père.
5. Tué à la bataille de Ravenne en 1512.
6. Le 28 juin 1507. Voyez Guichardin, livre VII.

le port; et puis Ferdinand descendit en terre, et nostre roy le logea au chasteau qu'il avoit faict préparer pour luy, et le roy à l'évesché.

La reyne[1] avoit son mary à la main droicte et son oncle à l'autre, tant brave et parée de pierreries et sumptueux habillemens que rien plus, et y fut trouvée fort glorieuse et altière : j'en parle ailleurs.

Voylà un grand changement de haynes et de reconciliations; mais toutes ces amitiés faintes ne durarent guières; car bien tost après survindrent les affaires de la Romanie[2] et la bataille de Ravanne, où ce roy espaygnol se banda totalement contre notre roy : et fiez-vous en telles reconsilliations, voire en telles gens de légère foy!

J'ay ouy raconter à un grand personnage ancien, qui le tenoit de son père, que plusieurs, en ceste susdicte entreveue de Savonne, voyant ces deux roys ensemble, allarent faire une comparaison de tous deux, comme par une certaine forme et manière de sympathie. Tous deux avoient beaucoup de vertuz et de valeurs, mais le nostre l'emportoit. Tous deux en premières nopces espousèrent deux belles, sages et très honnestes princesses : nostre roy, la reine Anne de Bretaigne; l'autre, Yzabelle de Castille; deux très riches héritières, car la Bretaigne, encor que ce ne fust qu'une duché, valloit bien le royaume de Castille; toutes deux fort magnanimes, libéralles et entreprenantes; toutes deux bien aymées de leurs marys et de leur peuple; aussi fort regrettées après leur mort[3].

1. D'Espagne.
2. De la Romagne.
3. *Var.* En secondes nopces espousarent sur leur vieil aage

Et puis ces deux roys, pour la fin de leurs jours, et pour leur advancement à plus tost mourir, espousèrent deux secondes femmes, jeunes, belles princesses, qui les emportèrent aussy tost dans la tombe.

Nostre roy ne traisna guières en sa maladie qui l'emmena, et mourut dans sa belle et noble ville de Paris. Et Ferdinand traisna fort d'une longue indisposition, et mourut en un meschant village, nommé Madrigalego[1] (où j'ay esté), allant avec sa femme et sa court à Séville pour changer d'air.

Sa mort vint mal à propos, disoit-on lors, pour la France; car, sans elle, son petit-fils Charles, du costé maternel, et le roy François, se devoient entrevoir et coupper le chemin à toutes les guerres qui vinrent après : possible ne l'estoit-il pas de besoing; car il luy fallut aller en Espagne, en son nouveau réaume, après la mort de son père, pour y mettre ordre.

Nos François appelloient ce roy Ferdinand *Jehan Gipon*, je ne sçay pour quelle desrision; mais il nous cousta bon, et nous fit bien du mal, et fut un grand roy et sage[2]. Il ne faut jamays prendre pied à ces causeries; car les nostres mesmes apelloyent bien le grand

---

deux jeunes belles princesses, l'une Marie d'Angleterre, et l'autre Germayne de Foix, et cuide-t-on à la fin que la jeunesse, la beauté et la naïfve gentillesse de ces deux princesses les emporta tous deux dans le tumbeau; comme il se dist bien du roy Louys et de Ferdinand aussi qui mourut d'une longue indisposition.... (Ms. 6694, f° 36 r°.)

1. Madrigalejo, près de Trujillo, en Estramadure.
2. Les sept lignes qui suivent jusqu'à *Et ce Ferdinand* ont été rajoutées par Brantôme en marge du f° 36 du Ms. 6694. Elles n'ont pas été reproduites, du moins au même endroit, dans le Ms. 3262.

roy Françoys quelquesfoys le *grand Colas* ou le *bon-homme Colas*, voyre aprez sa mort. J'ay veu en ma jeunesse force vieux seigneurs et dames de sa court qui l'apeloyent ainsin en voyant son portrait. Tant y a, quelque causerye que soyt, ce sont estés deux grands roys; et ce Ferdinand envahit injustement le réaume de Navarre au roy Jehan de Navarre [1], pour estre très bon et très loyal et [trop [2] à la couronne de France] soubz ombre de quelque [meschant] excommuniment que le pape Jules, ennemy de nostre roy et de sa couronne (comme j'en parle ailleurs), avoit fulminé et jetté [par trop légèrement].

En ceste conqueste de Navarre, il s'ayda fort de Fédéric, duc d'Albe, oncle de nostre duc d'Albe [3], dont j'ay parlé cy devant et en parle ailleurs de cela.

Ce Fédéric donc le servit très bien, l'ayant faict son lieutenant général en ceste dicte conqueste, qu'il fit fort subitement, et, qui plus est, la garda très bien contre les grosses forces que le roy Louys y avoit envoyé, qui n'y firent guières rien qui vaille [4] (cela se

Le duc d'Albe Fédéric, le conquerrant de Navarre.

---

1. Jean d'Albret, roi de Navarre par sa femme Catherine qui avait succédé (1483) à François-Phœbus. Ferdinand conquit sur eux la Navarre en juillet 1512.

2. *Var.* Possible trop, car le subject fut cause de luy courir sus.

3. Frédéric de Tolède, duc d'Albe, marquis de Coria, chevalier de la Toison d'Or, mort en 1527. Il n'était point oncle, mais grand-père du célèbre duc d'Albe. A la suite des mots *oncle de nostre duc d'Albe*, le Ms. 6694, f° 36 v°, ajoute : « Non père, comme aucuns ont voulu dyre, car il mourust en Afrique, comme j'en parle ailleurs. » Cette phrase écrite de la main de Brantôme n'a pas été reproduite dans la dernière version.

4. *Var.*.... Qui n'i firent rien qui vaille, autant pour la division des chefz, que pour ne sçavoir conquerir et avoyr affayre à ce grand

trouve dans un livre espaignol qui s'intitulle : *La conquesta dy Navarra*), bien qu'on luy donnast assez d'affaires, estant assiégé dans Pampellonne[1], où il acquist beaucoup de gloire et de réputation d'y avoir faict en brave et vaillant capitaine, dont j'en parle ailleurs.

Dom Consalvo Hernandez de Cordova [2].

Or, tout ainsi que ce roy Ferdinand s'ayda et fut bien servy pour ceste conqueste de Navarre, il le fut de mesmes de Consalvo Hernandès de Cordova pour celle de Naples, qu'il fit de mesmes là son lieutenant général : et despuis, par ses beaux exploictz et hautz faicts d'armes, les Espagnolz luy donnarent le surnom et le tiltre de *gran capitan*[3], comme jadis au grand Alexandre et au grand Pompée. Et certes, il a esté très grand, très bon, vaillant et sage capitaine. Mais aussy pour mériter tant ce nom superbe de grand, il

cappitayne le duc d'Albe, que quicquonques a leu le livre en hespaignol qui s'intitule *La conquista di Navarra*, advouera tousjours que ce duc a esté un grand et sage cappitayne, car on luy donna assez d'affayres et mesmes estant assiégé dans Pampelune. Qui en voudra dont veoir tout l'escript et les valleurs et louanges de ce grand cappitayne en lise le livre, sans que je m'amuse à les descripre. J'en parle ailleurs. De plus ce roy nous chassa du royaulme de Naples et s'aida de don Consalvo Hernandez de Cordova qu'il fist son lieutenant général.... (Ms. 5594, f° 36 v°.) — Voyez *Conquista del regno de Navarra*, par L. Correa, Tolède, 1513, in f°.

1. Par La Palisse qui leva le siége le 30 novembre 1512.

2. Gonsalvo Fernandez de Cordova, connu chez nous sous le nom de *Gonzalve de Cordoue*, duc de Terra-Nova, prince de Venosa, grand connétable de Castille, mort à Grenade le 2 décembre 1515 à 72 ans. Il était fils de Pierre Fernandez de Cordova, seigneur d'Aguilar. La Bibliothèque impériale possède de lui plusieurs lettres originales.

3. *Var.* Fust surnommé par les siens *El gran capitan*, comme jadis les Grecz nommoient Alexandre, et les Romains Pompée. (Ms. 6694, f° 36 v°.)

n'y a pas tant de quoy ; car, en son premier advènement en ceste guerre de Naples, qu'il se voulut ahurter et s'esprouver à ce brave chevallier M. d'Aubigny[1], qu'on appelloit de ce temps le *Chevallier sans reproche*, qui commandoit en la Calabre, et venans aux mains, le chargea si bien et si furieusement, luy et ses gens, que tout grand capitan qu'il estoit (mais il n'avoit encore acquis ce nom), il s'enfuyst très bien et beau et à belles erres[2], et, comme dict l'espagnol, *a riendas sueltas*, jusque dans Rège[3], que bien luy servit de l'avoir trouvée à propos, car il estoit troussé. Les histoires de ces temps le disent, voire aucuns de ces païs encor, qui disent l'avoir appris de leurs pères et grandz pères. Voyez Guichardin. Et, pour ceste faute et tasche pourtant[4], il ne se laissa mourir de despit, comm' aucuns que je diray dans ce livre ; mais reprenant nouveau cœur, il rabilla bien son faict après, certes, par de belles choses qu'il fit. Il faut dire le vray du vray, mais aussi il faut qu'il en remercie les divisions qui se mirent parmy nos capitaines et chefz, qui luy firent bien le passage à sa fortune en toutes ses battailles et rencontres et victoires qu'il gaigna sur nous ; et sur tout aussi faut-il qu'il remercie la mort de ce brave et vaillant comte d'Armagnac[5] et le peu

---

1. Voyez plus haut, p. 119, note 2. Ferdinand II, roi de Naples, et Gonsalve de Cordoue furent battus par d'Aubigny à la bataille de Seminara, en juin 1495. Voyez Guichardin, livre II.

2. A bride abattue.

3. Reggio, sur le détroit de Messine.

4. *Var.* : Les histoires de ces temps, et mesmes Guicciardin, n'en font pas petite bouche. (Ms. 6694, f° 36 v°.)

5. Jacques d'Armagnac, duc de Nemours, tué le 28 avril 1503 à Cérignole, où son armée fut mise en pleine déroute.

de raffraichissemens de secours d'hommes et d'argent qu'eurent les nostres du costé de la France; l'infidellité des estrangers aussi, qui quictarent nostre party contre leur foy promise; les ruses espagnolles et temporisement y servirent beaucoup; bref, tout nous y nuisist, jusques à la fortune et à la destinée, qui à l'envy se bandèrent contre nous. Mais, de nous avoir battus, chassez et deffaictz tant à l'aise qu'on diroit bien, ce sont abus.

Je m'en raporte au siége de Venouse[1] où estoit dedans ce brave Louys d'Ars[2], qui, après l'avoir tenu plus d'un an, en sortit par une très honnorable composition, de laquelle j'en parle en son lieu. Et, pour monstrer qu'audict grand capitaine ses astuces luy servirent bien autant ou plus que ses vaillantises, il prit pour devise une grand' arbaleste de passe, qu'on nomme ainsi, laquelle se bande avecques pollies, et ces mots escritz : *Ingenium superat vires*, comme voulant dire qu'il n'y a si belle force que l'esprit et l'industrie de l'homme ne surpasse; comme de vray, il n'y a homme, si fort soit-il, ny géant, qui peust de la main bander ceste arballeste; mais avec cet engin fort aisément elle se bande. Ceste devise pourtant n'estoit point tant à l'advantage de ce grand capitaine; car en fin il n'y a que la vaillance pour bien couronner un brave et grand capitaine.

On dict, et est ainsi, escrit-on[3], que lors que le roy Ferdinand alla prendre possession de son réaume de Naples, à luy tout paisible rendu par ce grand

---

1. Venosa, dans la Basilicate, en 1503.
2. Brantôme lui a consacré un article.
3. Il y avait d'abord : Et est aussi escrit.

capitaine, l'y voyant tant aymé et renommé, en conceust quelque meffiance et jallouzie, comme il y estoit subject, le bon prince, et non sans cause possible en cela ; et craincte qu'il voulust advaler le morceau qu'il avoit couppé, il l'emmena avecques luy en Espagne, qui fut le dernier de ses jours glorieux ; et possible pour le mieux pour luy, parce que despuis il ne sortit point d'Espaigne, et n'eut plus le moyen d'exercer sa vertu, ny guerre ny paix, le roy luy ayant roingné ses morceaux si courtz, qu'il n'en couppoit ny advalloit aucuns, si non à son vouloir.

Il estoit avecques luy à Savonne à l'entreveue de ces deux roys, que j'ay dict cy-devant [1], où il fut fort regardé et admiré d'un chascun pour ses nobles exploictz et victoires. Sur tous nostre roy en fit un grand cas, et voulut qu'il souppast en la mesme table où ces deux rois souparent et la reyne d'Espagne, bien qu'il refusast fort cet honneur : mais nostre roy en pria fort Ferdinand de luy en faire le commandement de s'as soir ; où estant, nostre roy prit grand plaisir de deviser avecques luy, et fort l'entretenir : de sorte qu'au jugement de tous les assistans, ce jour-là ne luy fut moins glorieux que celuy auquel il entra avec toute son armée victorieux et triumphant dedans Naples de nos deffaictes françoises, ou de nos partizans, en Calabre, et à Cérignole et au Garillan [2].

Hélas ! j'ay veu ces lieux-là derniers, et mesmes le Garillan ; et c'estoit sur le tard, à soleil couchant, que

1. Voyez plus haut p. 126.
2. *Var.* En Calabre, à Laire, à Cirignolle. (Ms. 6694 f° 37). Le combat livré sur les bords du Garigliano, le 27 décembre 1503, consomma la ruine de l'armée française dans le royaume de Naples.

les ombres et les mânes commancent à se paroistre
comme fantosmes plustost qu'aux autres heures du
jour, où il me sembloit que ces âmes généreuses de
nos braves François là mortz s'eslevoient sur la terre
et me parloient, et quasi me respondoient sur mes
plainctes que je leur faisois de leur combat et de leur
mort, eux accusantz et maugréantz par million de fois
les endroictz de là, couvertz de marestz mal advantageux pour la cavallerie et gendarmerie françoise, qui
ne peut là si bien combattre comm' ell' eust faict ailleurs ; ainsi que j'ay ouy dire à feu mon père[1], qu'y
fut blessé à la mort, combattant avecques M. de Bayard,
qu'y fut aussi blessé. Belleforest le dict aussi en sa Chronique sur le passage de ceste desconfiture[2].

C'estoient ces braves François, lesquelz les Espagnolz et Napolitains ayant à combatre, et appréhen-
dant leur vaillance, faisoient difficulté de les attaquer,
comme jadis ces braves Romains de Jules Cæsar craignirent de mesmes les Suysses. Le comte de Montelon[3], pour les assurer, leur dist : « Ah ! compaignons,
ne pensez pas que ces François que voyez là soient ces
François que les histoires anciennes ou fables (c'estoient pourtant véritez) nous ont représentez par ces
braves paladins et braves chevalliers errans qui fen-
doient et fondoient tout ce qui se présentoit devant
eux. Non, ce ne sont ceux-là, ains ce ne sont autres

---

1. François de Bourdeille. Il y fut blessé grièvement.
2. Voyez Belleforest, *Chronique et Annales de France* 1621, f° 458 v°.
3. Hector Pignatello, comte de Borello et premier duc de Mon-
teleoné, vice-roi de Sicile. Voyez Carlo de Lellis, *Discorsi delle
famiglie nobili del regno di Napoli*, 1663, in f°, tome II, p. 124-130.

gens de guerre comme nous : allons à eux ! » Ce petit mot d'harangue les assura.

Pour retourner d'où j'estois party, il faut sçavoir que si nostre roy fit bonne chère à ce grand capitaine, Ferdinand la fit de mesme à M. Louys d'Ars et à M. de Bayard, disant au roy ces propres motz : « Monsieur et frère, voylà deux bons et braves serviteurs que vous avez là. Qui en a de telz les doit bien garder. » Quel los pour eux ! Voyez le roman de M. de Bayard [1].

Or en fin, pour achever, ce grand Consalvo mourut un peu advant le roy Ferdinant, retiré de sa court en sa maison, mal content. Toutes fois le roy voulut, en mémoire de sa vertu, que, tant en sa cour qu'en son réaume, on luy fit les mesmes honneurs qu'on a accoustumé en Espaigne faire aux plus grandz princes; ce qui fut faict, tant le peuple l'aymoit et l'estimoit : et le voylà bien guéry et ressuscité [2]! Le roy François en fit faire de mesmes à M. de l'Autrec [3], dont j'en parle ailleurs. Voylà comme plusieurs grandz roys et princes traictent leurs vieux serviteurs, ny plus ny moins que font les mariniers, lesquelz, après s'estre servys en plusieurs voyages de leurs vaisseaux, quand

1. Le Loyal Serviteur, ch. XXVII, rapporte ces paroles un peu autrement : « Monseigneur mon frère, bien est heureux le prince qui nourrist deux telz chevaliers. »

2. *Var.* Cela estoyt bien pour le garir et le fayre resusciter. (Ms 6694, f° 37 r°).

3. *Var.* M. de Lautreq à Paris, et c'est la seulle récompense qu'il receut de ses services faicts. Ainsin plusieurs et aucuns roys et princes traittent.... (Ms 6694, f° 37 v°.)

Odet de Foix, sire de Lautrec. Voyez dans un autre volume l'article que lui a consacré Brantôme.

ilz sont vieux, ou qu'ilz s'en faschent, les jettent là sur le sable, et n'en font plus de conte, comme dist un jour à son filz le père de Thémistocles, le pourmenant le long d'un port et des orées¹ de la mer luy monstrant de quoy. Pourtant j'ay veu souvant reprendre aucune vieilles quilles et carènes de navires et gallères, et sur elles en bastir de bons vaisseaux, et s'en trouver aussi bien que de plus neufz.

Voylà² la belle récompense que fit ce roy à ce grand capitaine, à qui il estoit tant obligé. Je croy encor que si ces grandz honneurs mortuaires et funérailles luy eussent beaucoup cousté, et qu'il les luy eust falu faire à ses propres coustz et despans, comm' à ceux du peuple, il n'y eust pas consommé cent escus, tant il estoit avare; et n'eust pas faict comme le roy Louis XI, qui, voulant un jour faire un présent à quelques ambassadeurs d'Angleterre, il demanda à M. de Brezay³ quel il leur pourroit donner qui luy coustast beaucoup et ne luy servist de rien. L'autre, qui estoit bon brocardeur, luy respondit : « Et mon Dieu, Sire, donnez-luy vostre chappelle et tous vos chantres, qui vous coustent beaucoup et ne vous servent de rien. » Bon celuy-là !

---

1. *Orée*, rivage, du latin *ora*. — Voyez Plutarque, vie de Thémistocle, ch. iv.

2. *Var.* Voylà la récompense belle que fist à ce grand capitayne de ses services passez en le payant de ses belles funérailles. Encores croys-je que si elles luy eussent (*cousté*) quelque chose, il ne les eust pas faites, veu son naturel avare et n'eust fait comme le bon roy Louis XII.... (Ms 6694, f° 37 v°.) Il y avait aussi Louis XII sur le Ms. 3262 où on a corrigé et mis Louis XI.

3. Jacques de Brezé, comte de Maulevrier, maréchal de France et grand sénéchal de Normandie, mort en 1494. Il avait épousé Charlotte, bâtarde de Charles VII.

DON DIEGO DE QUIGNONES.

Ce grand capitan eut pour lieutenant à sa compagnie de cent hommes d'armes dom Diego de Quignones, qui luy haussa bien la main en ses combatz et en ses victoires; et de vray luy fut bon et brave lieutenant. Après sa mort, il eut sa compagnie en chef de cent hommes d'armes, comme la méritant très bien. Il la mena à la bataille de Ravanne, où il mourut en brave et vaillant capitaine. Et si tous eussent faict comme luy (disent les Espagnolz vieux), la victoire que les François y acheptarent leur eust cousté plus qu'elle ne fit, bien qu'elle coustast bon. J'en parle ailleurs en son lieu.

Don Diego de Quignones.

En ceste bataille, dom Raymond de Cordonna fut plus malheureux qu'il ne pensoit; car les Italiens, François et Espagnolz, le blasment d'y avoir faict une assez honteuse retraicte, voire usent-ilz aucuns de ce mot *fuite*, pour le rang de général qu'il tenoit, et pour avoir tant bravé et piaffé au partir de son gouvernement, dont il tira et traisna après luy toute la fleur des cavaliers napolitains et espagnolz, si braves, si bien en poinct, si bien montez et si dorez, que j'en ay veu un petit traicté en espagnol, qui s'intitule *Questiones de amor*, où il[2] descrist leurs superbes parures et devises d'eux, et garnitures de leurs chevaux, jusques aux livrées de leurs pages, estafiers et lacquays, qu'il n'y avoit rien à voir si beau ny si su-

Dom Raymond de Cordonna[1]*, vice-roy de Naples.*

---

1. Raymond II de Cardona, vice-roi de Naples (1509), mort en 1522. Il commandait les troupes espagnoles à la bataille de Ravenne.

2. *Il*, c'est à dire le traité. Voyez dans *Question de amor y carcel de amor*, Anvers, MDLVI, in-12, le chapitre intitulé : *Lo que se siguio hasta la partida del visorey*, f°⁸ 97 v° et suivants.

perbe, tant tout estoit or, azur et argent, de sorte que par là ilz pensoient en espouvanter toute la France; ce qui fut autrement : et mesmes dom Raymond se mit fort légérement à la retraicte, qui fut plus viste que le pas, et emporta sur le front plus de hontes que n'avoient de livrées ses cavaliers, pages, estaffiers et lacquais. Et, sans ce malheur, les Espagnolz l'avoient tenu pour brave et vaillant capitaine, comm' il l'avoit mieux que là faict parestre ailleurs, mesmes en Calabre, en une victoire qu'il obtint sur nous. Et puis, quelque temps après, fut tué devant Gayette d'une cannonade.

Fabricio et Prospero Columne, cousins de père [1]. Fabricio et Prospero Collumne ont estez tousjours estimez aussi deux bons capitaines; mais ilz furent blasmez d'ung des plus grandz vices qui soient au monde, qui est l'ingratitude : car le roy Charles VIII, à sa conqueste du réaume de Naples, les fit très-grandz, et les honnora de biens et de grandeurs, jusques là qu'eux et les autres Collumnes, ennemis quasi héréditaires des François (non tous), furent agrandys et préférez aux Ursins, tousjours bons et vrayz François, (dis-je aucuns aussi). En quoy le roy Charles eut très-grand blasme et son conseil, et tout. Mais il vouloit gaigner ceux-là, et laisser les autres, qui luy estoient tous gaignez et acquis. Et c'est une faute que plusieurs grandz princes ont, qui laissent et quictent souvant les certains et fidelles serviteurs, pour en faire de nouveaux et incertains, où bien souvant ilz sont

---

1. Fabricio Colonna, 4ᵉ fils d'Odoardo Colonna de Celano, duc de Marsi, grand connétable de Naples, mort le 15 mars 1520.
Prospero Colonna, fils puîné d'Antonio Colonna, prince de Salerne, né en 1452, mort le 30 décembre 1523.

trompez; et comme mal en prit audict roy Charles!
car ce furent ces deux, Fabricio et Prospero qui, quasi
les premiers de ces pays, luy firent la fausse poincte[1]
et se révoltarent contre luy, et en firent encore (qui
pis est), force autres révolter. Mais aussi Dieu, ennemy de l'ingratitude, les en punit. Fabricio, en la bataille de Ravanne, combattant vaillamment et enfon-
çant furieusement un gros de cavallerie françoise, fut
fort blessé et pris prisonnier, non sans grand peur et
belle vesarde qu'il eut que le roy de France Louis XIIe
ne luy fist payer la menestre[2] de sa révolte, comme
infailliblement il eust faict sans M. le duc de Ferrare, Alfonce[3], ce brave, vaillant et bon prince, auquel ayant esté mené, et l'ayant prié d'avoir pitié de
luy, et qu'il ne tumbast sur tout devant le roy, il en
eut pitié, et le fit très-bien penser, guérir et délivrer.

A la guerre qu'il fit aussi à Naples par advant,
M. d'Aubigny le prit dans Capoue; et, estant fort
desiré et menacé du pape Alexandre et Cæsar Borgia
qu'il tumbast entre leurs mains, pour luy faire beaucoup de maux, comm' ilz le hayssoient à mort[4], les
nobles François ne le voulurent livrer. Ceste obligation encor estoit très-grande à la nation françoise. La
rançon et la grâce à un tel ingrat n'estoit pas bien em-
ployée, ains plustost la mort ou prison perpétuelle[5].

1. Nous dirions aujourd'hui : lui firent *faux bond*.

2. *Menestre*, soupe, potage; *payer la menestre* me semble devoir être entendu ici dans le sens de payer l'écot.

3. Alphonse Ier, mari de Lucrèce Borgia (1502), régna de 1505
à 1534.

4. *Var.* Car ilz luy vouloyent mal mortel et luy fayre payer au
double. (Ms 6694, f° 40, r°.)

5. *Var.* Car d'un tel parjure la rançon ny la grâce n'en valoyt

Il fut malheureux aussi à la rencontre qu'il eut à Soriane[1] contre Charles Ursin[2] et Vitello, très-braves et vaillans capitaines, si bien que s'il n'eust gaigné de bonn' heure Roncillon[3], il estoit troussé; car ces braves capitaines estoient bons François partizants, et l'eussent livré au roy, qui l'eust bien chastié. Et ne fut pas trop contant de quoy M. de Ferrare l'avoit délivré; car les grandz et principaux capitaines estoient à luy et en sa disposition, par le droict de guerre. Encor le[4] faut-il louer que, s'il fut ingrat envers nos roys, il ne le fut envers ce grand duc : car, après la bataille de Ravanne, que les François eurent quitté leur part de l'Italie, ce fut à M. de Ferrare d'adviser à ses affaires et faire sa paix avec le pape Jules II, qui le menaçoit tousjours; et à chasque coup, il disoit : *Ferrare, Ferrare, al corpo de Dio* (car il juroit, le bon pape, aussi bien qu'un autre[5]; aussi tenoit-il plus

rien; et si ne valoyt pas plus qu'ung autre, car à la journée et rancontre de Soriane, il fust très bien avecq le légat apostolique, et ce, pour fayre compaignie à l'esglise; et s'il n'eust gaigné de bonne heure Roncillon, il estoyt atrapé par Charles Ursin et Vitellozze, très-bons capitaynes et bons Guelfes partisans et Françoys, qui firent ceste défaite fort honorable. Il ne debvoyt.... (La fin manque.) — (*Ibid.*)

1. *Soriano*, dans la Calabre-Ultérieure.
2. Charles des Ursins, comte d'Anguillara, fils naturel de Virginio des Ursins, comte de Tagliacozzo.—N. Vitelli, dit *Vitellozzo*, que César Borgia fit étrangler en 1502.
3. *Roncillon*, Ronciglione, à douze lieues N. O. de Rome. —Le combat de Soriano eut lieu en 1497. Voyez Guichardin, livre III.
4. *Le*, Fabricio.
5. *Var.*.... Aussi bien qu'un autre. Aussi estoyt-il tout martial et bien qu'il nous fist beaucoub de mal, si faut-il advouer que ç'a esté un des grands, braves et généreux papes qui ce soyt assis il y a

de l'advanturier que de l'ecclésiastique) *io t'havro*. Il
la vouloit fort pour la dire appartenir à Monsr. Saint-
Pierre, et la remettre à son domaine, tant il estoit zélé
au bien de l'Église plus qu'à son particulier; dont il
en a acquis une grande loüange.

Le duc de Ferrare donc, se voyant habandonné des
François ses bons amis [1], fit tant qu'il fut receu du
pape à submission, pardon et repentance. Et, pour
ce, estant venu à Rome sur un bon sauf conduict,
furent suscitez soubz main par Sa Saincteté, ou autre
faisans pour elle, aucuns créanciers à demander quelqu'argent que le duc leur devoit, dont ilz en firent
prière à Sadicte Saincteté d'en permettre la justice; ce
qu'il accorda très-voulontiers, disant que le général ne
peut préjudicier à l'intérest du particulier; ce qui estonna fort le duc; et en fust esté en peine, sans que
ledict Fabricio Columno, recognoissant les courtoisies
qu'il avoit receues dudict duc, monta aussi tost à
cheval avec plusieurs de ses amis, parentz, et son
cousin [2] Prospero, qui, en forme de retraicte et ar-

---

longtemps sur la sège de Saint-Pierre, et autant zellé à la conservation et augmentation de son patrymoyne, l'advizant plus que le
sien particulier. Le pape Jules III, portant ce mesme nom (tant
ces deux noms de Jules sont estez fateux à la France!) le volust
imiter, et par ses armes spirituelles et temporelles nous fayre mal;
mays il ne mist pas la main luy-mesme à la besongne, comme
l'autre; ce fyst-il ce qu'il pust pour nous nuyre, et non ce qu'il
voulust, car il [eust] en barbe ce grand roy Henry qui le ranga bien,
et à son nez luy fist fayre la révolte de Sienne et luy traversa bien
son siège de Parme. (Ms 6694, f° 38, v°.) Ce passage est écrit de
la main de Brantôme.

1. *Var.* Et ses affaires aller mal. (*Ibid.*)
2. *Var.* Et son frère Prospero (*Ibid.*).

rière-garde, le suivoit de loing, et le firent tous deux bravement sortir par le petit portereau de Sainct Jehan de Latran qu'ilz trouvarent renforcé d'une garde plus que de l'ordinaire; laquelle fut faucée[1] par Fabricio, qui estoit le plus fort, sortit le duc, et le conduisit jusques à Maryne[2], et de là se sauva et s'en alla seurement à Ferrare.

L'obligation, certes, en fut grande, et qui paya bien celle qu'il avoit au duc, donc il le faut louer; car ne faut point doubter que le pape, luy voulant mal mortel, ne luy eust faict mauvais party sur sa vie, son honneur, et sur ses biens et terres, ou il luy eust pardonné[3] de la mesme façon d'une pareille infamie que fit après luy le pape Léon aux deux cardinaux Bernardin Caravajal et Fédéric de Sainct Sevrin, partizans du concile de Basle[4], lesquelz ayant estez paradvant desgradez de leurs chappeaux et rouges cappes par ledict pape Jules, et desirant entrer en leurs premiers

1. *Var.* Laquelle estant fort aysée à forcer le fust aysément. (Ms 6694, f° 38 v°.)
2. Marino, à cinq lieues S. E. de Rome. — Le fait se passa en 1512. Voyez Guichardin, livre XI.
3. *Var.* Ou il luy eust vandu son pardon par telle infamye que fist.... (Ms 6694, f° 38 v°.)
4. Jules II n'ayant pas tenu le serment qu'il avait fait à son avénement de convoquer un concile, Louis XII et Maximilien Ier poussèrent plusieurs cardinaux à en assembler un qui se tint en 1511 et 1512, non pas à Bâle comme le dit Brantôme, mais à Pise. Jules II y fut suspendu.
Frédéric de San Severino, Napolitain, archevêque de Vienne, cardinal (1463), mort en 1516, et Bernardin de Carvajal, évêque de Carthagène et d'Ostie, cardinal (1489), mort en 1522, avaient été excommuniés et dégradés par Jules II. Ils furent réhabilités par Léon X, en 1513.

estatz et en grâce du pape Léon, il les fit un jour venir et entrer à la veue et spectacle d'un chascun¹, et d'un' infinité de monde après, dans le consistoire, vestus de quelques meschantes robbes noires, comme pauvres haires² et simples prebstres de village ou de Médoc en Gascoigne, et ainsi firent admande honnorable au pape, luy demandant pardon les genoux en terre et avec autres signes de grande humiliation, et se desdirent par confession ignomigneusement tout haut de ce qu'ilz avoient faict ou dict contre ledict feu pape Jule; et puis saluarent tous les cardinaux très-révérentieusement, sans que les autres leur rendissent la pareille³, ce qui estoit un trop grand desdain et une ignominie trop insupportable. J'ay bien cogneu force généreux cardinaux qui n'eussent pas faict ce traict, quand ce ne seroit autre que le courageux cardinal d'Est⁴, dernier, dont j'en parle en son lieu.

Cette ignominie après avoir esté beue de ces messieurs douce comme lait, furent revestuz de leurs bonnetz et robes rouges, ayant estez desvestuz de leurs robes noires, et mis en pourpoinct, comme laquais en propre place marchande, et puis furent admis en leur places premières de cardinaux. Mais voycy le pis:

1. C'est évidemment par une faute de copiste que le n° 3262 porte *à la veue du pape*, aussi avons-nous suivi le texte du Ms 6694.
2. *Haires*, hères.
3. *Var*. Sans qu'ilz leur rendyssent aucun salut encor aveq un grand desdaing. Ce qui fust une ignominie par trop insuportable, laquelle aprez beue doucement comme l'aiant encor bien ayses furent revestus.... (Ms 6694, f° 39 r°.)
4. Louis d'Este, cardinal de Ferrare, archevêque d'Auch, né en 1538, mort le 30 décembre 1586. Il était fils d'Hercule II, duc de Ferrare, et de Renée de France, fille de Louis XII.

car ilz ne furent remis en leur offices, bénéffices et biens, d'autant que le feu pape les en avoit despouillez et donnez à d'autres qui avoient bonnes dentz et ne les vouloient desmordre : mauvaise excuse pourtant et hors de raison. Il eust mieux vallu qu'ilz eussent quicté le rouge et l'escarlatte et s'habiller d'autre livrée qui leur fust esté plus proffitable. Il eust voulu [1] bien faire de mesmes à nos cardinaux françois et leurs partizans, s'il eust peu ; mais ilz avoient un bon garrieur [2] que nostre brave roy, qui estoit très-bon et très-fort partizan de ce dict concile de Basle.

Je quicte là ma digression bien plaisante pourtant, qu'on doit plus s'amuser à l'imaginer qu'à la lire, pour dire encor un mot dudict Fabricio. Il fut estimé en son temps un si bon capitaine, que ce bon gallant Machiavel, mauvais instruiseur de guerres certes, en son livre de l'Art militaire, le faict le principal chef de son parlement en cela, et comme à qui il falloit déférer beaucoup. Il y introduit ledict Fabricio,

---

1. *Var.* J'ay ouy dire qu'il ne faut point doubter qu'il en eust bien voulu fayre de mesme à noz cardynaux françoys, partizans de mesme dudit concile. Mays ilz avoyent un bon garieur que nostre roy qui les soustenoyt bien. Je diray encor ce mot du susdit Fabritio, qu'il fust tenu en son temps si bon capitayne que ce bon rompu Macchiavel et bon instruiseur de la guerre en l'ayr l'a fait, en son livre de l'Art millitayre, le principal chef du parlement et comme à qui il falloyt déférer pour sentences vrayes et cautes (?) qu'il en proféroyt; en quoy il y a bien des absurditez, et m'asseure que si noz grands capitaynes qui sont aujourduy et ont esté, qui sont dans ce livre, s'ilz ont leu force passages dudit livre de Machiavel, qu'ilz s'en sont bien mocqués ensemble de Monsr. le juge Fabricio Colonne. (Ms 6694, f° 39, v°.) Ce passage est écrit de la main de Brantôme.

2. *Garieur*, caution.

comme donnant à entendre que ce qu'il y dict ce sont comme arrestz ou sentences[1].

Pour quant au segnor Prospero Collonne, il fut le premier qui commança à se révolter advant son cousin Fabricio, qui se laissa par emprès aller à luy; et de faict fit quelques guerres pour nous, et son cousin contre nous, vers Naples. Et fut après esleu, par sa valeur et mérite, chef général de la ligue contre la France, encor qu'aucuns l'ayent blasmé de n'avoir pas trop bien faict en la bataille de Ravanne. Il fut fort blasmé et mesprisé de n'avoir sceu garder le passage des montz contre le roy François[2], l'attendant de piedcoy dans Villefranche[3], pour luy donner la venue[4] s'il eust peu, disant à tous coups : « *Questi Francezi sono miei come gli pipioni en la gabia*[5]. » Mais il fut bien autrement circonvenu ; car il fut pris luy et les siens dans la cage, qui estoit sa ville, où il s'estoit retiré luy et sa trouppe de douze cens hommes d'armes des ordonnances, qui estoit la plus belle et la mieux montée qu'on avoit veu, il y avoit long temps, pour estrangers; car nos François avoient autrement paru auparadvant. Il estoit bien plus à présumer qu'il seroit plustost pris dans sa cage, ressarré dans sa ville, puis qu'il s'y estoit enfermé, et que nos François tenoient la campagne. Tant y a qu'il fut pris et mené au roy François, qui ne faillit de luy faire une réprimande de son ingratitude. Je ne sçay s'il le donna à M. de

Prospero Columno.

1. En effet Fabricio Colonna est le principal interlocuteur du traité ou dialogue *Dell'arte della guerra*, de Machiavel.
2. En 1515.
3. *Donner la venue*, tendre un piége, jouer un tour.
4. « Ces François sont à moi, comme les pigeons en cage. »

i — 10

la Trimouille; mais il fut emmené prisonnier à Montégu en bas Poictou, chasteau et ville de forteresse qui appartient à M. de la Trimouille[1] : m'estonnant comm' il fut mené là; car ce furent messieurs de Imbercourt[2] et de Bayard qui firent bravement la première poincte, et M. de La Pallice après.

Ceste place escheut depuis en partage à Madame la princesse de Condé, sœur de M. de la Trimouille dernier mort[3], que depuis le mareschal de Raitz[4] fit raser et desmollir; dont M. le Prince luy en voulut si grand mal, que s'il l'eust trouvé, il l'eust tué en despit de tout le monde; qui fut cause qu'il n'osa aller au dernier parlement que fit la reyne mère, près de Cognac, avec le roy de Navarre[5]; et pour revanche, luy fit brusler et raser son chasteau de Dampierre[6].

1. François de La Trémoille, vicomte de Thouars, mort le 5 janvier 1541, à 32 ans.
2. Tué à Marignan. Brantôme lui a consacré un article.
3. Charlotte-Catherine de La Trémoille, seconde femme de Henri de Bourbon, prince de Condé, et sœur de Claude de La Trémoille, second duc de Thouars, mort le 25 octobre 1604.
4. Albert de Gondi, mort en 1601. — Montaigu fut rasé en 1581 Voyez d'Aubigné, *Hist. Univ.*, tome II, liv. V, chap. II.
5. Le 13 décembre 1586, à Saint-Bris, près de Cognac.
6. *Var.* Aveq' le roy de Navarre et prince de Condé, qui ne le menassoit pas moings que de luy donner cent coups de dague; et pour revange, ne le pouvant tuer, luy prist sa maison et chasteau de Dompierre, et la fist piller et desmanteller. Voilà les revenges de la guerre qui sont communes antant aux uns qu'aux autres. Pour retourner au seigneur Prospero Colomne, certes il a esté ung très grand et sage capitayne; estant sorty de prison.... (Ms 6694, f° 40 v°.) — Brantôme se trompe. Le château de Dampierre en Poitou, qui appartenait à Claude de Clermont, femme d'Albert de Gondi, fut bien pris par Condé, mais ne fut ni brûlé ni rasé. De Thou (année 1586, livre LXXXV) en fait la remarque expresse.

Ce Prospero, estant sorty de prison, se banda encor plus que jamais contre nous en la guerre de l'estat de Milan, et en fut cause de la perte, pour en avoir pris le chasteau[1], l'ayant assiégé par le dehors de grandes, hautes et fortes trenchées, comm' est la coustume : et, sçachant que M. de l'Autrec le venoit secourir, il s'advisa encor de faire autres trenchées par delà les premières, et se loger et camper (ayant aussi retranché par le dedans de la ville) avec toutes ses forces entre toutes deux, et là attendre son ennemy, où il se rendit si fort et imprenable, qu'il fut impossible à M. de l'Autrec de l'y forcer, ny de l'appeler au combat, ny non plus secourir le chasteau.

J'ay leu cela dans un livre espagnol, qui dict de plus ledict Prospero avoir apris ceste forme de Jules Cæsar lorsqu'il assiégea Alexia[2], que ledict livre asseure estre Arras mais d'autres y contrarient, et mesmes M. de Viginaire qui en parle plus au vray[3]. Nostre grand roy d'aujourd'huy en fit de mesmes devant Amians[4].

Ce fut en ce siège du chasteau de Milan où Marc-

1. En 1522.
2. Alexia est cette Alesia de César qui, depuis une dixaine d'années, est le sujet des plus vives controverses entre les érudits. Les uns veulent la placer à Alise-Sainte-Reine en Bourgogne, les autres à Alaise en Franche-Comté.
3. Blaise de Vigenère a publié avec des annotations une traduction des Commentaires de César, souvent réimprimée. — Voyez l'édition de 1690, p. 166 et suivantes.
4. *Var.* Possible que luy ou aucuns des siens pouvoient avoyr leu ces deux traitz et passages de livres. Voilà ce qu'importe la lecture des livres. (Ms 6694, f° 40 v°.)

Amiens surpris par les Espagnols le 10 mars 1597 fut repris par Henri IV le 25 septembre de la même année.

Anthoine Coulonno[1], bon partizan françois, fut tué par une grand mésadvanture, dict le livre; car, s'estant là paru avec l'armée, par dessus les autres signallé par belles armes dorées et de grandes et belles plumes, Prospero Columno l'advisant, sans le recognoistre pourtant, luy mesmes ayant affusté et bracqué une longue couleuvrine, et longtemps miré et adressé sa visée, fit donner le feu, dont la balle alla si droict, qu'au mitan de M. de Pontdormy et Camille Trivulse[2], elle alla choisir ledit Marc Anthoine Columno, son propre nepveu; et despuis, ayant sceu que de sa propre main il avoit tué son nepveu, il en cuyda mourir de despit et de deuil. Quel désadvanture pour l'oncle et perte de nepveu pour nos François! car il en estoit bon partizan, et brave et vaillant capitaine.

On dict que ç'a esté le premier qui a donné les inventions de fortiffier bien les places; M. de Langeay[3] le dict aussi en son livre de l'Art millitaire, et aussi pour les bien garder et remparer au dedans, et les opiniastrer[4]. Auparadvant, les chasteaux de Naples, la

---

1. Marc-Antoine Colonna, né le 3 septembre 1478, fils unique de Pierre-Antoine Colonna, prince de Salerne.

2. Antoine de Créqui, seigneur de Pontdormy, auquel Brantôme a consacré un article. — Camille Trivulce, fils naturel du maréchal J. J. de Trivulce, tué devant Milan le 4 mars 1522.

3. Guillaume du Bellay, seigneur de Langey, auteur de la *Discipline militaire*. Brantôme lui a consacré un article.

4. *Var.* Les biens garder et s'i opiniastrer, comme M. de Langay le dit, car paravant luy on n'avoit point oui parler de grands sièges de places, ny de forteresses, ni de grandes opiniastretez, ni de combatz rendus ni dedans ni dehors, tesmoing la conqueste de Naples. (Ms 6694, f° 41 r°.)

ville de Gayette et autres forteresses de là, ne tindrent rien en la conqueste du roy Charles; Ravanne aussy peu, et tant d'autres. Pour fin, il fut fort estimé parmy les Italiens, Espagnolz et François. Sa vieillesse et ses malladies l'empescharent de faire encores mieux qu'il ne fit.

Le marquis de Pescaire, encor qu'il eust espousé sa niepce Victoria Columna[1], et luy ne se pouvoient jamais guières bien accorder; car c'estoit un jeun' homme bouillant, qui alloit viste selon son aage et son cœur, comme j'en parle ailleurs; et l'autre froid, qui pesoit toutes choses : si bien qu'à chasque coup ilz avoient des disputes de guerre, jusques là que, sans le légat du pape, une fois ledict marquis, ayant mis la main à l'espée à demy, luy en voulut donner; mais il[2] l'empescha et se mit au devant : à quoy il[3] n'eust eu grand honneur, pour sa vieillesse[4], foiblesse et parentelle[5]; et de despit, ledict marquis se retira des armées à Naples, jurant qu'il ne combattroit jamais sous sa charge, et s'en alla après en Espagne trouver l'empereur pour s'en excuser. J'en parle en son lieu. Cela se trouve dans aucuns livres espagnolz[6] dont je le tiens.

Telles contentions[7], entre ces deux capitaines m'ont fait ressouvenir de celles qui passoient souvant en

---

1. Voyez plus loin, la vie du marquis de Pescaire.
2. *Il*, le légat.
3. *Il*, le marquis.
4. *Sa vieillesse*, la vieillesse de Prosper Colonne.
5. *Parentelle*, parenté.
6. *Var.* Espaignolz et Italiens. (Ms 6694, f° 41 r°.)
7. *Var.* Telles divisions, riotes et contentions. (*Ibid.*)

nos armées entre M. le mareschal de Tavanes[1] et M. de Brissac, qui ne se pouvoit jamais accorder avecques luy, tant il luy portoit d'envie et de jalouzie, bien qu'il fust fort vieil et pratiq capitaine, et l'autre jeune, brave, vaillant et entreprenant : j'en parle à son tour ailleurs.

Le dict Prospero et Fabricio avoient chascun une compagnie de cent hommes d'armes, des vieilles ordonnances du réaume[2], qui sont esté tousjours très-belles, et sur tout bien montées[3]. Ceux de Fabricio furent bien estrillez à ceste bataille de Ravanne, comm' il le conffessa luy mesme à Ferrare, y estant prisonnier (ainsi que j'ay dict) et s'y faisant panser, que d'un seul coup de canon il vist emporter devant luy trente hommes de ses hommes d'armes. Que s'il eust creu dom Pedro de Navarre à s'opiniastrer de ne bouger de leur retranchement, ilz fussent mieux estez esclaircys, de sorte, comme par une désesperade, il sortit de ce retranchement, en disant : « Faut-il qu'à l'appétit d'un marrane[4] oppiniastre, nous nous faisions ainsi tuer à coups de canon, sans débattre nos vies vaillamment. » Et sortant, ce fut alors qu'il fit le premier la charge sur un gros des nostres, comme

1. Gaspard de Saulx de Tavannes, maréchal de France, né en 1509, mort en 1573. Brantôme lui a consacré un article.
2. C'est-à-dire du royaume de Naples.
3. *Var.* Qui estoit allors ung très-grand honneur pour eux. On dist et se list que ce fut Fabricio qui mesprisa le conseil et l'advis de dom Pedro de Navarre à se tenir coy et ressarré dans leur tranchées, fossez et lieux serrez. (Ms 6694, f° 41 r°.)
4. *Marranne*, terme d'injure qu'on adressait aux personnes issues de juifs ou de maures et qui s'appliquait particulièrement aux Espagnols. — Voyez Guichardin, livre X.

j'ay dict. C'est assez parlé de ces deux frères, car les histoires[1] en parlent assez.

Le marquis de La Padule eut charge aussi en ceste bataille de quatre vingtz hommes d'armes, où il fit très-bien, et y fut blessé en un œil, et pris : puis, estant sorty de prison, il commanda pour peu à l'infanterie espagnolle, et puis s'en deschargea au marquis de Pescayre (disent les histoires espagnolles), qui luy estoit allié ; et cependant, durant la prison de dom Pedro de Navarre, l'infanterie espagnolle estant demeurée quelque peu de temps sans chef pour commander, le capitaine Solys y commanda, mais fort peu ; car, encor qu'il fust brave et bon capitaine, force braves et nobles capitaines se fascharent de luy déférer, d'autant qu'il n'estoit de trop bonne maison pour estre commandez de luy : et, pour ce, ceste charge fut donnée audict marquis de La Padule.

Le marquis de la Padule[2]

Dom Pedro de Pax fut tenu aussi des Espagnolz brave et très-vaillant capitaine, encor qu'il fust de fort petite stature, et telle que, quand il estoit à cheval, enfoncé dans ces grandes selles d'armes du temps passé, il estoit si caché qu'on ne le voyoit que fort malaisément : et disoit-on de luy par risée, quand il

Dom Pedro de Pax[3].

1. *Var.* Les livres italiens. (Ms 6694, f° 41 r°.)
2. Guichardin l'appelle della Palude, et le *Loyal Serviteur* de la Padule. Suivant Paul Jove (*Vite di XIX nomini illustri*, p. 172), don Antonio, marchese della Padula, était oncle de Cardona. Sur le Ms 6694, Brantôme avait corrigé *Padulle* en *Palude*.
3. *Var.* Don Pedro de Pas. (Ms 6694, f° 41 v°.) — Voici ce qu'en dit le *Loyal serviteur*, chap. xxv. « Pedro de Pas n'avoit pas deux couldées de hault, mais de plus hardye créature n'eust-on sceu trouver ; et si estoit si fort bossu et si petit que, quant il estoit à cheval, on ne luy voyoit que la teste au dessus de la selle. »

estoit ainsi à cheval, qu'on estoit en quéste de luy : on disoit qu'on avoit bien veu un cheval bien bridé et sellé, mais non d'homme dessus. Cela luy pouvoit beaucoup ayder à sa vaillance, pour estre si petit et de si petite prise, autant pour les harquebuzades que de la lance et de la picque. Il emmena d'Espagne quatre cens hommes d'armes, que le roy luy donna à mener pour ceste battaille [1], où il fit très-bien, et fut despuis fort estimé des Espagnolz et a vescu long temps fort heureusement et tousjours en bonne estime.

Dom Caravajal [2]. Dom Caravajal mena aussi six cens génetaires [3], montez à la genète et la zagaye en la main, qui servoient de chevaux légers. Aucuns [4] disent qu'il mena aussi des hommes d'armes; mais les plus véritables assurent que ce fut dom Pedro de Pax, et que pour le seur il y commandoit.

Ledict Caravajal fut blasmé aussi des siens un peu de n'y avoir trop bien faict en ce combat de bataille [5] : aussi disent-ilz que voulontiers sont [6] fort subjectz de n'opiniastrer guières un grand combat, et n'estre trop bons pour une sollempnelle et grande bataille comme celle-là, et fort promptz après avoir faict leurs pre-

---

1. De Ravenne.
2. *Var.* Don Caravanjal. (Ms 6694, f° 41 v°.)
3. Voyez plus haut p. 43, note 1.
4. *Var.* Les livres espaignolz. (Ms. 6694, *ibid.*) — Suivant Guichardin, il commandait à Ravenne l'arrière-garde composée de quatre cents hommes d'armes et de quatre mille hommes d'infanterie.
5. *En ce combat de bataille*, c'est-à-dire en ce combat des deux corps de bataille. Les mots *de bataille* sont rajoutés de la main de Brantôme.
6. Les génetaires.

miers coups de lance, gaigner au pied[1], à mode des Mores et génetayres. Voylà pourquoy ilz excusent dom Caravajal; car il estoit un très-bon, brave et vaillant capitaine, comme l'a esté en son temps aussi le seigneur Alarcon, lequel fut en ceste bataille maistre de camp de l'infanterie espagnolle avec dom Cornejo[2].

Ledit seigneur Alarcon commança de bonn'heure à faire ceste charge, comme plusieurs fois il l'a continuée aux guerres de Naples, de Lombardie, de l'Italie, et au voyage de La Golette et Thunes[4], et si heut cet honneur de commander à toute l'armée impérialle durant la maladie et après la mort de Prospero Columno (les livres espagnolz l'honnorent de ceste charge), jusques à ce que Charles de Lonoy[5] fust arrivé pour y commander; car le marquis de Pescayre s'estoit retiré à Naples, comme j'ay dict[6]. Voylà un grand honneur pour luy, et pour avoir la totale garde du roy François en sa prison[7]; en quoy s'aparut la grande fiance qu'eut l'empereur de sa suffisance, valeur et fidellité, et créance parmy les Espagnolz, comme j'en parle ailleurs.

Le seigneur Alarcon[3].

1. Les six mots suivants sont rajoutés en interligne de la main de Brantôme.
2. *Var.* Avecq' Diego de Cornejo. (Ms 6994, f° 41 v°.)
3. Don Ferdinand d'Alarcone, baron puis marquis della Valle Siciliana, dans l'Abruzze, conseiller d'État du royaume de Naples, gouverneur des châteaux de Gaëte et de Castel-Novo, de Naples. Voyez Carlo de Lellis, *Discorsi delle famiglie nobili del regno di Napoli*, 1663, in-f°, t. I, p. 393. Le Ms 6694 écrit Allarcon.
4. L'expédition de Charles-Quint contre Barberousse en 1535. La Goulette fut prise le 25 juillet, et Tunis le 21.
5. Charles de Lannoy, vice-roi de Naples. Voy. sa vie plus loin.
6. Voyez plus haut, p. 149.
7. Voyez Guichardin, livre XVI.

[Il mourust en la court de l'empereur d'une apoplexie ou autre mal ; pour le moins, il tomba de son haut et mourust tout roide ; mort certes peu semblable à sa valeur et belle profession de guerre qu'il avoyt tousjours fait en belle réputation toute sa vye [1].]

Le duc de Termens [2]. Le duc de Termens fut fort estimé capitaine en ceste bataille, pour avoir eu l'honneur et le titre de capitaine de l'Église, et commander à cent hommes d'armes. Si bien, qu'à bien conter, les forces espagnolles qui se trouvarent en ceste battaille encontre nous furent en nombre de douze cens hommes d'armes, six cens chevaux légers et dix mill' hommes de pied tant Espagnolz, Napolitains, qu'aucuns Romains et Italiens [3] : dont bien servit à nos braves François de bien combattre et bien se deffendre et bien battre les autres, ainsin qu'ilz firent.

Et, pour les excuser, les Espagnolz ont escrit et le disent encor, que le tout arriva *por pestilencial consejo de dom Pedro de Navarra, que tratava las cosas con tardança; aquellos hermosos y luzidos escadrones de los cavalleros del papa y Espagnoles fueron rompidos con l'artilleria francesa, y recebiendo un danno miserable, fueron derramados por toda la campagna*: « Que pour un conseil pestilential de dom Pedro de Navarre, qui traictoit les choses par tardivetté, ces beaux,

---

1. Ce qui est entre crochets a été rajouté en marge de la main de Brantôme et biffé ensuite par le correcteur, qui a mis tout simplement: « Il mourut à la cour de l'empereur, d'une apoplexie. »

2. Guichardin (livre IX) l'appelle duc de Termini. Termini est une ville de Sicile à sept lieues sud-est de Palerme.

3. *Var.* De Piedtons, Hespaignolz et Napolitains qui sortirent du royaume de Naples pour se trouver là, et qui pis de tout cela fut, ce dit l'hespaignol, que *por pestilencial....* (Ms 6694, f° 41 v°.)

pimpans et luysans chevaux du pape et des Espagnolz furent rompus par la fureur de l'artillerie françoise, et par toute la campaigne espandus. »

Et là ledict dom Pedro de Navare y perdit son latin et son espagnol, tout meslé de ses astuces; il luy sembloit encor avoir affaire avec les Mores de Barbarie², qui font leurs guerres par petites et légères escarmouches et passades, sans jamais entammer guières bien un gros combat³; au lieu que nos braves François, sans point marchander, scavent donner et enfoncer, aussy tost soubstenir; ce qu'ilz firent, en ayant bien pris le temps, après que nostre artillerie eut bien joué.

Dom Pedro de Navarre[1].

Il y a eu quelques capitaines espagnolz et françois, qui ont dict, en excusant ledict dom Pedro, que ceste

1. Pierre de Navarre, né en Biscaye, fut d'abord à ce qu'on prétend laquais du cardinal d'Aragon. Il servit ensuite sur mer, passa en Italie où Gonsalve de Cordoue l'attira dans son armée. Il se distingua entre autres au siége du château de l'OEuf (1503). Pris à la bataille de Ravenne en 1512 et laissé en prison par les Espagnols qui ne voulurent pas le racheter, il s'engagea au service de la France peu de temps après l'avénement de François Ier. Il tomba en 1528 au pouvoir des Espagnols dans le royaume de Naples et fut jeté en prison. Il y mourut peu de temps après, de chagrin suivant les uns, de mort violente suivant les autres. Son éloge se trouve dans le *Elogia virorum bellica virtute illustrium*, de P. Jove; son nom est prononcé dans une chanson d'aventuriers rapportée par M. Le Roux de Lincy (*Recueil de chants historiques français*, tome II), et il y a dans le fonds Béthune (n° nouveau 3050, f° 58) une pièce intitulée : *Propositions du comte Pedro de Navarre pour une entreprise sur le royaume de Sicile*.

2. Voyez plus loin, p. 156, note 3.

3. *Var.* Qui font leurs guerres en escarmouches et tergiversant et courant deçà et delà à virevoltes, comme on dist, et qui jamais n'entament ni enfoncent bien ung combat. (Ms 6694, f° 42 r°.)

tardance et temporisement valloient beaucoup, s'il eust bien placé ses gens en lieu plus couvert que nostre artillerie ne les eust offencez; mais, s'en voyant ainsi mal traictez, se jettarent hors du retranchement[1], comme fit Fabricio Collomne, que j'ay dict cy-devant[2], et voulurent vendre leur vie plus vaillammant. Aussy, pour dire vray, les Espagnolz ne vouloient point combattre et ne nous vouloient qu'amuser; nos François mesmes ne vouloient non plus de combat, sans que nostre Roy les pressa, et les commanda exprez à son nepveu, pour des raisons que je dis ailleurs.

Ce ne fut pas là le coup d'essay dudict dom Petro, car le Roy Ferdinand luy avoit baillé charge de ceste armée espagnolle qu'il envoya en Barbarie[3], où il fit très-bien, comme j'en parle au discours des couronnelz plus emplement.

Les Espagnolz pour lors parloient de luy de ceste façon : *El conde Pedro de Navarra era hombre que avia alcançado muy grandes honras di guerra por estranna astutia, arte y singular sciencia, y maravilloso artificio y manna en tomar fortalezzas, sin tener ningun*

---

1. *Var.* Hors de leurs retranchements (j'ay veu le lieu), pour venir aux mains, aymans mieux mourir de prez que de loing, ainsin qu'est le meilleur. Et ne faut point doubter que ce dom Pedro ne fut esté ung bon et sage capitayne. Sa suffisance qu'il avoit monstrée ailleurs le fist eslire par son roy chef de ceste brave armée Hespaignolle qui fist si bien en Barbarie. Voicy ce qu'en disoient les Hespaignolz allors de luy : *El conde....* (Ms. 6694, f° 42 r°.)

2. Voyez plus haut p. 150.

3. En 1509. Cette expédition était faite aux frais du cardinal Ximenès. Il en confia le commandement avec le titre d'amiral d'Espagne à Pierre de Navarre qui enleva aux Maures Bougie, Oran et Tripoli.

splendor de lignage : « Ce conte Pedro de Navarre estoit un homme qui avoit attaint de grandz honneurs en guerre, pour une finesse estrange, art et singulière façon à prendre places, sans pourtant qu'il eust autrement aucune splandeur de lignage. »

Voylà comment ilz en parloient : et pourtant luy donnarent le titre de conte et de dom[1]. Prenez le cas qu'il ne le fust de race[2]; mais il l'estoit par sa valeur et ses mérites. Je l'ay ainsy ouy dire aussy à M. de Montluc, que les Espagnolz le tenoient ainsi; possible de despit qu'ilz eurent contre luy de quoy il les avoit quictez, et pris le party des François : car il n'y a gens au monde qu'ilz haissent plus qu'un révolté, et le deschiffrent[3] le plus, et en disent plus de mal. Mais qu'eust-il faict, le pauvre diable? le voylà pris, le voylà confiné en une prison, et puis mis à rançon[4]. Jamais son roy ne luy voulut donner un seul ducat pour le

1. Il avait été créé comte d'Alvieto.
2. *Var.* Encor qu'il ne le fust point de race, mais de sa valleur. (Ms. 6694, f° 42 v°.)
3. *Déchiffrer quelqu'un*, faire connaître ses défauts (*Dictionnaire de Trévoux*).
4. *Var.* J'ay ouy dire de plus à aucuns que le roy Ferdinand avoit heu tort de l'avoir laissé pourrir en prison, et que pour ce il avoit heu raison de l'avoir quitté et s'estre faict françois; que luy seul fut cause de cette grand perte de bataille, de sorte qu'on ne sçavoit qu'en penser s'il avoit faict le coup ou par une opiniastreté et tardance militayre ou à poste[*]; tant y a que l'Hespaignol, qui est fort umbrageux et soupçonneux de soy, ne le vouleust jamais rachapter de prison ni paier ung seul sou de rençon; mais qu'eust-il faict, le pauvre homme, et qui n'avoit possible que l'espée et la cape, sinon de prendre le parti du roy de France, qui le recherchoit pour s'en servir en sa valeur et mérites. Aussi, pour

[*] A *poste*, de l'italien *a posta*, exprès, à dessein.

rachepter. Voylà le roy François qui le void désespéré et mal contant, luy offre la délivrance de sa rançon et prison, et le prend à son service. J'ay ouy dire que le roy Ferdinand n'en fit plus cas, le soupçonnant qu'il n'eust pas bien faict en ceste bataille, ou qu'il eut joué ce jeu exprez pour faire perdre la battaille, et, pour ce, le quicta là et le desdaigna. Son avarice [1] en fut bien aussy la cause. Tant y a que le roy ne se repentit point de se servir de luy en plusieurs bons endroictz, comm'à la prise du chasteau de Milan [2], où il cuyda mourir soubz la mine et les pierres qui le couvrirent tout, non sans grand danger de sa vie.

Il eust aussy de belles charges à Naples soubz M. de L'Autrec, commandant à toutes les bandes des Gascons en général, avec lesquelz il fut envoyé comme seul chef à Melfe, qu'il prit bravement sur un des grandz capitaines qui fussent de par là, qui fut M. le prince de Melfe [3],

---

telle grâce de dellivrance de prison, il servist très bien nostre roy en toutes les occurances qui luy furent présentées jusqu'à la fin de sa vie, dont noz histoyres et autres estrangères sont toutes pleines. Et pour son période au royaume de Naples, aiant esté envoié par M. de Lautreq assiéger et prendre Melfe, la prist sur ung très-brave et vaillant prince, et qui la deffendit très-bien. Retournant de là au siége de Naples et y aiant emploié.... (Ms. 6694, f° 42 r°.)

1. C'est-à-dire l'avarice de Ferdinand.
2. En 1515, après la bataille de Marignan.
3. Jean Caraccioli, prince de Melfi, duc de Venosa, grand sénéchal du royaume de Naples, maréchal de France. Attaché d'abord au parti de Charles VIII et de Louis XII, il embrassa ensuite celui de Charles-Quint, fut assiégé par Pierre de Navarre à Melfi, en 1527, et pris avec sa famille. L'empereur ayant refusé de le rachepter, il demanda à entrer au service de François Ier qui le créa comte de Romorantin, chevalier de son ordre, maréchal de

qui l'attendit si bien qu'à beau jeu et beau combat fut bon retour [1].

Il ne fut pas si heureux devant Naples, où y ayant employé tous ses cinq sens de nature et subtilitez d'esprit, n'y peut rien faire, non plus que son général [2], qu'y mourut, comme j'en parle en son lieu. Et quant à luy, se conduisant tellement quellement, à demy mort de malladie avec le reste de l'armée, et s'estant mis sur la queue tirant vers Adverse [3], il fut pris et mené à Naples, où par le commandement de l'empereur, fut estouffé entre deux coytes [4], comme me dirent aucuns vieux soldatz espagnolz la première fois que je fus à Naples, et m'en monstrarent le lieu et la prison. D'autres disent qu'il fut estranglé de corde par main de bourreau, mais pourtant en cachettes. Ce fut mal faict, non de sa mort, car il estoit tant vieux et cassé qu'il n'en pouvoit plus; et à telz gens si vieux si cassez, et languissans prisonniers, nulle fortune peut advenir meilleur [5] que le trespas subit et inopiné. Mais l'empereur en fut blasmé; car il luy devoit aussi bien pardonner qu'à Gennes quelques années advant, qu'il l'alla

France et lieutenant général en Piémont où il mourut en 1550. Brantôme lui a consacré un article.

1. Cette phrase est assez obscure. Peut-être Brantôme veut-il faire allusion au retour de fortune et à la fin malheureuse qui, l'année suivante (1528), attendaient Pierre de Navarre. Voy. plus haut, p. 154, note 1. — Cf. la vie du prince de Melfe.

2. Lautrec.

3. Aversa, à trois lieues de Naples.

4. *Coyte, coite, coetes* ou *couette*, matelas, lit de plumes.

5. *Var.* Meilleur que la mort. Mais pour l'amour de ses vénérables ans et valleurs l'empereur luy debvoit avoir pardonné, comme l'on fist lorsqu'il fust pris à Gênes.... (Ms. 6694, f° 42 v°.)

secourir[1], où il fut pris : ou plutost luy devoit-il ordonner une prison perpétuelle, en laquelle eust peu escrire et laisser quelques beaux mémoires de son art et science par mode de passe-temps, ou composer quelque belle histoire de ce qu'il avoit veu en son temps; si que tout cela meslé ensemble eust peu beaucoup servir à la postérité et à la curiosité de plusieurs honnestes gens, ainsy que j'ai ouy dire qu'il en avoit la voulonté et quelque commancement de le faire.

Encor toute hayne et rancune que luy portoit l'Espagnol et l'empereur, si fut-il honnoré d'une très belle sépulture, toute pareille à celle de M. de L'Autrec, que l'on void encor à Santa Maria de la Nova, dans Naples, tous deux l'un près de l'autre et vis à vis, et de marbre fin, avec ces motz gravez[2] (et ainsy se décore la vertu).

Ossibus et memoriæ Petri Navarii Cantabri, solerti in expugnandis urbibus arte clarissimi, Consalvus Ferdinandus, Ludovici filius, magni Consalvi nepos[3], *Suessiæ principis, ducem Gallorum partes secutum pro sepulchri munere honestavit; cum hoc in se habeat virtus, ut vel in hoste sit admirabilis :* « Aux os

---

1. Gênes, où Pierre de Navarre était arrivé deux jours auparavant avec un secours de 2000 hommes, fut emporté d'assaut le 30 mai 1522. Pierre y fut pris avec tous les officiers français.

2. Brantôme a mis en marge à propos de cette épitaphe : « Faut escrire cecy tout du long, en prose, selon les tumbeaux antiques. » Le correcteur a écrit à côté : « Faut escrire cecy tout du long de la ligne. »

3. Louis Fernandez de Cordova, marié à Elvire de Cordova fille et héritière du *grand capitaine*, fut père de Gonsalve Fernandez de Cordova, mort en 1558, qui fit ériger le mausolée dont parle Brantôme.

et à la mémoire de dom Pedro de Navarre, Biscain[1], rusé, accort et renommé à prendre villes et places, Consalvo Ferdinand, fils de Louys, nepveu du grand Consalvo, prince de Sesse, a honnoré un capitaine qui avoit suivy le party françois de ce don pie et charitable de sépulchre. Voyez, voyez ce que peut la vertu, qu'il faille qu'elle soit admirable à son ennemy. »

Certes, ce prince est trop à honnorer d'une gloire immortelle. J'en parle à l'endroict de M. de L'Autrec.

Il faut venir ast'heure à dom Anthoine de Lève, lequel, bien qu'il fist ses premières armes soubz de grands capitaines, si fut-il fort blasmé de ceux de sa nation, mesmes des Italiens et François, de n'avoir pas moins faict en cette bataille de Ravanne que les autres qui s'enfuyrent[3]. Toutesfois, il laissa despuis exemple à plusieurs qui font telles et si lourdes fautes, qu'il est bien aisé, en bien travaillant, bien faisant et bien guerroyant[4], de netoyer et bien blanchir ces taches noires, ainsi que le fit ce bon capitaine; car il peina

Dom Antoine de Lève[2].

---

1. *Biscain*, Biscayen.
2. Antoine de Lève, né en Navarre vers 1480, mort en 1536. Il avait commencé par être simple soldat.
3. Voyez Guichardin, livre X.
4. Brantôme a écrit en marge du feuillet 43 r° du ms. 6694 la note suivante : « Je metz dans ce livre force grands capitaynes que je nomme point qui ont fait de pareilles escapades et fuytes de combatz, qui, sans avoir honte de leur honte, ont repris les armes et ne se sont reculez de la guerre, et aprez ont bien fait et ont estez tenus pour grands capitaynes. C'est pourtant une grande et vilaine honte quand on dit à ceux qui les louent : » Vouz dites vray, « mays ilz ont fuy d'une bataille et d'un tel combat. » Comment se peut réparer cela? car bien qu'ilz facent aussi bien qn'Antoyne de Lève dont nous parlons, cela demeure toujours et se peut dyre toujours; s'il se pouvoit efacer et cacher, bon. »

et travailla, et mania si bien les armes despuis, en tous lieux, combatz, rencontres et sièges, qu'onques puis on ne lui sceut reprocher sa faute passée : et qui le décora encores plus, ce fut le siège de Pavie, qui fut cause de la prise de nostre roy, de la perte de l'estat de Milan, et pour un temps de la grand disgrace de la France [1].

Aussi j'ay leu une fort belle lettre parmy celles de l'Arétin [2], qu'il luy escrivoit, le disant le seul brave artizan qui, de ses mains propres, avoit faict la couronne et le chappeau de triumphe que l'empereur Charles portoit sur sa teste : comme de vray, si nostre

1. *Var.* Le dit Antoyne aiant quicté la bataille, à la veue et renommée et dyre de ses compaignons à la journée de Ravanne, et tenu pour fuiard, vint entreprendre quelque long temps apprez la garde de Pavie contre le camp françois, si bien qu'il en causa la bataille, la prise du roy et la totale ruine des nostres. Ce qui le mist en si grand vogue et crédit, que tout goutteux, malladif, estropié, et mal dispost de sa personne, et se faisant ordinairement porter en litière, il livroit combatz, il prenoit villes en sorte qu'il ha esté enfin réputté ung des grands capitaynes de son temps, jusqu'à le fayre capitaygne général de toute la ligue de l'empereur et de tous les potentatz d'Italie. L'Aréthin le dit avoir esté ung des artisans, de ceux qui de leurs mains avoient fait la grande couronne de laurier que l'empereur portoit sur la teste. Aussi fust-il si présumpteux de prendre pour devise une ruche d'abeilles, entrans dedans, allans et venans, et travaillans à faire leur miel, aveq' ces motz : *Sic vos non vobis;* comme signifiant que comme elles travaillent pour autruy et non pour elles, aussi toutes les belles choses qu'il faisoit c'estoit pour autruy et non pour luy. Enfin il mourut.... (Ms. 6694, f° 43 r°).

2. Cette lettre est, à ce qui nous semble, celle qu'il se trouve à la page 32 du livre I du recueil des lettres de l'Arétin publié à Paris en 1609. On y trouve cette phrase : L'historia che canta come la persona vostra é afflitta par essere stata il carro di tutti i triumphi di Cesare.

roy ne fust esté pris en ce siège et battaille, l'empereur n'eust faict de si belles choses qu'il fit puis après fort aysément. Ceste gloire, certes, fut grande audict Anthoine de Lève : aussy pour sa devise il prit une ruche d'abeilles, allans, entrans et travaillans pour faire leur miel, avec ces motz : *Sic vos non vobis ;* comme disant qu'il faisoit tout pour autruy, et non pour luy. Il n'y a pas raison aussi qu'il portast ceste couronne, puisqu'il estoit le serviteur, et l'autre le maistre.

Or, estant en ce siège [1], ayant faute d'argent pour contenter et payer ses soldatz, mesmes les lansquenetz amutinez, il s'advisa de la ruse dont les histoires en parlent sans que je la die ; mais la plus plaisante fut (racontent les Espagnolz) que *tomó toda la plata consagrada de los templos, prometiendo todas vezes con voto solemne á los santos, que si quedava vencedor, cosas harto majores que las que tomava ; de que hiz batir dinero grossamente* : « Il prit l'argent sacré des temples, promettant toutesfois avecque vœu sollempnel aux sainctz choses plus grandes que celles qu'il prenoit, s'il demeuroit vainqueur ; et puis de cet argent, il en fit battre de la monnoye grossièrement. » Mais il pratiqua par emprès le proverbe : *Passato el periculo, gabato el santo* [2], et n'en paya jamais rien. Quel payeur de debtes [3] !

1. *Var.* Au reste il n'estoit pas plus religieux ni conscientieux que les autres grands capitaynes. Si faut-il que je face ce conte, si je ne l'ay faict ailleurs, que les Hespaignols ont escrit dans le traitté du siége de Pavie ; lequel voiant ses lansquenetz amutinez pour faute de paie, ne sachant que fayre, *tomó la plata....* (Ms. 6694, f° 44 r°).

2. Le péril passé, on se moque du saint.

3. *Var.* Et lui et son bon maistre ! Je voudrois que toutes les miennes se payassent ainsin. (Ms. 6694, f° 44 v°.)

Et se disoit dans Pavie, encor de mon jeune temps, qu'il laissa la debte à payer et le vœu pour accomplir à l'empereur, puisque cela estoit pour ses affaires qu'il l'avoit emprumpté et employé. Pareil traict de Denys le tyran, quand il osta et arracha la robbe d'or[1] à son Appolo[2].

Pareil traict encor et plus plaisant, d'un que fit donna Maria de Padilla[3] (selon dom Anthonio de Guevarra, d'autres la nomment donna Maria d'Aceta[4]), l'une des honnestes dames d'Espagne, et des plus affectionnées à la rébellion qui se fit en Espagne, au commancement de l'empereur Charles, ainsi que dom Anthonio de Guevarra le raconte[5] : laquelle ayant faute d'argent pour la solde de ses soldatz, prit tout l'or et argent des reliques de Tolède; mais ce fut avecqu'une cérimonie saincte et plaisante, entrant dans l'église à genoux, les mains joinctes, couverte d'un voylle noir,

---

1. *Var.* Le capot doré. — C'est à une statue non pas d'Apollon mais de Jupiter, à Olympie, que Denys l'Ancien enleva un manteau d'or massif. Voyez Cicéron, *de Natura deorum*, livre III, chap. 34.

2. *Var.* Mais l'un et l'autre s'en acquitarent très légièrement, car et le maistre et le serviteur estoient aussi grossiers religieux qu'il estoit possible, en cas qu'il allast de proffict et de grandeur. (Ms. 6694, f° 44 v°.)

3. Elle était femme de Don Juan de Padilla qui, en 1520, organisa contre Charles V la grande ligue des *communeros*, et qui périt sur l'échafaud en 1522. Dona Maria déploya un rare courage dans cette lutte, et elle essaya de la soutenir après la mort de son époux.

4. Cette parenthèse a été rajoutée en marge par Brantôme.

5. Dans une lettre adressée par Guevara à Dona Maria Padilla pour l'engager à rentrer dans le devoir ainsi que son époux. Voyez les *Epistolas familiares* de Don Antonio de Guevara, Anvers, 1594, p. 359 et suivantes.

ou, pour mieux dire, d'un sac mouillé, selon Rabelais, piteuse, marmiteuse, battant son estomach, pleurant et souspirant, deux grandes torches allumées devant elle; et puis ayant faict gentiment son pillage, se retire aussi gentiment en mesme cérimonie, pensant et croyant fermement que, par ceste triste cérimonie, ou plustost hypocrysie, Dieu ne luy en sçauroit mauvais gré. Il y a là bien à rire qui pourroit voir ce mesme mystère jouer. Mais le meilleur, dict le conte, que les larrons, quand ilz desrobent quelque chose, ilz le font avecqu'une grande joie et allégresse, et quand on les punist, ilz pleurent : ceste dame au contraire, en desrobant, pleuroit; et si on l'eust punie, il eust fallu par conséquent qu'elle se fust prise à rire, au contraire des autres larrons, comm' il se void [1].

Pour retourner au larecin d'Antoyne de Lève, ou plustost emprumpt pour son maistre, l'empereur, qui n'en fit aucune restitution ni payement, il ne fit pas en cela ce que fit son brave ayeul Charles duc de Bourgongne, lequel par repentance et admande à soy-mesmes imposée, pour avoir traicté un peu trop rigoureusement [2] la ville du Liége [3], rebellée contre luy, quand il la prit, il donna et fit présent à la grand' église d'un sainct Georges à cheval tout d'or fin. Cela se list dans l'histoire de Flandres [4]. Le bon empereur,

---

1. Los hombres quando hurtan temen, y quando los ahorcan, lloram. En vos, Señora, es lo contrario : pues al hurtar llorays, pienso al justiciar os reyreys. (Guevara, p. 366.)
2. *Var.* Tant cruellement (Ms. 6694, f° 44 v°).
3. En octobre 1468.
4. Brantôme ne paraît pas avoir été renseigné bien exactement sur l'offrande expiatoire que Charles le Téméraire fit, en 1471, à

s'il en eust faict de mesmes de quelque seul petit sainct seulement à l'église de Pavie, encore l'eust-on tenu plus religieux et conscientieux [1]. Mais il ne s'en soucioit guières [le galant], car il pensoit réparer le tout sur ses vieux jours, en sa contrition, repentance et pénitence dernière, ayant remis le tout jusques alors, comme ont dict despuis ceux de Pavie. [Je voudroys bien sçavoyr qu'est devenu ce Monsieur sainct Georges, s'il y est encor. Je croys que non; car il y a passé de trop bons golus et affamez, comme l'empereur Maximilian et Charles luy mesmes, duquel nous parlons: si que je croys que ce brave chevalier Monsieur sainct Georges, qui l'assista si bien en la bataille des protestans, comme j'ay dit [2], ny avec sa bonne

---

l'église de Saint-Lambert, à Liége. Voici, en effet, ce qu'on lit à cette date dans la chronique de J. de Los, publiée à Bruxelles (1844, in-4, p. 66), par M. de Ram : Posteá mensis februari, die decima quarta, dux Carolus, forsitan aliqualiter super violentiis sancto Lamberto illatis compunctus, per honestam legationem misit ecclesiæ sancti Lamberti certa pretiosa clenodia, videlicet duas argenteas imagines nobiliter deauratas, sancti videlicet Georgii martyris et ipsius ducis ante pedes inclinati. — Ainsi l'offrande se composait non d'une seule statue, mais de deux, et non pas en or, mais en argent doré. De plus le saint Georges n'était point à cheval. Dans une lithographie jointe au volume, il est représenté debout, ayant devant lui Charles le Téméraire agenouillé et lui tournant le dos.

1. *Var*. Beau don, certes, et belle amande. Son petit-filz n'en fist pas de mesme à la grand esglise de Pavye, ny son bon galant Anthoyne de Lève; aussy tel maistre, tel valet, qui n'en ramboursa pas une maille, chargant le tout sur son bon maistre, qui se contanta d'en fayre la myne de n'estre bien fasché de ne payer cette debte, tant il contrefaysoyt du bon religieux et conscientieux. (Ms. 6693, f° 44 v°.)

2. Voyez plus haut, p. 22 et 23.

lance, ny son bon cheval, ne l'ont peu garantir de sa prise; cela s'appelle s'yl n'y est encore][1].

Sur quoy j'ay vu un' apologie[2] qui fut faicte pour le Roy François premier et Henry second, contre ledict empereur et les Espagnolz, qui luy reprochoient infiniment[3] l'alliance qu'ilz avoient faicte avec sultan Soliman et ses Turcz; mais on leur réplicqua bien là dessus qu'après la guerre d'Allemagne l'empereur avoit assez manifesté qu'il ne l'avoit pas faicte pour la religion, ny pour le service de Dieu, dont il se couvroit, mais pour expolier les protestans de leurs biens et dignitez et s'en aproprier[4]. De faict, il permettoit aux lansquenetz qu'il avoit en son camp qu'ilz vesquissent publicquement selon leur nouvelle religion et institution, chantant leurs pseaumes en leur langue, ayant prescheurs de leur doctrine, et usant ordinairement de toutes façons contraires et prohibées de l'église catholique, et manger chair comm' ilz vouloient, de-

---

1. Tout ce qui est entre crochets fait partie d'une note rajoutée en marge de la main de Brantôme dans le manuscrit 6694 (f° 44 v°) et qui n'a point été reproduite dans la dernière rédaction.

2. Brantôme veut parler sans aucun doute de l'un des ouvrages suivants: *Apologie contre les calomnies des Impériaux*, Paris 1551, 1552. in-4°; *Apologia Henrici II contra Cæsarianos*, 1552, in-4°; *Apologia altera pro rege christianissimo contra Cæsarianos*, 1552, in-4°; *Seconde apologie contre les calomnies des Impériaux*, 1552, in-4°, traduit en allemand la même année; *Apologia cujusdam regiæ famæ studiosi*, 1552, in-4°.

3. *Infiniment*. Il y a *infamément* dans le manuscrit 6694, et c'est probablement la bonne version.

4. *Var.* Ny pour le service de Dieu tant qu'on diroit bien, mais par annimosité et envie de chastier les rebelles et les espolier de leurs biens et estatz (Ms. 6694, f° 44 v°).

vant tous; mesmes qu'en la convantion[1] qu'il fit en la ville d'Auguste, il permit que les protestans fissent comm'ilz avoient faict, et leur laissa leurs presches et prescheurs, en leur accordant un *interin;* et possible qu'il n'en pouvoit avoir raison autrement. Voylà les propres motz de ladicte apologie; et que son propre conffesseur demeura si escandallisé, que quand ce vint un jour à luy se conffesser, il luy desnia l'absolution, le mettant en peine d'en chercher un autre qui le vousist[2] absoudre; ce qu'il fit d'un qui n'estoit si scrupuleux que le premier.

L'apologie dict de plus de luy que, lors qu'il se saisit de Plaisance[3], il en voulut faire autant de Parme, sans le secours du Roy Henry second, qui la prit en protection pour le duc, laquelle l'empereur disoit estre des places de l'Église de laquelle il se disoit protecteur, advocat et procureur. Mais ladicte apologie luy objice[4] qu'il en estoit l'advocat, pour faire le droict d'autruy sien; procureur, pour l'administrer sans rendre conte; protecteur, pour garder d'où il se pouvoit une fois saisir sans l'eschapper, ny laisser espérance d'en avoir

---

1. *Var.* Donant bien aussi à entendre qu'il n'en vouloit qu'aux corps et biens et se soucioit peu des consciences quand il leur accorda ung intérim et qu'à la convention qu'il fist à la ville d'Auguste, il permit que.... (Ms 694, f° 44 v°.)

Le 15 mai 1548 Charles V, pendant la tenue de la diète à Augsbourg, publia un formulaire de foi et de doctrine connu sous le nom d'*intérim* et dont il prescrivait l'adoption en attendant la décision d'un concile. Ce formulaire fut rejeté par les catholiques et les protestants.

2. *Vousist,* voulut.
3. Voyez plus haut p. 28, note 2.
4. *Objice,* objecte.

raison ny restitution. Et quand on luy parla de la redition de Plaisance, il en demanda l'advis à un vénérable docteur espagnol, de l'ordre de San Dominico, conffesseur et modérateur de sa conscience. Il luy respondit, comm'estant faict à sa main, que l'affaire estoit en doute aucunement, toutes fois qu'en obscurité de droictz, la condiction du possesseur estoit la meilleure, et, partant, Sa Cæsarée Magesté, sans offencer sa conscience, attendant la discution de la matière, pouvoit justement tenir la place : ce qu'il fit fort bien jusqu'à ce qu'il eut maryé sa fille naturelle avec M. le duc de Parme[1], qu'il rendit, s'estant pourtant fort bien réservé une très belle et forte citadelle, qu'il fit faire pour tousjours brider la ville : et croy que les Espagnolz y sont encores dedans, comme je les y ay veuz.

[Aussy[2] le Roy Françoys, entre autres reproches qu'il fist à ce grand empereur du peu de fiance qu'on pouvoyt prendre de luy, fust qu'aprez avoyr suborné et séduit par de belles parolles et promesses M. de Bourbon, il en fist si peu de cas aprez qu'il l'eust si bien servy qu'il le layssa tomber en telle nécessité (ainsin quasi font tous la plus part des princes) que, de désespoyr et de pauvreté, il alla assiéger Romme. Il en fist de mesme à M. de Savoye, qu'il abandonna de

---

1. Octave Farnèse, duc de Parme, avait épousé en 1548 Marguerite d'Autriche, fille naturelle de Charles-Quint et veuve d'Alexandre de Médicis, duc de Florence. En 1556, Philippe II lui rendit la ville de Plaisance (et non Parme, comme le dit Brantôme) en gardant la citadelle où il laissa une garnison.

2. Tout ce paragraphe rajouté en marge par Brantôme dans le Ms. 6694, f° 45, ne figure pas dans la seconde rédaction.

tout secours aprez sa belle-seur, sa fame¹, morte, qu'il aymoyt, et de tous leur moyens s'en estant servy. De mesmes il en fist au marquis de Salusses². Toutesfoys, comme j'ay dit ailleurs³, il récompensa aucuns des serviteurs dudit M. de Bourbon, fust ou que le reproche luy fust esté trop vilain, ou qu'il les avoyt trouvez très fidelz à leur maistre et luy en feroyent de mesmes. Cela luy estoit plus aysé qu'à leur maistre⁴; car ces grands⁵ ont la geule si grande qu'ils sont insatiables. L'empereur se pouvoyt ainsin excuser.]

Voylà au vray l'objection que l'on donna pour lors à la conscience de ce brave empereur⁵, lequel, pour excuser les braves et gallans hommes comme luy, disoit qu'estant courageux, ambitieux et grand guerrier, il ne pouvoyt estre bon religieux et conscientieux. Et c'est ce que dist une fois ce grand marquis de Pescayre aux guerres de Lombardie à M. le légat, qui fut après

---

1. Béatrix, fille d'Emmanuel roi de Portugal, femme de Charles III, duc de Savoie, morte le 8 janvier 1538. Sa sœur Élisabeth avait épousé Charles V.

2. Le marquis François de Saluces, qui avait été comblé de bienfaits par François Ier, quitta son service en 1537 et s'attacha à Charles-Quint. Brantôme lui a consacré une notice de quelques lignes.

3. Voyez plus haut, p. 97.

4. C'est-à-dire : il le pouvait faire plus aisément pour eux que pour leur maître.

5. *Var*. Voylà les objections que l'on donnoit à l'empereur, lequel certainement encor qu'il aspirast tout un long temps à se faire pape, tant il estoit ambitieux, il ne fut pas des plus refformez religieux du monde. Mais ceux qui l'excusent disent qu'il ne pouvoit estre grand, ni ambitieux, ni guerrier, et estre religieux ni conscientieux (Ms. 6694, f° 45 r°).

pape Clément[1], sur le règlement des désordres et desbordementz de ses soldatz : *Monseñor legado, no ay cosa mas difficultosa a los que exercen la guerra, que con ygual disciplina servir en un mesmo tiempo a Mars y a Christo; porque el uso de la guerra en esta coruption de milicia paresce ser en todo contrario a la justicia y religion.*: « Monsieur le légat, il n'y a chose plus difficile à ceux qui exercent la guerre que de servir en mesme temps et égalle discipline à Mars et à Christ, parce que l'usage de la guerre en ceste corruption de milice est du tout contraire à la justice et à la religion. » Sur quoy je m'en vays faire un conte dont il me souvient fort bien, car j'y estois.

Aux premières guerres du siège d'Orléans, estant le caresme venu, ce gentil et brave seigneur M. de Sypiere[2], après la mort de M. de Guyse[3], commanda pour peu de jours à l'armée, pour n'y avoir pour lors plus grand que luy : aussi pouvoit-il bien de raison y commander, puisqu'il estoit gouverneur de la personne du Roy, et luy commandoit absolument[4], comme j'ay veu (aussi sa dicipline et corrections l'avoient rendu un très grand roy, s'il eust vescu), et ce en attendant messieurs d'Aumalle[5] et le mareschal de Brissac, qui vindrent puis après. Cependant les soldatz ne

1. Clément VII.
2. Philibert de Marcilly, seigneur de Cypierre, chevalier de l'ordre du roi, gouverneur de Charles IX. La maison de Marcilly était du Mâconnais.
3. Le 18 février 1563.
4. *Var.* Et son armée luy pouvoit bien obéir, puisque son roy luy obéissoit, voyre craignoit.... (Ms. 6694, f° 45 r°).
5. Claude de Lorraine, duc d'Aumale, tué au siége de la Rochelle le 14 mars 1573. — Brantôme lui a consacré un article.

pouvant bien vivre qu'avecque grandes incommoditez du poisson, M. de Sypiere fut prié, de la part des capitaines, de supplier M. le légat, qui pour lors estoit M. le cardinal de Ferrare, Hypolite[1], et au camp avec la reyne-mère, qu'il donnast dispense de manger de la chair quelques jours de la semaine. M. le légat d'abord trouve ceste resqueste fort odieuse, et mesmes qu'on faisoit la guerre contre les hérétiques ennemys du caresme; mais, après avoir un peu songé, il fit responce que de chair il n'en falloit point parler, comme de chosse abominable; mais pour du beurre, du fromage et du laictage, qu'ilz en mangeassent à quantité, et tant qu'ilz voudroient, et leur en donnoit toute la dispense. M. de Sypiere, qui estoit prompt, fort libre et l'un des gallantz seigneurs qui jamais naistra en France, luy dit franchement : « Monsieur, ne pensez pas règler nos gens de guerre comme vos gens d'église : car autre chose est de servir Dieu et servir la guerre. Voulez-vous que je vous die le vray? Ce n'est point en ce temps, ny en cest' armée, composée de plusieurs sortes de gens, que vous devez faire telz scrupules : car, quand à vostre beurre, fromage et laictage, nos soldatz françois ne vous en veulent point, comme vos Italiens et Espagnolz. Ilz veulent manger de la chair, et de bonne viande, pour mieux se substanter. Ilz en mangeront aussy bien deçà comme delà, et à ouvert et à cachette, quelque deffence qui en

---

1. Hippolyte d'Este, dit *le cardinal de Ferrare*, archevêque de Milan, d'Auch, d'Arles, de Lyon, évêque d'Autun, abbé de Flavigny, fils d'Alphonse Ier duc de Ferrare et de Lucrèce Borgia. Il mourut à Rome le 2 décembre 1572 dans sa soixante et unième année.

soit. Parquoy, faictes mieux : ordonnez leur d'en manger, et donnez leur en une bonne dispence et absolution. Que si d'eux-mesmes ilz s'en dispensent, vostre authorité en sera plus suprimée ; au contraire, de plus en plus ell'en sera eslevée si leur permettez, et chascun dira : *M. le légat, cet homme de bien, nous a donné dispence;* et cela s'en résonnera mieux par tout. » M. le légat y ayant un peu songé, il dispensa aussy tost un chascun d'en manger[1], qui pria Dieu fort, aussi bien le François que l'Espagnol d'un régiment ou terze que nous avions[2], pour M. le légat, et sur tout pour M. de Sypiere, lequel eust raison de parler ainsi, et d'en prendre bien l'affirmative, comm'il fit, et M. le légat aussi d'avoir lasché la bride ; car j'ay ouy dire à aucuns grandz docteurs qu'il est nécessaire quelques fois aux prélatz de dispenser pour ce subject, afin de prévenir ces friandz mangeurs de chair et infracteurs de loix eclésiastiques : que, quand ilz en viennent là, le monde sçache et croye que c'est par dispence

1. *Var.* M. le légat y aiant songé, dispensa aussi tost. Je vis faire ce conte à M. de Cypierre aussi tost à part à aucuns de ses privez, car lors j'étois à l'armée. Mondit sieur de Cypierre avoit raison de parler ainsin, comme j'ay ouï dire à aucuns grands docteurs et mesmes je l'ay leu dans le livre de *Summa Benedicti,* où il dict qu'il est nécessaire aux prélatz de dispenser pour ce subject affin de prévenir ces friands et mangeurs de chairs et infracteurs de loix ecclésiastiques. . . . . le monde sache et croie que c'est par dispense de son prélat et légat et mesmes aux armées et non qu'on pense que ce soit, par leur opinion, innobédience et peu de respect à l'église. J'ay faict ce discours, par forme de digression, estant venu à propos, et que possible il ne m'en fut pas souvenu ailleurs. (Ms. 6694, f° 45 v°).

2. Les sept derniers mots ont été rajoutés au-dessus de la ligne par Brantôme.

du prélat, et non par désobeissence de luy et de l'Église. Voyez là dessus le livre de *Summa Benedicti*[1].

Or, pour retourner de ma digression encor à ce grand Anthoine de Lève, j'ay leu dans un livre espagnol que son premier advènement[2] de guerre et de Naples fut lors que Manuelle dy Bena-vida[3] amena d'Espagne deux cens hommes d'armes, deux cens génetaires, et deux mil' hommes de pied, tous Espagnolz, et vindrent descendre à Messine en Scicille, de là traversant le Far[4] vers Reggie ; et en ces trouppes se trouva Antonio de Lève, qui peu à peu fit si bien qu'il se rendit un très bon et grand capitaine, sans avoir eu aucun reproche que de ceste faute à la bataille de Ravanne, que j'ay dict[5] ; mais il s'en lava si bien par sa valeur et beaux faicts, que l'empereur le fit son général et de toute sa ligue d'Italie, qu'on ne peut jamais guières bien mordre sur luy, quelques armées que l'on envoyast contre luy, et de M. de L'Autrec et de M. de sainct Pol[6] ; que si l'un le mordoit aux fesses, il mordoit sur l'eschine. Et, s'il vous plaist, en quel estat

---

1. Il est sans aucun doute question ici de l'ouvrage que le cordelier J. F. Benedicti (commè il est appelé dans le privilége) publia sous le titre de *la Somme des péchés*. Ce livre, souvent réimprimé, parut peut-être pour la première fois en 1584, in-8. Le passage auquel renvoie Brantôme nous semble se trouver au chapitre II du livre III de cette édition. (Cf. L'*Apparatus sacer* de Possevin ; 1508, f°, p. 825.)

2. *Advènement*, événement.

3. Emmanuel de Benavidès.

4. *Le Far*, le Phare, c'est-à-dire le détroit de Messine.

5. Voyez plus haut, p. 161.

6. François de Bourbon, comte de Saint-Paul. Brantôme lui a consacré un article.

estoit-il, quand il fit la pluspart de ses beaux exploicts[1]? Il estoit goutteux, poudagreux[2], malladif, tousjours en douleurs et langueurs : il combattoit porté en chaire, comme s'il fust esté à cheval. Il prenoit villes et forteresses, il rendoit combatz[3]. Qu'eust-il faict s'il fust esté bien sain et dispos de tous ses membres? Tout le monde croit qu'il eust combatut le diable. Aussi disoit-on de luy qu'il avoit un esprit famillier; autrement, son misérable estat de sa personne ne luy pouvoit permettre faire les choses qu'il fit.

[Il[4] y a un grand de nostre France et de grade en nostre court qui, le voulant contrefaire, non en matière de combatz, car cella luy estoit deffandu par sa souveraine dame, Madame la Poltronnerie, mais pour contrefayre du boiteux et podagreux, encor' qu'il ne le fust point, mais c'estoit à dessaing[5], portoit ung baston et s'y appuioyt ordinairement, faisant le marmiteux et piteux; et, quand il estoit en sa chambre ou à la table en devis de guerre, en disoit plus que jamais Anthoine de Lève en parla; voulant faire à

---

1. *Var.* Tous ceux qui l'ont veu et en oyront parler et en liront s'estonneront de ce grand capitayne et de son courage, qu'au lieu que les autres combattent à cheval ou aveq de bonnes jambes et grands advantages, celuy là, tout podagre et se faisant porter en chayre, s'enfonçoit dans les plus hazardeux combatz. Qu'eust-il faict, s'il eust esté sain de corps et de ses membres? (Ms. 6694, f° 43 v°)

2. *Poudagreux*, podagre.

3. Voyez la note I de la page 162.

4. Ce passage qui n'a pas été reproduit dans la dernière version se trouve au f° 44 r° du ms. 6694.

5. Le texte répète ici et probablement par erreur : Et pour contrefaire du boiteux et podagreux.

croire à ung chascung que c'estoit luy seul qui sçavoit ce mestier, et par ainsin se faisoit descrier par mi les plus petits et les plus grands, si bien que nostre roy dernier[1], s'en sentant importuné, luy imposa le nom, non pas proprement d'Anthoine de Lesve, mais, pour plus grande desrision, de maistre Anthoine; le brocardant souvant par ledict nom; et quand il avoit dict quelque chose, il disoit souvant : « C'est une parole ou un traict de maistre Anthoine; » mais non pas d'Anthoine de Lève : et souvant ay-je veu aussi feu M. de Guise l'appeller ainsin, tant il faisoit de despit à ung chacun quand il vouloit contrefaire le grand capitayne. Ce fust esté un grand coup pour luy, s'il heust ressemblé ledict Anthoine de Lève; mais ni en faictz ni en semblance de corps il n'en approcha jamais.]

Après la prise de Fossan[2], qui fust la dernière de ses belles œuvres[3], voulant aller assiéger Turin, et remettre tout le Piedmont en sa première obéissance, qui[4] n'estoit par trop fortifié pour lors, il en fut destourné par M. le prince de Melfe, dont luy donna advis de tourner vers la Provance, et qu'il la trouveroit toute desgarnye de garnisons, et que jamais il n'y fit meilleur : grand faute à luy de croyre son ennemy! j'en parle ailleurs[5]. Il se persuada si bien et

1. Henri III.
2. Fossano, à dix lieues S. de Turin, fut pris le 24 juin 1536, après 17 jours de siége.
3. Les six mots qui précèdent ont été rajoutés en marge par Brantôme.
4. *Qui*, Turin.
5. Voyez dans un autre volume la vie du Prince de Melfe.

beau ce voyage, et à l'empereur, et s'y opiniastra si fort que l'empereur le creut, contre l'advis d'aucuns de ses grandz capitaines, ainsi qu'il le cogneut à preuve par amprès, disant tousjours qu'il espéroit le mener à Paris, ne demandant que d'estre enterré à Sainct Denys pour toute récompanse. Mais il arriva autrement; car il ne peut faire ledict voyage et mourut; bien est vray qu'il fut enterré à Sainct Denys, non de Paris, mais de Milan[1].

Aucuns de ces temps disoient qu'il estoit filz d'un courdonnier; mais c'estoient des impostures et calumnies; ou bien il falloit qu'il eust faict de grandz

1. *Var.* Où il fut porté. En quoy on tient que M. le prince de Melfe, grand cappitayne, luy donna bien du bigu*; car pour destourner l'armée de l'empereur de la reconqueste du Piedmont et de Thurin, qui luy estoit fort aisée amprez la prise de Foussan, manda audict Anthoine de Lève, comme par feinte et bonne mine et comme contrefaisant encor de l'affectionné à son ancien party et mal contant du roy, qu'il quittast tout et vint en Provence et à Marseille, qui bransloit, et n'i fist jamais meilleur; ce que l'empereur et Anthoyne creurent aisément et y vindrent, dont mal leur en prist : ce n'estoit pas faict en sage et grand cappitayne de croyre son ennemy. Il y en ha un bel advys et bel exemple dans les Commentayres de Cæsar arrivé en la Gaule**, où je renvoye les curieux. Voilà où le dict Anthoyne faillist aussi grandement sur sa fin et déclin à ce coup là comme il fist sur son commencement à Ravanne. On l'a faict de fort basse race, mais depuis il s'est illustré par ses belles vertus et par ses biens et grands moiens dont les siens ont héritez, en aiant veu aucuns bien grands advancez et mesmes Don Sanche de Lève que j'ai veu en Scicille, général des galères de Scicille. Tant y a pourtant que vous trouverrez par escript dans aucuns livres Hespaignols que par mi les ducs, contes.... (Ms. 6694, f° 43 v°).

* *Donner du bigu*, donner le change, tromper.
** Voyez entre autres, liv. III, ch. 48; liv. V, ch. 37.

butins et amas de grands biens en la guerre sur ses jeunes ans : car vous trouverez dans ce livre que j'ay allegué cy devant[1], *Questiones d' Amor*, et autres livres espagnolz que j'ay leu, que, parmy les ducz, contes, marquis, et autres grands seigneurs qui partirent de Naples, chascun avec son grand et superbe arroy et magniffique équipage, Antoine de Lève tint rang parmy eux et eut son train à part, et aussi beau quasi que les autres.

Pour fin, la guerre luy a si bien valu, et par la faveur de l'empereur son maistre, qu'il est mort très riche, très grand, et en titre de prince d'Ascoly, duc de Terre-neufve, marquis d'Atelle, et primat des isles des Canaries, et laissa des enfans et des filles bien riches et bien colloquées à des grands seigneurs d'Espagne[2].

Dom Sanctie de Lève, son filz, fut un brave et vaillant seigneur. Il fut général du terze de Naples et des gallères de Naples aussi, desquelles charges s'est très bien et dignement acquicté. J'ay veu autresfois son portraict[3] à Milan, qui monstroit bien à son visage

---

1. Voyez plus haut, p. 137, note 2.
2. *Var.* Voylà de beaux tiltres soubz lesquelz il est mort et ensepvely. Je n'en parleray plus, car Paulo Jovyo, Guiciardin et force autres en ont si bien escript avec admiration.(Ms.6694,f°43v°.)

Antoine de Lève laissa, entre autres, deux fils : Sanche, colonel du régiment de Naples dont Brantôme parle plus bas, et Antoine, qui commanda dans la guerre contre les Morisques, en 1570. Une de ses filles avait épousé le beau-fils d'André Doria.

3. *Var.* J'ay veu le pourtraict dudit Anthoyne qui monstroit bien,....) Ms. 6694, f° 43 v°.)

Il s'agit en effet d'Antoine et non de Sanche, comme on aurait pu le croire d'après la rédaction de la phrase.

qu'il estoit vray martial, bizarre[1] et songeard, peinct avecqu'un grand bonnet de vellours penchant fort sur l'oreille, et une plume mise à la bizarre et à la gibeline sur la gauche. Il fut fort blasmé de la mort du duc de Milan[2] par un flambeau, dont j'en parle ailleurs.

J'ay leu dans un livre que l'une de ses plus grandes ambitions fut celle qu'il pût avoir la teste couverte en la chambre de l'empereur, comme les plus grandz d'Espaigne avoient ce privillège, ce qu'il ne peut jamais obtenir, disant souvant à aucuns de ses amis qui luy demandoient quelquesfois en la chambre dudict empereur comment se portoient ses jambes : « Hélas ! « ce ne sont pas les jambes, disoit-il, qui me font mal, « mais la teste ! » desirant fort qu'il eust cet heur et honneur de se tenir couvert, pour estre compagnon des autres, ou bien que les humeurs de la teste tumbassent sur ses jambes, et le rendissent ainsi goutteux ; mais c'estoit à la gloire, à laquelle il aspiroit plus, que de se tenir couvert avec les autres grandz seigneurs et et princes d'Espaigne. Ce qui a faict penser à aucuns que, bien qu'il fust esté un des grandz et vaillans capitaines qu'eust l'empereur et qu'il eust faict les plus belles choses du monde, toutesfois il ne pouvoit obtenir ce privillège, que de se ranger parmy ces grandz de nom, de titre et de race, et qu'ilz ne l'eussent sceu endurer prez eux, pour leur grande extraction. Pourtant, au lieu de ceste teste découverte, il estoit assis, et les autres debout : autant valoit, ou plus, l'un que l'autre.

1. Dans le sens de l'espagnol *bizarro*, brave, galant, noble.
2. François-Marie Sforze, dernier duc de Milan, mort sans enfants en octobre 1535.

Cela s'est veu et se void en nostre France, où les grandz princes du sang tiennent leur rang par dessus tous; et n'y a si grand mérite des autres qui les puisse esgaller à eux, sinon aux guerres, que les connestables et mareschaux de France leur commandent souvant. Mais, aux lieux et sièges où il faut tenir leurs rangs, les princes du sang vont tousjours devant, comm' ilz font de mesmes en Espaigne, qui sont fort là grandz rechercheurs et observateurs de telz ordres, rangs et cérimonies. L'empereur pourtant fit un très grand honneur au marquis de Pescayre, Dieu mercy sa extraction, grande duquel je vays parler.

Le marquis de Pescayre[1].
Ce subject est cause donc que, sans attendre plus, je m'en vays parler dudict marquis de Pescayre, lequel, ainsi que raconte son histoire faicte en espagnol[2], lors qu'il alla trouver l'empereur en Espagne, sur son mescontentement qu'il avoit de Prospero Colomne, et pour s'excuser envers Sa Magesté pour quoy s'estoit retiré à Naples de son armée, sans demeurer comme paradvant en sa charge, dont il s'acquittoit si bien, l'empereur luy fit toutes les bonnes chères et honneurs

---

1. Ferdinand-François d'Avalos, marquis de Pescaire et d'Aquin, grand chambellan du royaume de Naples, l'un des plus célèbres généraux de Charles-Quint, né dans le royaume de Naples en 1489, mort à Milan le 29 novembre 1525. Fait prisonnier à la bataille de Ravenne en 1512 et mis en liberté peu de temps après, il contribua puissamment à la victoire de La Bicoque (1522) et surtout à celle de Pavie. Il était fils d'Alphonse d'Avalos, marquis de Pescaire, tué en 1496, et de Diane de Cardonne.
2. *Historia del fortissimo.... marques de Pescara*, par Valles, 1558 et 1570, 8. C'est de cet ouvrage que Brantôme a tiré la plupart des faits et les passages espagnols qu'il cite dans ses biographies de Pescaire, de Bourbon, etc.

qu'il peut : car il le fit, apprès qu'il luy eut baisé les mains, assoir aussitost tout auprès de luy, et l'entretenir deux grosses heures des affaires de l'Italie et de toutes les guerres, et la teste couverte, dont il le contenta fort.

Anthoine de Lève (comme j'ay dict cy-devant[1]) eust fort desiré cet honneur à luy concédé par son maistre. Ce qui faict penser que les mérites, allans de conserve avecqu'une noble extraction, sont plus fortz, et se font meilleur excorte l'un à l'autre : car, bien que ceux dudict marquis fussent très grandz et beaux, si est-ce que sa noble race luy peut beaucoup valoir en cet endroit ceste faveur que luy fit l'empereur. Et, pour parler de sa race et généalogie, il faut sçavoir que dom Hernand d'Avalos[2] fut extraict (disent les histoires d'Espaigne et de Naples) de la noble et illustre maison d'Avalos, qui est en Espagne vers Tolède, bonne et fort anciène ; laquelle fut mise en grand honneur, avantage et vogue par dom Rodrigo d'Avalos son bisayeul[3] ; lequel pour avoir combattu en champ clos un cavallier portugais, du temps que les Castillans et Portugais se faisoient guerre et tué[4], devant son roy et au beau milieu des deux armées qui en advisarent le combat, dont despuis il fut fort aymé de son roy de Castille, et pour ce le fit son connestable. Et puis, de race en race, se sont accreuz et faictz fort grandz, pour avoir faict de bons services vers le royaume de Naples au grand roy

1. Voyez plus haut, p. 179.
2. Le marquis de Pescaire dont il est question.
3. Roderic d'Avalos, comte de Ribadeo, connétable de Castille, né en 1396, mort en 1428.
4. Le Ms. 3262 porte par erreur *et tout* au lieu de *et tué*.

Alfonce[1] et autres roys par emprès; entr'autres fut Alfonce d'Avalos[2], qu'on nommoit coustumièrement dom Alons, vers Naples, qui gouverna le roy Fernand[3] paisiblement, qui[4] fut cause que ce grand Herculez marquis d'Est[5] quitta son service; car il ne vouloit que l'autre se prévallust sur luy par sa faveur, estant la race d'Est la plus grande et ancienne de toute l'Italie (dict l'histoire de Naples); lequel[6], lors que nos François perdirent le réaume, conquis par le roy Charles VIII[7], tenant le Castel-Novo encor assiégé, pensant avoir gaigné et suborné un More[8] pour luy donner entrée dans la place, ainsi que de nuict il y montoit par un' eschelle, et le More faisant semblant de luy tendre la main, il luy fut lasché un' arbaleste dont le traict luy coupa la gorge tout net, et tomba tout roide mort par terre. Il eut grand tort là, pour un grand capitaine, de s'estre fié à tel homme : car telz de telle nation sont infidelles et dangereux à trahir et donner une venue, quoy qui tarde[9].

Sur quoy je fairay ce petit conte, que ce grand roy

---

1. Alphonse Ier, roi d'Aragon et de Naples, mort le 28 juin 1458.

2. Alphonse d'Avalos, marquis de Pescaire, père de celui dont parle Brantôme, tué en 1496.

3. Ferdinand II, roi de Naples, mort en 1496.

4. *Qui*, ce qui.

5. Hercule d'Este, duc de Ferrare, de Modène et de Reggio, né en 1433, mort en 1505.

6. Alphonse d'Avalos.

7. *Var*. Conquis du petit roy Charles. (Ms. 6694, f° 45 v°.)

8. *Var*. Un esclave more. (*Ibid.*)

9. *Var*. Pour un galant homme, il fist une grand faute de se fier en ce maraud, car en telles gens de ceste nation n'y a nulle

Alfonce avoit en sa court un bouffon qui escrivoit dans ses tablettes toutes les folies que luy et ses courtizans faisoient le jour ou la sepmaine. Par cas, un jour le roy voulut voir ses tablettes, où il se trouva le premier en datte, pour avoir donné dix mil' escus[1] à un More, à luy aller querir des chevaux barbes en Barbarie. Ce qu'ayant veu, le roy luy dit : « Et pourquoy m'as-tu mis là? Et quelle folie ay-je faict en cela? » L'autre lui respondit : « Pour t'estre fié en tel homme, qui n'a foy ny loy : il emportera ton argent, et n'auras ni chevaux ny argent, et ne tournera plus. » A quoy répliqua le roy : « Et s'il retourne, que diras-tu sur cela? » Le bouffon achevant de parler dist alors : « S'il retourne, je t'efaceray de mes tablettes et le mettray en ta place, pour estre un grand fol et un grand fat d'estre tourné, et qu'il n'ayt emporté tes beaux ducatz[2]. »

Pour revenir à nostre marquis, ce dom Alonso, après estre mort ainsi, il laissa un filz fort jeune, le marquis de Pescayre, dont nous parlons, lequel fut en son aage tendron si bien nourry, que despuis il fut ce que l'on l'a veu. Sa première guerre fut en la battaille de Ravanne, où il eust une compagnie de chevaux légers, et où il s'y comporta si bien, et y combattist si vaillamment, que tout jeune qu'il estoit,

---

fiance, comme j'ay veu. Aussy ce grand roy Alfonse de Naples de Naples ayant un boufon en sa court, lequel escrivoit... (Ms. 9694, f° 46 r°.)

1. *Var.* Dix mille ducatz. (*Ibid.*)

2. On raconte un trait analogue au sujet de François Ier et de Charles V, quand celui-ci vint en France.

n'ayant attaint que seize ans, il emporta la gloire pardessus tous ceux qui firent le mieux [1].

Il y fut blessé et pris prisonnier, et mené en
triumphe aux obséques de M. Gaston de Foix; et
puis, par le moyen de Jehan-Jacques Trivulse[2], qui
avoit espousé une de ses tentes, et qui avoit grand
crédit envers le roy Louis XII, sortit de sa prison pour
six mille escus, encor qu'il faschast fort au roy, ne
l'aymant point, ny ceux de la maison d'Avalos, qui
estoient anciens ennemis du nom françois; et, pour
l'amour de luy, avoit faict faire un bandon[3] général
après la battaille, que nul seigneur, gentilhomme,
gendarme, advanturier ou autre François, ne laschast
aucun prisonnier, ny par rançon ou autrement, sans
le commandement exprez du roy. Tant y a que ledict
seigneur Jehan Jacques fit tant envers le roy, que
ledict marquis sortit, en remonstrant à Sa Magesté :
que como nuevo soldado y sin barba, y muy bien casti-
gado de la fortuna, otra vez no tomaria las armas
contra Su Magestad temerariamente : « Que, comme
« nouveau soldat et sans barbe, et très-bien chastié
« de la fortune, un' autre fois il ne prendroit les

---

1. *Var.* Par dessus tous ceux qui y furent, et en l'aage, s'il vous plaist, de seize ans. (Ms. 6694, f° 46 r°.) — Brantôme se trompe sur l'âge de Pescaire qui, étant né en 1489, avait vingt-trois ans en 1512. Il dit lui-même plus loin, et avec raison, qu'il mourut à trente-six ans, en 1525.

2. Jean-Jacques Trivulce, marquis de Viglevano, maréchal de France, auquel Brantôme a consacré un article particulier, avait épousé Béatrix d'Avalos, sœur du père du marquis de Pescaire.

3. *Bandon*, de l'italien *bando*, cri public, défense. — Voyez P. Jove, *La vita del marchese di Pescara*. Venise, 1561, in-4°, liv. I, p. 174.

« armes témérairement contre Sa Majesté. » Mais estant sorty, il retourna au service de son roy, et fit pis que jamais contre nous et nos partisans, s'y monstrant du tout outré d'affection, et ayda fort à gaigner, ou pour mieux dire, lui seul en fut la cause du gaing de la bataille d'auprès de Vincence contre les Vénitiens et Barthélemy d'Aviane [1], leur brave général; bataille certes très heureusement gaignée, aussi très vaillamment entreprise, dont j'en parle ailleurs, comme de la prise de Gênes [2].

Il donna aussi de terribles venues et empeschemens et secousses à M. de l'Autrec vers l'estat de Milan, et en la journée de la Bicoque [3], qui en fut cause de la perte, fors quelques villes qui firent contenance de tenir. Ce qui fut cause d'envoyer encor delà les montz nouveau secours soubz M. l'admiral Bonnivet [4], dont ne s'ensuivit rien avec la retraicte de Rebeq [5] et la

1. La bataille de la Morta, à trois milles de Vicence, perdue par les Vénitiens, le 7 octobre 1513. — Brantôme a consacré un article à Barthélemi d'Alviane.

2. *Var.* Entreprise et livrée par ledict marquis et ses Hespaignolz, lesquelz il gouvernoit comme il vouloit, et desquelz enfin fut leur couronnel général. Il prist la ville de Gênes par assaut et merveilleuse fortune; de laquelle despouille il enrichist tous les soldatz qui ne se pouvoient garder de l'aymer et tous le suyvre à l'envy les uns des autres, car il leur livroit de bonnes proies en main. Il donna de terribles.... (Ms. 6694, f° 46 r°). — Voy. p. 160, note 1.

3. Lautrec, forcé de livrer bataille par l'indiscipline des Suisses de son armée, fut battu par les Espagnols à La Bicoque, à une lieue de Milan, le 29 avril 1522.

4. Charles Gouffier de Bonnivet, à qui Brantôme a consacré un article. Il fut envoyé au delà des Alpes, en 1523, avec une brillante armée qui, au mois de mai 1524, évacua l'Italie.

5. Au mois de février 1524, Bayard se laissa surprendre à

mort de M. de Bayard et de Vandenesse; si qu'il falut dire le grand à Dieu à l'estat de Milan jusques au voyage que fit le roy François, et le siége de Pavie et la battaille, le gaing de laquelle et de tout ce que j'ay dict cy dessus a esté totalement attribué à ce grand marquis. Car ce fut luy qui anima et encouragea bravement ses soldats, et mesmes les Espagnolz, à ce jour bien faire, qui le premier rompit la muraille du parc[1] qui plaça l'armée, qui conseilla et qui premier chargea[2] : j'en parle en d'autres endroictz. Aussi le roy François le luy sceut bien dire et luy attribuer toute la gloire de ceste battaille, lorsqu'il luy alla faire la révérence et le visiter en sa prison et affliction, allant vers luy, comme dict le conte espagnol[3] : *D'aqui a*

Rebecco par Jean de Médicis. — Le 30 avril suivant, il fut blessé mortellement à Romagnano, ainsi que Vandenesse, frère de la Palisse. Brantôme a consacré un article à chacun d'eux.

1. La gauche de l'armée française qui assiégeait Pavie était appuyée aux murailles d'un parc qui entourait la maison de chasse des ducs de Milan, à Mirebel. Le marquis de Pescaire fit abattre, à une grande distance du camp français, une partie de ce mur pour traverser le parc.

2. *Var*. Car ce fut luy seul, apprez la retraitte de Marseille et la venue du Roy delà les monts, qui fit prendre cœur à tous ses compaignons grands chefz estonnez et anima les cappitaynes et soldatz à combatre. Ce fut luy qui fit rompre la muraille du parc, qui plaça l'armée, qui premier chargea, qui conseilla, qui combatist; bref, qui fit tout. Aussi le roy François le sceut bien dire après et mesmes à luy lors qu'il fut retiré à Pisqueton; duquel j'ay leu ung gentil traict, qu'il ne vouleust se présenter jamais au roy, ni luy faire la révérance à mode de plusieurs, sur la chaude-colle*.

3. Voyez Valles, édit. de 1570, p. 176.

* Sur la *chaude-colle* (que l'on écrivait aussi *chaude-cholle*), sur le moment même de la passion, de l'emportement.

vocos dias, no estando bien curado de la herida del rostro, vinio a visitar el rey, no vestido de terciopelo ny oro como los otros, que despues de aquella batalla, a modo de pompa, se avian ornado y decorado de los despojos de los Franceses, sino con un sayo de paño negro, por singular modestia de ánimo, que mostrava hábito, no de vencedor, sino de vencido, y por mostrar tambien, con dolor no fingido, que tenia compassion de la desventura del estado y condition real. « De là un peu, n'estant encor bien guéry de sa plaie du visage, il vint à visiter le roy, non vestu de velours ny d'or, comme les autres, lesquelz, despuis la battaille gaignée, à mode de pompe et de bravade, s'estoient accommodez et armez de la despouille des François, sinon avecqu'un saye et habillement de drap noir, par une singulière modestie de courage, qui monstroit l'habit, non de vainqueur mais de vaincu, et pour monstrer aussi, par une douleur non fainte, qu'il tenoit compassion de la fortune, de la condition et de l'estat royal. »

Voylà un beau traict[1]. Le roy le receut, et luy fit tous les honneurs et bonnes chères qu'il peut, l'em-

---

de la victoyre, pour ne vouloir donner à entendre au roy qu'il le vouleust braver en sa victoyre ou luy monstrer son alégresse en soy ni pour le fascher ni importuner en son deuil; comme certes il y en ha plusieurs qui, en telz cas pareilz, sont insolens par trop et bravent leur vaincuz; mais ledict marquis, amprez qu'un chascun heust faict sa visite, vint trouver le roy, comme dict le conte ainsin : *Daqui....* (Ms. 6694, f° 46 v°).

1. *Var.* Voilà de beaux motz, mais encor est-il plus beau le traict. Aussi dit-on que le roy luy en sceut ung très bon gré et le recueillist fort honnorablement et l'embrassa fort. Et puis s'estant mis au devis, le roy se plaignist fort.... (Ms. 6694, f° 47 r°).

brassa plusieurs fois, ainsi que ce brave, courtois et tout gentil prince sçavoit faire et recueillir les personnes mieux qu'homme du monde; et le fit assoir près de luy, qu'il entretint long-temps par grande familiarité; se plaignant fort de son désastre, et qu'il ne scavoit ce que l'empereur fairoit de luy; et que s'il se perdoit en sa victoire à luy user de quelque mauvais traictement, il avoit tant de fiance en Dieu, qu'il l'en vangeroit et l'en fairoit repentir[1]. A quoy M. le marquis respondit le plus honnestement qu'il peut, en luy donnant toutes les bonnes espérances d'un très doux traictement de Sa Magesté Impériale, la faisant si douce et si traictable qu'il n'en falloit espérer que toute bonté; et quand elle voudroit faire autrement, il luy en sçauroit bien que dire, et à bon escient. Ces parolles pleurent tant au roy qu'il l'en remercia plusieurs fois, et l'en ayma tousjours[2]. Puis, s'estant mis sur d'autres discours, tant de ceste bataille que d'autres choses, ledict marquis luy dist, venant sur ses ambitions et dessaings qu'il avoit eu tant sur l'Italie, pour l'en avertir, que l'Italie certes estoit un fort bon, aisé et plaisant païs pour le conques-

---

1. *Var.* Que possible Dieu ou la fortune l'en pourroit fayre repentir. (Ms. 6694, f° 47 r°.)

2. *Var.* Et despuis l'en aima tousjours. Or, parmi toutes les belles qualitez, valeurs et vertus de ce grand capitaine, il fut fort blasmé et marqué d'avoir entendu en une ligue générale du pape, des potentatz d'Ytalie et autres princes chrestiens contre l'empereur, et ce durant la prison du roy François, et advint que le pape aveq' tous les princes chrestiens, apprez ceste heureuse victoyre sur nostre roy, prévoiant qu'elle tumberoit sur la ruine d'Italie, advisa de le prévenir et faire une ligue généralle et offensive et deffensive contre ceste grande et Cézarée Majesté. Et d'autant.... (Ms. 6694, f° 47 r°).

ter et y demeurer, mais mal aisé et dangereux à le conserver et garder, et s'y sauver.

Ces motz me font souvenir de ceux que dict Pantagruel, dans nostre maistre Rabelais, de la bonne ville de Paris, que c'estoit une fort bonne ville pour vivre, mais non pas pour y mourir[1]. Je le croy.

Pour venir à un autre discours de ce grand capitaine, on le blasma d'avoir entendu aucunement à une ligue secrette faicte entre le pape, potentatz d'Italie et autres princes chrestiens, contre l'empereur, et ce durant la prison du roy François[2]. Car, craignans et prévoyans que ceste grand victoire et bonne fortune de l'empereur tumbast sur l'Italie, s'advisarent tous de le prévenir et faire une ligue généralle contre luy, offensive et deffensive. Et d'autant que ce marquis s'estoit acquis, par ses beaux faictz et réputation, une très grande créance parmy les gens de guerre, et aussi qu'il estoit très mal content du transport que Charles de Lonoy[3] avoit faict du roy sans son sceu et à la desrobade, Sa Saincteté s'advisa de le faire chef et conducteur de

1. Voyez *Pantagruel*, livre II, ch. vii.
2. Au milieu de l'année 1525 une ligue se forma entre le Pape, la France, Venise et François Sforza, duc de Milan, pour arracher l'Italie à Charles-Quint. Jérôme Morone, secrétaire ou chancelier du duc, parvint à entraîner dans leurs projets le marquis de Pescaire, auquel on offrit la couronne de Naples. Mais les alliés se trahirent mutuellement. Le pape, d'abord, puis la régente Louise de Savoie, prévinrent l'empereur. Pescaire l'avertit à son tour, et, pour se laver de tout soupçon de complicité, fit arrêter Morone, que plus tard le connétable de Bourbon força de se racheter au prix de vingt mille ducats et qui devint ensuite duc de Baviano. Voy. Guichardin, liv. XVI. Le *Journal d'un bourgeois de Paris sous François Ier* prétend à tort que Morone fut décapité à Milan.
3. Charles de Lannoy, dont on lira l'article plus loin.

ceste ligue; et, pour luy en tenir les premiers propos, s'aida du seigneur Hieronimo Mouron, un très habile et trinqat[1] homme pour conduire ce faict et en porter la parolle, et puis après, par un secrétaire du pape, qui le vint trouver de sa part, en luy proposant plusieurs beaux et grand partys et advantages, dont le principal estoit qu'il l'investiroit du réaume de Naples; ce qui sonna fort doucement à ses aureilles. Comme de vray, le son d'un gain et investiture d'un réaume est fort doux à entendre, comme j'en alléguerois bien des exemples là dessus : mais il y a bien des espines à y passer et parvenir, si l'on n'y prend bien garde. Il fit pourtant quelque dificulté : qu'il n'estoit en la puissance du pape, ny de droict, faire telle investiture, puisque sa Cæsarée Majesté[2] en estoit desjà investie. Mais Sa Saincteté le renvoya bien loing sur ce poinct, et luy fit prouver par de grandz docteurs apostez ou autrement que par droict divin et humain il l'en pouvoit investir aisément sans aucun scrupulle, n'oubliant sur tout, pour la meilleure pièce de l'harnois, le concordat qui jadis fut faict[3] contre les empereurs sur ce subject, qu'aucun empereur jamais ne seroit roy des deux Scicilles. Ce concordat estoit trop vieux et desjà mangé des ratz, pour servir de quelque chose et en combattre

---

1. *Trinquat*, fin, artificieux, fourbe.
2. *Var*. Sa Sacrée Majesté en estoit desjà investi. (Ms. 6694, f° 47 r°).
3. *Var*. Que désormais empereur aucun ne pourroit estre roy de Naples, voire jusques là à luy persuader que bonnement ni scelon sa concience, il ne pouvoit refuser ces offres, puisqu'ainsi et tel estoit le bon plaisir de Sa Saincteté, contre lequel on ne doit impugner, ni aller à l'ancontre. Le marquis.... (Ms. 6694, f° 47 v°).

cet empereur, qui ne fondoit point ses ambitions de sa puissance et de sa bonne fortune, sur des titres, papiers et concordatz, mais sur son espée. De plus, le pape luy fit remonstrer que, désobéissant en cela à Sa Saincteté, il y alloit de sa conscience et de son âme, contre laquelle, quand elle veut quelque chose et la commande, et qu'on ne la face, il y va de l'ire de Dieu.

M. le marquis ayant entendu ce Mouron, bon rompu, et ce secrétaire du pape, qui s'appelloit Mentébonna (quel nom, et quelle bonne pensée et bonn' âme!), il y songea. En quoy je réciteray les mesmes parolles en espagnol parce qu'elles sont belles et agréables à lire et l'escrire : *Estando parado sin moverse, como hombre que deliberando ça y alla, movia su animo suspenso y dudoso por la noveldad y grandezza de la cosa, sabiendo que los loores de todas las virtudes se afean y ensuzian mucho con solo el crimen de traycion, y que el vulgono admite despues ninguna excusation aunque paresca venir de cosas honestissimas y de justo dolor, porque naturalmente el nombre de perfidia y traycion es odiosa y reprehendida abominablamente de todas las personas, ny jamas uvo capitan al mondo de generoso animo que con maldad y traycion procurasse alcançar lo que la virtud puede dar por la grandisima esperança de obtener facilmente un regno, por loqual algunos muchas vezes creen que, salva la honra, se puede romper y traspassar los derechos divinos y humanos; y el gran desseo que tenia de vengarse de las injurias contra los ingratos picavan reziamente su animo nascido para todas arduas impresas.* « Il demeura tout ferme sans se mouvoir, comm'un homme lequel, délibérant qui ça qui là, mouvoit son esprit suspend et doubteux par la nouveauté et grandeur de l'affaire, sçachant bien que les louanges de tant de vertuz qu'il y a se sallaudissent et s'enlaidissent fort avec le seul crime de trayson, et que le vulgaire n'admet après aucune excuse, encores qu'elle paroisse provenir de subjectz et choses très-honnestes et de juste douleur, parce que naturellement le nom de perfidie et trahison est odieux et repris pour très abhominable de toutes personnes. Et n'y eust jamais capitaine au monde de cœur généreux, lequel par meschanceté et trahison, maschinast de parvenir là où la vertu peut mener, pour la grand'espérance d'obtenir facilement un réaume, pour lequel plusieurs bien souvant croyent que, l'honneur sauve, se peuvent rompre et transgresser tous droictz divins et humains; et le grand desir aussi de se vanger de toutes les injures encontre les ingratz picquoient et animoient rudement un esprit nay et disposé pour toutes entreprises ardues et difficilles[1]. » Voylà des motz qui représentent bien un esprit agité, comme d'une furie, de divers pensemens et irrésolutions, pareilles à celle de ce brave Cæsar quand il voulut passer le Rubicon[2].

Or, pour en parler franchement[3], il ny a rien si vray, comme je tiens de plusieurs Italiens, Espagnolz

---

1. Voyez Valles, ouvrage cité, p. 194.
2. Voyez Lucain, livre II, vers 182 et suivants.
3. *Var.* Or, il n'i a rien si vray, quelques excuses que l'on luy puisse donner, qu'il avoit grand envie de fayre ce coup. Mais la repentance luy vint soudain, fût pour la charge de conscience (mais point pour cela), fût qu'il heut quelque vent que Mme la régente, Loyse de Savoye, comme femme craintive à la mode de

et François, que ce grand capitaine se résolut à la fin de mordre à la pomme de ceste ligue, et en monstrer de bons effectz ; mais il fut descouvert (dict-on) par Anthoine de Lève, qui estoit tousjours près de luy, et autres, et sur tout qu'il sentit un vent que madame la régente, Louyse de Savoie, que l'histoire la cotte nom- mément et qui estoit bien advant en ceste ligue in- scripte, vouloit tout descouvrir ; voire le fit pour gratif- fier l'empereur et le mener à un bon traictement pour son filz, et à une bonne paix : car, pour venir là, elle se fust donnée à tous les diables, par manière de dire. Tout cela esmeut ledict marquis de s'en retirer de bonn'- heure et le tout descouvrir ; et aussi qu'il tenoit le duc de Milan assiégé dans le chasteau, et pensoit, après l'avoir pris, s'en prévalloir comme chose plus certaine que l'autre dessain de la ligue. Parquoi il advisa de prévenir le tout et d'en advertir l'empereur[1], sans se faindre de rien, jusques à luy révéler franchement qu'il y avoit fort bien presté l'oreille à poste, pour en tirer les vers du nez et en tirer les secretz des uns et des autres.

Et, pour apparance de l'effect, il envoya querir Mouron, principal autheur de l'ambassade, le fit con- stituer prisonnier et le donna en garde à Anthoine de

plusieurs autres, et que sachant le mauvais traittement que recep- voit son filz, se fut donnée au diable (pour manière de dire) pour le garentir, ne révellast le tout, et aussi qu'il tenoit le duc.... (Ms. 6694, f° 48 r°.)

1. *Var.* Comme il fist, et de descouvrir tout le pot aux roses et surtout n'oublia luy dire qu'il avoit presté l'oreille à poste pour en sçavoir les secretz et menées et amprez en fayre la descouverte à Sa Majesté ; et pour apparence mieux de l'effect, estant au siège de Milan, il envoia querir Moron.... (Ms. 6694, f° 48 r°.)

Lève, qui le mit en si bon lieu[1] qu'onques il ne sortit ny ne parut jusqu'à ce que M. de Bourbon vint, au bout de quelque temps, général de l'empereur en Italie, qui le délivra pour s'en servir; car c'estoit un très-habil'homme d'estat et d'affaires. Touchant au secrétaire, le bon Mentebona, tirant vers le chemin des Grisons, fut poursuivy ou rencontré courant la poste, tué et desvalisé de toutes ses despesches.

Pour telle descouverte tous les princes d'Italie voulurent mal mortel audict marquis, et le picquarent de force injures, les impérialistes le louant au contraire; d'autant que le duc de Milan, assiégé dans le chasteau et mallade d'une fiebvre pestilentielle, venant à mourir, et le chasteau pris, il pouvoit faire ses affaires mieux, et plus honnorablement estre gouverneur général de l'estat, *que ser visto entre los Espagnoles y Tudescos, rey en Napoles, con sospecha de fe incerta, la qual escuriesse la honra de todas sus virtudes exelentissimas*[2]: « Qu'estre veu parmy les Espagnolz et Tudesques, roy de Naples, avec un soubçon de foy incertaine, laquelle obscurciroit l'honneur de tant de vertus exellentes qu'il avoit. » D'avantage, il jugea et discourut en soy que mal aysément les Napolitains, qui sont de tous temps fort inconstans et subgectz à changer, le souffriroient roy et luy obéiroient comm'à roy, l'ayant veu comme quasy leur compagnon et citadin de leur ville et païs comm'un autre.

Ah! que j'en ay veu plusieurs au commencement de la ligue dernière, qui ont joué de pareil jeu que ce

---

1. *Var.* Qui le sarra si bien. (Ms. 6694, f° 48 v°.)
2. Voyez Vallès, f. 205 v°.

marquis : laquelle du commencement ilz entendirent très voulontiers, mais après ilz la quictarent, fust ou de craincte ou par faute d'argent qu'on ne leur livroit, ou pour en descouvrir le pot aux roses, ou que le nez leur seigna, ou pour autres raisons que je ne diray pas, pour ne faire toucher au doigt les personnes qui jouoient ce jeu là. Et c'est pourquoy il faict bon aller son grand chemin, et non tergiverser deçà et delà[1]; car enfin on n'en raporte que de la honte et du dommage, encor que l'Italien die : *E bisogna provar ogni cosa, per non parer tropo coyon*[2], mot certes qui ne vaut pas guières, ny en théorique, ny en pratique[3].

Rien ne gasta la renommée de ce grand marquis que ce traict; voyre, possible, luy advança-il ses jours, comm' aucuns tiennent qu'il fut empoisonné; mais la

1. *Var.* Ah ! que j'en ay cogneu et cognois plusieurs qui ont joué de pareilz traitz que le marquis a faict en cecy, et mesmes en ces dernières guerres de la Ligue, entre autres deux; lesquelz du commencement y furent appellez aux pourparlers de la conjuration, entendirent tout, prestarent l'aureille, s'y laissarent aller, tendirent la main à l'argent; mais n'estans pas prestz ny coutants et qu'on ne vouloit donner que quelques bagues ou joiaux pour advence, et aussi que le nez leur saigna, descouvrirent tout au roy, et plus qu'il n'y en avoit, possible, faisants des bons valetz. Mais le roy ne leur en sceut pas meilleur gré, non plus que l'empereur au marquis, sachant bien qu'il n'avoit teneu qu'à faute de deniers et ung peu de courage, si bien que, s'il eust vescu, possible leur heut-il rendu, ung jour, chaud et couvert. Voilà pourquoy il faict bon suivre le grand chemin et non errer deçà et delà. (Ms. 6694, f° 48 v°.)

2. Il faut éprouver toute chose pour ne pas paraître trop sot.

3. *Var.* Qui est pourtant tres fidel à son prince est tousjours à estimer et rien n'ha gasté la renommée.... (Ms. 6694, f° 48 v°.)

plus saine et vraye voix est qu'il mourut hydropique.
Il se peut faire; car j'ay ouy dire à de grandz médecins que le poison engendre l'hydropisie, et fort soudaine, aussy bien que d'autres exez. Les braves Espagnolz de ces temps disoient, par une gentile rodomontade : *Que non morio d'alguna enfermedad, mas en medio de la flor de su edad, com' ya viejo y cansado de la multitud y peso de las victorias, con la opinion de los hombres, que, si la fortuna le hubiera concedido entero spacio de vida, sin duda ninguna ygalava con los antigos capitanes de los que fueron grandissimos*[1]. « Qu'il ne mourut d'aucune maladie, mais qu'au milieu de la fleur de son aage, comme desjà vieux, las et cassé de la quantité et poix de victoires, avec telle opinion des hommes, que, si la fortune luy eust concédé l'entier espace de la vie, sans doubte il alloit au pair de tous les anciens capitaines qui ont esté très exellens. »

Il mourut en l'aage de trente-six ans; dont par là il faut advouer, sur nostre premier propos de l'empereur[2], que ce ne fut pas l'aage qui le rendit ainsi grand capitaine, mais les continuelz exercices de la guerre qu'il fit. Et possible, s'il eut vescu plus long temps, n'eust-il acquis ce titre de si grand capitaine. Il n'eust fallu qu'un petit acident, ou faute, qui l'eust desgradé de ce nom, ainsi qu'il est arrivé à plusieurs grandz capitaines, tant vieux que modernes.

Advant que mourir, estant en son bon sens, il ne recommanda au marquis del Gouast[3], son cousin,

1. Voyez Vallès, f. 204 r°.
2. Voyez plus haut, p. 13.
3. Voyez son article à la suite de celui de Pescaire.

sembler et se joindre ensemble après avoir faict leurs divers cours à part, qui çà l'une, qui çà l'autre, et puis ne font qu'une seule grosse rivière; ainsi que ces amours assemblées ne viennent enfin qu'à la bonne paillardise.]

L'autre chose que ledict marquis recommanda après sa femme fut les soldatz espagnolz, qu'il les chérist et traictast bien, comme luy l'avoit faict; car ilz luy feroient acquerir beaucoup de bien et de réputation, d'autant que c'estoient gens braves et vaillants, et très propres pour faire guerre[1]. Ce marquis mourut donc à Milan, le 30ᵉ de novembre 1525, où ses obsèques furent faictes fort magniffiques et très sollempnelles; et peu après, son corps fut porté à Naples, accompagné d'une fort belle compagnie, partout où il passoit, en luy faisant ung très grand honneur. Les capitaines, alfiers[2] et force soldatz s'habillèrent de deuil, et de diverses couleurs qu'estoient les enseignes ilz les firent toutes noires. Belle mémoire qu'ilz avoient de luy, certes!

1. *Var.* Il ne recommanda que deux choses au marquis del Gouast, son cousin: sa femme, Victoria Collumna, et les soldatz hespaignolz qu'il aymoit et chérissoit par dessus toutes gens. Aussi luy rendoient-ils la pareille, encor' qu'il les chastiat bien quelquesfois et les punist, et mesmes quand ils faisoient des amutinez; et quand on luy remonstroit qu'il y estoit trop sévère, et que l'empereur auroit ung jour affayre de ceux qu'il faisoit mourir, il respondit: *Que no queria quel nombre imperial fuesse subjecto a ninguna consideration ni peligro.* (Voyez Vallès, f. 86 v°.) « Qu'il ne vouloit pas que le nom impérial fust subject à aucune considération ni péril. » Belle parolle certes! car là où il va de la justice, il n'i a que regarder; et quand ung prince y a de telz respects, au lieu d'estre bien servi de ses gens, il y est le plus souvent le plus mal. (Ms. 6694, fº 48 v°.)

2. Porte-enseigne, de l'espagnol *alferez*.

que deux choses : l'une, sa femme Victoria Colomna[1], qu'il aymoit uniquement, bien qu'il l'espousast qu'elle n'avoit que trois ans, et luy aussy fort jouvanet ; mais elle se rendit avec luy si belle et honneste dame, qu'elle fut de son temps estimée une perle en toutes vertus et beautez. J'en parle ailleurs.

Il fit et composa durant sa prison, qu'il eust après la battaille de Ravanne, un livre d'amours (dict l'histoire de sa vie) qu'il desdia et adressa à la dicte Victoria, sa femme[2]. Je voudrois fort l'avoir veu, pour sçavoir de quelles matières, mixtions et sauces il estoit composé, selon le subject, pour en faire mieux revenir l'apetit à elle ou à luy, selon les instructions du dieu d'amours, duquel il escrivoit, et de madame Vénus sa mère. Et tel livre, s'il me semble, ne se devoit pas addresser à sa femme, très sage et vertueuse dame : la dédication en fust estée plus propre à quelque courtizanne. Il en faudroit voir le livre pour bien en juger, selon l'opinion de Platon, qui faict deux sortes d'amour, l'une celleste et honneste, l'autre mondaine et paillarde ; [mais toutes deux, quand tout est dict, elles s'assemblent à la fin ensemble comme l'on void deux grandes rivières s'as-

1. Vittoria Colonna, fille de Fabricio Colonna, duc de Palliano et grand connétable du royaume de Naples. Elle n'avait que trois ans, comme le dit Brantôme, quand elle fut fiancée au marquis de Pescaire. Elle mourut au monastère de Sainte-Marie, à Milan, en 1541.

2. In pochi giorni scrisse, dit P. Jove, un piacevolissimo Dialogo d'Amore, alla signora Vittoria sua moglie, il qual libretto si ritrova ancora oggi pieno di grave et esquisite argutie, et sentenze con maraviglia di quell ingegno (La Vita del marchese di Pescara, p. 174). Vallès a traduit textuellement ce passage, f. 14.

Victoria Collumna, sa femme, le pensant voir et secourir en sa malladie, et s'advançant le plus qu'elle pouvoit, sceut les nouvelles de sa mort à Viterbe, où elle rencontra le corps, qu'elle laissa aller devant pour faire sa quarantaine[1], qui en fit de grandz deuilz, car ilz s'entr'aymoient fort, comme j'en parle ailleurs. Il fut donc mené à Naples, et là enterré en l'église de San Domingo, devant le grand autel, dans un superbe cercueil que j'ay veu la première fois que je fus à Naples. Il fit son héritier le marquis del Gouast son cousin, encor qu'il ne luy laissast beaucoup de biens, car il mourut fort endebté, combien qu'on le tint fort riche, pour avoir faict de grandz butins aux guerres, prises de villes et chasteaux qu'il avoit gaignez : *De modo*, disoient les Espaignolz[2], *que de tantas victorias, ninguna otra cosa le quedo sino la gloria y loor; porque solia decir que ninguno que tenia intention de sacar ganancia de la guerra alcanço jamas el nombre de gran capitan.* « Que, de tant de victoires, oncques aucune chose ne luy resta que la gloire et louange, parce qu'il souloit dire que nul qui ha intention de tirer proffit de la guerre n'obtient jamais le nom de grand capitaine, » et qu'il falloit laisser aux pauvres compagnons, capitaines et soldatz, le proffit, et à soy réserver la gloire et l'honneur.

Il fut faict de luy un épitaphe en latin[3], qui se

1. C'est-à-dire les services qui se célébraient pour un mort pendant les quarante jours qui suivaient le décès.
2. Voyez Vallès, f. 207 r°.
3. *Var*. Ung épitaffe que vous verrez dans Belleforest, qu'aucuns goustent, d'autres non. Il se commence : *Quis jacet in*, et faict ung allusion à son nom de *Pescara*. Mais j'ay veu de sça-

trouve dans les livres espagnolz, lequel Belleforest met en sa chronique. Mais j'ay veu force grandz poètes qui ne le trouvarent si beau ny si digne de luy qu'on diroit bien, faisant alluzion de Pescara à *pescadour*[1], non de poissons, mais d'hommes et villes. Je m'en remets à ceux qui le liront.

A tant, c'est assez parlé de luy pour ce coup; car en force endroictz de ce livre j'en parle, et ne seroient que redictes.

Le marquis del Gouast[2]. Le marquis del Gouast, son cousin, prit sa place après sa mort; car, encor qu'il eust acquis beaucoup

vans poètes s'en mocquer qui l'eussent bien mieux faict. J'espère en plusieurs autres endroictz parler de luy, car il en ha donné plusieurs belles matières. Si diray-je ce mot de peur de l'oublier, que les Hespaignolz tiennent que, quand il alloit en Hespaigne trouver l'empereur, apprez tant de beaux combatz faictz, car il ne le vist pas jamais en Italie, il le faisoit toujours asseoir auprez de luy, tant il l'admiroit en ses vertus et valleurs; telle faveur de son empereur et seigneur à son vassal estoit grande et beaucoup remarquable. Le marquis del Gouast.... (Ms. 6694, f° 49 r°.)

1. *Pescadour*, pêcheur. — Voici cette épitaphe, qui est d'Arioste et figure dans ses œuvres (1741, in-12, t. IV, p. 885) :

> Quis jacet hoc gelido sub marmore? Maximus ille
>   Piscator, belli gloria, pacis honos.
> Nunquid et hic pisces cepit? Non. Ergo quid? Urbes,
>   Magnanimos reges, oppida, regna, duces.
> Dic quibus hæc cepit piscator retibus? Alto
>   Consilio, intrepido corde, alacrique manu.
> Qui tantum rapuere ducem? Duo numina : Mars, Mors.
>   Ut raperent quidnam compulit? Invidia.
> Cui nocuere? Sibi; vivit nam fama superstes,
>   Quæ Martem et mortem vincit et invidiam.

2. Alfonse d'Avalos, marquis del Vasto, puis de Pescara, chevalier de la Toison d'or, lieutenant général des armées de Charles V en Italie, né le 25 mai 1502, mort le 31 mars 1546. Il était fils d'Inigo II d'Avalos, oncle du marquis de Pescaire.

d'honneur et faict de bons combatz, ce avoit esté avec son cousin le marquis de Pescayre, duquel on le disoit avoir esté faict de sa main, et estre son disciple et sa créature de guerre, comme cela se void en plusieurs lieux, et aussi que le marquis de Pescayre estoit un peu plus aagé que luy. Et, d'autant que le marquis del Gouast le survesquit et dura plus longuement au monde, il le surpassa, non en valeur ny en combatz, mais en bien plus grandes charges, car il eut cet honneur, au voyage de Thunes[1], que l'empereur le fit par dessus tous pour son lieutenant général, et se soubzmettre à son obéissance et discipline militaire. Dont, ainsi que dict Paulo Jovio et autres histoires, et vieux soldatz disoient aussi y estans, le jour que l'armée marchoit en battaille, tirant de la Golette vers Thunes, et qu'à toute heure on pensoit combattre et donner battaille, ledict marquis, ayant esté honnoré d'une si belle charge, dist à l'empereur qu'il voyoit à la teste de l'armée comm' un simple soldat, à l'hasard des harquebuzades et des zagayes des Mores, qui agassoient à tout' heure l'armée, et pour ce Sa Magesté couroit grand fortune, il luy dist : « Puis donc, Sacrée Magesté, qu'il vous a pleu m'honnorer d'une telle dignité, j'use maintenant de mon droict, et vous encharge de vous retirer d'icy en la battaille du milieu, là où sont les enseignes, de peur que, par cas fortuit, un coup de canon tombant sur vous, ou quelqu'harquebuzade, l'universelle sauvetté de la fortune publicque ne tumbe en danger irrépa-

1. En 1535, lors de l'expédition de Charles-Quint contre Tunis.

rable au moyen de la perte d'un seul homme. » Voylà les mêmes parolles de Paulo Jovio[1]. L'empereur, pour observer un ordre et discipline militaire, ne faillit d'y obéir. Grande chose, que celuy qui commandoit quasi à la moytié de l'Europe souffrist à ce coup la discipline ! Pareil honneur donna le roy Charles d'Anjou à ce gentilhomme nommé Alaut[2], de commander à la bataille qu'il donna contre Corradin, et la gaigna par son advis et conduicte. Voyez l'Histoire de Naples.

L'empereur aussi donna ce coup à croyre au monde combien il estimoit ce capitaine grand et suffisant pour ceste charge, et pour d'autres qu'il luy donna par emprès, l'ayant faict son lieutenant général en Italie et son estat de Milan, qu'il deffendit très bien, voire conquista sur nous au Piedmont, et nous donna bien de la peine. Un aussi beau traict qu'il fit, dont on le loue fort, quand il leva[3] le siége de Nyce sur M. d'Anguyen et Barberousse : car, comme j'ay ouy dire à aucuns vieux, résolument, sans ce

1. Voyez Paul Jove, livre XXXIV. — Brantôme a copié ici presque textuellement la traduction française de Denis Sauvage, 1581, t. II, p. 311.

2. Alard de Saint-Valery commanda l'armée de Charles d'Anjou à la bataille de Tagliacozzo, gagnée sur Conradin, le 23 août 1268.

3. *Quand il leva le siége*, c'est-à-dire, quand il fit lever le siége. — Les Turcs que commandait le célèbre roi d'Alger, Barberousse, et les Français sous la conduite de François de Bourbon-Vendôme, comte d'Enghien, assiégèrent, au mois d'août 1543, Nice, qui se rendit le 22 de ce mois. Le château résista, et l'approche du marquis del Vasto en fit lever le siége le 8 septembre.

Brantôme a consacré des articles à Barberousse et au comte d'Enghien.

secours, la place estoit prise; et prise, ce bon corsaire avoit résolu de la garder pour luy, et pour son principal butin, et ne l'eust pas jamais rendue, pour luy estre fort commode et proche d'Alger; ce qui fust esté une grand' incommodité et dommage pour toute la chrestienté. Enfin, il fit de belles choses en sa vie : les histoires toutes [1] de ce temps en parlent assez sans que j'en vienne là en plus parler.

Le malheur luy escheut de la battaille de Cerizolles [2], qui luy noircyst un peu sa blanche réputation, possible par punition divine, car, deux jours advant que partir de Milan pour l'aller livrer, il brava fort et menaça de tout battre, vaincre et renverser. Dont en ayant faict un festin aux dames de la ville (car il estoit fort damaret, s'habillant tousjours fort bien et se parfumant fort, tant en paix qu'en guerre, jusques aux selles de ses chevaux), il brava fort en ce festin, jusques à promettre ausdictes dames qu'il leur amèneroit ce jeune prince prisonnier [3], et leur en fairoit un présent. Mais les dames, toutes courtoises, gentiles et honnestes qu'elles estoient, le priarent de luy faire tout bon et honneste traictement, tel qui [4] le méritoit, pour en

1. C'est-à-dire : toutes les histoires.
2. En Piémont, à 2 lieues de Carmagnole. Bataille gagnée sur le marquis del Guasto par le comte d'Enghien, le 14 avril 1544.
3. *Var.* Qu'il leur mèneroit M. d'Anghien en jeune homme, pour lequel les dames le suplierent bien fort à faire ung doux et amiable traittement à ce jeune et brave prince qui ne faysoit que venyr, en aïant ouï dire tant de bien et de vertus; ce qu'il leur promist et le mèneroit prisonnier aveq' toute douceur et modestie, et luy donneroit la vie. Mais il avoit faict faire pourtant deux charretées de manoples.... (Ms. 6694, f° 50 r°.)
4. *Qui*, qu'il.

avoir ouy dire beaucoup de bien, ce qu'il leur promit.
On dict qu'il avoit faict faire deux charrettes toutes
pleines de manottes, qui se trouvarent par emprez,
pour enchaîner et faire esclaves tous les pauvres François qui seroient pris, et aussi tost les envoyer aux
galères. Il arriva le contraire à son penser et dire, car
il perdit la battaille; et, au lieu de maltraicter les
prisonniers ennemis, les nostres leur firent très honneste et bonne guerre. Dieu l'en punit, car il perdit
la battaille et prit la fuitte, sans attendre la dernière
heure du combat et sans s'arrester [1].

Nos histoires françoises disent que quand il partit
d'Ast [2] pour ceste battaille, il commanda que s'il ne
tournoit victorieux, qu'on ne luy ouvrist la porte nullement; mais en fin il y entra, où il s'arracha la moytié
de la barbe, de despit et tristesse, dict-on. Paulo Jovio
le raconte autrement [3] : qu'ayant esté blessé d'un'
harquebuzade au-dessus du genoux par [4] l'arçon de sa
selle d'armes, et son armet faussé de coups de masse,
et bravement combattu, se sauva desguisé d'une ca-

1. *Var.* Il perdist la bataille et se sauva de vitesse, n'attandant
pas la dernière heure du combat dont de despuis, à ce que j'ay
ouï dire à Milan et à Naples, il ne fist si bien son proffit, et en
porta tousjours la teste ung peu plus basse ; mais quoy? Et qui est
le grand capitayne à qui il n'arrive ung escheq, s'il se veust en-
vieillir soubz les armes, comme fist celuy là, lequel mourut aagé
et non jeune comme son cousin. Il estoit beau seigneur et de belle
taille et haute, et son cousin le marquis n'estoit si haut, mais de
moienne taille. J'ay ouï faire un conte qu'aprez ladicte bataille,
les muletz.... (Ms. 6694, f° 50 r°.)

2. *Ast*, Asti, à 9 lieues de Turin.
3. Voyez livre XLIV.
4. *Par*, à travers.

zacque noire, pour n'estre point cogneu, car il se craignoit despuis la mort de Rincon et Frégouse [1].

Il se conte qu'à ceste deffaicte tous ses mulletz et coffres furent pris, lesquelz, ainsi qu'ilz furent visitez, un sien bouffon, qui avoit esté pris, rencontra gentiment et dist à la compagnie : « Cherchez bien, vous « y trouverez force belles et gentilles choses, fors des « esperons qu'il en a tousjours de beaux et de toutes « sortes, car il les a tous pris avecques luy pour « mieux picquer et se sauver de belle erre [2]. » Ces bouffons, quoy qui soit, il faut qu'ilz picquent tousjours sans espargner personne, non pas les maistres, comme celuy là fit, qui méritoit les estrivières [3]. Aussi

---

1. Voyez plus haut, p. 120, note 5.
2. Voyez plus haut, p. 131, note 2.
3. *Var.* Il faut que telle manière de bouffons donne toujours quelque venue sans espargner personne, non pas leur maistres, et les paient à l'advenir, quoiqu'il tarde, de meschante monnoie. Aussy ay-je ouy dyre à un grand capitayne qu'ung boufon, un sot, un fou, un yvrongne, donnent tousjours la venue, et qu'il se faut donner guarde de s'y jouer. Aucuns y mètent une putain, qui est aussi dangereuse que les autres, soyt de parolle ou d'effet. Tant y a que ce malheur arriva à ce grand capitayne ; mais pour si peu de fuitte, on ne sçauroit dire autrement qu'il n'ait esté ung très-grand, bon, brave et vaillant capitayne et qui l'a bien monstré en plusieurs endroictz. Le marquis, son cousin, en cela fut plus heureux que luy, qu'on ne luy heust sceu reprocher aucune faute en guerre, telle que celle-là ; mais aussi mourut-il jeune. Que s'il heust vescu vieux, il heust heu sa venue, possible, et fortune la luy heust presté chaud et couvert ; car elle est naturellement ennemie de la vieillesse et mesmes à celles des gens de guerre, comme j'espère d'en faire ung jour ung discours illustre de plusieurs exemples. Or, comme ledict marquis fut blasmé du traict que j'ay dict cy devant, aussi ledict marquis del Gouast, son cousin, fut blasmé d'un pareil qu'il fist, quand au plus beau et

j'ay ouy dire à un grand personnage qu'il se faut donner garde d'un bouffon, d'un sot, d'un fol, d'un ivroigne et d'une putain; car, quoy qu'ilz tardent, ilz donnent tousjours la venue.

Enfin ce marquis fut malheureux là, bien qu'il eust monstré sa vaillance en plusieurs bons et grandz combatz. Le marquis son cousin [1] se peust vanter, lors qu'il mourut, de n'avoir jamais eu telle disgrâce; Dieu mercy qu'il ne vesquit point tant (comme j'ay dict), ainsi qu'elles arrivent pareilles bien souvant à plusieurs vieillardz capitaines. Oncques puis il en porta la teste tousjours basse, non si haute qu'auparavant, comme plusieurs ont dict. Dieu le punit aussi en cela, pour avoir faict tuer Cæsar Frégouse et Rin-

plus seur des treufves, il fist tuer Cæzar Frégouse et Rinçon, qui alloient en embassade pour nostre roy en Levant et à Venise, sur le Tezin. J'ay veu le lieu et la place où ilz furent massacrez et enterrez, qui est une petite isolete* près de Pavie, environ deuz ou trois mill', et mesmes les batelliers de là et gens du païs n'en faisant la petite bouche publioient franchement : « Voilà où M. le marquis fist tuer telz; » Touteffois il le nia fort et ferme. Aussi le debvoit-il, car l'acte n'estoit pas beau ny avouable. M. de Langeay luy vouloit maintenir de sa personne à la sienne; mais Dieu luy rendist bien et l'en punist bien despuis ; car il heust grand tort de violer ainsin le droict des gens ; combien que vollontiers il faut qu'un capitaine, quelque grand qu'il soit, brave, généreux et vertueux, face un coup en sa vie de travers sur sa conscience, comme j'ay ouï dire à plusieurs d'eux, et que moymesmes nommerois bien et en ferois ung bon discours. J'espère de parler de ces deux cousins en divers endroictz de ce livre. Ce marquis laissa après soy.... (Ms. 6694, f° 50 r° et v°.) (Voyez la suite, p. 213, ligne 17.)

1. Le marquis de Pescaire.

* *Isolette, islette*, petite île, de l'italien *isoletta*, ou de l'espagnol *isleta*.

con, ambasseurs du roy, qu'il[1] envoyoit, l'un à
Venise et l'autre en Levant, quelques excuses qu'il[2] en
fist; et M. de l'Angeay l'en accusa fort et le voulut combattre là dessus de sa personne à la sienne;
mais il nyoit tousjours. Il avoit raison, car il avoit
violé le droict des gens, et au plus beau de la trefve,
que l'on ne devoit violer ny rompre sans un très grand
et important subject, bien que pour excuses aucuns
Espagnolz allégoient qu'ilz[3] estoient subjectz de l'empereur. A cela il y auroit belle responce par un beau
discours qui s'y fairoit; j'espère possible le faire ailleurs. Tant y a, quelques raisons et excuses, ce massacre estoit trop vulgaire[4]. J'ay veu le lieu où ce beau
mystère fut faict, et où ils furent enterrez, en une
islette sur le Tezin, près de Pavie environ deux ou
trois milles; et mesmes les bateillers qui me conduisoient et autres ne s'en cachoient point et n'en
faisoient point la petite bouche, et disoient franchement : « Voilà où telz et telz furent tuez et enterrez,
« par le commandement de M. le marquis del Gouast. »

C'est un grand cas, que j'ay ouy dire à un grand,
qu'un grand capitaine il faut qu'une fois en sa vie il
donne au travers de son âme et conscience avec grand
déshonneur; ny plus ny moins qu'un grand pilote,
qui faict plusieurs voyages sur mer, est subject de
donner à travers des bans et des escueilz, quelque
bonne science qu'il ayt, et faict perdre et briser misérablement son vaisseau. Et certes, ledict sieur marquis ne devoit avoir faict ce traict au roy, autant pour

---

1. *Qu'il*, que le roi. — 2. *Qu'il*, que le marquis.
3. *Qu'ilz*, Frégose et Rincon. — 4. *Vulgaire*, divulgué, public.

son honneur que pour la bonne et familière chère que le roy luy fit, dont j'en vays faire le conte.

Au dernier voyage que le roy François fit en Piedmont [1], ayant mené M. le Dauphin [2] fort jeune avec luy, et la trefve y estant arrivée, faicte par la reyne d'Hongrie et la reyne de France [3], les deux sœurs, le roy la receut et la fit publier; et le marquis del Gouast, général de l'empereur en ces cartiers la receut de meilleur cœur encor, car il se voyoit avoir à faire à un grand roy belliqueux et un Dauphin fraischement mené en main par la fortune, qui ryt souvant plus aux jeunes qu'aux vieux, pour leur faire faire quelque beau premier coup d'essay, affin pour emprez leur donner la venue.

Enfin ladicte trefve fut criée et publiée par les deux armées; et pour la mieux sollempniser, le roy, estant à Carmagnoles [4], envoya dire au marquis qu'il ne vouloit tourner en France sans le voir, pour renouveller leur ancienne amitié et souvenance, prise dès la bataille de Pavie. A quoy s'accorda ledict marquis; et partant d'Ast où il estoit, vint trouver le roy, lequel le sentant [5] venir, vestu d'une belle robe fourrée de martres subelines [6] et un chapeau de vellours noir, couvert de plumes à la soldade [7], l'alla recueillir jusques sur le perron de l'escallier. Le marquis armé

1. En 1537.
2. Henri II.
3. La trève conclue à Monçon, en Aragon, le 26 novembre 1537, par Marie et Éléonore d'Autriche.
4. A 6 lieues S. de Turin.
5. *Sentant*, entendant, dans l'acception de l'espagnol *sentir*.
6. *Subelines*, zibelines.
7. A la soldat, de l'espagnol *soldado*.

d'armes dorées, et pardessus une casaque de vellours noir à grandes taillades, estoit tout droict venu descendre au logis du roy, et s'inclinant devant Sa Magesté pour luy faire la révérance, le roy le haussa, l'embrassa et le recuyllit avec grandes caresses, et le prenant par la main, entrèrent ensamble en la salle; et, ayant salué M. le Dauphin et M. de Montmorancy, s'assirent tous deux à table, où se passèrent maintz propos, tant du passé que du présent. Et entr'autres, le roy parlant de la tresve advenue, il luy dist franchement que, si elle ne fust intervenue, il avoit résolu de s'ayder des forces du grand turc Solyman, et faire venir une si grande et forte armée, qu'il eust de tous costez fatigué l'Empereur, et donné à penser pour jamais.

Le marquis respondit sagement, certes, et luy dict qu'ilz estoient tous deux si grandz, si puissans et si sages princes, qu'ilz n'oublieroient jamais rien pour s'accommoder en ce qui toucheroit le bien d'un chascun, et le leur aussi. Certes, ceste responce fut belle et sage, et non pourtant sans mettre en oubly et noter en mémoire les parolles du roy sur ces forces de Soliman, ainsi qu'il le fist parestre quelques temps après sur la mort de Frégouse et Rincon, pensant par leur mort y obvier; mais le roy y pourveut comme j'en parle ailleurs.

Mais je trouve que le marquis ne devoit ainsy comparestre armé devant le roy, puisque la trefve avoit estée du tout appoinctée, publiée et observée. C'estoit trop se monstrer, et faire du soldat sans occasion. Le marquis de Pescayre, son cousin, n'eust pas faict le coup, car il estoit plus froid et retenu en ses ostentions¹ ; tesmoing la façon dont il se montra au roy après sa prise, comme j'en ay parlé ². Certainement, si ce fust estée une courte et petite suspension d'armes de trois ou quatre heures, ou d'un jour, ceste parade estoit belle, comme cela se void souvant parmy les armées, et comme fit et comparut ce brave conte de Charolois au traicté de Conflans³, qui parut armé de toutes pièces, avec le duc de Calabre de mesmes, hors la teste, tant au conseil qu'à la table ; certainement cela estoit beau. Mais en un' emple et longue trefve, il y avoit de la dérision en ceste bravade ; car, ou du tout il y devoit venir en courtizan, simplement habillé, ou du tout n'y venir point. Car que pensoit-il avec sa cuyrasse faire? deffaire le roy et toute sa garde? Et que luy eust servy sa cuyrasse si le roy luy eust voulu faire faire un affront? Voylà pourquoy ledict marquis fit une grande faute en cela. Il me pardonra, s'il luy plaist, si je luy dis.

Je note en ceste entreveue la magnanimité et gentillesse de nostre roy, de s'estre rendu là si famillier à un capitaine, grand certes, mais pourtant son inégal ; et telles façons sont, certes, louables parmy les grandz, ainsi que fit une fois l'empereur Charles, au retour de son premier voyage d'Hongrie, s'estant embarqué à Gênes, et ledict marquis avec luy, pour tirer en Es-

1. *Ostension*, démonstration.
2. Voyez plus haut, p. 186.
3. Traité conclu le 29 octobre 1465 par Louis XI avec les princes qui avaient formé *la ligue du bien public* et au nombre desquels se trouvaient Charles le Téméraire, alors comte de Charolais, et Jean d'Anjou, duc de Calabre et de Lorraine, fils du roi René.

paigne. Un matin que l'empereur disoit ses heures (hé! quelles heures!) sur la coursie[1], il vist le marquis qui passoit, et s'en alloit vers la rambade[2] pour disner avec le seigneur André d'Orie[3]. Il luy demanda où il alloit ; il luy respondit qu'il s'en alloit disner avec le seigneur André, et le laissant aller, sans sonner mot ny faire semblant de rien, tout à coup il les surprist ainsi qu'ilz estoient prestz à se mettre à table : « Or (dist-il), vous ne fairez pas ceste partie sans moy, car je disne avec vous autres. » Soudain on luy fit place, et luy apresta-on les bancz des forçatz, avecqu'un beau tapis de Turquie qui luy servit de chaire à la mode de galère ; et par ainsi mangea avecqu'eux privément sans aucune cérimonie, comme de compagnon avec compagnon. Il en fit de mesmes avec M. le connestable[4], à sa table de grand maistre, passant par France, comme j'ay dict ailleurs, qu'il y alla manger à l'improviste, et le surprenant.

Nostre grand roy Henry IV d'aujourd'huy est coustumier de faire de ces traictz souvant, tant avec les siens qu'avec les estrangers, ainsi qu'il fit dernièrement à M. le connestable de Castille[5], passant par France. Ainsi qu'il pensoit disner, aussi tost le roy le surprist et vint disner avecques luy. Ces privautez et familliaritez de grands envers les petis [certes] obli-

---

1. « *Coursie*, ou *coursier*, passage qui est entre les bancs des forçats sur une galère depuis la poupe. » (*Dictionnaire de Trévoux*.)
2. « *Rambade*, la partie la plus avancée de la galère qui est entre le bout du coursier et l'éperon. » (*Dictionnaire de Trévoux*).
3. André Doria. Brantôme lui a consacré un article.
4. Anne de Montmorency.
5. Don Pedro de Tolède qui passa par Paris en décembre 1603.

gent fort les personnes. Et M. le marquis del Gouast[1], après telle faveur usée envers luy par le roy, ne méritoit pas que quelque peu de temps après il ne luy devoit faire meurtrir misérablement sur le Tezin, ses ambassadeurs Cœsar Fregouse et Rincon, comme j'ay dict. Aussi il ne la porta guières longue, la faute; car, peu de temps après, il perdit ceste bataille, que la mort luy fust estée plus douce que telle oprobre. Il mourut aussi deux ans après, selon la computation que l'on peut faire; car il mourut quelque peu de temps advant le roy François [2].

M. Philippes de Commines n'approuve pas trop ces entrevues des grandz [3]. Il a raison : il en sort tousjours quelque mespris, quelque mescontentement qui ne vaut rien ; car, et quelque galenterie pour parler de nostre temps, que servit au roy François de s'estre faict porter en Espaigne[4], voire à l'empereur, de l'avoir veu aussi à Aigues Mortes[5], et à son passage par France? Et pour parler de plus loing, que servit au pauvre Anibal, l'entrevue qu'il fit avec Scipion avant leur bataille, sinon une animosité qu'ilz eurent tous à se bien battre, eux et leurs trouppes, se deffaire et se ruyner, ainsi qu'il en arrriva à Anibal, où il vist sa dernière deffinition? Un beau discoureur en fairoit là un beau discours, plein de bonnes raisons et beaux

---

1. Le correcteur a modifié ainsi cette phrase: « Après telle faveur reçue du roy, ne devoit pas quelque peu de temps après luy faire meurtrir.... »
2. Un an avant, jour pour jour, le 31 mars 1546.
3. Voyez Comines, liv. 3 ch. III.
4. Lorsqu'il était prisonnier, après la bataille de Pavie.
5. En juillet 1528.

exemples. Je le leur laisse, pour achever le discours de ce grand marquis, qui se peut appeller ainsi, car il estoit fort grand, de haute et très-belle taille, que pour ses valeurs. J'ay ouy dire que la crainte qu'il eut d'estre pris en ceste bataille fut cause qu'il ne battailla point si bien là, comm' il avoit faict en d'autres et plusieurs combatz où il s'estoit trouvé, car s'il fust tumbé entre les mains du roy, qui la luy gardoit bonne, il en eust esté en danger, pour revanche des mortz de ces deux ambassadeurs que j'ay dict. J'ay ouy dire à des grandz que mal voulontiers un' ame ou conscience cauthorisée[1] de quelque grand forfaict ne reçoit une vaillance avec soy; que si ell' y a estée d'autres fois, l'en chasse[2], sans guières bien l'y admettre, et est en perpétuelle appréhention et torment.

Pour finir ast'heure nostre discours, bien que je parle de luy souvant ailleurs, nostre dict marquis laissa après soy une très belle lignée, tant de filz que de filles, de done Marie d'Aragon[3], sa femme, l'une des honnestes dames du monde, dont j'en parle ailleurs dans mon livre des Dames. Il eust le marquis de Pescayre, qu'aucuns appeloient aussi le marquis del Gouast, mais le plus communément l'on l'appeloit le marquis de Pescayre. Il eut dom Carlo, qui fut filleul de l'empereur Charles; dom Jouan et dom Ceze d'A-

1. *Cauthorisée*, cautérisée.
2. C'est-à-dire que, si la vaillance y a été autrefois, l'âme l'en chasse.
3. Elle était fille de Ferdinand, duc de Montalte. Il en eut : François-Ferdinand, marquis de Pescaire; Charles d'Avalos, prince de Montesarchio; Jean, seigneur de Pomarico et de Montescaglioso; et César, qui fut chancelier du royaume de Naples.

valos. Je les ay veuz tous quatre à Milan, à Naples et en Espagne. Les trois premiers estoient de fort belle, grande et haute taille, comme celle du père, et dom Ceze estoit de moyenne; mais pourtant il ne laissoit à l'avoir aussi belle que ses frères, et estre de fort bonne grâce; et disoit-on qu'il ressembloit en sa taille à son oncle le feu marquis.

M. le marquis l'aisné estoit l'homme du monde le plus adroict et le plus fort, soit à pied ou à cheval, qui fust de son temps, et le plus ferme; et si avoit une jambe plus courte que l'autre d'un doigt; et si l'on n'y recognoissoit rien ny en sa taille ny en sa vigueur, car ell' estoit des plus belles et des plus riches. Aussi, pour l'enrichir d'avantage, il s'habilloit des mieux, et en estoit très curieux. C'estoit l'homme du monde qui combattoit à la barrière le plus vertement, et le plus ferme et le plus rudement. Ce fut luy le premier qui invanta en ses combatz les revers, qui estoient si estranges et si rudes, que peu les eschappoient qui ne missent les genoux en terre. Il estoit aussi bon, adroit, ferme aux combatz de cheval à bon escient. Il fut général de l'armée qui vint à Malte pour le second secours, là où il le faisoit beau voir en sa charge, et n'en abusant point, estant fort doux et gratieux, et mesmes à l'endroict de nous autres François. Il mourut visce-roy de Scicille : j'en parleray ailleurs.

Dom Carlo ne luy cédoit en rien de taille, bonnes grâces et toutes belles actions; encore le tenoit-on plus beau. Aussi parmy les dames estoit-il bien venu; ce qui luy cuida couster cher en Espagne; car, pour l'amour d'une dame en la court, ayant pris querelle et faict quelques exez, il estoit perdu de la justice, sans que, s'aydant du privillège des églises de delà, il se jetta dedans une, et par ce se garentit : et, y ayant demeuré quelques jours, il se sauva desguisé tellement quellement par l'Espaigne, et ayant gaigné la mer se sauva vers Naples; où ayant sceu sa sentence, fallut qu'il s'en allast en exil en l'isle de Lipari, la plus chétive isle pour estre habitable de tout le Levant, car il n'y croist que des capres et capriers, comme j'ay veu. Il y demeura assez d'années, jusqu'à ce que dom Jouan d'Austrie, luy ayant porté son rappel, le mena avec luy servir son roy sur mer, et à la battaille d'Elepanto[1], où il fit très bien et mesmes Ceze, duquel l'histoire en parle fort, ainsi que leur noble race et généreux courage leur commandoit.

Ce marquis del Gouast, leur père, porta pour devise (j'en diray encor ce mot) quelque temps une gerbe d'espicz avecques ces motz : *Finiunt pariter renovantque labores;* voulant inférer que, comme les espicz de bled, emprès qu'ilz sont moissonnez, cuyllys, et les blez sarrez[2], aussi tost il en faut ressemer pour en faire venir d'autres, et jamais ne cessent; aussi ce marquis jamais ne cessoit à faire de grandes entreprises et exploictz de guerre; car, les uns faictz, il falloit venir à d'autres et renouveller. Certes, il eust raison de prendre ceste devise, car il travailla fort pour l'empereur, et sans luy ses affaires ne fussent trop bien allez en Italie; car il y avoit grande créance, et parmy les gens de guerre qui l'avoient accoustumé dès

---

1. De Lépante.
2. *Sarrez*, serrés.

sa jeunesse avec son cousin. Pour fin, ce fust un très grand capitaine et très renommé. Que si le malheur de ceste battaille luy advint, il en avoit gaigné et aydé à gaigner d'autres. C'est le sort de la guerre qui le voulut ainsi. S'il fit la faute de ces ambassadeurs, aucuns disoient que pour le service de son maistre, il faut fermer les yeux à tout, jusques à son honneur [1].

Après ceste dicte battaille de Cerizolles, qu'il se remit et reffit de nouvelles forces, il prit un' autre devise, par des jongs marins que les ventz soufflans traversent fort, avec ces motz : *Flectimur, non frangimur undis* : « Nous fleschissons, mais nous ne rompons point par les ondes [2]. »

M. de Chièvres [3].

Il faut parler un peu de M. de Chièvres, de la noble maison de Croy, lequel, pour manifester que ç'a esté un grand personnage, ne lui faut que trois preuves [4] :

1. Cette phrase est raturée sur le manuscrit.
2. Il se pourrait que Brantôme eût fait ici quelque confusion ; car, suivant Paul Jove, cette devise (sauf le mot *undis*) était celle que les Colonna adoptèrent lorsqu'Alexandre VI les chassa de Rome, en 1499.
3. Guillaume de Croy, seigneur de Chièvres, duc de Soria, chevalier de la Toison d'or, gouverneur et tuteur de Charles-Quint, mort à Worms en mai 1521, à 63 ans.
4. Cet article a été complétement remanié par Brantôme qui l'a fort augmenté dans sa seconde rédaction. Voici le texte que nous lisons dans le ms. 6694 : Il y a heu aussi M. de Chèvres, flament, de la maison de Croy, de la vertu et valeur duquel n'en faut doubter, puis qu'estant gouverneur et tuteur donné par le roy Louis douziesme à l'empereur Charles, il l'ha sceu si bien droisser que nous en avons veu l'œuvre de l'un et de l'autre ; aussi que vollontiers d'un bon maistre sort bien souvent le bon disciple, voyre quelque fois le disciple passe le maistre, comme

L'une, que quand le roy dom Philippe[1] mourut, voyant qu'il laissoit son filz Charles aagé seulement de fist cestuy-ci, dont il se dist qu'une fois M. de Genlis * aiant esté envoié en embassade en Flandres, vers ledict jeune prince, et voiant ledict M. de Chèvres, qui le nourrissoit si serré qu'il estoit privé de tous exercices à quoy passent le temps les jeunes gens, et l'occupoit assiduellement aux affayres au conseil, à veoir et lire les despesches qui luy venoient; puis apprez luy-mesmes, et fût-ce de nuit, les raporter au conseil, où toutes choses estoient delliberées selon son conseil, dont ledict M. de Genlis, estonné, dist à M. de Chèvres qu'il donnoit trop de travail à ce jeune prince, veu qu'il avoit le moien de l'en soulager. Ledict seigneur de Chèvres luy respondit : « Mon cousin, je suis « tuteur et curateur de sa jeunesse; je veux quand je mourray, « qu'il demeure en liberté, car s'il n'entendoit les affayres, il fau- « droit qu'aprez mon décez qu'il heust ung autre curateur, pour « ne les avoir entendues et n'avoir esté nourri au travail, se repo- « sant toujours sur autruy. » Ce que despuis je vous asseure qu'il n'ha faict; car il ha toujours fort bien manié son faict, comme il a paru. Puis, M. de Chèvres l'aiant ainsin eslevé, il s'en alla visce-roy en Hespaigne où pour son avarice le peuple s'esleva et fist une grosse vilayne sédition et tout pour amasser de ces beaux doublons à deux testes qu'il aymoit fort et lui plaisoient tant que j'ay oui dire en Hespaigne que de tant de paiemens que luy faisoient les thrésoriers, il les vouloit tous avoir de ces pièces qu'il n'avoit veu de si belles, au moins de si communes en Flandres. Enfin par sa prudence et valeur, avecq' l'aide d'aucuns principaux d'Hespaigne, et aussi par l'union entre eux nécessayrement arrestée contre nous autres François qui faisions de l'autre costé à l'empereur la guerre, et de l'armée que M. de Lespare y mena, le tout s'apaisa fort heureusement à l'obéissance première; dont pourtant M. de Chèvres n'en fut sans grande répréhention. Enfin, il mourut sur l'achèvement d'une fort belle entreprinse qu'il avoit faict, luy qui avoit esté gouverneur de l'empereur aveq' M. de Boissy, qui de l'autre costé l'avoit esté du feu roy Fran-

---

* Jacques de Hangest, seigneur de Genlis, qui fut envoyé en 1514 en ambassade vers Charles V, alors archiduc d'Autriche.

1. Philippe le Beau, père de Charles-Quint.

onze ans et que le roy Louys XII (devant qu'il fust en aage, veu la légèretté de Flamans), se pourroit in-

çois Ier, pour accorder leur deux maistres et disciples; et quasi ces deux gouverneurs moururent en mesmes temps, dont fut grand dommage pour la chrestienté, car possible, usant de leur antique puissance, eussent-ilz faict condescendre les maistres à ung œuvre si bon et pie. Ilz estoient tous deux à comparer ensemble; car l'un et l'autre avoient gouverné deux des plus braves princes de la chrestienté, tous deux de mesme authorité, et tous deux de mesme capacité et suffisance, fors qu'on tenoit M. de Chèvres plus grand guerrier. Ce fut aussi ce que sceut dire le roy Françoys à M. de la Palice, lorsque venant à sa couronne et desirant de récompenser M. de Boissy, de quelque honnorable charge, il pria M. de la Palice (car autrement il se fut faict tort de luy oster par puissance, n'estant raison d'en user à l'endroict d'un si grand capitayne que cestuy là et qui avoit très bien servy la France) de lui laisser l'estat de grand maistre que le roy Loys douziesme luy avoit donné amprez la mort de M. de Chaumont et qu'il luy donneroit l'estat de mareschal de France, qui luy estoit plus propre et mieux séant à luy, par les mains duquel avoit passé tant de combatz, tant d'armes, tant de sièges, tant d'exploictz de guerre et les sçauroit mieux manier, et le mestier luy en seroit plus propre que de regarder à une table, à une cuisine et à une maison de roy, aux officiers, et ouir ung bureau; ce que M. de la Palice luy accorda encor que l'estat fut fort proffitable et honnorable et que de grands et braves seigneurs, capitaines et gens de guerre l'avoient tenu avant luy, et comme despuis ce temps nous avons veu les grands princes tenir; comme de faict, ce n'est pas peu d'honneur ni profict que de commander à la maison du roy, ainsi que j'ay veu de très grands princes y aspirer et en estre ambitieux; mais M. de la Palice ne voulut en cela mescontenter son roy, dont en * honnora M. de Boissi. Aprez lequel est succédé de main en main Messieurs le grand maistre de Savoie, de Montmorency, son gendre et despuis connestable sans se désemparer de l'un ni de l'autre, M. de Montmorency, son filz, Messieurs de Guise père et fils, et M. de

---

* C'est-à-dire : pour cette charge, dont le roi honora....

vestir des Païs-Bas, ordonna par testament ledict roy Louys son curateur (quelle finesse et bonne pour un si bon roy, mais non pour un autre qui eust eu l'âme traversée[1]!), et le roy, par le consentement des Païs-Bas, y ordonna ledict M. de Chièvres. Voylà un' eslection et ordonnance du roy grandement à l'advantage et honneur dudict M. de Chièvres.

La seconde preuve fut de la belle et illustre nourriture qu'il donna à ce jeune prince, que vous lirez dans les Mémoires de M. du Belay[2], sans que je les redie icy; et de telle sorte, qu'il le rendit l'un des plus grandz empereurs et capitaines que l'on ayt veu guières, comme j'ay dict.

La troisième preuve est de l'élection que fit ledict empereur à l'envoyer gouverneur et son visce-roy en Espaigne; en laquelle charge il faillit pourtant, non pour faute de capacité, car il en avoit ce qu'il falloit, mais pour les extortions qu'il y fit, et pour sa grand avarice à amasser et accumuler ces beaux doublons à deux testes[3], qui luy plaisoient tant que de tous les paye-

---

Soissons, prince du sang. Voilà commant les plus grands princes et guerriers ont aimé cest estat, autant, ma foy, pour le proficit et la table que pour autre (sic) choses. Par ainsin les raisons du roy estoient fort foibles qu'il alléguoit à M. de la Palice. Mais les umbrages des paroles et des faicts des roys sont toujours beaux et bons. Retournons à noz geus. L'empereur à son advènement se pleust de se servir et agrandir fort ceux de sa nation où il étoit né, comme il avoit faict de M. de Chèvres dont je viens de parler et Charles de l'Aunoy duquel asture je parle.... (Ms. 6694, f°s 51 et 52.)

1. *Traversée*, méchante, de travers.
2. Voyez les Mémoires de Martin du Bellay, année 1515 (Collection Michaud et Poujoulat, p. 122, col. 2.)
3. Aux effigies de Ferdinand et de sa femme Isabelle.

mens que luy faisoient les thrésoriers, il les contraignoit à les faire de ces belles pièces, et n'en vouloit point d'autres, comme je l'ay ouy dire mesmes en Espagne, outre d'autres grandes extorsions qu'il y fit ; de sorte qu'il vist devant luy s'eslever les sept ou huict principalles villes de Castille, Tollède, Valledolit, Burgos, Lyon[1], Salamanque, Medina del Campo, Avile et Segovia, ausquelles l'évesque de Çamorro[2], dom Anthonio de Acugna, fit acroyre de se mettre toutes en républicques comme celles d'Italie, Venise, Florance, Sienne, Lucques, Gênes et autres, et n'obéir plus à pas un roy.

Cet évesque fut [un]très dangereux [paillard] pour a sédition, et telles gens ont grand' authorité parmy le peuple là et ailleurs, ainsi que nous en avons veu force pareilz en nos guerres civiles, et mesmes en ces dernières de la Ligue, que je ne nommeray point, [si non un, qui estoit l'esvesque de Périgueux, mon parent, de mesmes nom et armes que moy[3], qui estoit un vray asne mytré et caparaçonné quand il avoit sa chappe, qui eust plustost enduré la gesne que dire un seul mot de latin, osté celuy de son breviaire, mais séditieux, mallicieux, sanguinaire à toute outrance][4]. Ledict évesque de Çamorre gaigna et corrompit force honnestes gens et grandz seigneurs, comme Hernand d'Avalos, dom Pedro Giron, dom Charles d'Avila, dom Pedro Pymentel, dom Pedro Lasso et dom Jouan de Padilla et sa femme dona Maria de Padilla (ainsin

---

1. *Lyon*, Léon. — 2. *Çamorro*, Zamorra.
3. François de Bourdeille, évêque de Périgueux vers 1578, mort en octobre 1600. Il était cousin germain de Brantôme.
4. Ce qui est entre crochets est raturé sur le manuscrit.

la nomme Antonio de Guevara ; d'autres la nomment dona Maria de Paceca¹, dont je parle ailleurs), avec force autres grandes dames qu'y estoient des plus eschauffées, ainsi comme aussi nous en avons veu en nos guerres civiles de la Ligue, lesquelles on n'eust sceu dire pourquoy, sinon qu'elles avoient esté embabouynées de quelques prescheurs séducteurs, de leurs presches et persuasions.

Ce ne fust pas tout, car ilz avoient esleu aucuns de leurs capitaines, et quelles gens! come Anroria le sarrurier, Pedro l'esperonnier, Bohadilla le retondeur, Pegnueles le cardeur, Mondez le libraire, et Larrez le cordonnier port'enseigne : tous principaux chefs des mutins de Valledolit, Burgos, Lyon, Çamorre, Salamanque, Avile et Medine, séditieux, meurtriers, telz comme nous en avons veu aussi en nos séditions, et mesmes à Paris, un misser René le parfumeur², un Chanet le brodeur, et un tireur d'or, et un Leclerc et autres, ausquelz rien ne plaisoit que le sang ; et de leurs mains en tuèrent et firent tuer un' infinité de pauvres innocens. Et voylà les proffitz que raportent les séditions civiles, desquelles à la fin les plus séditieux s'en faschent ; ainsi qu'il arriva en ceste sédition de Castille d'un curé du village de Mediane, lequel affectionna si fort dom Jouan de Padilla, des principaux chefz amutinez, que tous les dimanches il ne

1. Les douze mots qui précèdent sont rajoutés en marge de la main de Brantôme. Voyez plus haut, p. 164.

2. Florentin que l'on accusait de faire le métier d'empoisonneur. Il fut l'un des massacreurs de la Saint-Barthélemy, ainsi que Thomas le tireur d'or et Bussy-Leclerc, le chef de la faction des *Seize*.

failloit à son prosne le recommander d'un *Pater noster* et *Ave Maria*, et pour la saincte sédiction dont il estoit grand fauteur ; et continua ces prières l'espace d'un mois, au bout duquel la fortune veut que les trouppes dudict Padilla vindrent à passer par le village dudict Monsr. le curé, qui luy mangearent ses poulles, son lard, et beurent son vin, et, qui plus est, luy emmenarent sa chamberière. Le dimanche après, il en fit sa plaincte au prosne, et leur raconte tout le dommage que ces trouppes luy avoient faict, et sur tout de sa chamberière Catherine, la nommant tout à trac, admonestant le peuple de ne suivre plus le party de Padilla, mais celuy du roy, donnant au diable tous ses partizans et séditieux, les conjurant tous de crier : *Vive le roy et meure Padille !* ce qui fut faict ; et renvoya tous les autres à tous les diables.

Force pareils traictz avons nous veu se faire aussi en nos guerres de la Ligue, selon les despitz et mécontentemens des personnes qui avaient esté pillées, qui renvoient et Saincte Ligue et belle Union comme le diable.

Or, pour finir la sédition d'Espaigne, elle fut en fin appaisée tant par la sagesse dudict M. de Chièvres (puisqu'il avoit faict la faute, il falloit bien qu'il la rabillast) que par autres grands seigneurs d'Espagne, que vous trouverez dans les histoires d'Espagne, et sur tout pour l'armée qu'y mena M. d'Esparre[1],

---

[1]. André de Foix, seigneur de Lesparre, auquel Brantôme a consacré un article, était frère cadet de Lautrec. En 1521, il leva une petite armée de Gascons et envahit la Navarre, dont il s'empara en quinze jours. Mais ayant commis l'imprudence d'attaquer Logroño, sur la frontière de la Vieille-Castille, il réunit

laquelle fit fort bien pour le commencement; mais tout alla mal amprès lorsque les séditieux Castillans cogneurent que tout alloit mal pour leur désunion, et tout bien, s'ilz se remettoient en leur premier devoir et obéissance.

Ce ne fust pourtant que ledict M. de Chièvres n'en receust une bonne repréhention; lequel mourut emprès sur une fort belle entreprise qu'il avoit faicte, luy qui avoit esté gouverneur de l'empereur, avec M. de Boysy, qui avoit esté gouverneur du roy François, pour accorder les deux maistres, voyre disciples, et en faire une bonne paix. Et quasy ces deux gouverneurs moururent en mesme temps[1], et ne firent rien, comm' il se void par les histoires. Et pareillement la belle nourriture que donna ledict M. de Chièvres à l'empereur, en laquelle certes il s'y porta très bien et très sagement, et l'instruisit si bien, qu'il en fit un bon chef-d'œuvre, ainsi que de son costé fit aussi très bien M. de Boysy à l'endroict du roy François; si que de ces temps on les pouvoit nommer vrayment deux très braves pairs de la chrestienté, en toutes sortes de valeur et de vertus.

On[2] tint pourtant M. de Chièvres plus homme de guerre que M. de Boysy, tesmoing quand le roy François pria M. de la Pallice[3] de luy lascher l'estat

contre lui les troupes royales et celles des mécontents, fut battu et perdit sa conquête aussi rapidement qu'il l'avait faite.

1. Artus Gouffier de Boisy mourut en mai 1519, et M. de Chièvres deux ans après.

2. Tout ce qui suit jusqu'à la fin de la notice est biffé sur le manuscrit.

3. En 1515.

de grand maistre pour le donner à M. de Boysy, et qu'il le fairoit mareschal de France en récompanse, cet estat luy appartenant mieux que l'autre, n'ayant pas tant manié et gouverné le bureau ny la marmite que les armes : ce que M. de la Palice fit très voulontiers par apparance, car c'est un estat, ce grand maistre, qui est très beau et très honnorable que de commander à la maison des roys et qui porte avec soy de grandz privilèges, comme chascun sçait qui a pratiqué la court. Force braves, vaillans et honnestes gens l'ont eu, comme M. le grand maistre de Chaumont[1], M. de la Palice, M. de Boysy, M. le bastard de Savoye[2], M. le connestable de Montmorancy son gendre, M. de Montmorancy son fils, M. de Guyse, le père et le fils, et puis aujourd'huy M. le comte de Soissons.

Voylà comment les grandz seigneurs, capitaines et braves guerriers ont tenu cet estat de grandz maistres et ne l'ont nullement desdaigné. Aussy ce sont les personnes qui honnorent les estatz, selon qu'elles sont de mérites et vertuz.

Charles de L'Aunoy[3]. Retournons à nos gens : L'empereur, à son advénement, se pleust de se servir et agrandir fort ceux de sa nation où il estoit nay, comm' il avoit faict de

---

1. Charles d'Amboise, seigneur de Chaumont. Brantôme lui a consacré un article.

2. René, fils naturel de Philippe II, duc de Savoie; Brantôme lui a consacré un article. — Anne et François, ducs de Montmorency. — François, Henri et Charles de Lorraine, ducs de Guise. — Charles de Bourbon, comte de Soissons.

3. Charles de Lannoy, seigneur de Sanzelles, chevalier de la Toison d'or en 1516, gouverneur de Tournai en 1521, vice-roi de Naples en 1522, généralissime des armées impériales en Italie

M. de Chièvres, dont je viens de parler, et Charles de L'Aunoy, duquel je parle ast'heure, et autres que je diray. Et c'est ce que sceut bien dire Hieronimo Moron au marquis de Pescayre[1], entr' autres raisons qu'il luy allégua, que l'empereur n'advançoit que les Flamans, et qu'à eux seulz il leur donnoit les grandes dignitez et bienfaicts, et que meshuy il ne falloit que luy et les Espagnols ny Italiens en espérassent de grandz biens ny de grandes charges; ce que ledict marquis entendit très voulontiers, sur le mescontentement dudict Charles de L'Aunoy, visce-roy de Naples, qui luy ravist sa proye et son prisonnier le roy François, et, sans luy sonner mot, le mena et transféra en Espagne, contre leur résolution et de tout le conseil pris de le mener à Naples. Dequoy ledict marquis fut si colléré et despit[2], qu'il en escrivit à l'empereur une letre bravasche, fort menaçante et injurieuse, luy mandant qu'à ses despans et d'autres ledict de Lannoy s'en estoit allé triumpher en Espagne de la battaille gaignée et prise du roy, estant si poltron qu'il ne voulut jamais condescendre à la donner, encor qu'il y eust toutes les raisons du monde, et lors qu'il voulut aller à la charge, qu'il en trembloit de peur, disant à tous coups en souspirant : « Hà ! nous sommes perdus ! » Dans ceste lettre il l'appeloit poltron, trahistre, et qu'il luy vouloit maintenir de sa personne à la sienne, tant il estoit en collère contre lui, et de ce traict lasche et infidel. Mais plus aussi qu'il avoit opi-

en 1523, prince de Sulmone, mort à Gaëte en 1527. Il était fils de Jean de Lannoy, seigneur de Saingoval, et de Philippe de Lalain.

1. Voyez plus haut, p. 190, et Valles, f° 192 v°.
2. *Despit*, dépité.

nion que, gouvernant ainsi l'empereur comm' il faisoit, non pas par sa valeur (disoit-il), ny pour ses mérites, mais par ce seulement qu'il estoit fort son ancien serviteur, et qu'il l'eust charmé, ou bien *por alguno occulto aspecto d' estrella benigna*[1], « pour aucun aspect couvert d'estoille bénigne », qui l'empeschast de le récompenser de tant de peines et playes qu'il avoit souffertes pour luy mesmes, qu'il avoit demandé à l'empereur la conté de Carpi, qui la luy reffusa et la donna au duc de Some[2]; d'avantage, qu'il ne vouloit pas que le roy de Navarre[3] se mist à rançon ny se rachaptast, que le marquis avoit pris prisonnier de guerre, et luy[4] vouloit donner cent mill' escus de rançon; mais, pour temporiser[5], se sauva estant enclos dans le chasteau de Pavye, ayant suborné deux soldatz de sa garde, qui, pour un grand matin, laissant un sien grand page qu'il avoit, qu'on nommoit Vivez[6] (que j'ay veu) fort honnest' homme, et un de ses filz, brave et vaillant, couché dans son lict, et contrefaisant de l'endormy en pour[7] son maistre dont il tenoit la place, trouva deux bons chevaux à un mille du parc, et se sauva, et gaigna tousjours païs,

1. Valles, liv. VII, ch. III, f° 187 r°.
2. *Var.* de Sora. En 1523, Charles V avait enlevé le comté de Carpi à Albert Pio et l'avait donné à Prosper Colonne.
3. Henri II, second mari (1527) de Marguerite, sœur de François Ier et veuve du duc d'Alençon. Il était né en avril 1503 et mourut le 25 mai 1555. Il fut grand-père de Henri IV.
4. *Luy*, à Pescaire.
5. C'est-à-dire pendant que l'on temporisait.
6. Favyn (*Hist. de Navarre*, liv. XII, p. 738) et Arn. Le Ferron (liv. VIII, p. 202, éd. de 1555) le nomment François de Rochefort.
7. *En pour* ou *empour*, au lieu de, à la place de, pour.

cependant que sa garde croyoit qu'il dormist tousjours et se trouvast mal, en le venant voir souvant à travers la courtine ; et le croyoit estre là tousjours au lieu du page, qui faisoit du dolent et piteux, jusques au soir, que le capitaine de la garde se mit à songer et à se toucher dans l'âme quelque soubçon, qu'il vint à tirer le rydeau à bon escient, trouva le vray de ce qu'il doubtoit ; dont le page en cuida pâtir, sans son adolescence, et luy fut pardonné. Ainsi luy ay-je veu conter. C'estoit un grand homme et honnorable vieillard, mal récompensé pourtant après. Ce fut à courir après le roy de Navarre ; mais il avoit gaigné beaucoup de païs ; et par ainsi se sauva et emporta sa rançon, et l'empereur et le marquis en furent frustrez. Que si l'empereur l'eust octroyé du premier coup au marquis, il l'eust obligé de beaucoup, ne l'eust mescontenté, et s'en fust beaucoup prévalu ; et de ce le marquis n'en inculpoit l'empereur, qui estoit tout bon de soy et libéral, mais Charles de L'Aunoy, qui sur ceste délivrance allégoit beaucoup de raisons à l'empereur, et la principalle et cachée pourtant estoit qu'il luy vouloit mal mortel.

Les Espagnolz[1] disent qu'après que ceste [strète[2] et] mocquerie fut faicte par Charles de L'Aunoy à tous ces grands capitaines de ceste armée, vainqueurs de ceste battaille, ilz furent bien estonnez et mocquez ; car ilz avoient si bien tous ensemble concerté ceste transmigration du roy à Naples, jusques à envoyer au Castel Novo luy faire apprester et tapisser ses chambres,

---

1. C'est-à-dire Valles, liv. VII, ch. II, f° 185.
2. *Strète*, tromperie.

que Charles de L'Aunoy, fin et caut, estant arrivé à Génes avec le roy, et de là à Portefin[1], sans dire gare, il fit faire voille et tirer droict en Espaigne, où il arriva à bon port.

Qui furent bien estonnez? Ce fut M. de Bourbon, le marquis et autres grandz capitaines, pour avoir receu un tel affront, telle escorne et baye, qui estoit certes trop honteuse, et mesmes que luy alloit triumpher à leur despans et porter la branche de laurier, qui n'avoit seulement osé l'arracher de l'arbre, mais se la faire donner des mains d'autruy. Et, pour ce, tous députarent M. de Bourbon, qui, pour tenir son roy prisonnier, pensoit bien faire ses affaires; mais le voyant eschappé de ses mains, en estoit du tout désespéré. Parquoy voulontiers entreprit ce voyage d'Espagne, où estant, ne peut parler si librement et hautement à l'empereur comm' il eust bien voulu, ou comme son brave courage luy permettoit, et comme l'affront qu'il avoit receu l'y poussoit; car voulontiers un pauvre reffugié et banny en un' estrange[2] terre ne peut parler haut ny braver comm' il voudroit et faut. Il ne sceut sinon que dire et remonstrer à l'empereur que ledict Charles avoit gasté tous ses affaires, non seulement en Italie, qui estoit tout le plus beau de leur courant cours, mais en France, laquelle ilz vouloient aller conquerir, à très bon marché, pour la trouver, disoient les Espagnolz[3]: *Privada de rey, de capitanes, de cavalleria, y despojada de dineros, pobre de consejo y muy dudosa de su salud, estando*

---

1. Portofino, à six lieues S. de Gênes.
2. *Estrange*, étrangère.
3. C'est-à-dire Valles, liv. VII, ch. II, f° 183 r°.

todos espantados por la estraña y grandissima destruycion : « Privée de roy, de capitaines, de cavallerie, despouillée de deniers, pauvre de conseil et fort doubteuse de son sallut, estantz tous estonnez pour telle et si estrange et grande destruction. » De manière que la France estant ainsi si facillement conquise, et l'Italie par mesme moyen, l'empereur puis après se pouvoit vanter d'estre monarque de tout le monde. Voylà ce que peut dire et remonstrer M. de Bourbon, selon sa petite faculté de parler, que luy pouvoit permettre son exil et habitation où il estoit. *Despues llegaron* (ce disent les Espagnolz[1]) *cartas del marquez de Pescara, mucho mas terribles que las palabras de Bourbon.* « Depuis arrivarent les lettres du marquis, qui furent bien plus terribles que les parolles de Bourbon », là où il parle de ce Charles (comme j'ay dict cy devant) et le menaçant au combat; et ne fault point doubter que si le marquis fust esté en la place de Bourbon, qu'il ne l'eust faict appeller; car il estoit haut à la main et prompt à la vangeance.

L'empereur leur respondist à tous : que ce que Charles de L'Aunoy avoit faict estoit pour le proffict du général et son service particulier, et non pour aucune envie, ny pour desrober l'honneur aux uns et aux autres, et qu'il sçavoit bien à qui il estoit justement deub, comm' à eux qui estoient la principalle cause du gaing de la battaille, et qu'il ne faudroit de les en tous libérallement récompenser; et en escrivit des lettres audict marquis, fort douces et amiables, qui luy promettoient beaucoup, et mesmes la paye des soldatz de

---

1. Valles, f° 187 r°. Voyez plus haut, p. 228.

l'armée, après laquelle cryoit fort ledict marquis pour l'avoir toute sur les bras, que le vice-roy luy avoit laissé sans un seul sol.

Or, si le marquis luy vouloit mal, quasi la pluspart des Espagnolz luy en vouloient bien autant. *De manera (dezian ellos[1]), que como era mas honrado que los otros de grandissimas honras y riquessas, assi era necessario que padeciesse terribles tempestades de embidia, y odio, y se deffendiesse con los exquisitos artificios de corte de los qu' el avia offendido.* » De manière (disoient ilz), que comm' il estoit plus honnoré que les autres de grandes richesses et honneurs, aussi estoit-il nécessaire qu'il endurast plusieurs tempestes d'envie et de haine, et se deffendist avec de très exquis artiffices de court de ceux qu'il avoit offencez. » Bon advis pour les favorys de court! comme certes il fit, et s'en despestra bravement. Aussi les Espagnolz[2] disoient de luy : *Qu'era hombre muy señalado por su astucia segreta y prudentia cubertia, y que avia occupado tan grandes honras, non por nobleza de sangre ni por alguna virtud illustra, sino solamente por una continua perseverencia de fiel servicio como pratico y gentil ginete.* « Que c'estoit un homme fort signallé par sa finesse secrette et couverte, et prudence dissimulée, et qu'il avoit occupé telz grandz honneurs, non par noblesse de sang, ny par aucune vertu illustre, sinon seulement par une continuelle persévérance de fidel service, comme homme fort pratiq, tringat et fort complaisant. »

1. Valles, f° 187 v°.
2. *Ibid.*, f° 184 v°.

Voylà comme on en veut tousjours aux favorys des empereurs, roys et grandz, et comme on les détracte, s'attacquant à leur race, à leur honneur, à leur vie et biens. Si est ce que la maison de L'Aunoy est grande et cellébrée en Flandres : et les Espagnolz luy donnoient le nom de dom Carlos[1], lequel dom ne se donne pas à de petis et bas compagnons et seigneurs. Toutesfois ilz pouvoient dire qu'ilz luy donnoient, non pour la race, mais pour le grade et dignité qu'il avoit. Il s'en faut pourtant raporter de cela aux histoires de Flandres, qui parlent de sa maison, la tenant pour ancienne.

L'empereur luy fit de grandz biens et honneurs, et est mort riche et en titre de prince de Sulmonne. Ses successeurs sont grandz encor aujourd'hui au royaume de Naples, Dieu mercy celuy qui le premier s'y établist grand. Ceux qui le vouloient excuser dequoy il avoit faict ceste frasque à ses compagnons, de leur avoir ainsi desrobé le roy et porté en Espagne, disent que ce fust par l'instinct, prière et importunité du roy François, qui pensoit, s'il avoit une fois veu l'empereur, son frère (ainsin l'appelloit-il), et qu'il l'eust embouché, qu'il s'accorderoit aussi tost avec luy et en auroit telle composition qu'il voudroit. Mais pour cela il n'en admanda pas mieux son marché, ains l'empira, comm' il se list et l'avons ouy dire aux nostres et cogneu par pratique.

Tant y a, en quelque façon que ce vice-roy le fist, il servit là très bien son maistre, et luy fit un service trop signallé, si que possible l'ayant mené à Naples, où desjà ses chambres estoient dressées et tapissées au

---

1. *Var.* Luy donnoient de don Carlos. (Ms. 6694, f° 54, r°.)

Castel Novo, ces messieurs de Bourbon et Pescayre, qui avoient tous les gens de guerre à leur dévotion, et tous affamez comme beaux loups, en eussent là disposé comm' ilz eussent voulu, et faict petite part à l'empereur; et le roy se fust entendu mieux avecqu'eux, et les eust mieux gaignez; dont il s'en repentit bien après, comme j'ay ouy dire à personnes qui luy avoient ouy dire.

Ainsi, en pensant bien faire d'un costé, il se perdit de l'autre; en chance possible pour se faire roy de Naples, s'accordant bien avec Bourbon et Pescayre; et eussent donné à songer à l'empereur. Je croy que Bourbon n'eust pas mieux desiré, et le marquis aussi, pour son grand mescontentement, et eust faict à la désespérade.

Pour fin, ce vice-roy estoit un très habil' homme : il le monstra bien là, et pour son maistre et pour son particulier, tant du proffit que de l'honneur; considérant qu'il n'estoit pas petit que *de proponer por mirado spectaculo á los pueblos d'España y llevar en ella, en triumpho y memoria perpetua de una incomparable victoria, el major rey de toda l'Europa, tomado en batalla, señaladamente por la virtud de aquella grandissima nacion*[1]. « Que de proposer pour un très beau spectacle aux peuples d'Espagne, et leur mener en triumphe et mémoire perpétuelle d'une incomparable victoire, le plus grand roy de toute l'Europe, pris en une battaille, signallément par la vertu de ceste grandissime nation. » Quelles superbes parolles à la louange d'Espagne! Et de faict, ce vice-roy y fut le très bien venu, tant de son maistre que d'aucuns des grandz.

---

1. Valles, liv. VII, ch. III, f° 184 v°.

Mais le pis fut qu'au désembarquement du roy, qui fut à Alicante¹, près de Valance, les soldatz qui estoient de l'armement des galères qui avoient conduict le roy, ausquelz commandoient les capitaines Salzzedo, Corbera et Santa-Cruz, et autres capitaines desquelz ilz avoient faict eslection des plus braves, vindrent à se mutiner, à cause de leurs payes qu'ilz demandoient, et firent telle sédiction que à dom Charles de L'Aunoy fut tirée une harquebuzade, qui estoit en la chambre du roy, près de luy, à la fenestre ; à quoy le roy l'eschappa belle, car l'harquebuzade donna contre une coulonne de marbre de la fenestre où estoit appuyé le roy, qui (à ce qu'on dict) ne s'estonna point autrement, mais il le prit à fort mauvaise augure. Ce fut au vice-roy à se sauver par la porte de derrière, de jardrins en jardrins, de muraille en muraille, de goutyère en goutyère², et fuyr tant qu'il peut, jusqu'à ce qu'il trouva lieu pour bien se cacher ; où après le tout s'appaisa, ayant donné de l'argent, là où la magesté et la belle grâce du roy servit beaucoup à cet appaisement. Il eust mieux valu qu'il les eust entretenus en cest' humeur et amutinement, et que par grandes promesses de payes doubles, voire triples, il les eust gaignez, et, par leurs forces et moyen se fust r'embarqué dans les galères et eust faict voille vers la France. C'estoit un coup brave, cestuy là !

1. François Ier, conduit d'abord à Barcelone, reprit la mer pour aller débarquer près de Valence. Voy. la *Captivité de François Ier*, par M. Aimé Champollion, p. 221, et Valles, f°s 182 et suiv.

2. Ces quatre derniers mots ont été rajoutés en marge de la main de Brantôme.

C'est ast' heure à penser, quand le marquis, son grand ennemy, sceut ceste strette, le contentement qu'il eut et la risée qu'il en fit, et ses autres ennemis comment ilz en furent vengez, et ce qu'ilz luy pouvoient reprocher pour telle fuitte; d'autant que le marquis, quelques années auparavant, en Lombardie, les Espagnolz, lansquenetz et Italiens s'estans tous eslevez et bandez les uns contre les autres à belles harquebuzades et picques baissées, en despit de M. le légat, qui, avec sa croix y estant venu, n'y peut rien appaiser, mais le seul marquis survenant, et se jettant à travers les harquebusades et les picques, les appaisa aussi tost, et de bravade les fit tous retirer en leurs cartiers. Et en d'autres amutinemens aussi, il les sceut très bien chastier, et faire pendre aucuns pour donner exemple aux autres. Et ce fut lors (comme j'ay dict ailleurs) quand on luy remonstroit que l'empereur en auroit un jour affaire, il leur respondist ce que j'ay dict cy devant[1] : qu'il ne vouloit que le nom d'empereur fust subject à aucune considération ny péril. Ces mutins gastarent fort le triumphe de ce vice-roy, et ses ennemis en sceurent bien que dire de luy.

Il laissa un filz[2], qui fut fort blasmé de n'avoir trop bien faict à la battaille de Cerizolles, et se sauva des premiers dedans Ast, disent les histoires italiènes et espagnolles, arrivant le soir, et le marquis à minuict, bien que ce filz de vice-roy eust eu par advant de belles charges, estant couronnel de la cavallerie légère de l'empereur : et s'appelloit le duc de Salmonne.

1. Voyez plus haut, p. 198, *note;* et Valles, f° 86 v°.
2. Philippe de Lannoy, prince de Sulmone, chevalier de la Toison d'or, mort en 1597.

Les ducs vollent bien aussi roide quelquesfois que les autres oiseaux.

Après la mort dudict Charles succéda dom Hugues de Montcada en la charge de visce-roy de Naples, lequel les Espagnols disoient estre seul des grandz d'Espagne qui estoit amy de dom Carlos de L'Aunoy; et pour ce, le roy François le fit sortir de prison, que[2] André Dorie[3] avoit pris quelque temps advant en la coste de Gênes[4]; et sans qu'il payast rançon, en ayant respondu à André, l'envoya en Espagne, pensant que pour telle obligation il induiroit l'empereur à lui faire bon traictement et bonne guerre; mais l'empereur luy fit la sourde oreille. Ainsi fut trompé le roy en toutes façons de sa prison. Mais quoy! il se vouloit ayder de toutes les pièces qu'il pouvoit pour subvenir à son adversité, ainsi que font tous les grands en cas pareil, ressemblans les mallades ausquelz semble que tout ce qu'ilz desirent et se proposent en la fantaisie soit bon et souverain pour les guérir.

Cet Hugues de Montcada donc, estant vice-roy de

Don Hugues de Montcada[1]

1. Hugues de Moncade, fils de Pierre-Raimond de Moncade et de Béatrix de Cardone, chevalier de Saint-Jean de Jérusalem, vice-roi de Naples et de Sicile, tué en mai 1528 dans un combat naval près de Salerne contre Philippin Doria, neveu d'André Doria.
2. *Que*, lui que.
3. On lit partout André Dorio dans le ms. 6694. — André Doria, l'un des plus grands hommes de mer du seizième siècle, né à Oneille le 30 novembre 1466, mort le 25 novembre 1560. Brantôme lui a consacré un article.
4. Suivant Guichardin, (livre VII, ch. xx), ce ne fut point André Doria, mais Michel-Antoine marquis de Saluces, qui, à Vareggio, fit prisonnier Hugues de Moncade (en 1525). Louise de Savoie ne tarda pas à faire rendre la liberté à celui-ci, qu'elle envoya en Espagne porter des propositions de paix à l'Empereur.

Naples, se monstra fort brave et vaillant au siège faict par M. de L'Autreq, et surtout au combat de mer qui se fit entre luy et Philippin D'Orie, qui fut si beau, si furieux, et si vaillamment combattu, que de huict cens soldatz qu'il avoit embarquez dans ses gallères, il n'en resta que cent en vie, encor la pluspart blessez. Il se trouva tel capitaine espagnol (comme il se dict encor à Naples[1]) qui se vist changer sept fois d'alfier ou porte enseigne, et mourir d'un à un tenant tousjours l'enseigne en la main. Le combat commença à deux heures après midy, et dura un' heure de nuict, combattant sans cesse. Enfin dom Hugues y mourut, blessé d'une grande harquebuzade dans le bras, et d'un coup de fauconneau dans le muscle[2], après avoir combatu avec une rondelle en la main, et l'espée en l'autre, tout ce que sçauroit faire le plus vaillant homme du monde. En quoy plusieurs ont dict qu'il avoit eu tort d'outre passer en cela le devoir de sa grandeur et sa charge de visce roy, pour y estre allé en personne, car il la pouvoit bien donner à un autre moindre que luy. Mais il le faut louer extrêmement en cela et son généreux courage : car, usant du droict de sa dignité, il y pouvoit envoyer, ou le marquis del Gouast, qui commandoit à l'infanterie, ou le vaillant prince d'Orange, qui n'eust pas mieux voulu, ou le seigneur Alarcon, ou autre, et demeurer sur le mole, et d'enhors à son aise, sans danger, et loing des coups, en voir l'esbattement. Il y en a plusieurs qui l'eussent bien faict; [et mesmes M. de

---

1. Le fait est emprunté par Brantôme à Valles, f° 271 r°.
2. *Muscle*, cuisse, de l'espagnol *muslo*.

L'Autreq, qui estoit si brave et vaillant, car quand Philipin D'Orie luy envoya demander des gens pour en charger les gallères, il se contenta d'y envoyer le sieur de Saint-Remy [1] (M. du Belay dict en ses mémoires le seigneur de Croq, Gascon [2], ilz pouvoient estre tous deux, mais je parle par la bouche et escrit de l'espagnol, selon lequel, en plusieurs endroictz de ce livre, je me règle fort) avec trois cens hommes seulement, mais très bien choisis; aussi le monstrarent-ilz bien : je croy que c'est ce brave et vaillant sainct Remy qui despuis s'est faict signaler en nos guerres estrangères aux sièges et aux mines et fortiffications, pour l'avoir apris de ce temps de dom Pedro de Navarre]. Voylà la louange qu'on doit donner à ce don Hugues de Montcada.

Il se list et se dict encor que le pape Clément fut fort joyeux de sa mort, parce que ce fut luy qui prist le Vatican et pilla la sacristie de la saincte Église. Il en vouloit avoir comme les autres et se prendre sur le meilleur [3].

En ceste dernière grande armée espagnolle dressée contre l'Angleterre, il y eust un de ses petis-filz [4], qui

---

1. *El capitan San-Remi*, dit Valles (liv. IX, ch. IV, f° 268 v°), que Brantôme suit encore ici textuellement.

2. Suivant du Bellay, ce fut Lautrec qui avertit Doria de l'attaque projetée par les Impériaux et lui envoya « secrètement et sans bruit quatre cens arquebouziers esleus, conduits par le seigneur du Croq, gascon. » *Mémoires*, année 1528. Voyez sur cette bataille navale le *Journal d'un Bourgeois de Paris*, année 1528.

3. Il y avait en marge, écrits de la main de Brantôme dans le ms. 6694, ces mots : *Voyez Paulo Jovio*, qu'il a raturés lui-même.

4. Je ne crois pas que ce fût un petit-fils; car Hugues de Moncade était chevalier de Saint-Jean, et les généalogistes ne lui

commandoit à ceste grande galléasse tant célébrée et renommée en ceste armée là, qu'on pouvoit dire plustost une montaigne de bois qu'un vaisseau de mer. Il y mourut aussi vaillamment comm' avoit fait son ayeul à ce combat de Naples. Ce fut un très-grand dommage, car il estoit très-gentil et brave cavallier. Voyez, s'il vous plaist, comme quelque fois les enfans, par quelque fatalité, ressemblent leur pères, aussy bien en genres de morts comm' en d'autres semblances de corps, d'esprit et de naturel !

Le prince d'Orange [1].   Dom Hugues de Montcada mort, tous les principaux capitaines et soldatz de l'armée esleurent le prince d'Orange, portant le nom et surnom de Philibert de Chalon, très grande et très ancienne maison en France, portant nom de Palatins : et dict on que c'est Chalon sur la Sône en Bourgoigne, d'où sont sortis communément de très grandz, braves et vaillans personnages et capitaines ; et faut noter que despuis deux cens ans en çà, voyre plus, de race en race, se sont trouvez jusqu'aujourd'hui telz, tant ceux

donnent aucune postérité. En tout cas, le Moncade dont parle ici Brantôme s'appelait Hugues comme le premier. Lors de l'expédition de *l'invincible armada*, en 1588, il vint de Naples rejoindre la flotte espagnole avec quatre galéasses. Celle qu'il commandait ayant échoué près de Calais fut attaquée et prise le 7 août par les Anglais. Il périt dans le combat. Voyez de Thou, livre LXXXIX.

1. Philibert de Chalon, prince d'Orange et de Melfi, né en 1502, tué au siége de Florence le 3 août 1530, âgé de vingt-huit ans et non de trente, comme le dit plus loin Brantôme. Il était fils de Jean de Chalon, prince d'Orange, et de Philiberte de Luxembourg, comtesse de Charny. Il mourut sans avoir été marié et laissa ses biens à René de Nassau, fils de sa sœur Claude de Chalon, mariée à Henri, comte de Nassau.

qui ont porté le nom de Chalon que de Nanssau ; tant ce nom de prince d'Orange est heureux en cela [fatament]. Qui sera curieux d'en faire la recherche le trouvera ainsi.

On list d'un prince d'Orange[1] que, faisant la guerre à outrance au Dauphin de Viennois, un jour luy ayant livré combat et perdu, y ayant combattu et faict tout ce qu'un homme de guerre brave et vaillant eust sceu faire, sur sa retraite ne pouvant se sauver autrement, passa le Rhosne, roide comme il est, à cheval, armé de toutes pièces, la lance sur la cuysse, sans s'estonner nullement, se sauva de l'autre costé de la rive, comme fit ceste belle et généreuse Clœlia, qui passa le Tybre à cheval[2]; ce qui est une grande hardiesse, grande résolution et grande assurance de cœur et jugement.

Tant d'autres princes d'Orange y a-il-eu, avant cestuy cy duquel je veux parler, si braves et vaillans, qu'il faut dire et advouer cestuy cy fort bien de leur brave race, et nullement changé en nourrice, ny à eux inférieur. Je ne parleray point des anciens, car les histoires en sont assez pleines. Je parle donc de cestuy-cy.

Ce prince d'Orange a esté donc un grand capitaine et heureux, auquel pourtant l'aage ny la maturité des ans ne luy ont point donné ce rang; car lors qu'il mourut au siège de Florance il n'avoit que trente ans:

1. Louis de Chalon, prince d'Orange, mort le 18 décembre 1463, à l'âge de soixante-quinze ans. Le trait que rapporte Brantôme eut lieu en 1429, à la suite d'un combat livré, entre Colombès et Anthon (Isère), par le prince à Louis (d'autres disent Rodolphe) de Gaucourt, gouverneur du Dauphiné pour Charles VII. Voyez le *Dictionnaire du Dauphiné*, par Guy Allard, édité par M. H. Gariel, 1864, in-8, p. 48, art. Anton.

2. Lisez : à la nage. Voyez Tite-Live, liv. II, ch. xiii.

et si, en ces trente ans, il fut trois ans prisonnier dans le chasteau de Lusignan en Poictou[1] où il perdit autant de temps, ayant esté pris sur mer ainsi qu'il traversoit et passoit d'Espaigne en Italie pour y servir l'empereur son maistre, qui l'avoit receu au reffus du roy François, d'autant que l'estant allé trouver, pour luy offrir son service, avec fort belle compagnie, le jour du baptesme de M. le Dauphin, le roy n'en fit le cas qu'il devoit; et mesmes que le logis qu'on luy avoit marqué et donné luy fust osté et donné à un autre; grande faute, certes. Dont il partit fort mal content, et de despit s'en alla trouver Charles d'Austriche, qui fut du despuis empereur, pour s'offrir à luy, qui ne le reffusa pas comme l'autre; mais bien gasté fust-il esté s'il l'eust reffusé. Et pour tel reffus d'un si gallant homme, mal en prit à la France, de laquelle il estoit ennemy mortel, et fort affectionné serviteur de l'Espaigne, comme il l'a monstré en si peu de guerres que la courte destinée luy fit praticquer.

Après la mort de M. de Bourbon, il poursuivit l'entreprise si bien encommancée sur Rome, et de telle façon et si rudement, qu'il prit la ville, la força, la pilla et la saccagea, comme les marques en ont duré long temps; et se faisant général par le consentement de toute l'armée, le voyant si brave et

---

1. Il avait été pris en mer sur les côtes de Provence, en juin ou en juillet 1524, par André Doria; et, suivant le *Journal d'un Bourgeois de Paris*, p. 213 et 282, il fut enfermé non pas au château de Lusignan, mais « dans la grosse tour de Bourges. » Il resta prisonnier non point trois ans, mais environ vingt mois; car fut remis en liberté avant le retour d'Espagne de François Iᵉʳ, retour qui eut lieu en mars 1526.

courageux, assiège le pape, le faict venir à sa mercy et le rançonne ; bref, se void absollu seigneur et maistre de ceste grand Rome, jadis chef[1] du monde ; et sans M. de L'Autreq, qui le venoit taster, il s'en vouloit faire couronner roy (disoient aucuns), suivant les erres de son général M. de Bourbon, ainsi que j'ay ouy dire aux anciens. Mais c'est ascavoir, car tous en un mesme eschaffaud ne peuvent jouer un mesme personnage les uns aussi bien que d'autres.

Le voylà donc qu'il part de Rome, voyant M. de l'Autreq prendre la routte de Naples, luy gaigne les devantz avec son armée si riche, si opulante, et si chargée de butin et despouilles romaines et eclésiastiques, costoye l'armée françoise, tousjours l'amuse, ores faisant semblant de vouloir combattre et livrer battaille, ores s'esloignant tout à coup, et se retirant en fuitte et retraicte de loup, monstrant tousjours les dentz, ainsi que j'en parle ailleurs. En fin, sans faire que quelques petites légères pertes de ses gens, gaigne Naples, luy jeune capitaine et quasi esbarbat[2] général, à la barbe d'un des plus vieux routiers et capitaines renommez de ce temps, M. de L'Autreq, duquel il est aussi tost assiégé dans Naples si estroictement, que la faute et cherté des vivres les alloit faire rendre sans ce brave prince, lequel, amprès la mort de dom Hugues de Montcade, visce-roy[3], fut de nouveau encor faict général par l'eslection de tous les assiégez. Telles eslections par les gens de guerres sont bien plus honnorables que celles qui se font par les faveurs et les

1. *Chef*, tête.
2. *Esbarbat*, imberbe.
3. Voyez plus haut, p. 238.

mains de leurs princes. Il falloit bien que l'on cogneust en ce seigneur je ne scay quoy d'admirable, de magnanime et généreux, plus qu'en tout autre. Il deffend si bien enfin sa ville, qu'en voylà le siège levé à son grand honneur, et malheur pour nous autres.

Par puissance absolue il se donne récompanse à luy et à ses gens de guerre qui avoient si bien faict, et par payes et par biensfaictz, et par une telle libérallité aux despans pourtant de l'empereur, en prenant tout ce qu'il pouvoit prendre sur les suspects à son party et Angevins[1]; ce que l'empereur ne trouva trop bon pourtant, ne voulant qu'il fist ainsi de l'empereur, ny du souverain, ny du libéral à ses despans, et luy sceut bien mander et le corriger doucement; lequel pourtant, pour cela, ne le mescontenta autrement; mais ayant tousjours la charge de général, l'envoye assiéger Florance, en faisant le mieux du monde et la tenant de près.

Sur la fin, comme disent les histoires[2], fut tué de deux harquebuzades à travers le corps, faisant autant office de soldat que de capitaine; car il vouloit fort espouser sa maistresse Catherine de Médicis, aujourd'huy nostre reyne mère[3], que le pape lui avoit promis en mariage. Mais le destin voulut sa mort, affin qu'elle vint à estre nostre reyne de la France: dont le pape ne fut guières marry de sa mort; car il estoit obligé de foy à la luy donner, et il tendoit ailleurs, en lieu plus grand, et possible à celuy à qui il la donna par

1. *Angevins*, les partisans de la maison d'Anjou.
2. C'est-à-dire l'Histoire de Pescaire par Vallès, f° 323, r°.
3. On voit que ce passage a été rédigé avant le 5 janvier 1589, date de la mort de Catherine.

amprès. Il ne faut doubter nullement de ce prince, que si ses années eussent estées longues, qu'il n'eust esté un des parfaictz capitaines du monde, puis que desjà il estoit dans le chemin bien advant pour en arriver à la perfection ; car, se poussant à tous hasardz, et ne reffusant ny froid ny chaud, comm' il faisoit, il en venoit là.

Les histoires italienes racontent de luy qu'il estoit si ardant à parvenir à l'estat et perfection d'un grand capitaine, qu'il ne s'estonnoit nullement à tous hasardz, non plus que le moindre soldat des siens, ainsi qu'il le fist parestre à sa mort ; car il pouvoit demeurer en son camp et tenir sa réputation de général, et donner ceste charge qu'il prist à d'autres braves de ses capitaines, et mesmes à ce brave Maramaldo[1] : lequel, aussi tost que son général fut tué, on luy amena un Ferruci[2] florantin, qui estoit chef du contraire party en ce combat ; et l'ayant veu, le fist désarmer de teste et de corps, luy donna un grand coup dans le corps, et le fit achever à d'autres, trouvant chose indigne qu'il survesquist ce prince, et que c'estoit raison qu'il fust immollé aux mânes de ce brave prince, pour victime signallée à jamais. C'estoit le prince du monde le plus libéral et affable, et, pour ce, fort aymé d'un chascun : j'espère en parler encor ailleurs.

Il se list de luy, et aussi que j'ay ouy dire à des vieux capitaines, soldatz et habitans des susdictes villes, qu'en ses trois principalles factions[3] où il s'est trouvé (qui certes ont estées très belles et hazardeu-

---

1. Guichardin l'appelle Fabricio Maramaus, et Vallès, Maramao.
2. François Ferruccio. Il avait quelques mois auparavant fait pendre un trompette que Maramaus lui avait envoyé.
3. *Faction*, charge, fonction.

ses), il a tousjours très-bien faict : à la prise de Rome, au siège de Naples et au siège de Florance. Assiégeant, il faisoit tousjours ordinairement faction, non seulement de général, mais aussi de simple capitaine et soldat. A ceste grand' escarmouche qui se fit devant Naples, à la Magdelaine, de laquelle M. de Montluc parle[1], il y fit tout ce qu'un brave général et soldat peut faire, ores à pied, ores à cheval, comme je l'ay veu dire à Naples encor de mon temps. Il y eut un moulin que j'ay veu, mais M. de Montluc n'en parle pas, qui par deux fois en ce jour fut pris et repris des nostres et des leurs. A Florance, et aux fortz qui estoient à l'entour, il en fit de mesmes : aussi fut-il tué devant l'un des fortz et chasteaux. Paulo Jovio en parle fort, et autres histoires, mais mieux les Espagnolz. Pour fin, c'estoit un vaillant prince et très brave Bourguignon, et grand ennemy des François[2]. J'ay ouy conter à de vieux mortes-payes[3] du chasteau de Lusignan, qui le gardoient, qu'ordinairement il en disoit pis que pendre; et n'y avoit muraille blanche au chasteau qu'il ne noircit de petitz escriteaux contre les François : et quand mal leur bastoit[4] en guerre, il en estoit perdu de joye; et quand bien, désespéré de deuil. Il fut fort regretté et ploré de tous ceux de

1. Voyez les *Commentaires* de Montluc, édition de M. de Ruble 1864, t. I, p. 91 et suiv.

2. Le réviseur a ajouté après le mot *bourguignon :* « blasmable seulement de ce qu'il estoit si grand ennemy des François. »

3. « Les mortes-payes sont des troupes entretenues pour la garde ordinaire d'une place, qui n'en sortent point. Les soldats estropiés étaient autrefois des mortes-payes. » (*Dictionnaire de Trévoux.*)

4. *Bastoit*, arrivait.

l'armée, autant des Espagnolz que des Allemans, avec lesquelz il avoit grande créance.

Je ne scay que luy pouvoit estre René, prince d'Orange, ou jeune frère, ou cousin[1], qui mourut devant Saint Dizier; mais c'estoit un prince jeune qui promettoit beaucoup de luy, et que l'empereur aymoit et regretta fort : si bien que, lorsqu'il voulut[2] mourir, il l'alla voir en sa tante, et en partit les larmes aux yeux. Il falloit bien qu'il fust estimé grand; car, estant allé à la trenchée, et y trouvant Ferdinand de Gonzague[3], lieutenant de l'empereur, tout assis, ainsi qu'il[4] se levoit pour luy donner le siège sur quoy il estoit assis, vint un gros esclat de pierre qui le[5] blessa, dont il mourut trois jours après. Il falloit bien qu'il fut tenu pour fort grand, puisque le lieutenant de l'empereur luy déféroit ainsi, à luy donner sa place et son siège, bien qu'il commandast aux trouppes de Flandres qu'il avoit amenées.

En luy faillit la race des Paladins[6] de Chalon, et fut transportée en la maison de Nansau par une fille là mariée, après la mort de ce Philibert[7].

1. Le manuscrit porte en marge la note suivante qui est exacte : « Il estoit neveu, fils du conte de Nassau, qui institua son cousin le conte de Nassau comme prince d'Orange. » (Voyez plus loin l'article du comte de Nassau).
Ce René, comte de Nassau, prince d'Orange, fut blessé mortellement au siége de Saint-Dizier, le 15 juillet 1544.
2. *Lorsqu'il voulut*, lorsqu'il fut sur le point de....
3. Voyez plus loin son article, p. 247.
4. *Il*, Gonzague.
5. *Le*, le prince d'Orange.
6. *Paladins*, palatins.
7. Cette phrase doit être entendue ainsi : Par le mariage d'une

Il y a aucuns qui ont dict et escrit que ce fut le marquis de Marignan qui[1] donna ce siège, mais les Espagnolz disent Ferdinand.

Les Espagnolz et Italiens racontent que l'empereur l'alla voir en son lict[2], ainsi blessé et fort au bas, le consolla de tout ce qu'il peut, et luy disant à Dieu le baisa en la joue, et se retira la larme à l'œil. Belle démonstration certes d'une grande bienveuillance, bien que quelques années advant il luy eust bien gasté ses affaires en Flandres, lors que ce brave et vaillant Martin Rossen le deffit[3] et ses trouppes, et se sauva dans Anvers, et y en porta les plus assurées nouvelles luy mesmes (dict P. Jovio). Mais l'empereur restaura le tout, lors que luy en personne mist le siège devant Duren[4], et l'emporta par assaut, où les Espagnolz et Italiens combattirent vaillamment et à l'envy. Ce ne fut pas la faute dudict prince d'Orange en ceste def-

---

fille, elle fut transportée dans la maison de Nassau, après la mort de Philibert. En effet le mariage de Claude de Chalon, sœur du prince d'Orange, est antérieur à la mort de celui-ci qui fit son héritier le fils de cette sœur. (Voyez plus haut p. 245, note 1.)

1. Voyez plus loin son article.

2. Il s'agit ici non plus de Philibert de Chalon tué au siége de Florence, mais de son neveu René de Nassau, blessé mortellement, comme nous venons de le dire, au siége de Saint-Dizier, où Charles-Quint commandait en personne l'armée assiégeante.

3. Brantôme au-dessus du mot *deffit* avait écrit le mot *rossa* qu'il a biffé ensuite. — Martin van Rossem, maréchal de Gueldre, au service de Guillaume duc de Clèves, allié de François Ier, avait envahi le pays de Liége en 1542, à la tête d'une armée de mercenaires. Il fit essuyer une défaite complète à René de Nassau, à Hoch-Straet. Brantôme lui a consacré ailleurs quelques lignes.

4. Dueren, dans le duché de Juliers. La ville fut prise d'assaut le 26 août 1543 et livrée à un affreux massacre.

faicte; car il y fit et combattit très vaillamment jusques à n'en pouvant plus, et n'ayant pas de quoy de forces pour d'advantage s'oppiniastrer au dernier combat : ainsi le porte la loy et la fortune de guerre. Aussi qu'il estoit fort jeune prince, pas guière expérimenté, mais pourtant tout courageux et très vaillant, comme en ceste noble race il n'y en a eu jamais d'autres.

A ce prince Philibert succéda, et en sa place et charge de ce siège de Florance, par la voix de toute l'armée, Ferdinand de Gonzague, et en fut esleu général; m'estonnant fort que le marquis del Gouast ne le fut plustost que luy, ayant esté en grades et charges beaucoup plus advancé auparavant que luy, et commandé aux Espagnolz de tout temps, qui avoient toute créance en luy dès la mort de son cousin, le marquis de Pescayre, et non si grande en Ferdinand; et ceste paille en passa par le bec du dict marquis, qu'il ne fut faict là général, et l'autre si; d'autant (disoient-ilz) qu'il estoit prudent, bening, magnanime, généreux, libéral, fort adroict, gentil, valeureux, et bien proportionné[2] (si estoit bien le marquis). Voylà les qualitez qu'ilz lui donnèrent, et qu'ay veu par leurs escritz. Certes, il estoit cela, et de fort bonne maison, de celle de Man-

Ferdinand de Gonzague[1]

1. Ferdinand de Gonzague, duc de Molfetta, prince d'Ariano et de Guastalla, vice-roi de Sicile, chevalier de la Toison d'Or, gouverneur du Milanais, né le 28 janvier 1507, mort à Bruxelles des suites d'une chute de cheval le 15 novembre 1557. Il était fils puîné de François II de Gonzague, marquis de Mantoue, et d'Élisabeth d'Este.

2. *Proportionné.* Brantôme veut sans doute dire par là que la naissance et les qualités de Gonzague étaient proportionnées à l'importance de la charge à laquelle il était appelé.

toué. Il a esté un très bon et grand capitaine ; aussi, s'il ne l'eust esté, on ne l'eust honoré de l'estat de couronnel général de la cavallerie légère, soubz M. de Bourbon, à la prise de Rome, soubz le prince d'Orange, et à Naples et à Florance, et au voyage de Provance, où il fit fort bien, qui en veut lire les traictez : car du premier coup il prit Montijan et Boissy[1]. Par ses mérites, quelque temps après, l'empereur le fit son vice-roy en Scicille, qu'il gouverna fort sagement, et mesmes contre les soldatz espagnolz amutinez, qui la ravageoient et la mettoient à sac, sans sa grande prévoyance et valeur, qui en fit de rigoureuses justices, dont j'en parle ailleurs.

Il fut aussi lieutenant général au camp de Landrecy, et après au camp de Sainct-Dizier[2], et lors que Sadicte Magesté vint si près de Paris pour l'emporter ; et après tout de mesmes à Milan, où il commança la guerre de Parme[3], et fut donné par l'empereur au roy son filz, en Flandres, pour son principal conseil; duquel il s'en trouva fort bien en si peu de guerres qu'il fit, mesmes à la bataille de Sainct-Quentin, au siège et à la prise[4], comme nous avons veu. En fin il est mort vieux et cassé[5], et fort expérimenté capi-

1. René de Montejean, maréchal de France, et Claude Gouffier, seigneur de Boisy, furent défaits et pris près de Brignolles en 1536, lors de l'invasion de la Provence par Charles V. Du Bellay (année 1536) a raconté longuement le fait. — Brantôme a consacré un article à Montejean.

2. En 1544.

3. En 1547.

4. Sainct-Quentin fut pris le 27 août 1557, dix-sept jours après la défaite de l'armée française venue au secours des assiégés.

5. Il n'avait que cinquante ans. (Voyez plus haut p. 247, note 1.)

taine, tellement qu'on ne luy en peut rien desrober.

Or, comme j'ay dict que ces grandz capitaines sont subjectz quelque fois de donner à travers de leurs âmes, aussi bien que les plus grandz et meilleurs pillottes donnent à travers des bancz et des escueilz[1], cestuy cy fut fort tasché[2], au sac de Rome, de n'avoir espargné la maison de son oncle, le cardinal de Mantoue[3], et en avoir eu sa part. De plus, il fut fort accusé par ce malheureux qui empoisonna M. le Dauphin, que c'estoit luy qui l'avoit suscité et persuadé de le faire, non pas seulement à l'endroit de M. le Dauphin, mais du roy et de tous messieurs ses enfans[4]. C'estoit un très meschant acte et très pernicieux conseil; et ay ouy dire que le roy disoit souvent que, s'il le pouvoit jamais attrapper, qu'il ne le traicteroit pas en prisonnier de guerre, mais en criminel. Aussi

1. Voyez plus haut, p. 207.
2. *Tasché*, taché.
3. Sigismond de Gonzague, cardinal et évêque de Mantoue, mort en 1525. Il était fils de Frédéric Ier de Gonzague, marquis de Mantoue. — Guichardin (liv. XVIII) rapporte le fait autrement. Suivant lui, la marquise de Mantoue, mère de Ferdinand, fut obligée de racheter son palais 50 000 ducats, et le bruit courut que son fils avait touché la cinquième partie de cette rançon.
4. François, fils aîné de François Ier, mourut après quelques jours de maladie le 10 août 1536, à Tournon. On voulut, sans le moindre fondement, voir un empoisonnement dans cette mort soudaine; et l'échanson du prince, le comte Sébastien de Montecuculi de Ferrare fut arrêté et mis à la question. La torture lui fit avouer tout ce qu'on lui demanda, et il accusa Antoine de Lève et Ferdinand de Gonzague d'avoir été les instigateurs de son prétendu crime. Au mois d'octobre, il fut condamné à être écartelé. Le supplice eut lieu à Lyon; le roi et toute la cour y assistèrent. — Brantôme a consacré un article au dauphin François.

est-ce un très grand et odieux crime d'attenter contre un roy sacré, oing et tenant la semblance et la place de Dieu icy bas. Aucuns Italiens ont dict que ce fut Anthoine de Lève le seul coulpable de cela. Il se peut, car on le tenoit avoir l'âme aussy mauvaise que les jambes[1]. Toutes fois, ledict Ferdinand s'en purgea et manifesta son innocence, estant trop généreux pour se marquer de telle tasche.

Le comte de Nansau[2]. — Le conte Nansau, de fort bonne maison et grande, fut aussi bon capitaine, au moins fort estimé pour lors, et que l'empereur aymoit et croyoit fort. Il espousa madamoyselle la princesse d'Orange, qui estoit nourrie à la court du roy, fort belle et honneste princesse. Ce fut lors qu'il vint en France de la part de Charles d'Austriche (qui l'aymoit fort famillièrement) prester au roy la foy et hommages de la conté de Flandres et Artois, et autres terres tenues de la couronne de France : ce qu'il fit, et traicta une paix par le mariage dudict Charles et madame Renée de France[3], mais tout cela se rompit. Et tout ainsi que ce conte avoit faict ce bon coup, il en fit un très mauvais ; car ce fut luy qui le premier commança la guerre en France, qui fut cause despuis de grandz maux ; et commança à brusler, s'attaquant première-

---

1. Voyez plus haut, p. 175.

2. Henri, comte de Nassau, né en 1483, mort le 14 septembre 1538. Il était fils de Jean dit le Jeune, comte de Nassau, et d'Élisabeth de Hesse. Envoyé comme ambassadeur en France par Charles-Quint en 1515, il épousa en secondes noces, la même année à Paris, Claude, fille de Jean de Chalon, prince d'Orange, morte en 1521.

3. Fille de Louis XII, qui devint duchesse de Ferrare. — Brantôme lui a consacré un article.

ment aux terres de messire Robert de La Marche[1], et puis vint ravager et brusler quelques petitz recoings de la France, vint assiéger Mezières[2], qui ne valoit rien pour lors, et fort mal avitaillée ; mais M. de Bayard se jetta dedans, qui la garda, comme chacun sçait, contre la furie et l'effort de ce capitaine, qui la pensoit emporter de plain saut pour ses menaces ; et pour ce, il envoya un trompette à ceux de la ville pour se rendre ; mais M. de Bayard respondit pour tous au trompette que devant de l'ouyr parler d'en sortir, qu'il espéroit faire un pont de corps mortz de ses ennemis, par dessus lesquelz il pourroit sortir. De plus, il luy manda qu'un Bayard de France[3] ne craignoit point un roussin d'Allemaigne. En fin, elle fut si bien gardée par ce brave M. de Bayard (qui en avoit bien veu d'autres), que ledict conte en leva le siège[4] après quelque temps, comm' il fit devant Péronne quelques années après[5], où se trouva M. le mareschal de La Marche[6], le conte de Dampmartin[7] et le couronnel Chiaramont, Napolitain[8], qui avoit esté gouver-

1. Robert de La Marck, duc de Bouillon, seigneur de Sedan, mort en 1535.
2. En 1521.
3. On sait que Bayard est le nom du cheval des quatre fils Aymon.
4. Le manuscrit 6694 ajoutait : *aveq' sa courte honte*, mais ces mots ont été biffés.
5. En 1536.
6. Robert de La Marck, duc de Bouillon, seigneur de Sedan et de Florenges, né vers 1491, mort en 1537. C'est l'auteur des *Mémoires*.
7. Philippe de Boulainvilliers, comte de Dampmartin.
8. Francesco Chiaramonte.

neur du chasteau de Montmélian en Savoye, lorsqu'il fut pris, et s'estoit mis au service du roy ; lequel j'ay veu et tenu pour homme de fort bonne façon, et qui estoit bon et advisé capitaine. Il y avoit aussy dedans force braves et vaillans gentilzhommes de Picardie et capitaines, jusques aux habitants et aux femmes de la ville ; si bien que, par la brave conduicte et vaillance de mondict sieur mareschal et conte de Dampmartin, qui fit fort bien tousjours (aussi il y mourut), tant qu'il falut quicter le siège à ce brave conte, lequel estant venu devant la reine d'Hongrie[1], qui alors commandoit absolument en tous ces Païs-Bas pour l'empereur son frère, elle se mit à courroucer contre luy s'il n'avoit pas honte de n'avoir peu prendre ce coullombier. « Ouy de vray, respondit-il, madame, c'est « un coullombier ; mais les pigeons qui estoient de- « dans se sçavoient bien deffendre et faire autre chose « que s'envoller. » Voylà deux grandz malheurs qu'a eu ce capitaine au siège de deux places fort foibles ; et par ainsi il a esté malheureux capitaine, encor qu'il fust brave et vaillant, comme cela arrive à aucuns, et autres non.

On dict et se list[2] que luy (avec Charles de L'Aunoy) ayda fort à faire la paix de Madrid, et la persuada fort à l'empereur ; et ces deux le gouvernoient, et si n'estoient pas trop ennemis du nom françois, pour en estre voysins et en parler la langue. Aussi Madame la régente luy escrivoit souvant pour avoir son filz en recommandation.

1. Marie d'Autriche.
2. Voyez Vallès, livre VIII, ch. 1, f° 208 v°.

LE COMTE DE NANSAU.   253

J'ay[1] veu une fois un conte de Nanzau en Lorrayne, et vous diray commant : M. le cardinal de Lorrayne[2], aprez la mort du petit roy Françoys, se banist de la court volontayremant dont il s'en repentit aprez, et fist son caresme à Raims, y ayant emmené la reyne d'Escosse, sa nièce, et messieurs ses frères d'Aumale et cardinal de Guise[3]. Aprez Pasques, s'en allarent tous et la reyne à Nancy, voyr M. de Lorrayne[4], qui les festina. De là, ledit cardinal, ayant faict crier ses hommages de l'évesché de Metz et assigné un jour pour les recepvoir à Vif[5], qui est un beau chasteau, ou chambre épiscopale qu'on appelle ainsin. Là vinrent force grands segneurs d'Allemaigne vers les confins de Metz, pour prester leur sermant de fidélité. Il y en avoit, tant des uns que des autres, d'une et autre religion : entre autres se trouva le conte de Nansau, le premier de tous et le plus grand, qui avoyt très bonne façon, et à qui M. le cardinal et tous déféroyent fort ; mays il estoyt un peu trop biberon, et son visage rubicond le monstroyt. On disoyt qu'il estoyt fils de ce conte de Nansau ; il le pouvoyt estre[6], car il pouvoyt

1. Tout cet alinéa est tiré du manuscrit 6694, f° 58 r°. Il est écrit sur les marges de la main de Brantôme, et plus tard a été biffé.
2. Charles de Guise, cardinal de Lorraine, évêque de Metz, archevêque et duc de Reims, mort en 1574. — Le fait dont parle Brantôme se passa en 1561, François II étant mort le 5 décembre 1560.
3. Marie-Stuart. — Claude de Lorraine, duc d'Aumale. — Louis de Lorraine, cardinal de Guise.
4. Charles II.
5. Vic, à six lieues S. E. de Nancy.
6. La chose était impossible puisque Henri de Nassau n'eut qu'un fils, René dont nous avons parlé plus haut (p. 245), mort sans enfants, en 1544.

avoir......[1] Je pense que ce prince... de.... Flandres est venu de ceste race. Je ne suis pas esté si curieux de m'en enquérir au vray.

Monsieur de Bourbon[2].

Il faut parler astheure un peu et beaucoup de M. de Bourbon, lequel je metz parmy les grandz capitaines impériaux, encor qu'il fust du noble sang de France et le premier prince; mais les Espagnolz se vantent d'avoir faict de belles guerres soubs luy; de sorte qu'eux mesmes luy bastirent ainsin sa sépulture: *La Francia me dio la leche, l'Espagna la gloria y l'adventura, l'Italia la sepultura.* « La France me donna le laict et ma première nourriture[3], l'Espagne la gloire et l'advanture, et l'Italie la sépulture. » Si a-il pourtant acquis de grande gloire tant qu'il a servy sa France; car ayant esté faict connestable par le feu roy François, à son advènement à la couronne, il mena l'advant garde (comme à lui appartenoit de raison) à la bataille des Suysses, où il fit divinement bien, et y perdist François[4], M. son frere, près de luy; et amprès toute la conqueste de l'estat de Milan, le roy,

1. Il manque ici une ligne écrite en marge en haut de la page et qui a été rognée par le relieur.
2. Charles III du nom, duc de Bourbon, d'Auvergne et de Châtellerault, connétable de France, né le 28 février 1489, tué au siége de Rome le 6 mai 1527. Il était le second fils de Gilbert de Bourbon, comte de Montpensier, et de Claire de Gonzague, fille de Frédéric de Gonzague, marquis de Mantoue. Il avait épousé le 10 mai 1505 Suzanne de Bourbon, fille et héritière de Pierre II, duc de Bourbon, morte le 28 avril 1521.
3. Au sujet de cette épitaphe, tronquée et altérée par Brantôme, voyez l'*Appendice*.
4. François de Bourbon, duc de Châtellerault, frère puiné du connétable, tué à la bataille de Marignan.

s'en tournant en France, l'y laissa son lieutenant général, qu'il gouverna fort sagement et sans perte. Puis estant tourné quelque temps après en France, le roy eust quelque mescontentement de luy, par la persuasion de madame la régente, qui luy demandoit son douaire sur sa maison, voire et qui plus est, desiroit fort l'espouser; mais luy, la desdaignant et en parlant très mal, l'anima contre luy tellement qu'elle le luy rendit bien. Que c'est que de l'amour et d'un desdain! car [la bonne dame] n'estoit si vieille ny cassée qu'elle n'en voulust encor taster en bon mariage[1]. Le voyage de Valencianes se présenta, où à M. de Bourbon cuydant mener l'advantgarde, luy fut ostée et donnée à M. d'Alançon[2]; dont accroissant despit sur despit, partit de la France. Aucuns disoient qu'il eut tort pour ce subject, car il devoit au beau-frère de son roy, bien qu'il fust connestable, un peu céder.

Il s'en alla au service de l'empereur, non sans grande peine et hasard de sa vie par les chemins, car il estoit guetté de toutes partz, et les passages tous gardez[3]; mais la fortune luy fut si bonne qu'il se sauva tout seul avec M. de Pomperant[4]. Que c'est que

1. Le correcteur du ms. 3262, a remplacé les quatre derniers mots par ceux-ci: se marier.
2. En 1521. — Le duc d'Alençon, Charles de Valois, avait épousé Marguerite, sœur de François Ier.
3. Il partit de son château de Chantel, en Bourbonnais, au mois de septembre 1523, et, neuf jours après, il arriva en Franche-Comté, à Saint-Claude.
4. Pomperant était, dit le *Journal d'un Bourgeois de Paris* (p. 258), un des principaux amis et familiers du connétable. Ce fut à lui que François Ier se rendit à la bataille de Pavie, et il ne

d'avoir un bon second pour compagnon ! Et voylà pourquoy les poëtes de jadis nous ont figuré ces braves héros ayant tousjours avecqu'eux, en leurs braves entreprises, un bon, fidel et vaillant compagnon et confidant. Les exemples en sont communs : comme bien en prit à M. de Bourbon d'avoir avecque luy cet assuré et sage second, lequel ayant tué d'homme de bien, à Amboise, le seigneur de Chissay, qui estoit fort aymé du roy et estoit des gallans de la court (ce fut luy que M. de L'Autrec envoya au pape Léon avec quelques gens pour conquester la duché d'Urbin; Marot en a faict une complaincte en ses œuvres[1]); fallut qu'il s'en fuist par

tarda pas à rentrer en grâce auprès du roi qu'il suivit en Espagne. La même année, il tua « un gros seigneur espagnol, » fut forcé de s'enfuir et gagna à grand' peine la France, où il fut bien accueilli par la régente qui lui donna une compagnie de cinquante lances.

1. La pièce à laquelle Brantôme fait allusion est le rondeau suivant:

> D'un coup d'estoc, Chissay, noble homme et fort,
> L'an dix et sept, sans malheureux effort,
> Tomba occis au mois qu'on sème l'orge,
> Par Pomperan, qui de Boucchal et Lorge
> Fut fort blessé, quoy qu'il résistast fort.
>
> Chissay, beau, jeune, en crédit et support,
> Fit son devoir au combat et abord ;
> Mais par hasard fut frappé en la gorge
> D'un coup d'estoc.
>
> Dont ung chascung de dueil ses lèvres mord,
> Disant : Hélas ! l'honneste homme est-il mort ?
> Pleust or à Dieu et monseigneur sainct George,
> Que tout baston eust esté en la forge,
> Alors qu'il fut ainsi livré à mort
> D'un coup d'estoc !

Voici les détails que l'on trouve sur ce duel dans la Chronique d'Arnould Ferron (édition de 1555, in-8, livre VI, f° 11):

Ibi (à Vérone) congressi sex equites gallici cum totidem ex Hisl'excorte et addresse que luy donna M. de Bourbon, non sans un mescontentement du roy ; et par ainsi sauva sa vie, qu'il employa despuis [luy nullement ingrat] au service de son bienfacteur.

Enfin voylà M. de Bourbon sauvé et veu amprez de l'empereur de fort bon œil, qui le [récompensa et] repeust de belles parolles : cependant le sert bien et fidellement, par son moyen ayant emmené à propos le secours d'Allemaigne et de M. le marquis de Pescayre, qui furent cause tous deux de la battaille de Pavye qu'elle fust gaignée. Il fut après lieutenant général de l'empereur, là où il acquist telle gloire, honneur et renom, que les soldatz firent de luy une chanson, qui l'exaltoient grandement par dessus Cæsar, Anibal et Scipion, et commançoit :

Calla, calla, Julio Cesar, Anibal y Scipion.
Viva la fama de Bourbon!

Que maintenant se taisent Cæsar, Annibal et Scipion.
Vive la renommée de Bourbon!

En après racomptent aucuns de ses faictz particu-

---

panis, victores rediere. In iis fuere Cicheus, regi familiaris, Moularcus et quidam alii ; quos imitatus Pomperanus, inermis cum inermi hoste congrediens, victor et ipse rediit, sed Cicheo et aliis irridentibus ; unde postea ingens inter eos orta simultas, ut aliquot post annis Cicheus renovatis inimicitiis in decursione militari ex cauda equi ferocientis impacta ori proximi Pomperani, clam cum Pomperano congressus, necatus sit. Ipse Pomperanus à Lorgio vulneratus, et jussu regis, qui Cichei morte gravissime affectus erat, ad supplicium rapi jussit. Sed cum constaret alterum alteri velut privatum duellum prius denuntiasse, Borbonio adnitente, mitigatus est rex.

liers en ladicte chanson, que possible en autre endroict la mettray-je en ce livre sur quelqu'autre subject[1]. Voylà les gentilz motz que ces braves soldatz donnoient à leur général, bien différens à ceux que les soldatz de Cæsar luy donnarent à son retour des Gaulles en triumphant à Rome : *Gallias subegit Cæsar, Nicomedes Cæsarem; ecce Cæsar triumphat qui subegit Gallias; ecce Nicomedes triumphat qui subegit Cæsarem*[2]. « Cæsar a subjugué les Gaules, et Nicomèdes a subjugué Cæsar. Voylà Cæsar qui triumphe, qui a subjugué les Gaules, et voylà Nicomèdes qui triumphe, qui a subjugué Cæsar. » Ce brocquard est vilain. Et voylà les sobriquetz que ces soldats romains donnoient à leur empereur, qui ne s'en soucioit point : encor en ryoit-il; car tout estoit de guerre et tout bon à dire ce jour là.

Les braves soldatz espagnolz honnoroient bien autrement leur général; car, à ce que j'ai ouy dire à aucuns de ce temps là, par tout leur camp ilz ne chantoient autre chanson, et mesmes en cheminant, pour se désennuyer, et sur tout quand ilz le voyoient passer; ausquelz il applaudissoit, et les saluoit fort courtoisement, leur disant à tous les coups (ainsi qu'il tiroit à Romes) : « Laissez faire, compagnons, patien-

---

1. Voyez plus loin, p.
2. Brantôme a estropié cette chanson et oublié, dans le dernier membre de phrase, une négation qui en change complètement le sens. En voici le texte tel que le rapporte Suétone (*Vie de César*, ch. 49) :

Gallias Cæsar subegit, Nicomedes Cæsarem.
Ecce Cæsar nunc triumphat, qui subegit Gallias.
Nicomedes non triumphat, qui subegit Cæsarem.

« tez un peu : je vous mène en un lieu que vous
« ne sçavez pas, où je vous fairay tous riches »; ne leur
nommant pourtant le lieu, qu'estoit Rome; ce qu'il fit.

Mais en la prenant et montant le premier sur la
muraille, il y mourut, avec un tel regret de ses gens,
que de rage, pour vanger sa mort, ils ne laissarent jamais de crier : *Carne, carne! sangre, sangre*[1]!
Bourbon, Bourbon! et de tuer jusques à ce qu'ilz en
furent las et non pas saoulz, *hasta a non hartarse*[2]
(dict le mot espagnol).

Encores qu'en plusieurs histoires nous y voyons
descripte la prise de ladicte Rome, si en veux-je icy
toucher quelque mot que j'ay ouy dire à aucuns et
appris d'eux, et mesmes des Espagnolz, qui en ont
mieux escrit et parlé que tous tant qu'il y en a, au
moins en plus gentiles particularitez[3].

Il faut donc sçavoir que M. de Bourbon fut fort
mal content de l'empereur, qui ne lui avoit pas tenu
tout ce qu'il luy avoit promis quand il le voulut
gaigner; ainsi qu'est le naturel des empereurs, roys
et grandz princes souverains, que, quand ilz veulent
desbaucher un homme, et le révolter et destourner de
son party et du service de sa patrie et de son roy,
leur promettent des montagnes d'or; mais, estant une
fois envazzez et engagez parmy eux, n'en tiennent
plus de conte, et s'en mocquent, jusques à leur faire

---

1. Carnage, carnage! sang, sang!
2. Jusqu'à ne s'en pouvoir rassasier.
3. Ces écrivains espagnols dont parle Brantôme sont moins
nombreux qu'on pourrait le croire d'après son dire, car presque
tous les détails relatifs à l'expédition de Rome sont tirés de Vallès,
fos 241 et suiv.

naquetter¹ leur vie², comme j'en donnerois beaucoup d'exemples, et en faictz un discours long ailleurs³.

Entr'autres belles condictions, il luy avoit promis la reyne Léonor, douairière de Portugal, en mariage; mais il la donna au roy François : aussi y avoit-il bien de la différance et du choix entre un roy et le vassal. Il est bien vray qu'il fut fort compris dans le traicté de Madrid, comme nous lisons⁴; mais le roy le rompit tout à trac quand il fut en France : si bien que M. de Bourbon fut du guet⁵. Dont l'empereur le voulant gratifier, le fit son lieutenant général de son armée en l'estat de Milan et en l'Italie, qui estoit une chose autant proffitable à l'empereur que ruyneuse à M. de Bourbon, d'autant qu'il estoit un très bon capitaine, et qu'il sçavoit bien qu'il en tireroit de luy gloire et honneur, et bonne chevance. Estant arrivé donc d'Espaigne à Milan, il y trouva bien des fusées à desmesler, car les soldats s'amutinoient et ne faisoient que crier tous les jours après l'argent; si bien, disoient les Espagnolz⁶, *que sino los pagavan, rebolverian todo el mundo : y por mostrar en la obra sus*

---

1. « *Naquetter*, suivre les grands, faire sa cour servilement. » (*Dictionnaire comique de Le Roux.*)

2. Pendant toute leur vie.

3. Le ms. 6694 (f° 59 r°) ajoute ici les mots suivants qui ont été raturés : « Si que possible le feray-je ung jour; car j'en ay ung brave subject. »

4. Par ce traité, François Ier s'était engagé à pardonner au connétable et à ses complices et à leur restituer leurs biens.

5. « On dit qu'un *homme est du guet*, pour dire qu'un autre à profité de son absence, qu'on l'a attrapé. » (*Dictionnaire comique de Le Roux.*)

6. Brantôme a un peu modifié ici le texte de Vallès, f° 231 v°.

intentiones, sacqueavan y robavan todo. « Que, si on
« ne les payoit, ilz tourneroient le monde sens des-
« sus dessoubz ; et, pour monstrer à l'œuvre leurs
« intentions, ilz saccageoient et desroboient tout. »
Il fut contrainct de faire un emprumpt sur la ville, de
trente mill' escus, ce qui fascha fort aux habitans ;
mais il leur jura qu'aussi tost après les avoir receuz,
il les distribueroit aux soldatz, et aussi tost les jette-
roit hors la ville, avec telle protestation qu'il faisoit à Dieu, que, du premier coup d'harquebus tiré
de son ennemy, il peust mourir s'il ne leur tenoit
parolle. Mais il n'en fit rien pour ceste fois ; et dict-
on qu'après, pour ceste mallédiction qu'il se donna
luy-mesmes, il eust ceste harquebuzade à Rome,
qui le tua comm' il avoit dict. Il fallut encor faire
un autre emprumpt ; car les soldatz faisoient encor pis
que devant à ravager les pauvres gens ; si bien qu'on
dict qu'il y en eut aucuns qui, du mauvais traictement
qu'ilz recepvoient des soldatz, se pendirent ; d'autres
se précipitarent du haut des tours ; d'autres se tuarent.

Pour fin, M. de Bourbon, après en avoir tiré
de l'argent, les sort et faict dessaing de courir aux
terres du pape, et, ayant faict un gros corps d'armée,
d'assiéger Plaisance : la trouva fort bien munie de
gens qui s'y estoient soudain jettez dedans, ensemble
dans Bouloigne, où s'estoit aussi mis le marquis de
Saluce[1] avec l'armée françoise qu'il avoit. Il fit séjour
quinze jours là auprès, en un lieu qu'on nomme
Sainct-Jehan[2], à cause des grandes pluyes, du mau-

1. Michel-Antoine, marquis de Saluces.
2. San-Giovanni, dans le Bolonais.

vais temps et du grand hyver qu'il fit; et puis, après avoir conféré avecque le duc de Ferrare[1], et tiré de luy force courtoysies pour luy, et pour son armée force vivres, avant que tirer chemin il haranga ses soldatz ainsi, en leur descouvrant son secret et son dessaing. Je l'eusse mis voulontiers en espagnol, comme ell' est[2]; mais j'avois peur d'importuner le lecteur à répéter si souvant les parolles espagnolles.

« Vous, mes vaillans capitaines, et vous mes braves
« soldatz, de quel ordre que vous soyez, aujourd'hui
« pour l'amour et la foy que j'ay en vous autres, et
« que je vous tiens, non pas seulement comme frères
« et mes enfans, mais comme pères honnorables, en
« lesquelz je recognois tenir mon honneur et ma vie
« de vostre valeur, avec parolles briefves je vous
« veux dire et descouvrir mon secret et toute mon
« intention; que, vous m'aydant, de vostre vertu et
« valeur accoustumée, j'espère bien tost de vous
« faire tous riches du sac de la superbe Rome, en
« vous promettant de vous en faire seigneurs, et vous
« mettre entre vos mains les peuples, les seigneurs,
« gentilz-hommes, sénateurs, leurs femmes, les pré-
« latz et tout le consistoire des cardinaux, avec leurs
« richesses et avec leur pape Clément, qui tient par
« trop indignement la place de saint Pierre. »

A telles belles parolles, les capitaines et soldatz prestarent tellement l'oreille et le courage que, *todos en aquel puncto emprendieron á hazer guerra á todo el mundo,* « Que tous en ce poinct entreprindrent de faire la guerre à tout le monde. » Et par ainsi se mi-

---

1. Alphonse d'Este. — 2. Voyez le texte dans Vallès, f° 248 r°.

rent à cheminer, tous très délibérez de faire bien et mal, dit le compte; si bien qu'en chemin ayant rencontré dom Charles de L'Aunoy, qui venoit à l'audevant de M. de Bourbon, et qui portoit le concert de la concorde[1] (de telz motz use l'espagnol) qu'il avoit faict avecque le pape Clément, le cuidèrent tuer, sans M. de Bourbon (mal rendu pourtant l'affront qu'il luy fist de luy avoir osté et emmené le roy François en Espagne), d'autant qu'ilz pensoient aussi saccager Florance : mais s'estantz embouchez ensemble et Bourbon et le visce-roy, Bourbon tira outre sans attaquer Florance ; car il y estoit entré aussi force gens de guerre, et ceux de la ville avoient baillé quelque argent. Charles de L'Aunoy se retira à Sienne. En quoy certes le pauvre pape fut fort vilainement trompé et abusé. Aussi le visce-roy ne la fit guières longue après; car ce n'estoit pas peu de chose de tromper un tel personnage que le pape, soubz titre de la bonne foy pour laquelle il procéda.

Il ne faut point demander les maux que les soldatz faisoient; d'autant qu'ilz ne trouvoient leurs hostes pour leur donner vivres, et estoient tous sarrez dans les fortz : de sorte que quelques trouppes de François (car M. de Bourbon en avoit force avec luy, qui s'estoient donnez à luy, et de mesmes les avoit receuz) forçarent un chasteau qui s'appeloit Pienne[2], où ilz tuarent plus de huict cens hommes, et e mirent tout à sac.

Estant venu M. de Bourbon au dessus de Belve-

1. *El concierto de la concordia* (Vallès, f° 246 v°). — 2. El castillo de la Pieve, dit Vallès, f° 249 r°. Voyez Guichardin, liv. XVIII.

der de Rome, le 5 de may 1527, le soir, en plaçant son camp, visitant ses gardes et ordonnant ses trouppes pour le lendemain à l'assaut, il les haranga encor pour la seconde fois, et la dernière aussi par telles parolles que je referay en espagnol, parce qu'elles ont plus je ne sçay quoy de gallant et brave que la précédante concion et raisonnement, disant[1] : *Ó capitanes de gran valor y esfuerço, y vos soldados mios muy queridos, pues la gran ventura y suerte nuestra nos ha traydo al punto y lugar que tanto hemos desseado, passando por caminos tan asperos, con nieves y frios tan grandes, en metad del ynvierno, con lluvias y lodos, con encuentros de nuestro enemigo, con hambre y sed, y sin dinero, y finalmente con todas las necessidades del mundo, agora es tiempo de mostrar en esta noble y rica empresa el animo, la virtud y fuerças de vuestros cuerpos. O aveys de quedar agora perdidos para siempre, si fueredes vencidos, o ennoblecidos, honrados y ricos para siempre, si de la pelea salieredes vencedores. Toda la esperança de nuestro bien, honra y gloria esta en la victoria. No ay ninguno de nuestros enemigos, (aun las naciones estrangeras tiemblan en oyr vuestros nombres) que no este atonito de miedo y se espante del nombre de nuestro exercito victorioso. En acometiendo nos otros los muros de Roma, bolverá el enemigo las espaldas de miedo, no avrá capitan que sea poderoso para tornarlas á la defensa. Si jamas aveys desseado saquear ciudad por riquezas y tesoros, es esta una y la mas*

---

1. Voyez Vallès, f° 249, Brantôme a supprimé dans sa citation deux phrases du texte espagnol.

rica y señora del mundo. D'esta vez alcançando victoria, que dareys ricos, señores, y bien aventurados, y sino, todo lo contrario. Yo hallo muy ciertamente, hermanos mios, que esta es aquella ciudad que en los tiempos passados pronosticó un sabio astrologo, diziendome que infalliblemente, en la presa de una ciudad, el mi fiero ascendente me amenazava la muerte. Pero yo ningun cuydado tengo de morir, puesque, muriendo, el cuerpo quede de mi perpetua fama por todo el mundo. « Mes capitaines, qui tous estes de grand valeur et courage, et vous mes soldatz très bien aymez de moy, puis que la grand advanture de nostre sort nous a menez et conduictz icy, au poinct et au lieu que nous avons desiré, amprès avoir passez tant de meschans chemins, avec neiges et froidz si grandz, au beau mitan de l'hyver, avec pluyes et boues, et rencontres d'ennemis, avec faim et soif, sans aucun sol, bref, avec toutes les nécessitez du monde, ast'heure il est temps de monstrer en ceste noble et riche entreprise le courage, la vertu et les forces de vos corps. Ou vous avez ast'heure d'estre perdus pour jamais si vous estes vaincus; ou ennoblis, honnorez et riches pour jamais aussi, si vous sortez de ce combat les vainqueurs : toute l'espérance de nostre bien, honneur et gloire, consiste en ceste victoire; car il n'y a pas un de nos ennemis (encores les nations estrangères), qui ne tremblent à ouyr vos noms, et qui ne demeure estonné de peur, et ne s'espouvante du nom de nostre camp victorieux. Nous autres en attaquant les murs de Rome, l'ennemy tournera les espaules de peur; et n'y aura capitaine, tant brave soit-il, qui les ose tourner pour se deffendre. Si vous avez jamais desiré de saccager une ville pour richesses et thrésors, ceste-cy en est une, et la plus riche, voire la dame de tout le monde. Si ceste fois vous obtenez la victoire, vous demeurerez riches seigneurs, et très heureux : sinon vous serez tout le contraire. Mes frères, je trouve certainement que là est ceste ville qu'au temps passé pronostiqua un sage astrologue de moy, me disant qu'infalliblement à la prise d'une ville mon fier ascendant[1] me menaçoit que j'y devois mourir : mais je vous jure que c'en est le moindre de mes soucys ; et m'en soucye peu d'y mourir, si, en mourant, mon corps demeure avec une perpétuelle gloire et renommée par tout le monde ! » Belles parolles certes, et prononcées d'un grand courage, et mesmes la fin et la résolution de celuy qui les prononçoit : aussi advint-il ainsi comm'il les dist et le voulut. Après, il commanda qu'on se retirast, qui au repos, qui à la garde, et qu'un chascun fust prest à l'assaut de bon matin.

Despues que las estrellas fueron esclarescidas por otro mayor resplendor del sol y de las armas tan bien luzidas de los soldados que se apperejavan al assalto[2]. « Après que les estoilles se furent obscurcyes pour plus grand resplandeur du soleil et aussi des armes reluisantes des soldatz qui s'apprestoient pour aller à l'assaut » (gentilz motz que voylà), luy, après avoir ordonné de son assaut, estant vestu tout de blanc

---

1. « Ascendant, en termes d'astrologie, est l'horoscope ou le degré de l'équateur qui monte sur l'horizon au point de la naissance de quelqu'un, et qu'on croit avoir influence sur sa vie et sur sa fortune. » (*Dictionnaire de Trévoux.*)

2. Brantôme a tout à fait changé le texte de Vallès, f° 249 v°.

pour se faire mieux cognoistre et apparoistre (ce qui n'estoit pas signe d'un couard), les armes en la main, marche le premier, et proche de la muraille, ayant monté deux eschellons de son eschelle, ainsi qu'il l'avoit dict le soir, ainsi luy advint-il que l'envieuse fortune, ou, pour mieux dire, traistresse, fist qu'une harquebuzade luy donnast droict au costé gauche, et le blessa mortellement ; *Aunque* (dict l'espagnol[1]), *le quitó el ser, pero un solo puncto no le pudó quitar la magnanimidad y vigor, en tanto que el cuerpo tenió sentimiento.* « Et encor qu'elle luy ostast l'estre « et la vie, toutesfois d'un seul poinct elle ne luy « peut oster sa magnanimité et vigueur, tant que « son corps eut de sentiment » ; ainsi qu'il le monstra bien par sa propre bouche : qu'estant tumbé du coup, il dist à aucuns de ses plus fidelles amis qui estoient tout auprès de luy, et sur tout au capitaine Gogna Gascon, *su gran familiar*[2] (je pense que c'estoit le capitaine Jonas, mais l'espagnol l'appelle Gogna, Gascon. Du despuis ce Jonas eut la teste trenchée à Paris; ce Gogna fut pris au combat de Philipin Dorio devant Naples, avec le marquis del Gouast[3]), qu'ilz le cou-

1. Vallès, f° 250 r°.
2. Son grand ami.
3. Dans une lettre écrite par P. Jove au sujet de la bataille navale gagnée par Ph. Doria en 1528 (voyez plus haut, p. 236), on trouve aussi mentionné, comme dans Vallès, *il capitan Gognian, favorito di Borbone, quel che tenea Cotignola.* Est-ce le même que le capitaine Jonas? cela ne paraît guère possible. En tout cas, le 8 mars 1535, fut décapité à Paris, « messire Maurice Jonas, provençal, chevalier de Rhodes, pour ce qu'il avoit voulu vendre les gallères du roy, desquelles il estoit cappitaine, à Barberousse pour le Turcq. » (*Journal d'un bourgeois de Paris*, p. 452.)

vrissent d'un manteau et l'ostassent de là, afin que sa mort ne fust occasion, aux autres de laisser l'entreprise si bien encommancée. Et ainsi qu'il tenoit ces parolles avecqu'un brave cœur, comme s'il n'eust eu aucun mal, il donna fin, comme mortel, à ses derniers jours.

J'ay ouy dire à Rome qu'on tenoit que celuy qui tira ceste malheureuse harquebuzade estoit prebstre[1], tout ainsi que celuy aussi qui dans Sainct Dizier tua ce brave prince d'Orange[2]. (Ces prebstres, quand ilz se mettent à mal, font tousjours quelque mauvais coup, comme à faire bien.) La vieille chanson de ces advanturiers d'alors disoit pourtant ainsi :

> Quand le bon prince d'Orange
> Vist Bourbon qui estoit mort,
> Criant : Sainct-Nicollas!
> Il est mort, saincte-Barbe!
> Jamais plus ne dist mot,
> A Dieu rendit son ame.
>
> Sonnez, sonnez, trompettes,

1. Suivant Benvenuto Cellini, ce serait à lui ou à l'un des deux hommes qu'il avait avec lui qu'il faudrait rapporter l'honneur d'avoir tiré l'arquebusade qui tua le connétable. Voici son récit : Voltomi subito ad Alessandro e a Cecchino, dissi loro che sparassino i loro archibusi; e insegnai loro il modo, acciocchè è non toccassino un' archibusata da quei di fuora. Cosi fatto due volte per uno, io mi affacciai alle mura destramente, e veduto infra di loro un tumulto istrasordinario, fu che da questi nostri colpi si ammazzò Borbone; e fu quel primo ch'io vedevo rilevato dagli altri; per quanto dappoi s'intese. (*Vita di Benvenuto Cellini, scritta da lui medesimo*, lib. I, c. 7).

2. Le ms. 6694 ajoute ces mots qui ensuite ont été biffés : « auquel finist la noble race de Chalon et despuis fut transférée par une fille en celle de Nansau. » (Voyez plus haut p. 245.)

> Sonnez tous à l'assaut;
> Approchez vos engins,
> Abbattez ces murailles :
> Tous les biens des Romains
> Je vous donne au pillage.

Voylà ce qu'on chantoit pour lors : car, ces bons advanturiers ne visoient en ce temps là tant à la rihtme comme au sens. Or, tout ainsi que M. de Bourbon avoit recommandé couvrir et cacher son corps, ses gens le firent; si bien que l'escallade et l'assaut se poursuivit si furieusement que la ville, amprès avoir un peu résisté, fut emportée : et les soldatz, ayant desjà ouy le vent de sa mort, en combattirent plus endiablement pour venger sa mort, laquelle certes le fut très bien, car on se mit à crier : *Carne, carne! sangre! sangre! Sierra, Sierra!*[1] *Bourbon, Bourbon!*

Le premier qui monta à la muraille (ce conte ne doit point estre teu) fut un enseigne espaignol, brave et vaillant; il le monstra bien; lequel se nommoit Jouan d'Avalos; et estant ainsi monté, luy fut tiré un' harquebuzade qui luy rompit et cassa tout l'os du bras : si bien qu'il fut contrainct de s'envellopper de l'autre bras du taffettas de l'enseigne. Et, se tournant, dernier soy[2] il vist un capitaine de gensdarmes qui s'appeloit Cuaco[3], brave et vaillant soldat, auquel il dist : « Mon capitaine, je vous récommande mon

---

1. *Cierra* était un cri de guerre des Espagnols et signifie : *joignons-les*. — Un annotateur ne corrigeant pas l'orthographe de Brantôme (*sierra* pour *cierra*) a traduit ainsi ce passage : « Au carnage, au sang, *à la scie*, Bourbon! »

2. *Dernier*, derrière. — 3. Cuaco, dans Vallès.

« honneur, car je suis mort »; et en disant cela, il lui donna son enseigne, et dans peu il mourut. Ce capitaine Cuaco, la prist aussi tost; mais fut chargé d'une trouppe de François qui survindrent, qui estoient dans la ville (car il y en avoit et dedans et dehors), qui firent bravement teste et le repoussèrent, où il fut fort blessé; si bien qu'il tumba et perdit son enseigne. Estant un peu revenu à soy, il se releva; et, abordant un alfier qui avoit une enseigne noire avecqu'une croix blanche, en despit de tous luy osta son enseigne; et passant plus outre en combattant comm' un lion, avecque ce bon succez, se mist à crier : *Victoria, victoria! Imperio, Imperio!* et les autres après; si bien que la ville fut prise. Le capitaine Cuaco, sur ce, rencontre le capitaine de l'enseigne à luy recommandée, auquel il fit entendre la mort et la blessure et les parolles de son alfier, et la recommandation de son enseigne; que l'ayant perdue et tumbé quasi mort pour avoir esté blessé, qu'il en avoit recouvert un' autre après estre revenu à soy, et qu'il luy en faisoit présent pour l'autre, et que s'il luy pouvoit satisfaire mieux, qu'il luy commandast, que voulontiers il le fairoit. En quoy le capitaine fut très content, et se sentit très honoré, et l'en remercia, et luy offrit tout service[1]. O grand vertu et valeur des capitaines! jamais ilz ne se pourroient assez exalter, ny leur curiosité à conserver leurs drappeaux. Voylà pourquoy qui les a en garde les doit conserver comme la vie.

La muraille et les rempartz gaignez, les Romains

---

1. Ce récit est pris textuellement dans Vallès, f° 250, v°.

commençarent à fuir, et sauve qui peut. Les Impériaux poursuivent leur victoire de telle furie, qu'on disoit que tous les diables estoient là tous assemblez, comme disent les Espagnolz, en leur langue ; car les harquebuzades, les crys des combattans, les plainctes des blessez et mourans, le battement des armes, le son des trompettes, la rumeur des tambours, qui animoient d'autant plus les soldatz au combat, et les coups de picques, faisoient un tel bruict, qu'on n'eust ouy tonner le ciel, quand il eust tonné. Et poursuisuivirent si prestement les vainqueurs leur victoire, qu'à grand peine ceux de dedans eurent loysir d'abbattre les chaisnes du chasteau : si bien que le cardinal Armelyn[1] y cuyda laisser le chappeau, sans un de ses amis qui l'haussa avecqu'une corde de bas en haut.

Le cardinal de Santiquatre[2], en se sauvant dans le chasteau à course de cheval, son cheval vint à tumber, ou bien luy, qui se tenoit pas bien, possible ; fut traisné, un pied dedans l'estrieu, jusques à la porte du chasteau par son cheval, qui le traisna et mena jusques là à la bonne et mall'heure ; car je pense que son corps en demeura bien mutilé ; et par ainsi se sauva, ayant passé un autre grand danger. Ce cheval fut encor bon et sage d'avoir ainsi sauvé son maistre si disgracieusement. Le grand camérier du pape y fut là tué[3].

Le prince d'Orange y acquist un très grand honneur ; car, n'estant secondé des grandz ses compa-

1. François Armellino, évêque de Pérouse, mort en 1527.
2. Laurent Pucci, cardinal du titre de *Santi-Quattro* (c'est-à-dire des Quatre Saints couronnés), mort en 1531.
3. Paulo de Areggio. Voyez Vallès, f° 252 r°.

gnons, estant M. de Bourbon mort, M. le marquis del Gouast demeuré mallade d'une grosse fiebvre quarte à Ferrare, et puis porté à Naples, il vint au Ponte Sixte, où ayant trouvé Juannin, Anthonio et Valerio Ursins, braves et vaillans seigneurs, et Hieronimo Matheo, qui s'estoient r'aliez là avec deux cens bons hommes, pour rendre quelque combat et tenir le passage, d'un costé et d'autre fut très valeureusement combatu. Toutesfois, à la fin, le prince leur fit une charge si furieuse, que les Romains furent contrainctz de s'enfuyr, les uns qui çà, les autres qui là, maudissant l'heure que jamais le pape avoit consenty à Charles de L'Aunoy[1].

Or, Rome vaincue et du tout en la puissance des Espagnolz et lansquenetz, qu'on ne parloit plus de rendre combat, les gallans bien aises se mirent à desrober, tuer et violer femmes, sans tenir aucun respect ny à l'aage ny à dignité, ny à hommes ny à femmes, ny sans espargner les sainctes reliques des temples, ny les vierges ny les moniales[2] : jusques là que leur cruauté ne n'estendit pas seulement sur les personnes, mais sur les marbres et antiques statues[3]. Les lansquenetz, qui nouvellement estoient imbus de la nouvelle religion, et les Espagnolz encor aussi bien que les autres, s'habilloient en cardinaux et évesques en leurs habitz pontifficaux, et se pourmenoient ainsi parmy la ville[3]; au lieu d'estaffiers, faisoient marcher

---

1. Le pape avait conclu avec Charles de Lannoy une trêve qui lui avait inspiré une profonde sécurité; mais Bourbon ne la reconnut pas et continua à marcher sur Rome.
2. *Moniales*, religieuses.
3. Voyez Vallès, f° 252 v°.

ainsi ces pauvres eclésiastiques à costé ou au devant en habitz de lacquais : les uns les assommoient de coups, les autres se contentoient à leur donner dronos[1]; les autres se mocquoient d'eux et en tiroient des risées en les habillant en bouffons et mattassins; les uns leur levoient les queues de leurs chappes, en faisant leurs processions par la ville et disant les létanies : bref, ce fut un vilain escandalle.

Les huguenotz en ces guerres en ont bien faict autant, et mesmes à la prise de Cahors[2], au moyen d'un pettard; car tant qu'y dura le séjour, tous les matins et soirs, les palleffreniers qui alloient abreuver leurs chevaux s'habilloient des chappes des églises qu'ilz avoient prises, et, montez sur leurs chevaux, alloient à l'abrevoir, et en tournoient[3] ainsi vestus, en chantant aussi les létanies; et un qui avoit trouvé la myttre de l'évesque, [mais non la bonne], alloit dernier, faisant l'office de l'évesque.

Il se trouva à ce sac de Rome tel évesque qui paya rançon trois ou quatre fois; après qu'ilz avoient payez à l'un, il falloit payer à l'autre. Quand il avoit passé par les mains du lansquenet, il falloit parler à l'Espagnol et au François, et de près : ilz les gesnoient[4] si fort et les tourmentoient tant, qu'il falloit, quoy qu'il fust, trouver de l'argent; autrement leurs pauvres testicules estoient coupez [rasibus du cul] dont aucuns en mouroient, les autres eschappoient,

1. *Dronos*, horions.
2. Cahors fut pris par le roi de Navarre (Henri IV), après six jours de combat, en mai 1580.
3. *Tournoient*, retournoient.
4. *Gesnoient*, torturoient.

[comme pauvres escouez[1]]. Ils ne pardonnarent ny aux cardinaux ny aux évesques de leur nation, ny ambassadeurs, et furent aussy bien saccagez que les autres. Et quand ilz leur pensoient remonstrer que l'empereur ne le trouveroit pas bon, cestoit alors qu'ilz faisoient pis. « Vous estes de beaux « prescheurs, de beaux harangueurs et de beaux re- « monstreurs (leur disoient-ilz) : *Da mi dineros, y no « consejo*, « Donnez-moy de l'argent, et non du con- « seil »; et se mocquoient d'eux, de sorte que les pauvres haires demeuroient coys. Ce ne fut pas tout : ilz ne se contentoient pas seulement d'avoir pris, pillé et saccagé jusques à la terre; il falut que les cardinaux, évesques, ambassadeurs et marchans, donnassent encore de l'argent pour la paye des soldatz. Quelle insassietté !

Quand aux dames, il ne faut demander comment elles furent repassées[2]. Des courtizanes des plus belles de la ville ilz n'en vouloient point, et les laissoient (disoient-ilz) *para los laquayos y rappassos*, « pour les lacquais et goujatz », qui s'en donnoient de bon temps; mais ilz s'attachoient aux marquises, contesses, baronnesses et grandes dames, et gentiles dones de la ville, leur faisant exercer l'estat de courtizanes publicques, et les abandonnoient les uns aux autres, en faisant plaisir à leurs compagnons, leur faisant acroyre que c'estoit ce qu'elles vouloient, et qu'elles estoient trop chaudes, et qu'il les falloit raffraischir de la rosée, et les saygner au mois de may où ilz estoient,

---

1. *Escouez*, châtrés.
2. Le correcteur a changé ce mot en *traictées*.

et que la saignée en estoit bonne, et mesmes pour les filles et religieuses, qu'ilz n'espargnoient non plus que les autres, et [en] firent un bordeau [très friand] de leur convent, [car on dit cuysse de nonain ; d'autres disent que c'est la perdrix des femmes, pour en estre la viande plus friande et savoureuse que des autres, ce que je ne croy, car il n'y a que f., sur le velours et l'or, disoit-on le temps passé.] Bref si l'avarice fut commune à ces messieurs, la paillardise ne leur fut pas moins. Et, qui pis est, des femmes maryées, quand ilz les touchoient, ilz en exiboient de beaux spectacles à leurs pauvres haires de marys, qu'ilz faisoient si gentiment cocuz devant eux qu'ilz n'en osoient dire mot devant eux, mais encores bien aises ; [et devant tout le monde, en pleines rues, les repassoient, en les menant pourmener par tout sans leur faire tenir chambre sarrée, comme l'on fait à Rome, superbement habillées, selon leur grandeur, tousjours pour leur en faire mieux venir l'apettit, les tenant par les mains, comme si ce fussent estées leurs propres femmes ;] de sorte que long temps après on appelloit ces grandes dames *les reliques du sac de Rome*. [Et de bonheur pour les soldatz et malheur pour les pauvrettes, jamais dans Rome on ne vist de si belles femmes (qu'y sont ordinairement belles) qu'alors. Encor aucunes regrettarent leur partance de Rome, tant elles s'y estoient bien habituées ; et, qui pis est, force religieuses, filles et femmes, en suivirent aucuns à Naples, comme dernièrement firent à Amiens[1]

---

1. Lors de l'occupation d'Amiens par les Espagnols, en 1597. Ils en furent chassés six mois après s'être emparés de la ville.

aucunes, sans regretter leur ville ny leur patrie, tant elles se plaisoient en ce doux plaisir.]

Et au diable l'une pourtant qui se tuast pour telles violances, comme Lucrèce; car, selon l'oppinion de sainct Augustin[1], si ell' estoit chaste, pourquoy se tuoit-elle? Tant s'en faut, elle devoit survivre pour maniffester sa vertu, et en aller la teste haute, et avecque un beau front et hardy. Si elle fut viollée et polue, encore moins; car, par une telle mort sanglante et violante, elle ne réparoit pas son honneur pour cela, et si en donnoit soubçon; mais elle devoit vivre pour se vanger du tort et du forfaict. Voylà pourquoy ces belles dames romaines firent bien de ne point porter leurs mains contre leur vie, mais bien vivre, [fust ou pour avoir souvenance de leurs plaisirs passez, car, soit par voulonté ou par force, elles y en reçoivent, ce disent aucuns docteurs, et pour ce, en quelque façon que ce soit, elles pèchent, ou pour donner à][2] leurs gens tant de mallédictions [et exorcismes], que de tant qu'il y en eut ne vesquirent longues années, comm' aucuns l'on escrit[3], et l'ay ouy dire; et en mourut grand quantité au siège de Naples, et autres lieux et guerres; mesmes que leurs butins et richesses ne leur proffitarent point, non plus qu'à plusieurs massacreurs, sacquemens[4], pillardz et paillardz de la feste de Sainct-Barthélemy que j'ai co-

---

1. Voyez la *Cité de Dieu*, livre I, ch. xix.

2. La phrase qui précède, depuis *fust ou* jusqu'à *leurs gens* a été remplacée par ces mots : *après elles donnèrent à leurs gens.*

3. Voyez, entre autres, Ulloa, *Vita dell' invitissimo imperatore Carlo V*, 1563, p. 229 et suiv.

4. *Sacquemens*, voleurs, gens de sac et de corde.

gneu, au moins des principaux, qui ne vesquirent guières longtemps qu'ilz ne fussent tuez au siége de La Rochelle[1], et autres guerres qui vindrent emprès, et qui furent aussi pauvres que devant. Aussi, comme disoient les Espagnolz pillards : *Que el diablo les avia dado, el diablo les avia llevado.* « Le diable leur avoit donné, et le diable leur avoit osté. »

Voylà en somme le sac de Rome, que j'ay recuilly des Espaignolz, sans emprumpter rien de Guichardin et autres qui en ont assez escrit, et que j'ay aussy apris d'un livre espaignol[2], et dans Rome et dans Naples, la première fois que j'y fus, et mesmes d'un vieux trompette françois qui avoit esté à feu M. de Bourbon alors, et estoit aux gages de l'empereur et du visce-roy, estant iceluy trompette aagé de soixante ans ou plus, et qui avoit veu tout le mistère.

La première fois que j'allay à Naples, je le trouvay à Capoue : lequel se fit cognoistre à moy pour François, et estoit un fort honneste homme et d'esprit, et lequel pour son aage n'avoit point oublié son mestier, car il sonnoit des mieux de la trompette. Il me conduisit despuis Capoue jusques à Naples, et par le chemin m'entretenoit fort de M. de Bourbon, de ses faicts, du sac de Rome, et sur tout des belles femmes viollées, qui m'en conta prou à mon advis, et force particularitez dont je serois par trop long, sallaud et importun si je les voulois toutes exposer, encor qu'il y en ait de fort plaisantes que, possible, pourray dire ailleurs un' autre fois.

1. En 1573.
2. Ce livre espagnol est toujours l'*Histoire del Marques de Pescara*, par Vallès, voyez plus haut, p. 272, note 3.

Certes, à ce qu'il m'en conta, les insollences y furent par trop exessives; et si feu M. de Bourbon eust survescu (à ce qu'il me disoit), il les eust bien corrigez; car c'estoit un capitaine sage et advisé politiq, et avoit un' ame[1] qui n'eust voulu recevoir aucun reproche, encor qu'il aymast le soldat et l'eust voulu contenter; mais selon le droict de guerre, [leur eust permis le sac pour deux ou trois jours], et après plus; car, pour continuer le sac tant de temps, il n'y avoit point de raison, et aussi que ledict M. de Bourbon eust voulu faire bource à part; et estant ainsi ceste ville saccagée de fons en comble, il n'eust sceu. De plus, il s'en vouloit rendre patron et se faire dire roy des Romains. Voylà pourquoy telz et telles dans Rome, qui le maudirent et s'esjouirent de sa mort, s'ilz eussent le tout considéré, puis que tel malheur leur devoir arriver, ilz le devoient souhaiter vif alors, encor que le prince d'Orange y fist bien tout ce qu'il y peut pour y mettre ordre; mais c'estoit un jeun' homme qui ne faisoit que venir, et n'avoit si grand créance parmy les gens de guerre comme M. de Bourbon; et aussi pour s'establir parmy eux, et y prendre cresdit, leur vouloit du tout complaire.

Ce sac fut tel, que, de nos pères et de nous, en quelque lieu qui ayt esté forcé, on n'en a veu de pareil. Nous avons eu, de fraiz, le sac de la ville d'Anvers[2], prise du costé de la citadelle; mais il fut bien autrement et plus modestement mesnagé. Il estoit tel

---

1. Le correcteur a modifié ainsi la phrase : « Et avoit l'âme si chrestienne qu'il n'eust voulu.... »

2. Le dimanche 4 novembre 1576, les Espagnols, assiégés dans la citadelle d'Anvers par les Flamands insurgés, attaquèrent et

qu'il pouvoit enrichir un' armée de trente à quarante mill' hommes; et ce furent trois mill' hommes, tous soldats espaignolz, qui s'en prévalurent. Les désordres n'y furent autrement grandz, sinon que le fœu fut mis en ceste belle maison de ville, à cause de quelques-uns y retirez. D'y gaigner, ilz y gaignarent ce qu'ilz voulurent jusques aux quictes goujatz, dont j'en ay ouy parler d'un à un soldat espagnol, lequel, pour sa part, gaigna vingt mil' escus, luy qui auparavant n'avoit qu'une réalle que son maistre luy donnoit par jour pour vivre. Estant dans un tel bien, il se perdit de telle façon, que, se mettant à jour de tout ce qu'il avoit, ne luy resta pas un sol en quinze jours, et devint gueux et pauvre goujat comme devant. Quant aux soldatz espagnolz, ils devindrent si riches, si pécunieux, que lors qu'ilz en quictarent la ville, par accord faict par dom Jouan[1] qu'ilz vuideroient de Flandres et passeroient vers Italie, ils ne sçavoient comment porter leur or et leurs richesses; si que la pluspart faisoient garnir leurs espées toutes d'or, comme gardes et poignées, leurs picques, leurs fournimens et autres garnitures, tant ilz affluoient en biens[2]. De grand tuerie, ilz n'en firent pas par trop, sinon sur la chaude colle[3], ny de rançonnement non plus[4]; car ilz trouvoient les maisons si pleines, qu'il ne leur estoit besoing d'avantage de ran-

prirent la ville qui, pendant trois jours, fut livrée à un horrible pillage. — Voyez de Thou, livre XLII.

1. Don Juan d'Autriche, en 1577.
2. Voyez Strada, liv. VIII.
3. *Chaude-cholle*, voyez plus haut, p. 186.
4. Ce n'est pas ce que disent les historiens. Voyez entre autres de Thou, livre LXII, et Strada, liv. VIII.

çonner leurs hostes que peu, envers lesquelz estoient encore si honnestes, que les voyans en leurs maisons ou passer par les rues, les saluoient très courtoisement en les appellans leurs pères, et leur disant à chascun d'eux : « *Adios, señor padre ; bien te puedo llamar padre, mejor que mi padre natural, por tan gran bien que me haveys hecho, y á jamas rogaré á Dios por vos.* » «Adieu, père. A bon droict je vous appelle tel, et mieux que mon père naturel, pour le grand bien que vous m'avez faict; à jamais je prieray Dieu pour vous. » Voylà la différance de ce sac à celuy de Rome. Quant aux femmes, je m'en rapporte à elles comment il leur en fut, et au dire des soldatz et de ceux qui prennent telles places d'assaut et de force.

Je ne raconteray point l'assiègement du pape dans le castel Sainct-Ange, ny la composition qu'il fit pour sa délivrance avec le prince d'Orange et le visce roy, ny l'argent et les ostages qu'il falut donner. Cela est commun parmy les histoires d'Italie.

Encor ces soldatz furent si desbordez et insatiables, qu'ilz ne voulurent entendre à ceste capitulation, et ne voulurent qu'à grand peine sortir hors de la ville: dont je m'estonne, et beaucoup d'autres avec moy, de la vaillance de ces braves gens, qui ne craignirent jamais les trouppes de la ligue[1], dont il y en avoit force à l'entour de Rome et Toscane, que pour elles ne se desportarent jamais de la descontinuation de pillerie. Et ce qui faict plus estonner, c'est qu'on ne

---

1. La ligue entre François Ier et les divers États de l'Italie contre l'Empereur. Elle avait été signée à Cognac en mai 1526.

leur donna jamais d'alarmes d'aucuns costez, tant on les redoubtoit. Que si on leur en eust donné, on en eust eu bon marché; car ilz se soucioient autant de gardes et du devoir de guerre que rien, sinon à se donner du bon temps, comme en un temps de paix, et comme s'ilz n'eussent d'ennemis en teste; en quoy ceux de la ligue eurent grand tort. Des menaces de la venue de M. de l'Autreq, encores moins le craignoient-ilz. Enfin, par la composition, ilz se retirarent, mais non sitost qu'il falloit; car M. de l'Autreq arriva, et leur voulant coupper chemin, il ne peut[1], tant ilz marcharent en vaillans gens et bons hommes de guerre, et en brave retraicte, en laquelle ilz firent un traict digne de grand louange ; car ilz emmenarent avecqu'eux le corps de M. de Bourbon, leur feu général, et ne le voulurent laisser à Rome. Par emprès, s'ils l'y eussent laissé, les Romains l'eussent desensepvely, et luy eussent faict quelque villaine oprobre à son pauvre et honnorable corps, pour avoir esté autheur de toute leur misère. Ces braves impériaux donc emmenarent bravement le corps de leur feu général, et, exemptz d'ingratitude pour les avoir faictz tous riches, ne l'habandonnarent jamais jusques à ce qu'ilz l'eurent mis (tant ilz sont à louer et estimer) en sauvetté dans le chasteau de Gayette, place imprenable de nature et d'art ; le mirent dans la chappelle après l'avoir honnoré d'un beau tumbeau, et digne de luy, lequel j'ay veu, et vous diray comment.

La première fois que je fus à Naples[2], à mon retour

---

1. Voyez plus haut, p. 241.
2. En 1560.

je viens passer à Gayette; M. de Quielu[1], père du dernier, favory du feu roy, et moi, estions ensemble. Le matin, après avoir là couché, nous allasmes à la porte du chasteau, demandant s'il nous seroit point permis de voir le chasteau et tumbeau de M. de Bourbon, et que nous estions gentilzhommes françois. Quelques uns des gardes nous dirent qu'ilz alloient parler au castellan[2] lequel vint tost après hors du chasteau; et, après nous avoir salué fort courtoisement, et demandé en françois de quelle part de France nous estions, et nos seigneuries, nous les luy dismes, et que je m'appellois Bourdeille. Soudain il me dist qu'il avoit cogneu feu mon père, et l'avoit veu d'autresfois avec M. de Bourbon, qui l'aymoit fort, et mesmes un de mes oncles, qu'il avoit veu nourrir page de M. de Bourbon, comm' il estoit vray. Alors il se déclara à nous comm' il estoit François comme nous, et serviteur de feu M. de Bourbon. Il avoit la façon très belle et bonne, fort grand et haut de taille, ny trop gras ny trop peu, venant sur l'aage de soixante ans, touteffois peu meslé[3] pour son aage et son poil qu'il avoit noir; et l'empereur l'avoit là récompensé. Alors il nous pria d'entrer, et croy que mon nom y servit de beaucoup.

Estans entrez, soudain il nous mena dans la petite

---

1. Antoine de Levis, comte de Quélus, mort en 1586, père de Jacques de Levis, comte de Quélus, l'un des mignons de Henri III, mort le 29 mai 1578.

2. *Castellan*, châtelain, gouverneur du château.

3. *Peu meslé*, ayant peu de cheveux gris. On lit dans le *Dictionnaire* de Cotgrave : *Un homme meslé*, one that's full of gray haires.

chappelle qui est à main gauche en entrant, luy allant le premier ; il prit l'aspergès et de l'eau béniste, et nous en donna ; se mist à genoux devant l'autel, en nous priant de donner un *Pater noster* et un *Ave Maria*, et un *De profundis* à l'âme de feu M. de Bourbon son maistre : ce que nous fismes à son imitation. Après, nous estans levez, il nous montra encores ce tumbeau, qui estoit eslevé sur main gauche, aussi à la mode d'Italie du temps passé : le tau[1] estoit couvert d'un fort beau drap d'or frizé et rouge, avec ses armoyries toutes simples, sans estre entournées nullement de l'ordre ni du roy de France, ni de l'empereur; de quoy moy estonné, je luy demande pourquoy l'ordre de l'un ou de l'autre n'y estoit. Il me respondit qu'il avoit quicté celuy du roy, et ne le porta oncques plus despuis qu'il l'eust quicté. Aussi dicton qu'après qu'il s'en fust allé, le roy luy envoya demander l'espée de connestable et son ordre. Il respondit : « Quant à l'espée, il me l'osta au voyage de « Vallanciannes, lors qu'il donna à mener à M. d'A- « lançon l'advant-garde qui m'appartenoit ; et l'or- « dre, je le laissay derrière mon chevet de lict, à « Chantelle[2]. » Quant à celuy de l'Empereur, qui est la Toison, il ne le voulut jamais prendre[3].

En après, continuant son propos : « Voylà, dist-il, « le corps qui repose léans, du plus brave et vaillant « prince et capitaine qui fut jamais en son vivant, et

1. *Tau* ou *tahu*, cercueil. Ce mot est encore en usage dans les patois du midi. — Le correcteur a changé ce mot en *teu*.
2. Voyez plus haut, p. 255.
3. Le connétable ne figure pas en effet sur la liste des chevaliers de la Toison d'or (Voyez Moréri, art. *Toison*).

« n'en déplaise aux neuf preux[1]; car il les a tous sur-
« passez. » Et nous alla conter beaucoup de ses vail-
lances particullières, qui seroient trop longues à dire,
et que s'il eust eu des moyens il en eust bien faict de
plus belles; mais ilz luy failloient à tous coups. Si
bien qu'une fois (nous dist-il) estant à Sainct-Jehan
près de Bouloigne[2] (que j'ay nommé cy devant), ses
soldatz ne faisoient que crier qu'ilz n'avoient pas un
sol, et qu'il leur en fist donner; il les haranga tous,
et leur remonstra ses nécessitez, et qu'il mourroit en
la peine, ou qu'il les fairoit tous riches, et qu'ilz tem-
porisassent un peu, ne les voulant frauder nullement
de leurs peines et services; et en cas qu'il ne leur dist
de cœur, il leur donna à tous à despartir toute la vaisselle d'argent de sa maison, et si peu de bagues et
joyaux, meubles et habillements qu'il avoit en ses
coffres[3] : si bien qu'il ne se réserva rien pour soy que
l'habillement qu'il portoit sur luy; et une cazaque de
toile d'argent qu'il portoit sur ses armes : car il la
vouloit belle. Ce qui contenta si bien les soldatz, qu'ilz
jurèrent tous de ne l'habandonner en quelque part
qu'il voulust aller, fust à tous les diables. Aussi en la

1. Au commencement d'un manuscrit de la Bibliothèque impériale (Fonds français, n° 12 598), on lit ce qui suit : « Cy après s'ensuit en brief l'*Istoire des neuf preux*, princes et seigneurs, qui en
leur temps ont maintenu vaillamment et chevalleureusement les
armées, dont il y en a trois de la loy payenne, assavoir : Ector,
Alexandre et Julius Cæsar. *Item*, aultres trois de la loi des Juifz,
comme Josué, le roy David et Judas Macabeus; et encores aultres troys de la foy chrestienne, assavoir : Artur, Charlemaine et
Godeffroi de Buillon. »
2. Voyez plus haut, p. 261.
3. Voyez l'*Appendice*.

chanson que j'ay dict cy devant[1], *Calla, calla*, il y a un verset qui dict :

Deziales : Mis sinores, yo soy pobre cavallero,
Y tanbien como vos otros no tengo un dinero.

« Il leur disoit : « Messieurs, je suis pauvre chevallier, et n'ay pas un sol non plus que vous autres. »

Et puis les haranga de la façon que j'ay dict cy devant[2], et descouvrit son secret, et le tout en espagnol, qu'il avoit très bien appris, et le parloit très bien, et s'estoit très bien façonné à leurs gestes, grâces et façons ; aussi en avoit-il le tainct fort noir, la barbe faicte à l'espagnolle, ce qui leur plaisoit fort. Bref, il[3] nous conta un'infinité de choses qui seroient trop longues à escrire, mais belles à lire. Sur tout, il nous conta les mescontentemens qu'il avoit de la France, du roy et de l'empereur, et que si Dieu luy eust presté vie, il en eust eu raison ; car, résolument, il se vouloit faire roy des Romains, et eus bien brié[4] les aeles aux papes, et taillé leurs mourceaux courts. Il nous dist que le roy François lui porta tousjours jalouzie et quelque hayne sourde, despuis que, faisant baptiser son filz que le roy tenoit, le baptesme et le festin furent si sumptueux et superbes, qu'un roy de France fust esté bien empesché (dist-il) d'en faire un pareil, tant pour la grande abondance de vivres que pour les tournois, masquarades, dances et assemblées de gen-

1. Voyez plus haut, p. 257. — 2. Voyez plus haut, p. 264.
3. *Il*, le castellan.
4. *Brié*, probablement pour *bridé*. « On dit en termes de fauconnerie brider les serres d'un oiseau, quand on en lie une de chaque main. » (*Dictionnaire de Trévoux*).

tilz hommes; car il s'y en trouva force. Il y en avoit cinq cens, habillez tous de vellours, que tout le monde ne portoit pas en ce temps là, et chascun une chaisne d'or au col, faisant trois tours, qui estoit pour lors une grande parade, et signe de noblesse et richesse. Le roy François luy en porta envie fort. Aussi qu'il y avoit l'admiral Bonnivet, qui ne l'aymoit pas et luy faisoit de très mauvais offices à l'endroict du roy, encor qu'il fust son seigneur, et l'autre vassal, à cause de la duché de Chastelleraud [1].

Or, auprès du tumbeau de M. de Bourbon, y avoit pendu son grand estendard général de taffettas jaune, tout semé en broderie, au dedans d'un jaune, noir et blanc, mais le champ étoit jaune; la broderie estoit de plusieurs cerfz vollans, et force espées nues flambantes, avec ces mots escritz en plusieurs endroictz : *Espérance! Espérance!* Je priay M. le castellan de m'en expliquer la devise, ce qu'il fit très voulontiers, et nous dist, par ce cerf vollant, encor que de longtemps avant il l'avoit pour devise, comme l'on peut voir encor en plusieurs endroictz de Moulins, il vouloit signiffier que, pour sortir hors de France, et pour sauver sa vie, il luy avoit convenu faire un' extrême dilligence et d'aller viste, et de s'armer, non-seulement de piedz de cerfs, ains d'æsles, mais qu'avecque cette espée flambante, il avoit espérance de s'en venger et par le fer et par le feu. Voylà une terrible menace! C'est ce qu'il nous en dist. Puis, sortant de la chapelle, il nous bailla deux soldatz pour nous pourmener autour du chasteau, que nous vismes à

---

[1]. Qui appartenait au duc de Bourbon.

l'aise ; et y vismes une des plus fortes places que j'aye jamais veu ; et si en ay veu prou en France et en autre païs. Nous y vismes aussi là une chose très singulière à voir, qui est une grande et desmesurée roche, fendue par le mitan, qu'on dict estre l'une de celles qui se fendirent à la mort et passion de nostre Sauveur ; et, pour ce, il y a une petite chappelle bastie, où l'on y gaigne une fois l'an de beaux pardons.

Estans tournez de nostre pourmenade et visite, nous trouvasmes M. le castellan à la salle basse qui nous attendoit avec un très beau desjuner, et aussi bien préparé qu'il estoit possible, tant de chair que de fruictz exquis, et principallement de grenades, car c'en estoit la saison, des meilleures que je mangeay jamais, après celles de Séville en Espaigne ; aussi Gayette par delà emporte le prix de toute la contrée pour les produire très exquises.

Après avoir bien desjuné, nous prismes congé de M. le castellan, qui s'offrit fort à nous, surtout à moy, et nous en allasmes. Nous avions avecques nous le bon homme trompette que j'ay dict cy devant[1], qui, tant que nous demeurasmes à Naples, demeuroit quasi tousjours avecques nous, et nous monstra toutes les singularitez de là, et surtout la place et forme du siège de M. de L'Autreq. Quand nous allasmes au secours de Malte[2], cinq ans après, je retrouvay encores ce bonhomme trompette sur le mole ; et soudain nous nous recogneusmes, autant aise l'un que l'autre de ceste rencontre.

1. Voyez plus haut, p. 277.
2. En 1565.

Or, pour faire fin, si M. de Bourbon prophétisa un peu devant sa mort, qu'il ne s'en souçyoit point, mais qu'il[1] demeurast immortel de mémoire[2], certes il l'est ; car encor que les Italiens se sont plainctz de luy, si ne peuvent-ilz s'engarder de le louer tous les jours ; et lui firent ceux d'alors ce petit épitaphe, qui commence *d'Assay, assay*, qui fut traduict en françois ainsi :

> D'assez, assez a faict Charlemaigne le preux.
> Alexandre le Grand de peu fit plus grand chose.
> Mais de néant a faict plus que n'ont faict les deux,
> Charles duc de Bourbon, qu'icy dessoubz repose.

Les François pour lors n'en osarent escrire, car il estoit tellement hay et odieux, qu'on fit peindre de jaune la porte et le seuil de son hostel de Bourbon de Paris, devant le Louvre ; d'autant que c'estoit la coustume des François le temps passé, et encor, que, pour bien déclarer un homme traistre à son roy et à sa patrie, ilz lui paignoient ainsi le jaune à sa porte, comme aussi ilz semoient dedans sa maison du sel, ainsin qu'on fit à celle du feu [pauvre] M. l'admiral de Chastillon.

C'est assez pour ce coup parlé de ce grand prince, lequel plusieurs ont excusé de ce qu'il fit ; car on luy vouloit hoster l'honneur, la vie et le bien, où il n'y a rien si misérable qu'un pauvre prince deshérité. Aussi que le roy François souloit[3] dire qu'il n'y avoit animal au monde plus furieux et dangereux qu'un gentil-

---

1. *Mais qu'il*, pourvu qu'il.
2. Voyez plus haut, p. 266.
3. *Souloit*, avait l'habitude, *solebat*.

homme françois desdaigné, despité et mal contant. A ce que j'entendis, quand nous allasmes au secours de Malte, le tumbeau de ce prince a esté osté de ce lieu éminent, comme sont estez tous les autres, par l'ordonnance du concille de Trente. Messieurs d'Estrozze et Brissac, ausquelz j'en avois faict grand cas, le desiroient fort voir ; mais il n'y eut nul moyen d'y entrer, dont ilz furent bien marrys.

Ce[1] mot de luy, et puis plus : j'ay ouy à un grand homme de guerre, qui avoit leu nos histoires de France, faire comparaison de ce grand Bourbon à Robert d'Artois, qui alla servir le roy d'Angleterre Edouard[2]. Tous deux furent François, de grande et illustre maison; tous deux braves et vaillans, et hautz à la main, et peu endurans ; tous deux grandz capitaines; tous deux mal contens, fugitifz de France, servans deux grandz et valeureux princes; tous deux flambeaux de guerre contre leurs souverains, tous deux qui firent et suscitarent de grandz maux à leur patrie; tous deux après qui moururent de pareille mort, l'un d'un coup de traict devant Vanes, et l'autre d'un' harquebuzade[3] devant Rome ; tous deux fort regret-

---

1. Ce qui suit jusqu'à la fin du chapitre est écrit de la main de Brantôme, en marge du f° 67 dans le ms 6694, et se trouve reproduit dans le ms. 3262.

2. Robert d'Artois, fils de Philippe d'Artois, né en 1287, revendiqua inutilement le comté d'Artois dont avait été mise en possession sa tante Mahaut. Pour soutenir sa cause, il produisit devant le Parlement des pièces fausses qui le firent condamner au bannissement perpétuel. Il se retira alors en Angleterre auprès d'Édouard III (1331), qu'il servit contre la France, et reçut au siége de Vannes une blessure dont il alla mourir à Londres en 1343.

3. *Var.* D'un arquebus (Ms. 6694, f° 110 v°).

tez de leurs maistres et princes : la mort de tous deux fort bien et cruellement vangée; car de deuil et de despit qu'en eut de l'un, le roy Édouard exerça de grandes cruautez : les impériaux en firent de mesmes de l'autre dans Rome. Tous deux furent enterrez hors de leurs pays, l'un honnorablement en Angleterre, où son corps fut porté; l'autre à Gayette, en mesme honneur et gloire ; tous deux recommandez fort après leur trespas à la mémoire de leurs princes; car l'un eut en tant de révérance ce nom d'Artois, qu'il fit plaisir à tous ceux qui en estoient, ainsi qu'il retira Denys de Morbeq[1], ayant faict un coup de sa main en France, dont il estoit fugitif, et fut celuy qui sauva le roy Jehan à Poitiers : de mesmes l'empereur traicta fort bien les serviteurs fugitifs de M. de Bourbon. Quand le roy anglois vint en France[2], il fit de grandz maux et cruautez du costé de la Picardie, et ne pardonna à aucunes terres, fors celles de Marguerite d'Artois[3], parce qu'ell' estoit sœur de Robert. L'empereur quand il passa par France, fit un très grand honneur à madame de Montpensier[4], sœur

1. C'était un chevalier d'Artois qui, poursuivi pour un meurtre, avait quitté la France et s'était mis au service du roi d'Angleterre. Ce fut à lui que se rendit le roi Jean à la bataille de Poitiers. Voyez Froissart, livre I, part. II, ch. XLIV.
2. Édouard III, en 1339.
3. Aucune des sœurs de Robert ne porta le nom de Marguerite. Deux s'appelaient Marie, et Brantôme veut probablement parler de celle qui épousa, en 1313, Jean de Flandre, comte de Namur, et mourut en 1365.
4. Louise de Bourbon, comtesse de Montpensier, mariée d'abord à André de Chauvigny, seigneur de Château-Raoul, puis à Louis de Bourbon, prince de la Roche-sur-Yon, morte le 5 juillet 1561.

de M. de Bourbon, et l'entretenoit et causoit avecqu'elle souvant, et s'offrit fort à elle, comme je tiens de bon lieu. Pour ses serviteurs, j'en parle ailleurs comm' il les récompensa.

Du temps de M. de Bourbon et de ces grandz capitaines qu'ay dict cy devant, commança à se pousser et venir en vogue le marquis de Marignan, autrement nommé le Castellan du chasteau de Mus, près du lac de Comme[2], qu'il obtint de la façon que j'ay dict ailleurs : si bien qu'aucuns l'ont appelé aussy le marquis de Mus. Pensez qu'il s'estoit si bien accommodé et aproprié de ceste place, qui n'estoit pas à luy, que despuis il se la tourna toute à soy. On l'appelloit alors Jacques de Medicis : il estoit Milanois. D'autres l'appeloient Mediquim, mesmes que j'ay veu le pape Paulo Quinte[3], son frère, qu'on appelloit le cardinal Mediqim.

Le plus beau commancement de service, et le plus signallé qu'il fist alors à l'empereur et au duc de Milan, ce fut la prise du chasteau de Clavonne[4], qu'il fit

Le marquis de Marignan[1].

---

1. Jean-Jacques de Médicis (Medici, ou Medichino), châtelain de Mus, marquis de Marignan, né à Milan en 1497. Après être entré dans la ligue formée en 1526 contre Charles-Quint, il s'attacha à celui-ci en 1528. Il commanda les troupes que l'Empereur envoya au secours de Ferdinand contre les Turcs (1542) et servit aux siéges de Luxembourg, de Saint-Dizier (1544), de Metz (1552), défit Strozzi à Marciano (1554), et mourut à Milan le 8 novembre 1555.

2. *Comme*, Côme.

3. Le correcteur a remplacé *Paulo Quinto* par *Pio Quarto* et avec raison. Paul V, lui, était de la famille Borghèse.

4. *Var.* Clavenne, *Chiavenna*. — En 1526. Voyez Guichardin, livre XV, et Vallès f° 154.

sur les Grizons; car ayant dressé une embuscade tout auprès, ainsi que le capitaine par un matin en sortit, il fut pris et troussé sans qu'il y pensast jamais. Le Mediqim, le tenant entre ses mains, signiffia aussi tost à sa femme, qui estoit dedans, que si elle ne rendoit le chasteau, qu'il tueroit son mary à sa veue et à sa porte, en le luy monstrant. La pauvre femme, ayant peur de son mary[1], et pour le sauver, lui ouvrit la porte. Estant entré dans la forteresse avecques trois cens hommes, et jettez tous ses ennemis dehors, il donna tel effroy à tout le pays des Grizons, qu'ilz pensoient estre tous perdus; et mandarent aussi tost à leurs compagnons, qui estoient en l'armée du roy devant Pavie, qui pouvoient monter à quelques cinq mil' hommes, de quicter tout, et de tourner et venir secourir leur patrie : et quelque remonstrance douce et fière que leur peust faire le roy, et faire faire par M. de l'Escu[2], qui leur dist mille injures, les appellant cent fois trahistres, infidelles et poltrons, ilz s'en allarent et quictarent le camp; ce qui fut un grand dommage pour le roy, encores qu'on ne tienne pas les Grizons pour trop vaillans, tesmoing la bataille de Cerizolles, et que ce soient les moindres des Souisses; toutes fois, en la bataille qui se présenta puis après, cela eust faict un gros de battaillon, et eust tenu autant de nombre pour estonner, possible, l'ennemy. Aussi dict on que ceste entreprise de ce chasteau fust faicte à poste, et commandée par le duc de Milan[3] et autres capitaines impériaux, afin de les tourner d'où

1. C'est-à-dire : ayant peur pour son mari.
2. Lescun.
3. François-Marie Sforce.

ilz estoient venus, voyant la guerre en leur pays; ainsi que firent les Romains d'Anibal, lors qu'ilz luy allarent faire la guerre en son pays par Scipion.

Voylà le grand service que fit le Mediqim, et despuis peu à peu en fit d'autres et se fit signaller pour bon capitaine et hasardeux. Le duc de Milan l'ayant pris en main pour se servir de luy en tout plein d'endroictz, comm' il fist despuis la ligue faicte entre les François et les potentatz d'Italie[1], le roy s'advisa de se servir de luy par la voulonté du duc de Milan, qui estoit aussi de la ligue ; et l'ayant appoincté de bonne et haute paye, il prend encor une autre forteresse entre Lecco et Commo, qui se nommoit Montgulio[2], en laquelle habitoit le conte Allexandre de Bentivoglio[3], ne pensant nullement à cela ny s'en deffiant.

Anthoine de Lève, estant lors à Milan, y envoye soudain Ludovic Barbiano[4] pour la reprendre: mais le Mediqim y avoit mis si bon ordre qu'il ne peut la reprendre, et falut se retirer ; et aussi que le marquis y emmenoit trois mil' hommes telz quelz, ramassez deçà et delà. Anthoine de Lève tenoit son camp pour lors à Marignan ; mais, à cause de la cherté des vivres, il le rompit et se retira à Milan, où ayant entendu que ledict Medicis estoit campé dans un meschant lieu qui s'appelloit Carata[5], par un grand matin, au lever du

---

1. Voyez plus haut, p. 280, note 1.
2. Monguzzo. Voyez Guichardin, livre XVIII.
3. Alexandre Bentivoglio était fils de Jean Bentivoglio qui fut chassé de Bologne par Jules II, en 1506.
4. Ludovic Barbiano de Belgiojoso.
5. Sur le Lambro, à quatorze milles de Milan, suivant Guichardin.

soleil, l'assaillit à l'impourveu de telle façon par ses braves et vieux soldatz espagnolz, qu'ilz vous mirent toutes ces trouppes peu aguerries et expérimentées en pièces[1] et pris prisonniers. Le Mediqim fut à luy de monter à cheval prestement et se sauver à la fuitte où il peut; ce qui luy osta du crédit, et aumenta fort la gloire d'Anthoine de Lève. Ce conte vient de Galleazzo Capella, qui a escrit des guerres de ce temps de l'estat de Milan, en italien[2].

Pour cela ne s'arresta le Mediqim, ayant appris que celuy qui fuit recombat un' autre fois, et si bien continua ses coups et ses guerres, qu'il se rendit si bon capitaine et si renommé, que l'empereur Charles s'en servit en l'estat de couronnel général de l'infanterie italienne, et de maistre de l'artillerie à la guerre des protestans, où il servit bien son maistre, et y acquist un très grand renom. Dès lors il portoit le nom de marquis de Marignan, ou de Muz, [estans les contez et marquizats fort communs en Italie et à bon marché.]

Après ceste guerre d'Allemaigne, il eut la charge généralle de toute l'infanterie au siège de Metz; car il

---

1. Le mot *en pièces*, qui se trouve dans le ms. 6694, ayant été oublié dans le ms. 3262, le correcteur de ce dernier manuscrit a ainsi modifié la phrase : « mirent ces troupes peu aguerries et expérimentées au fil de l'espée et firent force prisonniers. Ce fut au Mediqim.... »

2. Galeazzo Flavio Capella, né à Milan en 1487, mort en 1537, a écrit non pas en italien, mais en latin, son histoire intitulée : *Commentarii de rebus gestis pro restitutione Francisci II, mediolani ducis*. Il en existe une traduction italienne qu'il avait probablement sous les yeux. — Le fait dont il parle se trouve au liv. VII, p. 198, dans l'édition de Venise, 1535, in-8.

s'entendoit fort bien aux gens de pied, et avoit plus exercé ceste conduicte que de ceux de cheval. Et là, à ce siège, M. de Guise et à ce grand capitaine le duc d'Albe, et audict marquis, voire à l'empereur leur maistre, leur fit perdre leur escrime. Aussi n'avoient-ilz pas trouvé leurs villes d'Allemaigne, ny leurs deffenses et deffenseurs, comm' ilz firent; et mesmes à ceste belle et grande escarmouche qui se fit à la Belle-Croix[1], lors que ledict duc et marquis vindrent recognoistre la place.

Au partant de ce siège, ledit marquis fut faict lieutenant général de l'empereur à la guerre de Sienne, où, après plusieurs extraictes[2] et deffaictes des siens, comme à la Marema de Sienne, et à Foyanno[3] et autres lieux, la fortune changeant visage, à son antienne mode, il donna bataille à M. de Strozze et la gaigna et le deffit[4], autant par sa prudance et valeur que des siens et bons capitaines qu'il avoit avec luy, comme d'Astolfe Baillon[5], aucuns disent Ridolfe : je ne sçay si c'est luy ou son filz, ou son nepveu, qui fit si bien dans Nicotie, en Cypre[6], assiégée par le Grand Turc, de laquelle guerre j'espère en parler une fois.

1. Colline qui domine la ville de Metz du côté de l'Allemagne, et où existe aujourd'hui un fort.
2. Le correcteur a changé en *retraictes* le mot *extraictes* qui, dans le manuscrit (6694), est écrit *estrettes*, et ce mot doit avoir ici comme plus haut (p. 234) le sens de *mésaventure*.
3. La Maremma-di-Siena est un petit pays de Toscane, entre Orbitello et Piombino. — *Foyano*, Fognano, dans l'État de l'Église, à huit lieues de Forli.
4. A Marciano, comme nous l'avons dit plus haut, p. 291, note 1.
5. Les Baglione étaient de Pérouse et guelfes.
6. Non pas à Nicosie, mais à Famagouste. Brantôme se recti-

Il y avoit aussi le conte de Sainct-Fior, bon capitaine, à qui l'empereur, pour avoir bien faict, donna son ordre de la Toizon[1]. Despuis, il mena en France les forces du pape Pie Quinto, et se trouva à la battaille de Montcontour, où il fist très bien. Il y eut aussi Chapin Vitelly[2] très grand capitaine, qui despuis fut en Flandres avec le duc d'Albe. De plus, il y avoit dom Jouan de Luna et dom Diego de Luna son filz, très bons capitaines, et plusieurs autres, tant espagnolz qu'italliens.

Ceste bataille de M. d'Estrozze donc gaignée sur luy, le marquis alla assiéger la ville de Sienne, qui fut débattue, comme M. de Montluc le dict en son livre, sans que j'en raconte davantage. Bien diray-je que j'ay veu estonner force personnes d'une forme de guerre que ledict marquis pratiqua là devant, fort estrange et bizarre; mesmes qu'une fois j'en vis M. de la Chappelle des Ursins[3] en entretenir la reyne mère en sa table, dont elle s'en esbahit comme les autres beaucoup; qui fut ceste escallade qui se donna de nuict avec tant de torches, flambeaux, lanternes et fallotz, de mesmes que les juifz quand ils allarent prendre nostre Seigneur Jésus-

---

fie lui-même dans l'article qu'il a consacré à Vitelli. Nicosie, assiégée par les Turcs en 1570, fut prise après un siége de quarante-huit jours, et les habitants de Famagouste, où commandait Baglione, ne permirent pas à celui-ci d'aller au secours de Nicosie. Voyez de Thou, liv. XLIX.

1. Je ne trouve point son nom sur la liste des chevaliers de la Toison donnée par Moréri.

2. Voyez plus haut, p. 106, note 1.

3. Probablement François Jouvenel des Ursins, seigneur de la Chapelle, chevalier de l'ordre du Roi.

Christ ¹, chose fort inusitée, puis que tel assaut et telle camizade se doit faire plus coy que l'on peut. Aussi M. de Montluc s'en sçeut bien prévalloir de ceste lueur, comm' il dict; car ces flambeaux donnoient à nos harquebuziers meilleure mire et visée, si bien qu'ilz tiroient à l'ennemy comm' ilz vouloient. Les uns ont eu oppinion que ce traict fut plustost faict par bravade et obstentation que pour espérance de grand effect, sinon en tant que l'on eust pris l'occasion à poinct si elle se fust présentée tout à coup, comm' elle cuyda arriver, ce dict M. de Montluc, par la faute de Sainct-Auban ² : d'autres, que c'estoit à bon escient, afin qu'à la lueur les soldats marchassent mieux, posassent mieux leurs pas, et appuyassent et affermassent mieux leurs eschelles.

La reyne, qui sçavoit discourir de toutes choses très bien à propos, dist son opinion, qui fut telle : que la nuict n'a poinct d'honte et qu'elle couvre beaucoup d'imperfections et poltronneries, si que tel est vaillant de jour qui ne l'est pas la nuict, et que la nuict est plus propre pour les hypocrites de guerre que le jour, qui de son beau soleil esclaire nos vices et vertus. Pour fin, les gentilz discoureurs en peuvent là dessus gentiment discourir, ausquelz je m'en remetz. Tant y a que ceste nouvelle invention fut gentille; je l'ay veue bien représentée en l'église de Sainct-Jehan à Florance ³, avecques force autres beaux faicts de la guerre de Toscane et Sienne. Les peinctures en

1. Cette comparaison, ajoutée en marge du feuillet 68 v° du ms. 6694, a été biffée par le correcteur sur le ms. 3262.
2. Albert Pape de Saint-Auban.
3. Ces peinctures n'existent plus, du moins à Saint-Jean.

sont très-belles, que le grand duc Cosme fit mettre là en perpétuelle mémoire du marquis et de l'obligation éternelle qu'il luy avoit, pour l'avoir ainsi remis en une partie de son estat perdu pour luy.

Or, j'ay veu un petit traicté en espagnol imprimé, qui s'intitule *la Conquista de Sienna*[1], lequel favorise fort les Espagnolz et peu les François. Au diable s'il parle là dedans de Montluc, comme s'il ne fust jamais esté ny veu; et quand il vient à parler de la composition et rediction de Sienne, il dict que ce fut le senor Cornelio Bentivoglio[2], brave seigneur de Bouloigne, bon et fidel capitaine, que j'ay veu en France et à Ferrare, lieutenant du duc en son estat. Quand ce vint donc à faire ceste composition[3], le duc de Florance et le marquis imposoient de trop dures condictions, si bien qu'ilz les reffusarent; et Cornelio fit response qu'ilz creveroient tous plustost que les passer[4], et sur tout qu'il vouloit sortir avec qu'armes, tabourin battant et enseignes desployées, et marcher en forme de bataille. Le marquis, cognoissant que ce seigneur de Bentivoglio, capitaine de très grand renom, méritoit telle courtoisie, voire plus grande (dict le livre),

---

1. A l'*Historia del marques de Pescara*, de Vallès, que nous avons citée si souvent plus haut, est ajoutée dans l'édition de 1570, avec une pagination et un titre séparés, une relation intitulée : *Conquista de Africa*, par Diego Fuentes; à la suite de celle-ci sans changement de pagination, se trouve un autre écrit intitulé : *La Conquista de Sena traduzida de diversas partes de lengua toscana en nuestro vulgar castellano por Diego de Fuentes*, et qui occupe 61 pages. — C'est l'écrit dont parle Brantôme.

2. Il est appelé Cornelio de Bentivollia dans le texte espagnol.

3. La ville capitula le 21 avril 1555.

4. *Les passer*, les accepter, les souffrir.

la luy octroya. Parquoy, l'heure de la sortie venue, le marquis se vint mettre à la porte et se fit apporter une chaire où il s'assit. Voicy venir le s^r Cornelio, armé de toutes pièces et la picque sur les espaulles, marchant d'une très belle grace et façon (comme certes il l'avoit), à la teste de ses gens, qui pouvoient monter jusques à quinze cens. Quand il fut près de M. le marquis, luy, comme très courtois, prit sa picque à deux mains, et avec une douce et humble courtoisie la baissa en terre en signe de salutation au marquis; mais le marquis, non moins courtois que luy, se leva aussi tost de sa chaire, et luy aida à relever sa picque et la remettre sur les espaulles; car, ce dict le livre, *pues que la cosa andava de corsario a corsario, no quiso quedar dudor de tal cortezia*; « Puisque la chose alloit de corsaire à corsaire, il ne voulut pas demeurer debteur[1] de telle courtoisie. » (Quels gentilz motz!) Et par ainsi ce gentil marquis demeura gentiment acquitté.

Tous les capitaines qui estoient avec luy louarent fort ceste gentille cérimonie dudict seigneur Cornelio, pour n'avoir point esté veue encor, ny pratiquée d'ennemy à ennemy, ce dict le livre; et aussy quand tous les port' enseignes, par un signal que leur fit le seigneur Cornelio, baissarent les drapeaux en terre, de mesmes que luy sa picque, ausquelz ledict marquis pria de relever et arborer aussi tost, offrant au seigneur Cornelio et à tous ses capitaines tout

1. *Debteur*, débiteur. Brantôme a arrangé ici à sa façon le texte de Fuentès, qui dit seulement : Pero como la cosa andava de cossario a cossario, no deudor quedo el de Mariñano de cosa en este cosa alguna.... (*La Conquista de Sena*, f° 65 v°.)

plaisir, faveur et courtoisies : et amprès qu'ilz eurent tous passez et salué le marquis ainsi comme j'ay dict, les capitaines et soldatz espagnolz furent si contens de telles gentillesses dudict sieur Cornelio et de nos gens, que, pour revanche, ilz leur rendirent la salve de la plus belle escouppeterie qu'ilz peurent; et amprès nos gens se retirarent là où il avoit esté dict, et le marquis entra dans Sienne.

Voylà une sortie bien contraire à celle que M. de Montluc raconte, lequel a esté si malheureux à l'endroict des escritures[1] espagnolles, qu'elles ont parlé de luy comme vous voyez. Toutes fois, s'il estoit en vie, je croy qu'il ne s'en soucieroit guières; mais, qui pis est, si lesdictes escritures espagnolles ont taisé son nom, aucunes des nostres françoises en ont faict de mesmes, qui est un grand malheur pour luy. Voylà pourquoy il a bien faict d'escrire et sonner luy mesmes sa feste, et faire pour luy, puisque les autres n'en ont rien voulu dire.

Vous avez Paradin[2], bon historiographe certes, et gagé des feuz roys François et Henry, et de M. le cardinal de Lorraine, qui a faict l'histoire de nostre temps, qui est belle, et y a de belles choses et point communes. Quand il parle de ceste guerre de Sienne, il ne parle non plus de M. de Montluc, sinon que quand il dict : « M. de Lansac[3] fut pris par quelques chevaux légiers ainsi qu'il s'en venoit de Rome

1. C'est-à-dire des relations, des écrits.
2. Guillaume Paradin, né en Bourgogne en 1510, mort en 1590. L'ouvrage auquel Brantôme fait allusion est la *Continuation de l'histoire de notre temps*. Lyon, 1556, f°.
3. Louis de Saint-Gelais, seigneur de Lansac.

jetter dans Sienne à cause de la malladie de M. de Montluc[1]. » Voylà tout ce qu'il en dict, et rien plus, en tout le discours qu'il faict de ceste guerre.

Si ay-je ouy dire à aucuns qu'il falloit bien, ou que le nom de M. de Montluc ne fust grand comme il a esté despuis, ou que sa grande et longue malladie qu'il eut dans Sienne couvrist sa vertu et valeur, ou bien que l'escrivain, de malice, n'en a rien voulu escrire. Je m'en raporte à ce qui en est.

On dict que ledict marquis mourut de regret; car, après la prise de Sienne, dont le siège avoit duré long-temps, l'empereur lui escrist qu'il n'estoit pas content de la longueur d'un si long siège; voire luy avoit envoyé un gentilhomme de sa chambre pour luy en dire sa créance; et qu'il avoit faict durer ce siège exprès pour entretenir plus longuement sa charge, et contrefaire tousjours du grand, et tenir sa réputation à ses despans, dont il n'en estoit nullement content. Il en prit si grand despit et tristesse qu'il en mourut de regret avec ses gouttes, non sans reprocher et dire que Sa Magesté n'avoit peu prendre Metz avecqu'une armée de cent mil' hommes, et luy, avecqu'une poignée de gens, avoit esté bien contrainct à une si grand longueur.

Il se dict qu'estant le siège devant Sainct Dizier, et commandant à l'infanterie, ainsi qu'il estoit en la tren-

---

1. Brantôme a cité inexactement le passage de Paradin dont voici le texte : « L'unzième jour de ce mois d'aoust, le seigneur de Lansac, sage et prudent chevalier, ambassadeur du roy, estant parti de Rome pour s'en venir à Siène, au lieu du seigneur de Monluc (lors extrêmement malade), fut pris par aucuns païsans. » *Continuation de l'histoire de notre temps*, p. 385.

chée assis sur une chaire, survint ledit prince d'O-
range; à qui voulant céder comm' à luy appartenoit,
estant si grand prince, s'osta de son siège et luy
bailla : il n'y fust pas plustost assis qu'un coup de
mousquet vint de la ville qui le tua[1]. Ne faut doubter
qu'il n'en eüst faict de mesmes au marquis s'il eust
demeuré là; mais pourtant la destinée[2] faict tout en
cela. Autres disent que ce fut Ferdinand de Gonzague,
comme j'ay dict cy devant.

Or c'est assez parlé de ce grand marquis, sinon ce
mot encores que le duc d'Albe en dist quand il mourut, qui fut en l'aage de quatre vingtz sept ans[3], où il
fit venir à soy tous ses enfans et leur fit de grandes
remonstrances; entre autres, qu'ilz advisassent sur
tout à imiter leurs prédécesseurs, qui avoient estez si
grandz capitaines et bonnes gens de guerre, et y prendre leurs modelles, non-seulement sur eux, mais sur
d'autres bons qu'il avoit veu en son temps; dont il
allégua, pour le premier, son maistre l'empereur Charles,
qu'il exalta par dessus tous. Il allégua le grand marquis
de Pescayre, qu'il dict pourtant que le meilleur de
luy estoit de bien commander à l'infanterie, et qu'il
s'y amusoit par trop, pour estre capitaine universel;
et pour estre parfaict capitaine, il n'avoit point attainct l'aage pour l'estre. Il allégua le marquis del
Gouast, qu'il dist pourtant estre efféminé un peu et
adonné par trop aux délices. Il allégua Anthoyne de

1. Voyez plus haut, p. 245 et 246, le récit différent que Brantôme a fait de cet événement.
2. Le correcteur a remplacé *la destinée* par *la volonté du
ciel*.
3. Voyez plus haut, p. 112 et la note 5.

Lève, mais que son indisposition l'avoit empesché d'estre si grand capitaine qu'il eust peu bien estre. Il alléga dom Fernand de Gonzague, qu'il dist pourtant avoir la conscience un peu légère, tesmoingt le sac de Rome, qu'il n'espargna pas son propre oncle[1], [et la mort de monsieur le Dauphin]. Il alléga M. de Bourbon, qu'il nomma *dom Carlos de Bourbon*, qu'il loua fort s'il n'eust esté traistre à son roy, bien qu'il en eust quelque occasion[2]. Tant d'autres des siens alléga-il, qu'il seroit long à dire. Et, venant à nos capitaines françois, loua fort feu M. le connestable[3], [sans quelque chose que je ne diray poinct]; alléga feu M. de Guyse, qu'il tenoit pour un très grand capitaine s'il eust vescu davantage qu'il ne fit, car il ne faisoit qu'entrer au milieu de la perfection qu'il eust peu attaindre sur son vieil aage. Mais sur tous, il leur loua le marquis de Marignan, et le leur fit un très grand capitaine, d'autant que [de simple estaffier qu'il avoit esté] il estoit de peu à peu et de grade à grade parvenu là, qu'il est mort le plus grand capitaine de tous ceux de son temps, amprès l'empereur son maistre; voire venu là, que par sa vertu et valeur il avoit poussé son frère à estre cardinal, et plus, à estre le plus grand de la chrestienté, qu'estoit pape, qu'il ne vist là pourtant, car il estoit mort[4], et pour ce, commanda à sesdictz enfans de l'imiter en tout ce qu'ilz pourroient. Il leur loua aussi

1. Voyez plus haut, p. 249.
2. *Occasion*, motif, sujet.
3. Anne de Montmorency.
4. Pie IV (Jean-Ange Médicis) fut élu pape le 25 décembre 1559 et mourut le 6 janvier 1560.

son fils bastard dom Hernand¹, grand prieur de Castille, qui estoit là présent, et qu'il luy avoit bien servy de second en ces dernières guerres. Puis, ayant dict, leur donna à tous sa bénédiction, et leur commanda aller trouver le roy d'Espaigne² pour le bien servir et luy baiser très humblement ses royalles mains de sa part, et luy dire pour la dernière fois qu'il luy pardonnoit de bon cœur sa prison, où il l'avoit détenu si longtemps³ : très mauvaise récompance des services passez qu'il luy avoit faictz et à la couronne d'Espagne.

Je tiens ce conte d'un honneste et brave seigneur françois⁴ qui l'a ainsi ouy faire, estant en Espaigne, au filz aisné dudict M. le duc d'Albe.

M. le conte de Mansfeld⁵.
M. le conte de Mansfeld a esté un grand capitaine, ainsi qu'il la faict parestre tousjours. Il estoit gouverneur de la duché de Luxembourg et capitaine de cent hommes d'armes, chevallier de l'ordre de la Toizon et gentilhomme ordinaire de la chambre de l'empereur ; il eust tous ces estats, estant encor assez jeune.

1. Voyez plus haut, p. 106.
2. Philippe II.
3. Voyez plus haut, p. 109.
4. Le ms. 6694 portait d'abord : « Je tiens ce conte *de monsieur de Lansac le jeune*. » Brantôme a effacé ces six derniers mots, qu'il a remplacés par ceux que nous donnons dans notre texte.— Lansac le jeune était Gui de Saint-Gelais, fils du Louis de Saint-Gelais, seigneur de Lansac, dont il a été question plus haut, p. 300 et 301.
5. Pierre-Ernest, comte de Mansfeld, gouverneur, prince de l'Empire, né en 1517, mort le 2 mai 1604. Il était le troisième fils d'Ernest, comte de Mansfeld, et fut la tige du rameau de Mansfeld, dit de Huldvegen.

Lorsque le roy Henry fit son voyage d'Allemaigne[1], et sçachant qu'à son retour il alloit assiéger Yvoy, qui estoit de son gouvernement, il s'alla jetter dedans; laquelle ville fut battue si furieusement, que j'ay ouy conter à feu M. de Guyse le Grand[2], que jamais il n'avoit veu ny ouy parler d'une batterie si furieuse que celle-là; car elle fut battue deux jours durant de trente-six pièces en batterie, si assiduellement qu'un coup n'attendoit pas l'autre; mesmes que la nuict elles tiroient si souvant qu'on n'eut pas loysir dedans de se remparer. Si bien que ledict M. de Guyse disoit souvant, quand il oyoit parler des grandes batteries, qu'elles n'approchoient rien de celle d'Yvoy. Bien est-il vray que celle de Metz dura plus longuement, disoit-il, et y eut plus de six mille coups tirez d'avantage qu'à Yvoy, mais c'estoit par intervalles, et non si assiduellement qu'à Yvoy, et c'est pourquoy ell' estoit plus furieuse et dangereuse, ostant tout moyen et loysir à remparer.

Voylà M. le conte ayant veu une bresche raisonnable pour les François, et y allant valeureusement pour la deffendre avec ses Bourguignons[3] et Vallons; ainsi qu'il appelloit[4] les lansquenetz, ilz luy reffusarent tout à plat, et luy dirent résolument qu'ilz ne combattroient point; dont M. le conte cuyda enrager et de despit rongeoit ses poinctz, comme certes c'est un grand crève-cœur à un brave et vail-

1. En 1552.
2. François de Guise.
3. Les soldats tirés de la comté de Bourgogne.
4. C'est-à-dire, au moment où il appelait les lansquenets pour aller défendre la brèche.

lant capitaine qui a envie de bien faire et bien combattre, et se void abandonné et trahy des siens propres, comme il arriva devant Nancy à ce brave et incomparable Charles, duc de Bourgoigne, par Campo Basso[1], et à Louys Sforce, dict le More, duc de Milan, lors qu'il fut livré des siens mesmes aux François devant Novarre[2]. Aussi le sceut-il bien dire le soir, ayant esté envoyé prisonnier en La Rocque du Pont, ast' heure bien forte[3], où j'ay esté, se trouvant avecqu'un seul valet, en faisant telz regrets. « O inestimable fortune, inconstante s'il en fut onc ! Où suis-je maintenant logé ? Hier je commandois à plus de vingt mil' hommes; maintenant, à l'apétit d'une trahyson et faillance de cœur, de tous eux à grand peine ay-je un serviteur, et encore suis-je en captivité et luy en liberté ! » Grand exemple de fortune pour les grandz !

Ainsi ce pauvre M. le conte, tout courageux qu'il estoit, par la poltronnerie de ces lansquenetz fut contrainct de parlementer et faire composition et rendre place. Et ainsi qu'il vint premièrement trouver M. le connestable, qui estoit grand bravache, et l'ayant salué, il luy dist, sur ce que M. le connestable l'advisoit d'avoir bien faict de cappituller, car il y fust aussy bien entré dedans par assaut et eust tué tout : « Ah ! monsieur, dist le conte, si tous mes gens eussent esté Bourguignons ou Espagnolz, vous

---

1. Charles le Téméraire, en 1477. — Nicolas de Campo-Basso.
2. Ludovic-Marie Sforce, dit le More, duc de Milan, fut livré par ses troupes suisses à Loüis de la Trémoille, à Novare, le 10 avril 1500. Il fut conduit en France où il mourut vers 1508.
3. Le correcteur a mis : *à ceste heure place bien forte*.

ne l'eussiez eue si aisément; mais les Allemans m'ont faicte fauce poincte et grand tort. » Puis ayant esté mené devant le roy et luy ayant faict la révérance très humble avec les autres prisonniers, le roy le receut et parla à luy et à tous fort amiablement ; car Sa Magesté estoit composée de toute bonté généreuse; sur laquelle M. le conte le supplia de faire traicter bien et en bon prisonnier de guerre, ainsi que sa royalle et magnanime bonté luy permettoit[1]. Le roy lui respondit alors qu'il seroit mieux traicté que l'empereur ne faisoit traicter les seigneurs d'Andellot et de Sypiere[2]. Surquoy le roy commanda qu'on l'emmenast au bois de Vincennes, où le roy luy tint promesse; mais il y demeura longtemps, par ce que l'empereur en faisoit de mesmes aux François prisonniers, qu'il ne vouloit mettre à rançon, sinon après la bonne trefve faicte; et par ainsi tous d'une part et d'autre furent délivrez, et par conséquent M. le conte.

On luy bailla un peu blasme que, pour un grand capitaine qu'il estoit, de quoy il sortist pour capituller; et qu'il devoit faire cela par ambassades ou secondz ou tiers, et que, pour ce, sa composition n'en fut si advantageuse pour luy; car M. le connestable luy sceut donner la venue, et fit crier aux siens de dedens que tout estoit arresté, qui furent bien aises d'aussi tost recevoir les nostres.

1. *Var.* Le duc de Saxe en dict de mesmes à l'empereur quand il fut son prisonnier.—Ce passage se trouve dans le ms. 6694 (f° 71 r°) où il a été biffé, et il n'a pas été reproduit dans le ms. 3262.

2. François de Coligny, seigneur d'Andelot, et Philibert de Marsilly, seigneur de Sipierre (ou Cypierre), avaient été faits prisonniers en Italie, en 1551, et enfermés au château de Milan.

Il vint despuis au service du roy Charles[1] en nos guerres civilles par le mandement du roy son maistre, et emmena douze cens lances bourguignonnes, et se trouva à la bataille de Montcontour, où il fit si bien et si vaillamment qu'il y fut blessé dans un bras à la mort, lequel il cuyda perdre; mais par les bons remèdes que le roy et toute sa court y apportarent (car il estoit fort aymé, comme certes il estoit très aymable et avoit une très belle façon), il eschappa et recouvra santé et guérison; puis s'en retourna après la paix en son pays avec la bonne grace du roy et de tous les grandz et petitz de la France, et laissa au roy, pour luy faire service, son filz le conte Charles[2], qui estoit un brave et vaillant gentilhomme, et aussi parfaict en toutes vertuz chevalleresques qu'on eust sceu voir, tirant tant bien des armes et sçachant faire dextrement tous honnestes exercices. Au reste, il estoit fort sçavant et parlant très bien latin, grec, italien, françoys[3], espagnol, allemand, flamand et hongre. Je l'ay veu parler toutes ces langues. Il espousa madamoyselle de Brissac l'aisnée, qui estoit une fort sage et vertueuse damoyselle et dame; mais elle mourut[4]. Despuis il a faict de grands services au roy son maistre en Flandres, qu'il gaigna de ceste façon, pour avoir

1. Charles IX, en 1569.
2. Charles, prince de Mansfeld; voyez plus haut, p. 93, note 2.
3. *Françoys* a été rajouté de la main de Brantôme ; ce mot ne se trouve pas dans le ms. 6694.
4. Diane de Cossé, fille de Charles de Cossé, comte de Brissac et maréchal de France. Mansfeld épousa en secondes noces la comtesse de Maure, qu'il surprit en adultère et qu'il fit tuer avec son amant. Il se remaria ensuite avec Marie-Christierne, fille de Lamoral, comte d'Egmont. Voyez de Thou, livre CXIV.

faict quelque petite jeunesse d'un meurtre, dont le roy lui reffusa sa grace pour lors, et par ainsi il l'obtint; et après la mort du prince de Parme[1], il le fit son lieutenant général pour quelques jours en son armée de ses Pays-Bas et de la France, dont il s'en est dignement acquicté, comme il a faict despuis en ceste dernière guerre d'Hongrie[2], où ayant esté envoyé par le roy son maistre avec secours, fut esleu mareschal de camp général en l'armée; et ayant combattu vaillammant et sagement conduict sa charge, y est mort en très vaillant et brave capitaine qu'il a esté[3]. Belle fin faict qui pour la foy trespasse! M. le susdict conte son père le survesquit, ayant vescu près de cent ans[4] en belle vie et fort disposte[5]; et tousjours avec grand honneur, n'ayant jamais quicté le party de son maistre ny adhéré aux Estatz[6]. Aussi que pouvoit-il mieux estre que d'estre tousjours serviteur de son maistre?

Cæsar de Naples a esté aussi un fort grand capitaine, vigilant, subtil et entreprenant, mais pour-

Cæsar de Naples[7].

1. Alexandre Farnèse, duc de Parme et de Plaisance, né en 1524, mort en 1592.

2. En 1595, Mansfeld battit les Turcs qui voulaient secourir Gran qu'il assiégeait, et mourut quelques heures après avoir appris la reddition de la ville.

3. Le manuscrit 6694 (f° 71 v°) portait d'abord ces mots que Brantôme a biffés lui-même : *Mort en ceste dernière et sanglante bataille contre le Turc.*

4. Lisez : quatre-vingt-sept ans.

5. *Disposte*, alerte.

6. C'est une erreur. Il avait d'abord servi les États et s'était, en 1582, attaché au roi d'Espagne.

7. César Maggi, né à Naples. — Voyez sur lui de Thou, livres II, XI et XV.

tant peu heureux en ses entreprises, qui furent néanmoins belles et bien invantées sur Thurin, du temps du roy François, l'une par escallade, et l'autre par des charrettées de foing[1]. Il a esté gouverneur de Vulpian[2] l'espace de vingt ans, qu'il a fort bien gardé sans qu'on aye jamais osé entreprendre le forcer ny guières le braver, tant s'en faut, qu'il nous a plus bravé que nous à luy; car il couroit ordinairement sur le nostre par de belles et grandes courses jusques à Suze et Villanno; si bien que de là Thurin il falloit tousjours avoir grosse escorte pour mener l'argent du roy à Thurin; autrement il estoit en hasard. Dont je m'estonne que le roy François et le roy Henry le laissarent tant durer léans sans l'assiéger et prendre, mesme estant la ville si proche et voysine de Thurin, qui n'estoit qu'à sept petitz mille.

En fin, au bout de tant d'années et beaucoup de dommages receuz, le roy Henry l'envoya assiéger avecqu'une grosse armée conduicte par M. d'Aumalle[3], dont il fut faict général, tant pour le rang de sa maison que pour sa faveur et son mérite, avec les deux braves messieurs les princes et frères de Vandosme, M. d'Anguien et prince de Condé, et de Nemours[4], et force noblesse de la court. Ceste place donc fut bien battue, bien assiégée et assaillie; de sorte qu'il

---

1. En 1543. Voyez-en le récit, à cette date, dans les Mémoires de Martin du Bellay.
2. Volpiano.
3. En 1555.
4. Jean de Bourbon-Vendôme, duc d'Enghien; son frère, Louis, prince de Condé; — Jacques de Savoie, duc de Nemours, né en 1531, mort en 1585.

fallut venir à composition, par laquelle ceux de dedans s'en allarent, enseignes desployées, tambour battant, bagues et hardes sauves, et conduictz à sauvetté jusques à la rivière de la Dorie près de Thurin. Sur laquelle composition faut notter une fine ruse qui advint, que j'ay ouy dire : qu'est que M. le mareschal de Brissac, qui estoit lieutenant général pour le roy en Piedmont, sans aucun reproche et l'ayant fort bien gardé, voire beaucoup augmenté, se sentit un peu estomacqué et jaloux de ceste charge donnée à M. d'Aumalle, que madame de Valantinois, sa belle mère[1], qui avoit grant faveur, luy avoit faict avoir, comme fort préjudiciante à la sienne, s'en voulut revancher. Par quoy, estant dans Thurin, il fit du mallade de ses gouttes pour ne se trouver à ce siège et servir de second, luy qui estoit le premier [ou qu'il fits du mal-content], s'advisa, sur le poinct que l'on entra en parlement, de mander soubz main à Cæsar de Naples [car corsaires à corsaires se tiennent tousjours la main] qu'il advisast comment il capitulloit et avec qui; car c'estoit luy qui estoit lieutenant du roy en Piedmont, et qu'il l'avoit cogneu et esprouvé tel assez longtemps, et qu'il ne donneroit pas une chanson de sa capitulation, s'il ne la faisoit et la signoit luy-mesmes; et qu'il songeast qu'il valloit mieux qu'il capitullast avecques luy, qu'il cognoissoit de longue main et luy avoit faict tousjours si bonne et honneste guerre, et à luy et aux siens, et avoit tant esprouvé sa

[1] Claude de Lorraine, duc d'Aumale, avait épousé, le 1er août 1547, Louise de Brezé, fille de Diane de Poitiers, duchesse de Valentinois.

foy, sur laquelle il se devoit plus assurer que de tout autre; autrement qu'il luy iroit mal, et qu'il luy fairoit courir sus et à ses gens en sortant de la ville.

Cæsar de Naples mascha et digéra toute ceste démonstration, advis et instruction, et si bien y songea et si proffondément en soy, comm' il y avoit de l'apparance et raison grande, qu'il manda à M. d'Aumalle, et luy fit tel affront, qu'il ne vouloit nullement capituller avec luy, que le lieutenant général du roy, qui estoit M. le mareschal de Brissac, n'y fust. Par quoy le falut mander; et vint dans sa lictière, et triumpha de la part de l'honneur de ceste redition de place que l'autre pensoit avoir toute entière. Toutes fois, le triumphe et labeur estoit aux despans de M. d'Aumalle. Il y a là dessus à pointiller. Quelle ruse de vieux renard[1]! Enfin Cæsar de Naples se rendist comme j'ay dict, et fut conduict fort seurement là où il avoit esté arresté. Le chasteau, gardé par un capitaine espagnol, se rendit par mesme composition que la ville, qu'il acepta.

1. Le récit de Brantôme, qui peut fort bien être le véritable, ne s'accorde pas tout à fait avec celui que nous a laissé de la prise de Volpiano Boyvin du Villars, secrétaire du maréchal de Brissac. Après avoir dit que l'ennemi ne voulut traiter qu'avec le maréchal, qui était revenu au camp, il ajoute : « Ledit sieur mareschal, pour monstrer qu'elle estoit sa modestie, se fit porter dans la tente dudict sieur d'Aumale où il appela tous les seigneurs de l'armée, en la présence desquels l'ennemi fut ouy en ses demandes. Cela faict, le mareschal leur respondit : « Ce n'est point à moy à
« qui il faut que vous adressiez vos parolles, ains à ces seigneurs
« qui ont eu charge de l'armée, et qui vous ont vertueusement
« combattus et vaincus en mon absence ; bien leur veux-je servir
« de tesmoin en ce qu'ils traicteront avec vous. » *Mémoires du sieur François de Boyvin, baron du Villars*, année 1555.

Il est vray que le capitaine, avant que sortir, fit un traict de sa nation, lequel, avant rendre la place et sortir, dist que luy et ses compagnons aceptoient ceste mesme composition, à la charge qu'il tiendroit le chasteau encore vingt-quatr' heures, dans lequel temps l'on tireroit cinquante coups de canon contre ledict chasteau, disant qu'il le vouloit ainsi pour s'en servir de plus grande justiffication, combien que ce n'estoit que pour une bravade et pour autant faire despendre et d'user poudre à nostre artillerie. Quelle nattretté[1] et gloire vayne aveq laquelle pourtant, pour sa bien venue, don Helve de Sande[2] le fist aussi tost pendre[3] !

Ainsi fut chassé ce brave et ancien capitaine Cæsar de Naples de sa ville, qu'il avoit si long-temps gardée ; laquelle M. le mareschal fit desmanteler, ruiner, et du tout démolir les murailles, pour vanger le pays d'un monde de briganderies et voleries que ceste ville soulloit faire.

Les Flamans et Bourguignons ont fort estimé leur M. de Bure[4]. M. de Bure, et tenu pour bon capitaine. Aussi nous a-il faict la guerre bien fort vers nos frontières de Picardie, qui s'en sont bien ressenties à cause de

1. *Nattreté*, rouerie, malice. En gascon, on appelle *madrate*, ce que nous appelons aujourd'hui un *madré*.
2. Alvaro de Sande. Voyez sa vie plus loin.
3. Les dix-neuf derniers mots sont rajoutés en marge de la main de Brantôme.
4. Maximilien d'Egmont, comte de Buren, chevalier de la Toison d'or, mort d'une esquinancie, à Bruxelles, en décembre 1548. Il ne laissa qu'une fille de sa femme Marie de Lannoy. De Thou (livre V) a raconté en quelques lignes les circonstances de sa mort.

ses bruslemens, car il a esté un grand brusleur¹. Il mena un grand secours en Allemaigne, à l'empereur son maistre, qui estoient les trouppes des vieilles ordonnances de Flandre et Bourgoigne, qui furent trouvées très belles, et vindrent très bien à propos. Aussi quand elles furent venues, l'empereur attaqua ses ennemis plus chaudement qu'il n'avoit faict.

Ce comte de Bure mourut à Bruxelles, et fit la plus belle mort de laquelle on ouyst jamais parler au monde; qui fit croyre qu'il avoit un courage très noble et haut. Ce chevallier de la Toizon tumba soudainement mallade au lict, fust de quelqu'effort qu'il eust faict en avallant ces grandz verres de vin à mode du pays, carroussant² à outrance, fust que les parties de son corps fussent vitiées, ou autrement. André Vezalins³, médecin de l'empereur Charles, l'alla incontinant visiter, et luy dist franchement, après luy avoir tasté le poux, qu'il luy trouva fringant, que, dedans cinq ou six heures pour le plus tard il devoit mourir, si les règles de son art ne failloient en luy; parquoy luy conseilla, en amy juré qu'il luy estoit, de penser en ses affaires; ce qui advint comme le médecin l'avoit prédit, tellement que Vezalins fut cause que ce conte fit la plus belle mort de laquelle on ayt jamais ouy parler despuis que les roys portent couronnes; car le conte, sans s'estonner aucunement, fit appeller les deux plus grandz amis qu'il eust, à sçavoir l'évesque d'Arras, despuis cardinal de Granvelles⁴, qu'il appelloit son frère d'al-

---

1. Il brûla, entre autres, la ville de Saint-Pol, en 1536. Il commandait alors l'armée impériale.
2. Voyez plus haut, p. 30. — 3. Voyez plus haut, p. 155.
4. Antoine Perrenot de Granvelle, évêque d'Arras, puis arche-

liance, ensemble le conte d'Aramberg[1], son frère d'armes, pour leur dire à Dieu. En ces cinq ou six heures, il fit son testament[2], il se conffessa, et receut le saint sacrement [et fit tout ce qui se dira icy bas]. Puis, se voulant lever, fit apporter les plus riches, les plus beaux et les plus sumptueux habitz qu'il eust, lesquelz il vestit; se fit armer de pied en cap des plus belles et riches armes qu'il eust, jusques aux esperons; chargea son collier et son grand manteau de l'ordre, avec un riche bonnet à la polacre[3], qu'il portoit en teste pour l'aymer plus que toute autre sorte de chappeau; [portoit] l'espée au costé; et ainsi superbement vestu et armé, se fit porter dans une chaire en la salle de son hostel, où il y avoit plusieurs coulonnelz de lansquenetz, plusieurs gentilzhommes, capitaines et seigneurs flamandz et espagnolz, qui le vouloient voir avant mourir, parce que le bruict vola quant et quant[4] par toute la ville que, dans si peu de temps, il devoit estre corps sans âme.

Porté en sa salle, assis en sa chaire, et devant luy sa sallade enrichie de ses panaches et plumes, avec les gantellets, il pria ses deux frères d'alliance de vouloir

---

vêque de Besançon et cardinal, célèbre ministre de Charles V et de Philippe II, né à Ornans en 1517, mort à Madrid en 1586. Sa correspondance diplomatique a été publiée dans la collection des documents inédits, du ministère de l'Instruction publique.

1. Jean de Ligne, baron de Barbançon, comte d'Aremberg, chevalier de la Toison d'or, prince de l'Empire, tué le 24 mai 1568 à la bataille d'Heigerloo. On trouvera sa vie dans notre second volume.

2. Il y avait sur le ms. 6674 (f° 73 r°) ces mots qui ont été effacés: Qui fut escript par le filz du chevalier Perrenot.

3. A la polonaise. — 4. Aussitôt.

faire appeller tous ses capitaines et officiers, qu'il vouloit voir pour leur dire à Dieu à tous, les uns après les autres ; ce qui fut faict. Vindrent maistres d'hostel, pages, vallets de chambre, gentilzhommes servans, palleffreniers, lacquais, portiers, sommelliers, mulletiers et tous autres, ausquelz à tous (plorans et se jettantz à ses genoux) il parla humainement, recommandant ores cestuy cy, ores cestuy là, à M. d'Arras, pour les récompenser selon leurs mérites, donnant à l'un un cheval, à l'autre un mullet, à l'autre un levrier ou un accoustrement complet des siens ; jusques à un pauvre vieux fauconnier, chassieux, bossu, mal vestu, qui ne sçavoit approcher de son maistre pour luy dire à Dieu, comme les autres de la maison avoient faict, 'pour estre mal en ordre[1], fut apperceu par le conte, dernier les autres, plorer chaudement le trespas de son bon maistre, fut appellé pour venir à luy ; ce que fit le fauconnier, lequel son maistre consolla ; et si l'interrogea particullièrement comme se portoient telz et telz oyseaux qu'il nourrissoit ; puis, tournant sa face vers l'évesque d'Arras, luy dist : « Mon frère, je vous recommande ce mien fauconnier ; je vous prie de mettre sur mon testament que j'entendz qu'il ayt sa vie en ma maison tant qu'il vivra. Hélas ! le petit bon homme m'a bien servy, comme aussi il avoit faict service à feu mon père[2], et a esté mal récompansé. » Tous les assistans, voyant un si famillier devis d'un si grand seigneur à un si petit mallottru, se mirent à plorer de compassion.

---

1. C'est-à-dire, mal arrangé, mal vêtu.
2. Floris d'Egmont, comte de Buren, mort en 1539.

Ayant dict à Dieu à tous ses officiers et serviteurs, leur avoir touché en la main, il demanda à boire en ce godet riche où il faisoient ses grandz carroux avec les coullonnelz quand il estoit en ses bonnes; et de faict voulut boire à la santé de l'empereur son maistre. Fit lors une belle harangue de sa vie et des honneurs qu'il avoit receu de son maistre, rendit le collier de la Toizon au conte d'Aremberg pour le rendre à l'empereur, beut le vin de l'estrier et de la mort, soubstenu soubz les bras par deux de ses gentilzhommes, remercia fort l'empereur disant entre autres qu'il n'avoit jamais voulu boire en la bouteille des princes protestans ny volter face[1] à son maistre, comme de ce faire il en avoit esté fort sollicité; et plusieurs autres belles parolles, dignes d'éternelle mémoire, furent dictes et profférées par ce bon et brave capitaine.

Finallement, sentant qu'il s'en alloit, il se hasta de dire à Dieu à l'évesque d'Arras et au conte d'Aremberg, les merciant du vray office d'amy que tous deux lui avoient faict à l'article de la mort, pour l'avoir assisté en ceste dernière castastroffe de sa vie. Il dist à Dieu de mesmes à tous ses braves capitaines et gentilzhommes qui là estoient. Puis, tournant la teste, appercevant M. Vezalins dernier luy, l'embrassa et le mercia de son bon advertissement. Finallement dit : « portez-moy sur le lict »; où il ne fut plustost posé qu'il mourut entre les bras de ceux qui le couchoient.

Ainsi supperbement vestu et armé, mourut ce grand cavallier flamand, à la manière de ces braves censeurs,

---

1. *Volter face*, tourner visage, trahir.

sénateurs, dictateurs, ædiles, proconsulz et autres princes romains, qui vestirent tous leurs robbes rouges triumphalles pour s'assoir en leurs chaires d'yvoire, où les soldatz de Brenus, à la prise de Romme, les trouvarent assis au milieu de la grand place, pensant que ce fussent des dieux, les massacrarent tous sans respecter les barbes de ces sainctz Anthoines de palais.

Ainsi et royallement voulut mourir Marie Stuarde, ceste brave reyne d'Escosse, allant à la mort et au supplice avec ses plus riches vestemens qu'elle pouvoit avoir alors ; s'estant en cela monstrée magnanime et vrayement reyne de France et d'Escosse [1]. Ainsi devroient mourir tous les plus grandz de la terre, quand ilz sentent que la dernière heure de leur vie doit sonner, sans mourir en la plume, comme canardz, puisqu'il ne leur est donné de mourir en une journée, aux pieds des roys et de leurs généraux d'armes. Mort de grand capitaine, qui certes mérite d'estre historiée en une tapisserie, pour estre ordinairement posée à la vue des princes, roys et gouverneurs de provinces, pour leur servir de patron de bravement et royallement mourir! Et ce que ne peust faire dom Jouan d'Autriche peu devant qu'il rendist les derniers abois fut faict après sa mort [2], quand, dedans Namur, il fut porté mort à la veue de toute l'armée, si richement vestu et armé, qu'il a esté dict que ses chausses qu'on luy avoit vestu le jour de ses funérailles valloient plus de cinq mille ducatz. Tout ceci

---

1. *Var*. Comme j'en parle en sa vye à part (Ms. 6694, f° 123 v°).
2. En 1578.

ay-je appris de vive voix d'aucuns de Flandres, où grandz et petitz parlent encor aujourd'hui de la brave mort de ce seigneur conte de Bure, la mémoire duquel ne doibt jamais périr entre les hommes.

L'empereur aymoit fort ledict conte, comme il ayma aussi fort M. de Ru, qui fut son grand sommellier du corps, et eut de luy fort honnorables charges, et fut un bon capitaine et grand ennemy des François; si bien qu'il se vantoit ne penser jamais bien faire sinon quand il pouvoit nuire et faire mal aux François. Il voulut une fois, en pleine paix empescher M. de Villebon[2] d'envitailler Thérouanne dont il estoit gouverneur; et de faict luy desvallisa quelques charriotz chargez de grains; à quoy on y remédia après par un avitaillement bien armé. Il falloit bien dire que cet homme fust bien ennemy des François, disoit-on lors. Je pense que c'est celuy qui fut pris au combat devant Naples par Philippin Doria[3], qu'aucunes histoires nomment M. du Ry, autres M. du Ru.

M. du Ru[1].

Comme j'ay dict, l'empereur se servoit voulontiers des Flamans et Bourguignons[4] : aussi, quand il

---

1. Adrien de Croy, seigneur de Beaurain, comte de Rœux, chevalier de la Toison d'or, chambellan, premier maître d'hôtel de Charles V, premier gentilhomme de sa chambre, gouverneur de Lille, Douai et Orchies, mort en 1553.

2. Jean d'Estouteville, seigneur de Villebon, bailly et capitaine de Thérouanne, lieutenant-général en Picardie, mort à Rome le 18 août 1568. — Voyez sur le fait dont parle Brantôme l'ouvrage déjà cité de Paradin, p. 9.

3. En 1528. Voyez plus haut, p. 236. Du Bellay parle en effet d'un « seigneur de Ris » pris à cette bataille.

4. Voyez plus haut, p. 225.

tenoit sa court de Flandres, il la faisoit très beau veoir, estant composée de force braves et grandz seigneurs de force nations estranges, et principallement de Flamans et Bourguignons, qui avoient la vogue, ainsi que j'ay ouy dire à ceux et celles qui l'ont veue.

M. d'Anchimont[1].

Il y a eu aussi M. d'Anchimont, gouverneur de Bappaume, très bon et vaillant capitaine et bon biberon aussi ; il n'eut pas pourtant de charge grande. Or, de ces trois messieurs de Bure, du Ru et d'Anchimont, je n'en parleray pas plus que j'en viens de dire ; car si je voulois de tous en général en discourir si amplement comme j'en ay de subject, et comme j'ay faict d'aucuns, je n'aurois jamais parachevé ce livre.

Le conte Palatin[2].

Aussi qu'il me faut dire quelque chose de ce grand conte Palatin, qui garda vaillamment et sagement Vienne en Autriche contre une si grande multitude de Turcz qu'à les voir campez on eust pensé que c'estoit un petit monde là assemblé ; car elle fut assiégée et environnée de cinq camps plantez en divers lieux ; si bien que l'on estimoit le siège contenir huict mille de territoire d'au dessoubz la ville, sans compter celuy de l'eau, du costé du Danube, par lesquelz furent si sarrez qu'ilz ne pouvoient sortir ny par

---

1. François de Rabutin, au livre V de ses *Guerres de Belgique*, et de Thou (livre XII) appellent Haulsimont, et du Bellay (année 1543) Auchimont, le gouverneur de Bapaume qui, en 1553, attaqua fort vivement l'armée française.

2. Philippe II, duc de Bavière, comte palatin, né le 12 novembre 1503, mort sans alliance le 4 juillet 1548. — Il défendit Vienne contre les Turcs, en 1529. Nous avons mis par erreur Frédéric II au lieu de Philippe II, à la note 2 de la page 85.

terre ny par eau, combien qu'ilz ne furent point battuz en batterie, d'autant que leurs grosses pièces furent mises à fondz montant à contre-mont sur le Danube, mais bien de mines et de sappes qui furent faictes par les assappes[1]. Le siège ne dura pas plus de trente jours : commancé le treisiesme[2] de septembre et finy le quinziesme d'octobre; mais, pour si peu qu'on les tint, ilz furent bien secouez, assaillis, minez, sappez, tant ouverts de bresches et combattus que bien servit à ce grand capitaine et à ses gens d'estre bien résollus en courage et en valleur; car, en autant d'assautz que les Turcz leur donnèrent, autant de fois furent ilz repoussez et grand nombre de tuez : encor battoit-on les Turcz à grandz coups de bastons pour les faire aller à l'assaut et combattre.

En fin Sollyman, qu'y estoit luy mesmes en personne, comme certes il estoit en tout magnanime, courageux, brave et vaillant, bien despité d'avoir failly à son entreprise, fut contrainct d'en partir; mais advant, renvoya dans la ville plusieurs prisonniers[3] qu'il avoit pris, avec de belles robbes d'or et d'argent et de soye qu'il leur donna pour présent, mandant par eux aux Viennois et à leur général qu'il n'estoit pas venu là pour assiéger et assaillir la ville soubz la délibération et dessaing de la prendre

1. *Assapes*, sapeurs.
2. Les deux manuscrits portent, par une faute de copiste, *troisièsme* pour *treisiesme*, mais même en adoptant ce dernier chiffre, il y a encore erreur dans le texte. En effet, c'est le 27 septembre 1529 que Soliman campa devant Vienne et il en leva le siége le 16 octobre suivant. Voyez de Hammer, livre XXVI.
3. Hammer en cite un Christophe de Zedlitz, porte-étendard du comte Hans d'Hardeck.

(quelle finesse! car nottez qu'auparavant il l'avoit menacée de feu et de sang si elle ne se rendoit), ains pour cause particulière, et pour rencontrer son ennemy Ferdinand, avec lequel il peust vuider la querelle de l'Hongrie par une noble battaille. Que c'est que de la gloire, comment elle pénettre le cœur des plus barbares! Et par ainsi il partit, non sans louer à jamais les Viennois et leur chef, ainsi que je l'ay ouy dire à M. le baron de La Garde[1], à qui Solyman fit le discours.

Avecqu'eux estoient aussi trois bons chefz : le conte Pallatin, leur général, et le comte Rocandolph[2], premier maistre d'hostel du roy Ferdinand, et le conte de Salma[3], qui avoit faict fort bien auparavant à la battaille de Pavie. J'ay cogneu son filz, ou son petit-filz au moins. Il fut lieutenant de M. de Lorraine en Lorraine, et qui avoit deux compagnies dans Théonville[4] lors qu'il fut pris. Je l'ay cogneu, et le tiens pour un gentilhomme de fort belle façon, brave, vaillant et fort pollitiq en sa charge; mais on le tient cruel.

J'ay ouy conter, estant à Boulloigne, à quelques uns anciens, que, lorsque l'empereur y fut couronné[5], ledict conte Pallatin s'y trouva comme il devoit, estant un des principaux eslecteurs; mais le pape, l'em-

1. Antoine Escalin des Aimars, baron de la Garde, célèbre marin auquel Brantôme a consacré ailleurs un article. Il avait été ambassadeur à Constantinople.
2. Roggendorf.
3. Nicolas, comte de Salm, chevalier de la Toison d'or, mort en 1548.
4. Thionville fut pris par le duc de Guise en 1558.
5. Vyoez plus haut, p. 41 et suivantes.

pereur et tous les grandz quy estoient là luy defféroient tous un grand honneur, non tant pour son illustre maison, ny pour son rang, ni pour sa grand barbe blanche[1] et beau poil chenu, comme pour le beau siège qui venoit de fraiz soubstenir contre un si grand effort.

On dict que ce grand service signallé faict à la chrestienté fut bien aussi cause que l'empereur ne luy en prestast une[2] aux guerres des protestans aussi bien qu'aux autres; car il y estoit bien brouillé. Aussi un tel service méritoit bien d'abollir un plus grand crime deux fois que celuy-là. Il est bien vray que Volfang Oder, grand capitaine, luy ayda bien à soubstenir son siège, d'autant qu'il deffit tout à trac l'armée navalle du Grand Seigneur, qui montoit à mont du Danube, là où estoit toute sa grosse artillerie et munitions, dans des batteaux qu'il mit à fondz très à propos, et deffit les gens qui les conduisoient.

Ce conté Pallatin laissa un filz après luy, qui prit nourriture du roy François; mais pourtant fust blasmé despuis d'avoir esté [un peu] ingrat de cette nourriture à l'endroict de ses petitz enfans, les roys d'emprez et de la France[3], à cause de la grand faveur qu'il presta aux huguenotz, pour leur avoir envoyé des forces d'Allemaigne, dont il s'en fust bien passé;

1. Sa barbe blanche? Brantôme se trompe probablement, car Philippe n'avait alors que vingt-sept ans.
2. Une compagnie.
3. C'est-à-dire, les rois de France successeurs de François Ier. — Brantôme se trompe, le comte Philippe ne laissa pas de postérité. Celui dont il veut parler est Frédéric III, électeur palatin, duc de Bavière, qui, en 1567 et en 1568, envoya des secours aux protestants de France.

car on ne luy demandoit rien, ny à sa personne ny à son estat, ny ne vouloit-on demander. On l'excuse que, poussé du zelle de sa religion, il leur fit ce bon office; car il estoit fort religieux, ayant embrassé plus la religion de Calvin que de Luther. Au demeurant un très habile seigneur et fort remuant.

Le prince de Cazimir. Il se servoit pour principal instrument du prince de Cazimir, son second filz, jeune, entreprenant, qui, de mesme que le pere, fut accusé d'ingratitude; car il avoit receu nourriture du feu roy Henry[2], et M. de Lorraine et luy estoient quasi nourrys ensemble en sa court. Il estoit un jeune homme très ambitieux et courageux. Il vint tousjours très bien accompaigné de grandes forces en France, et sur tout la dernière fois que M. le prince de Condé l'emmena; et se joignirent tous deux avec Monsieur, frère du roy; et eussent bien troublé la France sans la bonté de Monsieur et la prévoyance de la reyne mère, qui fit la paix[3]; mais elle cousta bon, car il fallut payer ces reistres, qui montoient à plus de huict mille et force lansquenetz, puis au prince Cazimir il luy fallut donner pentions et appoinctemens exessifz, jusques à lui donner la duché d'Estampes.

Au partir de là, il rentre en Allemaigne et s'y faict faire triumphe, ny plus ny moins qu'à la mode superbe des anciens consulz et capitaines romains, jusques là encor (ainsi que je l'ay ouy dire) qu'en son triumphe furent menez et conduictz un' infinité de

1. Jean-Casimir, comte palatin, troisième (et non second) fils de Frédéric III, mort le 6 janvier 1592.
2. Henri II.
3. La paix dite de *Monsieur* fut signée le 6 mai 1576.

bœufz qui avoient esté pris en France, caparaçonnez et accommodez ny plus ny moins qu'estoient ceux desdictz Romains, menez tant en leurs triumphes qu'en leurs victimes et sacriffices. Il n'avoit pas heu grand peine à conquérir ces bœufz, car ilz estoient en proye à un chascun. Mais quoy! il falloit ainsi conduire ce triumphe : autrement, pensez qu'il fust esté imparfaict et point esgal aux Romains anciens. Bref, toute sollempnité antique des Romains requise en leur triumphe ne fut oubliée en ce triumphe du Cazimir, voulant monstrer à tous qu'il avoit triumphé de la France. Si est-ce que ny de luy ni des siens pour ceste fois n'y eut de trop grandz coups ruez; mais voylà! telle fut son ambition de triumpher, aussi bien à faux que pour le vray. Il pouvoit pourtant dire que les bagues, les joyaux, les buffectz, la vaisselle d'argent, les chaisnes, et surtout les beaux escus au soleil, le pillage et despouille que luy et les siens avoient eu de la France, pouvoient beaucoup servir au subject de son triumphe; et en pourra dire en diverses façons qui voudra. Tant y a que, pour ses venues en France, il y a bien faict du mal : car il estoit très mauvais aux François, n'estant si zellé à sa religion qu'il ne fust confédéré à la ligue dernière, au commancement de laquelle il se trouva pour un mardi gras à Nancy avecques M. de Lorraine[1] et M. de Guyze, où ilz taillarent et cousurent force besoigne tous ensemble; et s'il ne fust mort à poinct, il vouloit venir en France contre le roy d'aujourd'huy[2], qui l'avoit bien d'autres fois assisté en sa re-

---

1. Charles III. — 2. Henri IV.

ligion calviniste], à ce que je tiens de bon lieu. Aussi le roy ne le regretta guières : je m'en remetz à ce qui en est. Parlons d'autre subject.

Dom Alvaro de Sande [1]. Les Espagnolz ont eu en grand' estime dom Alvaro de Sande, lequel de son temps, parmy les Espagnolz, a esté réputé pour un fort brave, vaillant et digne maistre de camp, et fort pollitiq, grand et sévère justicier, s'acquittant de cet estat tousjours très dignement quasi en toutes les guerres de l'empereur, en Italie, en Piedmont, en Barbarie, en France, au camp de Saint Dizier [2], bref en un' infinité de lieux, et principallement en la bataille des protestans [3], où il fut estimé d'avoir esté un des plus seurs et principaux instrumens à ayder à gaigner la bataille avec son infanterie, très bien commandée et conduicte par luy. Cela se trouve par escrit, et aussi que j'en ay ouy raconter les particularitez au petit capitaine Vallefrenière [4], qui alors estoit son page et en vist tout le passetemps; et l'avoit si bien veu et retenu qu'il faisoit beau l'ouir d'en discourir : et paroissoit qu'il avoit esté bien nourry, car il estoit un gentil soldadin, sage, advisé et vaillant. Il fut tué devant Bourg-sur-Mer aux troisiesmes troubles, luy estant venu trouver M. l'Admiral avecqu'ung autre fort vaillant soldat et capitaine, nommé le capitaine Rouvray; et tous deux vindrent par mer jusques à La Rochelle, car ledict Vallefrenière estoit marié à Diepe, où il m'avoit une

1. Voyez sur lui de Thou, livre XXVI.
2. En 1544.
3. La bataille de Muhlberg.
4. René de Valfrenière, tué au siége de Bourg-sur-Mer en Bordelais, en 1569. Voy. d'Aubigné, *Hist. univ.*, t. I, livre V, ch. x.

fois festiné chez luy, car il estoit fort mon amy. Et ce fut là où il me fit de beaux contes de son maistre dom Alvaro de Sande.

Il[1] nous fit fort aussi la guerre en Piedmont et Toscane, ayant en teste M. de Montluc, qui ne luy fit pas grand peur, tant tous deux estoient esgaux en valeur[2]. Il fit très bien aussi à la bataille des Gerbes, là où combattant vaillamment il fut pris et mené à Constantinoble en signe de triumphe, et présenté au grand Soliman, qui le fit garder fort curieusement et estroictement, en faisant serment sur son grand dieu Mahom qu'il ne luy fairoit jamais plus la guerre, et qu'il vieilliroit et mourroit en prison, sans le voulloir jamais mettre à rançon; car il sçavoit bien que le roy d'Espagne son maistre le rachapteroit de beaucoup. Enfin, voyant que pour or ny argent il[3] ne le pouvoit faire rançonner ny avoir, il envoya prier avec grande supplication le roy Charles, son beau et bon frère, par le moyen de ceste bonne reyne d'Espagne sa sœur[4], d'envoyer un' ambassade vers le Grand Seigneur pour le luy demander et le luy donner. Dont le Roy (comme je le vis, moy estant lors à la court) despescha aussi tost M. le chevallier Salviaty[5], qui a esté

---

1. *Il*, Alvaro de Sande.
2. Le ms. 6694 (f° 76 r°) portait d'abord simplement : « .... M. de Montluc, où il s'est faict fort signaller, ainsin qu'il fist à la bataille des Gerbes. »
Le château de l'île de Zerbi ou Djerbah, près de Tripoli de Barbarie, fut assiégé par Dragut en 1560. Alvaro de Sande fut pris dans une sortie au mois de juin. Voyez de Thou, livre XXVI.
3. *Il*, Philippe II.
4. Élisabeth, sœur de Charles IX.
5. François de Salviati, chevalier de Malte.

despuis premier escuyer de la reyne de Navarre, homme fort digne pour ceste charge, et fort habile, qui en fit l'ambassade, avec danger de sa vie pourtant qu'il courut par les chemins, ce me dit-il à son retour. Le Grand-Seigneur du commencement en fit un peu de reffus, à ce qu'il me dist; mais, vaincu par prières du Roy, il ne l'en voulut reffuser, et le luy accorda pour la première demande qu'il luy avoit faicte, parce que c'estoit son avènement à la couronne[1]. Outre plus, luy envoya les plus belles offres du monde. Par ainsi ledict chevallier s'en retourna libre avec son prisonnier, qui ne pensoit rien moins à cela, devoir à nostre Roy sa vie et sa liberté. Aussi l'offrit-il à Sa Magesté par ledict chevallier. Du despuis, le roy son maistre l'envoya visce-roy à Oran en Barbarie, où il a finy ses jours fort vieux et cassé, s'estant acquicté aussi honnorablement de ceste charge comm' il avoit faict de toutes les autres.

Je parlerois voulontiers des vaillans maistres de camp et braves capitaines de gens de pied espagnolz; mais je n'aurois jamais faict, car il y en a eu tant et tant, qu'en les contant ma longueur en seroit plus fascheuse que plaisante à ceux qui me liroient; d'autant que ceste nation a tousjours faict proffession valleureuse de l'infanterie, comm' ell' a bien faict valoir en tous les exploictz qu'ell' a faict despuis cent ans; car tousjours les plus beaux combatz ç'a esté leur infanterie qui s'est trouvée pour les bien exécuter.

1. *Var.* A son avénement de la couronne (Ms. 6694, f° 76 r°). Suivant de Thou (livre XVI), peut-être moins bien informé ici que Brantôme, Soliman refusa la demande de Charles IX et ne voulut accorder la liberté de Sande qu'à l'empereur Ferdinand.

Ilz ont eu, du temps des vieilles guerres de Lombardie et Italie, un Jouan d'Orbina, qui a esté un brave soldat et grand capitaine pour l'infanterie, soubz ce grand marquis de Pescayre, et fort son favory, et qui l'a bien accompagné en toutes les exécutions de ses hautes entreprises. Les Espagnolz le blasmarent pourtant de ne s'estre hazardé à la prise de Gênes comme les autres[1], et s'estre trouvé en lieu pas digne de sa valleur. L'histoire du marquis de Pescayre le dict[2]. Si avoit-il faict bien en tous autres lieux, et fit despuis encores mieux. Que c'est de la fortune de guerre! Mais il répara après tout fort bien, et l'empereur en faisoit très grand cas, et le regretta fort; non pas la ville de Rome, car il s'y monstra fort cruel en toutes sortes, et non sans raison ; car, en la mort de son général, il se faut tousjours monstrer cruel vangeur en guerre[3]. Il mourut en la guerre de Florence[4], ainsi qu'ont faict ailleurs et autres guerres force autres capitaines qui ont bien servy leurs maistres l'empereur et le roy d'Espaigne, comme ont estez[5] :

Jouan d'Orbina.

1. En 1522. Voyez plus haut, p. 160, note 1.
2. Dizen que estonces el capitan Juan Dorbina, que avia mostrado ser el mas fortissimo de todos los capitanes españoles en todas las batallas passadas, se retiro poco a poco, y se encubrio de la artilleria tras de una pared en lugar seguro; y que no salio a fuera, hasta que por todas partes fue la ciudad tomada. (Vallès, *Historia del marques de Pescara*, f° 81 v°.)
3. Cette phrase a été changée ainsi par le correcteur : « En toutes sortes, à cause de la mort de son général, qui fait toujours monstrer le vangeur cruel en guerre. »
4. En 1529. Voyez Guichardin, livre XIX.
5. Presque tous les noms cités ici se retrouvent dans l'ouvrage de Vallès ; c'est là que Brantôme les a pris.

Capitaines espagnols.

El capitan Corbera, fort favory dudict marquis aussi[1].

El capitan Medrano.

El capitan Pomaro.

El capitan Volague.

El capitan Hieronimo, de Segovia.

El capitan Curilla.

El capitan Mara, Salernitano.

El capitan Mercado.

El capitan Errea.

El capitan Gusman Galiego, y Luys Galiego, dos hermanos[2].

El capitan Cuzano.

El capitan Cusado[3].

El capitan Luys Via-Campo[4].

El cruel capitan Buzardo.

El capitan Diego de Avilla.

El capitan Santa-Crux.

El capitan Salazar.

El capitan Gravera.

El capitan Juan de Leyva.

El capitan Maramaldo[5].

El capitan Loppez Ozorio.

El capitan Ogueda.

El capitan Gogna, Frances, favorido del ducque de Bourbon[6].

1. Du marquis de Pescayre.
2. Deux frères.
3. *Var.* Cusada.
4. Probablement le même dont parle Guichardin à propos du siége de Ravenne (livre X, ch. 35).
5. Voyez plus haut, p. 243. — 6. Voyez plus haut, p. 267.

El capitan Manadaya.

El capitan Solys y Luys Perez de Varguas.

El capitan Juan, Biscain.

El capitan Getano de Grenado.

El capitan Auriquez de Esparça.

El capitan dom Manriques de Jara.

El capitan Francisco de Belguido.

El capitan Juan d'Espruc.

El capitan Juan de Valia.

El capitan Federic Pacceco.

El capitan don Hernando de Toledo, y Tristan de Virova, muy confederados[1].

El capitan Anton. Loppes; capitan Baldes y San Martin; el capitan Salzedo, tous deux de la guarde du Roy Francoys estant prisonnier[2].

El capitan Errora.

El capitan dom Gaspard de Gusman.

El capitan Amador Navarro.

El capitan Melchior Cumaraggia.

El capitan dom Alonzo Pimentel[3].

El capitan Orrhuella.

Alvaro dy Vegua[4], su hijo[5].

El capitan Moreruela.

El capitan Diego Hernandes.

El capitan Rodrigo Pagano.

El capitan Juan Ozoria.

Bernardino de Cordova.

1. Grands amis. — Voyez sur Fernand de Tolède, p. 106.
2. Les mots en français sont rajoutés en marge de la main de Brantôme.
3. Voyez plus loin, p. 335.
4. *Var*. Vegna. — 5. Son fils.

El capitan Bragamont[1].
El capitan Baleaçar.
Dom Hernando de Silva y dom Pedro Acuña.
Montdragon.
Julian Romero.
Los dos Salmes[2].
Dom Gabriel de Peralto.
El capitan Juan de Quixada.
Capitan Naugera.
El capitan Berardo Montagnes.
El capitan Morguante.
El capitan dom Pedro de Gusman.
El capitan Franquezo.
El capitan Oraignitio.
El capitan Pedro Pachecco.
El Caravanantes.
El capitan Castillo.
El capitan dom Juan Mauriquo.
El capitan dom Vasco de Cuña.
El capitan Pyrolamo Dacis.
El capitan Vertado.
El capitan don Anthonio de Cuña[3].
El capitan Sancho Bertrando.
El capitan Juan de Castilla.
El capitan Augustino de Rora.
El capitan dom Carlos d'Affriqua.
El capitan dom Bernardino de Mandoça.
El capitan Juan Juñaques de Palenza.

1. *Var.* Braquamont.
2. Les deux Salm.
3. Les trois noms qui précèdent ne se trouvent pas dans le ms. 6694.

El capitan Amador de Labadia.

El capitan Sancho.

El capitan Castillano.

El capitan Castaldo [1], qui est celuy qui fut envoyé par l'empereur Charles à Ferdinand son frère en la guerre d'Hongrie, là où il fit certes de très-beaux faictz.

Il y eut aussi :

Bernardo Aldeno, maistre de camp des bandes espagnolles que Ferdinand entretenoit en Hongrie à ses propres coustz et despans.

Dom Raymone de Cardona, maistre de camp de l'infanterie espagnolle deffaicte à la battaille de Cerizolles, après qu'ell' eut bravement deffaict les Gruriens [2].

El capitan Boemont.

Ludovic Chezada.

El capitan Boncalo Hernandez.

El capitan Cevedio.

El capitan Chievoza.

El capitan Saccaral.

El capitan Mandozze.

El capitan Romer Soler.

Capitan Spinosa.

El capitan Caravajal, de bonne race et noble [3].

1. Le marquis Jean-Baptiste de Castaldo, mestre de camp général de l'armée de l'Empereur dans la guerre contre les protestants (1546); il était lieutenant-général du royaume de Hongrie lorsque, sur l'ordre de Ferdinand, il fit assassiner (1551) le cardinal hongrois Georges Martinosius, archevêque de Strigonie.

2. Les Suisses, vassaux du comte de Gruyères.

3. Voyez plus haut, p. 152.

Monsalve de Valance.

El capitan Boca Negra, tué à la prise de Castro-Novo[1].

Sarmento, chef des amutinez de Lombardie en la ville de Galeras.

Antonio d'Aragon, envoyé bien à poinct par l'empereur avec trois enseignes pour secourir Janetin Dorio, bien agassé des Arabes.

El capitan Michel, Aragonnois, el capitan Molina, chef des amutinez, avant le voyage de Tunes, à Naples, que fit jetter [en] un sac dans la mer le marquis del Gouast.

El capitan Mandesio.

El capitan Alvaro Guindeo.

Rodrigo Ripalta, Francisco Ruitio, qui firent bien au siège de la Gollette, avec Sarmento; Juan de Luna, el capitan Gallindo, grand amy du marquis del Gouast.

En somme, je n'aurois[2] jamais faict; encor pensé-je en avoir trop nommé, pour la craincte que j'ay d'avoir faict tort à force autres gallans capitaines que j'obmetz, qui ont servy si bien l'empereur et le roy d'Espagne en titre de maistres de camp et de capitaines, et tous en grande et brave réputation, que si je les voulois tous nommer, mon livre seroit plus plein de noms que de discours.

En quoy faut notter une chose, que plusieurs grandz seigneurs ausquelz on donne en Espaigne de *doms* s'estiment fort honnorez d'avoir une compagnie de gens

---

1. Petite ville de la Basilicate.
2. Le manuscrit porte : *Je n'aurais*, avec deux *a*.

de pied, comme vous en voyez icy en plusieurs, et mesmes dom Alonzo Pimentel, qui estoit en son temps des gallans de la cour de l'empereur en toutes choses, et qui despuis fut visceroy à La Goullette; et puis, par son malheur, bruslé par sentence de l'inquisition; j'en parle ailleurs[1].

Par les noms et ces mots de *dom* qui portent quallité belle en Espagne, comme j'ay dict ailleurs[2], il paroist que force capitaines que j'ay nommez cy devant sont estez de bonnes et grandes maisons, comme je l'ay veu moy-mesmes; mais plus encores, car ilz ont voulu honnorer leur infanterye à s'y jetter en simples et privez soldatz, portant l'harquebuz, le fourniment, la picque et le corsellet, et se rendre subjectz aux loix et règles militaires comme les moindres, ainsi que j'en ay parlé d'aucuns ailleurs; et les appelloit-on *los Gusmanes*. Je ne sçay comm' ilz en usent aujourd'huy; mais de mon temps cela estoit, et leurs ban-

---

1. *Var.* « Aucuns disent que ce fut pour la sodomie, ainsin que dict une fois à Naples ung capitaine alfier à ung gentilhomme que je cognois*, qui lui demandant pourquoy il avoit esté bruslé, l'autre luy respondit en gaudissant: *Porque era boujarron come por ventura Vuessa Merced.* Autres disent pour la religion; bref, ce fut grand dommage de luy de s'estre là oublié, car il estoit très galant cavalier. Or si l'empereur et le roy d'Hespaigne ont heu de bons et vaillans capitaynes hespaignolz, ilz en ont heu de bons aussi ytaliens, lesquelz je ne m'amuseray à nommer particulièrement, car j'aurois trop affayre, mais je ne nommeray que Jannin Médicis. » Ce passage du ms. 6694, f° 77 v°, a été biffé. A la suite se lisent les vies de Jeannin de Médicis, de Lodron, etc., qu'on trouvera ailleurs.

2. Voyez p. 231.

* Peut-être Brantôme lui-même.

des en paroissoient encores plus belles; car la noblesse estant meslée parmy la valeur en faict plus belle monstre et multiplication. Aussi ceste infanterie espagnolle a faict despuis cent à six vingtz ans en ça de très beaux actes, s'y estant mieux accommodé que paravant s'estoient jettez ceux de ceste nation à porter la zagaye et estre génitaires à mode des Mores et Arabes, armes certes point si bien convenantes que les armes de l'infanterie d'aujourd'huy. Aussi despuis, avecqu'elle et leurs armes, ilz ont faict de beaux effects, comme je viens de dire. Et, pour en alléguer un bel exemple, sans un' infinité d'autres dont aucuns j'ay touché en mes livres, je metz en advant le traict que fit le marquis de Pescayre à la bataille de Pavie, que j'ay leu en sa vie. Il se dict donc, et m'en vays le dire en espagnol sans changer les motz, afin que l'on y adjouste plus de foy, que ledict marquis gaigna ceste battaille avec ses harquebuziers espagnolz contre tout ordre de guerre et ordonnance de battaille, mais par une vraye confusion et désordre. C'est à sçavoir, que quinze cens harquebuziers des plus adroictz, des plus pratiquez, rusez, et sur tout des mieux ingambes et dispos, furent desbandez par le commandement dudict marquis; *losquales* (voicy les propres motz[1]) *por*

---

1. Malgré son affirmation, ce ne sont pas les propres mots de l'auteur espagnol que rapporte Brantôme. Voici en effet le texte de Vallès : « Mas los Españoles.... (como estavan enseñados y platicos por larga experiencia, y por los nuevos preceptos del Marques) sin orden se estendian a esquadras por todo el campo. Era aquel modo de pelear por si nuevo, y no usado jamas, y sobre todo maravilloso, cruel y miserable; por que ocupando antes con gran ventaia los arcabuzeros, la esclarescida virtud de la cavalleria se perdia del todo; y ningun braço (aunque fuesse for-

nuevos preceptos del marques insegnados, y pratiquos por larga experiencia, sin orden ninguno, se estendian à escadras por todo el campo; y davan bueltas á una parte y otra con gran prestezza; y assi engañavan el impetu de los cavallos; de manera qu'aquel modo de pelear por si nuevo y no usitado, y sobre todo maravilloso, cruel y miserable, estos harquebuseros occupando, antes con gran ventaja, la virtud de la cavalleria francesa se perdia del todo; que estando los hombres d'armas regogidos todos juntos, eran deribados en tierra d'estos pocos y claros, mas muy esclarescidos harquebuzeros bravos Españoles. « Lesquelz enseignez par de nouveaux préceptes du marquis, et pratiqz aussi par leur longue expériance, sans ordre aucun, s'estendoient par escadres par tout le camp, donnant des tours et faisant des voltes de çà de là, d'une part et d'autre, avecqu'un grand prestezze; et ainsi ilz trompoient la furie des chevaux, de façon que par ceste nouvelle mode de combattre, non jamais ouye et fort esmerveillable, cruelle pourtant et misérable, ces harquebuziers empeschoient avecqu'un grand advantage la vertu de la cavallerie françoise, qui se perdit du tout; car les hommes joinctz ensemble faisant un gros, estoient portez par terre par si peu et clairs braves harquebuziers[1]. »

Ceste confuse et nouvelle forme de combat se peut imaginer et représenter mieux que la descrire, et qui l'imaginera bien la trouvera belle et utile ; mais

---

tissimo) durava mucho tiempo, tanto, que estando recogido todos juntos, erran derribados en tierra de los claros, y pocos arcabuzeros, muchos y muy esclarescidos soldados. (*Historia del marques de Pescara*, f° 167 v° et 168).

il faut que ce soient des harquebuziers très bons et triez sur le vollet[1] (comm' on dict), et sur tout bien conduictz.

Sur quoy j'en fis un jour ce conte à ce grand feu M. de Guyse dernier[2], qui le trouva très beau et bon; et se mettant en discours avecques moy, m'en faisant cet honneur, me dist qu'il y songeoit fort, et que c'estoit un vray moyen pour attrapper et deffaire un battaillon de cinq ou six mille Souysses, qui font tant des mauvais, des braves et des invincibles quand ilz sont sarrez dans leur gros. Et me dist que, pour bien pratiquer cet exemple que je viens alléguer sur ceste bataille, il voudroit avoir quinze cens jeunes soldatz, pratiquez un peu pourtant, Basques, Biscains, Provançaux, Biarnois, Gascons et Espagnolz, bien légers de viande et de graisse, maigrelins, dispots et bien ingambes, et vollassent des piedz (comme l'on dict), point de mousquetz sur eux, sinon de bonnes harquebuzes de Milan, pas trop renforcées pour la pesenteur, mais assez modérément renforcées et beau calibre, de bonne trempe pour ne crever; car il vouloit sur tout que la poudre fust bonne et fine pour bien tirer d'assez loing et faire bonne faucée[3]; sur tout aussi point d'espées au costé de peur d'un embarras, empeschan-

1. « On appeloit *volet* le couvercle d'un pot ou de quelque autre vase où l'on serroit des pois ou d'autres légumes. De là est venue cette façon de parler proverbiale: *Trié sur le volet*, parce qu'avant de mettre bouillir les pois qu'on tiroit du pot où on les gardoit, on les trioit ou épluchoit sur le couvercle ou *volet*. » (*Dictionnaire de Trévoux*, article VOLET.)

2. Henri de Guise, assassiné à Blois en 1588.

3. *Faire bonne faucée*, fausser ou pour mieux dire percer les armures.

tes la légèreté, mais, au lieu, de grandes dagasses¹ au costé, comme j'ay veu d'autrefois nos enfants perdus en porter. Faudroit aussi qu'ilz fussent menez, comme j'ay dict, par de bons sergens légers comm' eux, ou quelques jeunes capitaines pratiques un peu aussi; et puis tous ces gentilz fantassins despartys en quatre ou cinq bonnes bandes, quelquesfois par escadres², on verroit l'eschet³ après que ces gens fairoient sur ces gros; car ilz les viendroient attaquer de près, ou d'assez loing faire des salves menues et fréquentes; et lorsqu'on les voudroit charger et assaillir, faudroit que ces gentilz harquebuziers se retirassent, comm' ilz verroient à l'œil, et leur faire de *las arremetidas*⁴, comme font et disent les Espagnolz; bref s'y comporter gallantement, en assaillant et se retirant à mode des Arabes, qui sont en telles factions très importuns et fascheux. Par telle sorte, me disoit mondict sieur de Guyse, auroit-il raison de ces grandz et gros battaillons de Suisses, qu'il les perseroit à jour et larderoit d'harquebuzades comme canardz. Il en pourroit faire de mesmes sur les reistres, qui font tant des mauvais, selon les lieux advantageux qui se rencontreroient, ainsi qu'il attrappa ceux de M. de Toré⁵ en belle campaigne, où nos mousquetz leur nuisirent beau-

1. *Dagasses*, grandes dagues.
2. *Escadres*, escadrons, pelotons.
3. *Eschet*, effet.
4. Des attaques.
5. Guillaume de Montmorency, seigneur de Thoré, cinquième fils du connétable Anne, colonel général de la cavalerie légère de Piémont, mort en 1594. Il amenait au prince de Condé une petite armée de reitres et de lansquenets, qui fut enveloppée et en partie détruite, le 10 août 1575, par le duc de Guise, entre Damery et

coup, et à Aulneau[1] de qui l'harquebuzerie fit ce grand eschet sur les reistres, selon son commandement qu'il fit à ses braves capitaines, qui sceurent bien obéir à ce brave général : j'en parle ailleurs.

Aujourd'huy ces messieurs les compères[2] se sont advisez de flancquer leurs battaillons d'arquebuzerie, ce qu'ilz n'avoient faict le temps passé ; mais ilz ne pourroient faire grand mal à ces braves et dispos harquebuziers que j'ay dict : leurs jambes n'y sont pas si légères ny si vollantes que les autres que viens de dire.

Si M. le Prince et M. l'admiral eussent eu de ces gens lorsqu'ils n'osarent attaquer nos Suysses à Meaux[3], montans à six ou sept mille en un battaillon, et qu'ilz eussent voulu user de ceste forme de guerre, ilz les eussent bien estonnez, et nostre petite cavallerie françoise et tout, qui estoit avecque le roy parmy eux.

Voylà le discours que mondict sieur de Guyse me fit cet honneur de m'addresser. Nous parlasmes encor, que nous avons bien eu et avons encor aujourd'huy nos enfants perdus ; mais ilz ne servent qu'attacquer quelques escarmouches légères advant les battailles[4], et, lorsqu'elles se sont accostées et meslées, ilz se reti-

---

Dormans (département de la Marne). — Brantôme a consacré un article à Thoré.

1. Le 12 novembre 1587. Auneau est à quatre lieues E. de Chartres.

2. C'est ainsi qu'au seizième siècle on désignait les Suisses, nos alliés.

3. Au mois de septembre 1567, les protestants, ayant pris subitement les armes, essayèrent d'enlever le roi, que l'on emmenait de Meaux à Paris escorté par six mille fantassins suisses.

4. Les corps de bataille.

roient vers les battaillons, ainsi que fit M. de Montluc, comme vous verrez en son livre : après qu'il eust faict très bien son devoir avec ses enfans perduz à la bataille de Cerisolles, se retira à son battaillon, y prit la picque et combattit avec le gros. Cela s'est veu aussi très bien en nos guerres et batailles, tant estrangères que civiles.

Il me semble, si bien m'en souvient, que M. Philippe de Commines raconte qu'à la bataille de Montléry[1] les archiers du conte de Charollois combattirent ainsi en confusion, sans observer aucun rang, lesquelz endommagearent fort les nostres. A la bataille de Cerizolles, les Espaignolz qui avoient deffaict les Gruriens vinrent ainsi, quelques harquebuziers desbandez, attaquer M. d'Anguien, qui le fattiguoient, jusques à ce qu'ilz eurent veu la grand routte des leurs ; dont ilz perdirent cœur, se retirarent, et, par une charge que leur fit M. d'Anguien par derriere, et M. d'Aussun[2] par le flanc, furent deffaictz. Voyez les Mémoires de M. du Bellay sur ce subject. Je n'en parle plus, sinon que pour reprendre le mien premier. Tant y a que ces harquebuziers espagnolz ainsi confusément menez et combattans firent si bien et de telle sorte, qu'ils emportarent la gloire de nous avoir si bien estrillez en ceste bataille de Pavie ; ce qu'ilz sçeurent très bien pronostiquer du commancement. Après qu'ilz eurent rompu la muraille du parc et commençarent à parestre dans la place marchande du camp, ilz se mirent tous à escrier

---

1. En 1465. Voyez Comines, livre I, ch. IV.
2. Voyez son article dans un autre volume.

d'une allégresse : *Aqui sta el marques cun sus harquebuseros españoles*[1]. J'en parle ailleurs.

Et, pour plus ample confirmation de ce bel exploict de ceste harquebuzerie espagnolle, j'ay ouy conter à aucuns anciens, et si l'ay leu dans les Annalles de Bouchet[2], qu'après ceste battaille, madame la Régente, très sage et advisée savoysienne, envoya par toute la France, et principallement ez bonnes villes, tant de frontières que autres, des commissaires, maistres des requestes et autres, pour leur recommander leur devoir, leur fidellité, la conservation et vigilance sur leurs places, et, entre autres choses sur tout, qu'ilz eussent à se pourvoir et garnir de bons harquebuz, armes seules et propres, dont les ennemis s'en estoient si bien pourveuz et aydez à deffaire le roy et son armée en ceste battaille. A quoy obéirent les villes et le pays, non pour en user, mais pour en faire leur provision seulement ; car ilz demeurarent longtemps sans s'en pouvoir accommoder, tant ilz aymoient leurs arballestes. Du despuis, il y a environ soixante ans, ilz s'en sont si bien accommodez, qu'ilz en font leçon aux autres.

Or[3], comm' il y a eu parmy les Espagnolz au ser-

1. Voici le marquis avec ses arquebusiers espagnols.
2. Voyez Jean Bouchet, *Annales d'Aquitaine*, édition de 1644, in-f°, p. 389, 390.
3. *Var.* Or si l'empereur a heu aussy de bons couronnels, maistres de camp et capitaynes, tant Hespaignolz qu'Italiens, il en ha eu aussi de bons Allemans, comme le conte Lodron, qui nous fist bien du mal, luy et ses troupes, en l'estat de Milan, et assista bien à nous en chasser aveq' les lansquenetz, qui se rendirent si bons soldatz et si bien aguerris par les continuelles guerres qui se firent là, que les Hespaignolz et eux s'accordans bien, ilz ont

vice de l'empereur Charles et le roy son filz de bons et braves capitaines et maistres de camp, il y en a eu aussi force bons et vaillans d'Allemans qui les ont bien et si fidellement servys, lesquelz si je voulois tous compter je n'aurois jamais faict.

Je me contenteray d'en nommer quelques quatre ou cinq, comme ce brave conte Ludovic Lodron, lequel, ayant très bien servy son maistre aux vieilles guerres d'Itallie, s'en alla en Hongrie servir le roy Ferdinand, par le commandement de l'empereur, où il rendist de beaux et vaillans combats. Mais à la fin il fut malheureux, par une honnorable mort pourtant, qu'il receut près la ville de Gara en Hongrie[2], où, après un grand désordre et fuitte de plusieurs capitaines de Ferdinand, ayant abandonné leur camp aux Turcs et restant encor aucuns braves capitaines de l'armée qui n'avoient voulu fuyr ny suivre les autres, esleurent soudainement ledict conte Ludovic Lodron pour leur général ; lequel mal voulontiers n'en voulut prendre la charge, comme leur disant n'en estre pas digne ; mais, vaincu de prières, de noble pitié et grandeur de son courage, il la prit et l'exerça très bien, tant que la

Le conte Ludovic Lodron[1].

---

faictz de belles conquestes à leur maistre par delà ; aussi M. de Montluc loue fort ces lansquenetz, lesquelz, à la bataille de Cerizolles, ressembloient mieux Hespaignols que Tudesques, tant ilz se façonnoient à leur façons et de guerre et de tout, jusques à leur langage, comme certes le soldat lansquenet, quand il est bien aguerri et bien façonné, il est très-bon. Nous en avons icy l'exemple de ceux dudict conte Lodron. J'ay cogneu au secours de Malte son filz ou petit-filz..... (Ms. 6694, f° 78 r°.)

1. Il en est question dans Guichardin à l'année 1527, livre XVIII. Le château de Lodrone était dans le Tyrol italien.

2. Probablement la ville de Gran ou Strigonie.

fortune luy permit. Et ainsi qu'il harangoit ses gens à bien faire, il y eut un vieil rottier[1], soldat allemant, qui s'advança à luy dire : « Cela est bon, brave capitaine Lodron, à dire à vous qui estes monté à l'advenant sur un bon cheval, et semble que desjà vous advisez à vous sauver. » A quoy Lodron aussi tost y pouveut; et, ayant mis pied à terre, tira son espée et couppa les jarretz de son cheval. (M. de Taiz[2] en fit de mesmes à la bataille de Cerizolles, comme j'en parle en son lieu.) Alors Lodron, cela faict, s'escriant assez haut : « Aujourd'huy, compagnons, dist-il, vous m'aurez donc pour capitaine et soldat ensemble à combattre à pied avecques vous en mesme fortune : et, pour vous, faictes si bien que vous soyez victorieux, ou mettez fin à vostre service de guerre par une mort honnorable avecques moy, non sans vous en vanger bien auparavant. » Ayant ainsi parlé, il fut assailly des Turcz fort furieusement, où il monstra bravement l'effort de sa dernière vaillance : car, estant griefvement blessé, et empesché d'une fange glissante à ne combattre plus, et persuadé de se rendre plustost que de se faire achever, il fut receu, avec trois enseignes d'infanterie qui luy restoient, à composition; et, jettant les armes bas, fut pris et gardé avec tout le reste de ses gens comme gens de singulière prouesse. Mais le baschat Mahommet, voyant que pour ses blessures n'eust sceu le conduire à Constantinoble, le grand sultan Soliman désirant fort le voir pour sa grand valeur, commanda à ses gens qu'on l'achevast de tuer

---

1. *Rottier*, routier.
2. Voyez dans un autre volume la notice qui lui est consacrée.

avec d'autres bons capitaines ; et les testes en furent emportées pour don et présent. beau audict Grand Seigneur, qui les arregarda de travers (ainsi qu'on les luy présenta) et en horreur, car elles jà commançoient à puer, et commanda qu'on tuast tous les autres prisonniers. Mais les braves janissaires firent là un traict généreux ; car ilz commançarent à se vouloir mutiner, si on faisoit massacrer ces braves gens qu'ilz avoient pris à leur mercy et sur leur foy. A quoy le Grand Seigneur ayant songé révocqua aussy tost sa parolle, et eurent la vie sauve. C'estoit braver cela son empereur et luy apprendre à cesser telles cruautez. Qu'eussent sceu faire mieux nos soldatz chrestiens que firent là ces braves janissaires ? Encor aucuns n'en eussent pas faict de mesmes. [Tesmoingt les massacres de la Sainct-Barthelemy, qui se firent par les soldatz à Paris et autres villes de France, exerçans plus le mestier de cruelz bouchiers et bourreaux que de nobles soldatz.]

Pour retourner à ce bon capitaine Lodron, je dis que l'empereur et le roy son fils se sont fort bien trouvez et bien servys de ceste race des Lodrons, qu'ilz ont tousjours fort entretenuz très bien de bonnes payes et pentions. J'en ay cogneu un au secours de Malte, qui estoit couronnel de trois mille lansquenetz[1] ; et faisoit très bon voir tant les soldats que le couronnel[2]. Je ne sçay s'il estoit filz ou petit filz de

---

1. Probablement Albéric de Lodron. En 1570, il commandait à Valenciennes trois mille Allemands qui se révoltèrent contre lui et l'emprisonnèrent. Voyez de Thou, livre XLVII.

2. *Var.* .... Qui estoit couronnel de quatre mille Tudesques qui estoient là. De race en race, de longue main, ilz sont estez

celuy que je viens de nommer. Il avoit une très belle façon, haut, de belle taille, et noir. Je le vis quand il fit la révérence à M. le grand maistre, et l'un et l'autre se rendirent du respect.

On m'a dict que luy (ou son filz) et ses trouppes furent à la conqueste du Portugal et y sont encor pour la garde, lesquelz y font très bien leur devoir en toute fidellité, ressentans très bien leurs gens aguerrys de longue main, et plus que nouveaux et sortans du pays.

Alisprand Mandruzzo [1].

Il [2] y eut ce brave Alisprand Mandruzzo, de bonne race et frère du cardinal de Trente, lequel, tout plein serviteurs de l'empereur et du roy d'Hespaigne, et croy qu'il soit aujourd'huy aveq' ses troupes en Portugal, ainsin que j'ay oui dire, et y est en garnison; et estoit en la conqueste. Cest homme revenoit fort à tous ceux qui le voyoient. (Ms. 6694, f° 78 v°.)

1. Alisprand Madruzzo. Il était frère de Christophe Madruzzo, évêque de Trente, cardinal (1542), mort en 1578, et fils de Jean Gaudence, baron de Madruzzo, échanson héréditaire du comté de Tyrol.

2. *Var.* Au siège de Fleurance aussi, il y heut Aliprand Madruzze, qui a esté ung très bon capitayne et couronnel, qui fi bien à la bataille de Cerizoles et y demeura entre les morts. Ses troupes aussy firent bien. Pour fin, comme j'ay dict, l'Allemand, quand il est bien aguerri, est ung très bon homme de guerre, et combat très bien quand il veut. Je m'en rapporte à ceste sanglante bataille du marquis Allebert* et du duc Maurice, qui fut si sanglante qu'il y heut ung infinité de contes, barons et grands seigneurs estendus mortz sur la place, sans les autres géns de guerre, dont le nombre ne s'en peut dire. J'en ay ouy racompter à M. d'Aumalle, qui estoit lors prisonnier au camp dudict marquis, force choses estranges et particulières de ce combat; mais je le remetz aux livres, et parlerois vollontiers dudict marquis et du duc Maurice, et du duc de Saxe, et de tant d'autres grands seigneurs et grands

* Albert, marquis de Brandebourg, fut battu le 9 juillet 1553 par Maurice, électeur de Saxe. (Voyez de Thou, livre XII.)

de courage et fort jeune, un peu avant la bataille de
Cerizoles, promit au marquis del Gouast qu'avec son
seul régiment, qui ne montoit à plus que de trois mil'
hommes, deffairoit tous les Suysses qui se présente-
roient devant luy, et leur abbattroit le cœur, pour
faire tant des braves et des vaillans par dessus toutes
les autres nations. Il ne le fit pas; mais il ne tint pas
à luy, ny à très bien combattre, comme vous verrez :
car, ainsi que les batailles marchoient pour s'affron-
ter, luy qui marchoit un peu advant son battaillon,
comm' estoit son devoir, avec sa pique, il deffia et fit
signe de la main avec le gantellet, et de la voix, au

cappitaines d'Allemaigne et de leurs guerres; mais il y a assez de
livres en hespaignol, italien, françois et allemand composez, et aussi
Scleidan en triumphe d'escriré ; mais tous ne disent pas le tort que
se fit le dict marquis, et à son honneur, d'avoir ainsin quitté le
service du roy Henry, qui l'avoit si chèrement receu, favorisé,
assisté et appoincté; et puis chargea ses gens, prist M. d'Aumalle
prisonnier; et M. de Rohan*, l'un des bons et grands capitaines
de son temps, fust si misérablement tué pour le débat qui survint
entre les soldats qui l'avoyent à qui l'auroyt et demoureroyt. Ce
sont des accidans de guerre qui sont dangereus quand ilz arrivent,
que pour telle altercation et despit l'on tue souvant leur prisonniers.

De là ledit marquis s'en alla camper devant Metz et nous faire
la guerre, et nous fatiguer le plus qu'il peut; mais aussi M. de
Guise le luy sceut bien rendre, car ordinayrement, ou le plus souvant, faisoit fayre sorties de ce costé là, et Dieu sçait si on les luy
espargnoit; car on en tua à quantité, n'estans pas tous des mieux
aguerris, et ainsin qu'en disoient tous, il n'en tourna pas la quarte
parte de ses gens en leur pays; aussy l'empereur et les Hespaignolz n'en furent trop marris, ny quand ilz estoient bien estrillez,
n'estant leur coutume de n'aymer guières parmy eux un ennemy
reconsillié et qui a rompu sa foy malement. (Ms. 6694, f° 79 r°.)

---

* René de Rohan, en octobre ou novembre 1552. Voyez de Thou, livre XI.

capitaine La Mole[1], très vaillant capitaine aussi, d'accommencer le combat avant les autres de personne à personne; ce que l'autre ne reffusa pas; et vinrent tous deux à se rencontrer de telle façon que, s'estans transpercez les visages par coups fourrez (comme de ces temps on usoit de ces motz), tous deux tombarent par terre; à sçavoir, La Mole ayant receu le coup de picque mortel au dessus de l'œil, joignant le bord de sa bourguignotte[2], comme Alisprand eut la joue percée jusques à l'oreille. Estans donc ces deux braves capitaines tombez par terre comme morts, les premiers rangs commencèrent à se joindre et rendre un furieux et sanglant combat, sans s'amuser à les relever d'une part ny d'autre. La Mole y mourut, et l'autre demeura entre les mortz, où il fut trouvé après la battaille, recogneu vif, et bien pensé et guéry des nostres.

Il faut louer certes ces braves capitaines de leurs braves courages et de leurs belles addresses à si bien mener et conduire leurs picques, que l'un ne l'autre ne faillirent nullement leur coup; bien contraires à un' infinité de nos cavalliers de la cour que l'on a veu et voit on encores aux combatz de la barrière, que de cent combattans il ne s'en trouvera pas une douzaine qui rencontrent si bien leurs coups que la pluspart ne donnent contre le col, contre l'estomach, contre les espaulles. Au diable le coup qu'ilz donnent contre la visière de la salade, contre la joue, le front et la teste! car c'est justement où il faut donner, tant pour la beauté que pour un bon besoing, s'il y faut

---

1. Joseph de Boniface de la Mole.
2. La *bourguignote* était un casque ouvert par devant.

venir à bon escient. Les seigneurs de Lorge et Vaudray dict le *Beau* ne furent si heureux ny si sanglans en leur deffy et combat qu'ilz firent au siège de Messières : car et l'un et l'autre ayans donnez leurs coups de picques ordonnez, se retirarent sans avoir gaigné aucun advantage l'un sur l'autre, ce disent les Mémoires de M. du Bellay[1]. Ainsi la fortune joue son jeu avec aucuns bien, avec d'autres mal, comme il luy plaist favoriser et deffavoriser ses gens.

J'ay cogneu deux frères de ce M. de la Mole[2], braves et vaillans gentilz-hommes provançaux, dont l'aisné estoit maistre de camp des bandes françoises qu'il amena de Ferrare en France, comme j'en parle ailleurs, lequel laissa après soy deux braves enfans pareilz au père. Ce fut grand domage du jeune qui fut exécuté à Paris, car il avoit beaucoup de vertuz. J'en parle ailleurs.

Le conte Guillaume de Fustemberg[3]. Le conte Guillaume de Fustemberg fut estimé bon et vaillant capitaine; et le fust esté d'advantage, sans qu'il fut léger de foy, trop avare et trop adonné à la pillerie, comm' il le fit parestre en la France quand il y passoit avec ses trouppes; car après luy rien ne

---

1. Voyez Du Bellay, collection Michaud et Poujoulat, p. 142.
2. Joseph de la Mole avait trois frères : Jacques de Boniface, seigneur de la Mole, mort à Saint-Jean d'Angély; François de Boniface, chevalier de l'ordre du roi ; Jean de Boniface, chevalier de Malte et bailli de Manosque. Jacques laissa deux fils de sa seconde femme: Antoine de Boniface, tué à Colobrières, et Joseph de Boniface, sieur de la Mole, favori et confident de François duc d'Alençon, exécuté à Paris avec Coconnas comme coupable d'un complot contre le roi, le 30 avril 1574.
3. Guillaume comte de Furstemberg, mort sans enfants, en 1549.

restoit. Il servit le roy François l'espace de six à sept ans avec de belles compagnies tousjours montans à six et sept mille hommes ; mais après si longs services, ou plustost ravages et pilleries, il fut soubçonné d'avoir voulu attenter sur la personne du roy, dont j'en faiz le conte ailleurs. Et, pour le mieux encor sçavoir, on le trouvera dans les *Cent Nouvelles* de la reyne de Navarre, Marguerite[1], où l'on peut voir à clair la valeur, la générosité et la magnanimité de ce grand roy, et comme, de peur, l'autre quicta son service et s'en alla à celuy de l'empereur. Et, sans qu'il estoit allié de madame la régente, à cause de la maison de Saxe, d'où est sortie celle de Savoye[2], possible eust-il couru fortune si le roy eust voulu ; mais il voulut faire parestre en ceste occasion sa magnanimité plustost que le faire mourir par justice.

Lorsqu'il fut pris en sondant la rivière de Marne[3], qu'il avoit d'autres fois tant recogneue en allant et venant par la France avec ses trouppes, à la venue de

---

1. Dans la dix-septième *Nouvelle*, Marguerite raconte en effet la trahison d'un certain comte d'Allemagne de la maison de Saxe, nommé Guillaume, qui s'était chargé de tuer François Ier, et qui, après un entretien menaçant que le roi eût avec lui à la chasse, quitta son service le lendemain. Suivant M. le Roux de Lincy (et d'après le texte de Marguerite son assertion est plus que probable), le fait se serait passé en 1521 (Voyez son édition de l'*Heptaméron*, 1853, p. 435 et suiv.). Faisons toutefois observer que d'après du Bellay, copié en cela par Brantôme, le comte serait resté sept ou huit ans au service de François Ier, qui en 1521 était seulement dans la sixième année de son règne.

2. Certains historiens prétendent que Bertold, tige de la maison de Savoie, descendait du fameux Witikind, duc de Saxe.

3. En 1544, peu de temps avant la paix de Crépy. Voyez du Bellay, année 1544.

l'empereur en Champagne et Saint Dizier, il luy pardonna encor. Mis en la Bastille et quicte pour trente mill' escus de rançon, il y eut aucuns grandz capitaines qui dirent et opinarent ne devoir estre traicté ainsi en prisonnier de guerre, mais en vray et vil espion, comm' il en avoit fait la proffession ; de plus, qu'il estoit quitte à trop bon marché de sa rançon, car ce n'estoit pas le moindre larecin qu'il avoit faict en France de l'une de ses moustres. Enfin, il fut mieux traicté qu'il ne valloit, disoit-on.

L'empereur ne s'y fioit point autrement, ny en luy ny en ses gens ; et mesmes quand il leur commanda de s'aller jetter dans Vitry[1] pour la garder et favoriser les vivres de son armée; tant s'en faut[2]. Après qu'ilz y eurent tout mangé et gouspillé, quatre compagnies qu'on avoit laissé dedans y mirent le feu, le bruslarent tout (le nom encor y reste de Vitry-le-Bruslé), et puis s'en tournarent au camp retrouver leurs autres trouppes : dont l'empereur en entra en extrême collère, sans pourtant en faire justice ; mais il patienta fort ce coup pour avoir affaire de ces gens sur l'entrée d'une guerre et d'un pays. Ce traict méritoit d'estre puny à toute outrance de rigueur : ce sont des coups et patiences de nécessité.

Paulo Jovio parle d'un certain Vulcan[3], filz du conte

---

1. En 1544.
2. C'est-à-dire, tant s'en faut qu'il exécutât ses ordres.
3. Wolfang ou Wolfgang de Furstemberg, tué en 1544, était neveu de Guillaume et fils de Frédéric comte de Furstemberg. Paul Jove a traduit en latin ce nom de Wolfgang par *Vulcanus*, et en italien par Vulcano ; de là la méprise de Brantôme. Voyez l'*Histoire* de P. Jove, livre XLIV.

de Fustemberg, qui fut tué à la bataille de Cerizolles. Je ne sçay s'il estoit filz de ce conte Guillaume dont nous parlons ; mais il avoit pris, ou son parrin pour luy, un nom estrange que de Vulcan. Force Italiens et aucuns Allemans aussi, se plaisent à prendre des noms antiques de ces braves Romains, dont j'en nommerois un' infinité ; mais n'en prennent nullement aucun des dieux antiques et payens, comme de Saturne, Jupiter, Bacchus, Mars, Pluton, Radamante et autres dieux fatz. Cestuy-cy pourtant se nomma Vulcan. Du nom de Mercure, s'en est veu en France[1] ; mais c'estoit un nom de place et de seigneurie, mais non pas de baptesme. Je croy que ce nom de Vulcan et surnom de Fustemberg ne servirent guières ny l'un ny l'autre à le sauver, s'il tumba vif entre les mains des François. Pour le Vulcan, c'estoit pour faire peur aux petitz enfans ; pour celuy de Fustemberg, il estoit trop hay et abhorrable aux François, si que, possible, quelques vieux advanturiers françois se souvenans des maux que ce nom avoit apporté en France, et qu'eux mesmes possible en ayant souffert, s'ilz le prirent en vie, le despescharent aussitost, ou bien s'il demeura mort au conflit en eurent joye de le voir estendu par terre. Ainsi se font les vangeances.

Martin Rossen[2]. Il y eust aussi ce brave Martin Rossen, très bon capitaine estant au service du duc de Clèves. Il le fit parestre en plusieurs belles expéditions qu'il fist contre l'empereur et aucuns de ses capitaines, comme le prince d'Orange et autres, qu'il deffit, et donna

---

1. Mercœur que l'on prononçait *Mercure*.
2. Voyez plus haut la note 3 de la page 246. Il mourut en 1555.

jusqu'aux portes d'Anvers, où il en brusla la moytié des fauxbourgs. Mais aussi avoit-il avec luy M. de Longueval[1], brave capitaine que le roy luy avoit envoyé avec une bonne trouppe de François, mais petite pourtant ; et sans luy ledict Martin Rossen, possible, n'en eust pas tant faict. Enfin, Duren prise d'assaut[2], et le pays de Gueldres réduict à la dévotion de l'empereur, il pardonna au duc de Clèves et audict Martin Rossen, et pour sa valeur le prit à son service et ses gages ; et luy mena de belles troupes en Champagne et à Saint Dizier. Ainsi ala la fortune de guerre en ce capitaine : aujourd'huy pour le roy, l'endemain pour l'empereur !

Advant tous eux avoit esté au service de l'empereur le couronnel Framsberq, qui avoit ses trouppes avec M. de Bourbon à la prise de Rome, lesquelles toutes estoient affriandées de la religion de Luther. Aussi elles le firent bien paroistre envers les prebstres et gens d'église, ausquelz ne pardonnarent jamais, qu'ilz ne passassent le pas tant qu'ilz en trouvoient : de sorte qu'on dict et est escrit que tel soldat et capitaine allemand se trouva qui avoit une chaisne et la portoit enfilée de soixante-dix couillons de prebstres. En nos premières guerres civiles, se sont trouvez plusieurs,

Le couronnel Framsberq[3]

---

1. Nicolas de Bossut, seigneur de Longueval. Voyez sur lui de Thou, livre III.

2. En 1543. Voyez plus haut p. 246, note 4.

3. Georges de Frundsberg, célèbre aventurier luthérien, né à Mündelheim, dont il était seigneur, près de Memmingen, en Souabe, mort vers la fin de janvier 1527 ; il a laissé des mémoires. Sa vie avec celle de son fils Gaspard, écrite en latin par Adam Reisner, Francfort, 1568, in-fol., a été traduite en allemand, 1572 et 1599.

tant soldatz que capitaines, qui en ont porté de telles, et mesmes un gentilhomme d'Anjou, qui s'appelloit Brassaut[1], qui en portoit tout de mesme; dommage pourtant qu'il s'adonnast à cela, car il estoit gentilhomme de bon lieu, et brave et vaillant.

Ce Framsberq, ayant sçeu qu'on tiroit vers Rome, avoit faict faire une belle chaisne d'or, exprez (disoit-il) pour pendre et estrangler le pape de sa propre main, parcequ'à tous seigneurs tous honneurs, et, puis qu'il se disoit le premier de la chrestienté, il luy falloit bien defferer un peu plus qu'aux autres. On dict que s'il fust esté du commancement de la prise, que les cruautez s'y fussent encor exercées plus énormes que ne furent, car il estoit très cruel et mortel ennemy du pape et des papistes; mais il estoit demeuré à Ferrare, mallade extrêmement de ses gouttes[2]. Qu'eust-il sçeu faire pis qu'il s'y fit, sinon qu'il y eust mis le fœu et l'embrazer toute? Dieu ne le voulut, pour avoir estée et pour estre encor le chef du monde, ou pour le moins de la chrestienté : aussi que les Gotz et Visigotz l'avoyent assez visitée de fœuz et de ravages d'autres fois, de sorte qu'elle demeura un long temps toute déserte et déshabitée.

Où se tenoit donc le sainct père alors (ay je veu aucuns de la religion faire ceste demande[3])? Dieu le gardoit, colloquoit et assistoit ailleurs; tant il sçait bien garder les siens où il luy plaist.

Faut notter une chose, que si les gens et lansquenets de ce Framsberq firent du mal à Rome, ilz en firent

1. René de la Rouvraye, sieur de Bressaut.
2. Il avait été frappé d'appoplexie, suivant Guichardin.
3. Le correcteur a mis : ceste *belle* demande.

bien autant dans Naples quand ilz y furent assiégez et enserrez[1] : car lors qu'ilz y entrarent il y avoit des vivres et des vins pour deux ans ; mais ilz gouspillarent, beurent et mangearent tout avec une gloutonnie que, sans le malheur qui arriva à M. de l'Autreq et à toute son armée de malladies, de pestes et de mortz, la ville estoit troussée, et la prophétie de M. de l'Autreq accomplie, qui disoit tousjours qu'il les auroit la corde au col; car les vivres y failloient dedans estrangement, jusques à une poulle qui valloit cinq escus, un poullet deux, le pain de mesme ; en quoy falloit bien se rendre, ou mourir de faim. De sorte que j'ay ouy dire à de grands capitaines que les lansquenetz ne sont pas trop bons renfermez dans une place, pour estre mal reiglez et fort subjectz à leurs bouches. Je m'en raporte à Anthoine de Lève dans Pavie, que s'il n'eust joué un tour de son escrime, comme j'ai dict en son lieu, il estoit perdu[2] ; au conte de Mansfeld dans Yvoy, le tour qu'ilz luy firent et dont il s'en doulut fort[3]. La seigneurie de Sienne, avec M. de Montluc, s'en sçeut gentiment dèffaire dans leur ville des leurs; autrement ilz estoient perduz de réputation et de vies. A la campaigne et aux sièges, ilz sont très bons[4] et combattent très bien quand ilz sont estez aguerris un peu.

1. Voyez plus haut, p. 241 et 281.
2. Voyez plus haut, p. 163, et une note à l'Appendice, p. 366.
3. Voyez plus haut, p. 305.
4. C'est-à-dire pour assiéger.

FIN DU PREMIER VOLUME.

APPENDICE.

§ 1.

Sources espagnoles où a puisé Brantôme.

I. HISTORIA DEL MARQUES DE PESCARA, PAR VALLÈS.

Dans les biographies des capitaines étrangers qui composent le présent volume, Brantôme a cité plus de textes espagnols que dans tout le reste de ses écrits. D'où viennent ces textes? C'est une question qui n'a encore été traitée par aucun de ses éditeurs.

Si l'inexactitude dans l'indication des sources, ou même l'absence de toute indication, n'était pas une chose habituelle aux écrivains du seizième siècle, on pourrait supposer que Brantôme a cherché à dissimuler celles dont il a fait usage; car ses emprunts sont ordinairement précédés de l'une des formules suivantes : « J'ai lu et appris dans un livre espagnol; — Les Espagnols vieux, aucuns Espagnols, les histoires espagnoles disent; — Les Espagnols ont écrit et disent encore. — Les Espagnols parlent de cette façon; — Le conte espagnol dit; — Les livres espagnols de ce temps disoient; — Les braves Espagnols de ce temps disoient par une gentile rodomontade. » — On croirait à lire ces phrases que Brantôme a mis à profit une bibliothèque nombreuse de livres espagnols. Il n'en est rien pourtant. Elles se rapportent toutes à des citations ou à des faits tirés d'un seul et même ouvrage qu'il s'est borné à mentionner ailleurs en ces termes : « L'histoire du marquis de Pescaire faite en espagnol. »

L'impression du volume était déjà assez avancée quand je suis parvenu à me procurer cette histoire qui, comme les livres espagnols de cette époque, est fort rare, au moins en France. J'en connais deux éditions, l'une de 1558, l'autre de 1570; c'est de cette dernière que j'ai donné le titre en abrégé à la page 180, titre que voici en entier :

Historia del fortissimo, y prudentissimo capitan don Hernando de Avalos Marques de Pescara, con los hechos memorables de otros siete excellentissimos capitanes del Emperador don Carlos V, rey de España, que fueron en su tiempo, es a saber, el Prospero Coluna, el Duque de Borbon, don Carlos Lanoy, don Hugo de Moncada, Philiberto principe de Orange, Antonio de Leyva, y el marques del Guasto, recopilada por el Maestro Valles, con una adicion hecha por Diego de Fuentes, donde se trata la presa de Africa y assimismo la conquista de Sena, con otras azañas particulares. — En Anvers. En casa de Philippo Nutio, 1570, in-8.

Le volume est folioté et non paginé. L'histoire de Pescaire proprement dite finit avec le septième livre et le feuillet 207. Les quatre autres livres embrassent les événements qui ont suivi la mort de Pescaire, jusqu'à la mort d'Antoine de Lève.

Le simple énoncé du titre permet de conjecturer à priori que Brantôme ne s'est pas borné à puiser dans l'ouvrage de maestro Vallès les renseignements relatifs au marquis de Pescaire. En effet les biographies des sept capitaines dont les noms sont mentionnés sur ce titre se retrouvent presque à la suite les unes des autres dans notre premier volume; et c'est encore à l'auteur espagnol qu'ont été empruntées la plupart des particularités rapportées dans les articles de Charles V, Gonzalve de Cordoue, Alarcon, Pierre de Navarre, Diego de Quiñones, Raymond de Cardone, La Padule, Termens, etc., etc.

Nous avons déjà signalé dans les notes quelques-uns des passages que Brantôme a utilisés. Pour compléter ces renseignements, nous allons donner ici, soit le texte, soit l'indication d'autres passages qu'il a empruntés. — Commençons par le récit de l'entrée de Charles V à Bologne, récit qu'il a traduit presque textuellement (Voyez plus haut, page 42 et suivantes).

La orden de la venida del Emperador a la ciudad de Boloña fue una muy hermosa vista. Primero yvan quatro mil infantes hermosos, y bien armados, de los quales era Capitan Antonio de Leyva, el qual estando gotoso se hazia llevar en una silla cubierta de raso carmesi, y el muy bien vestido : despues venian con sus adereços diez y ocho pieças de artilleria, y mil hõbres de armas Borgoñones en orden, todos en buenos cavallos, y bien armados con sus capitanes y trompetas : y luego venian los paies del Emperador, que eran veynte y quatro en cavallos hermosissimos a la gineta, con sayos de terciopelo amarillo : tras estos venia el cavallerizo mayor, que traya en su mano derecha el estoque de su majestad, todo armado de armas blancas cubiertas de brocado de oro en campo blanco, con el cavallo cubierto del mismo brocado.

Venia la magestad del Emperador en un hermosissimo ginete bayo escuro, todo armado de armas finissimas doradas, sobre las quales traya un sayo de brocado de oro, con la espalda derecha, y medio pecho descubierto, y los dos braços, que se podian ver las armas, cubierta la cabeça con un bonete de terciopelo negro sin penacho, ni otro ornamento, su cavallo estava armado hasta la cabeça, con la cubierta de brocado de oro, y bordada con cordones y guarniciones todas de oro. Despues seguian los Cardenales, luego detras el Marques de Astorga, el qual venia no menos adreçado que su. M., con muchos otros señores, y cavalleros armados. Despues mil y quinientos hombres armados a la Borgoñona, puestos bien en orden de armas, y vestidos con sus hermosos cavallos : y luego tres mil infantes entre Italianos y Españoles : y assi los Cardenales le acompañaron hasta ala Certosa fuera de Boloña, con las capas consistoriales, vestidos de chamelote morado, y sus mulas aderaçadas con ornamentos Pontificales colorados : aquella noche su magestad se aloio en la campaña. El dia siguiente que fue a. v. de Noviembre, a las cinco de la tarde, su invictissima Magestad entro en la ciudad de Boloña desta manera. La ciudad embio a recebir a su Magestad, sus estandartes con sus cavallos, y entre ellos, dos Rectores del estudio, el uno de leyes, y el otro de medicina co los ocho señores de la ciudad, que les seguian diez y seys tribunos del pueblo con sus servidores delante vestidos de colorado y blanco. Tras estos estavan quarenta gentiles hombres del regimiento con dos maceros delante, y estos fuero a la Certosa, y hablaron con su Magestad; estavan todos vestidos de los pies hasta la cabeça de terciopelo negro, y acabado su razonamiento, se fueron, y entro su Magestad en la ciudad. Estavan delante de todos dozientos hombres de armas Borgoñones muy bien aderçados de cavallos, y armas, y de vestidos de paño hermosamente trepados. Tras ellos venia Antonio de Leyva con la gente de a pie, y con la artilleria (que arriba dixe) despues dos esquadrones de hombres de armas con sus lanças en cuxa todos armados, cubiertos sus cavallos de brocado de oro con sus vanderas, y trompetas delante. Tras ellos venian los veynte y quatro Paies (que arriba dixe) muy hermosos, en cavallos muy lindos a la gineta, vestidos de la empresa de su Magestad, es a saber de terciopelo amarillo, pardo escuro, y morado. Tras estos venia el gran Mariscal todo armado con el estoque de su. M. en la mano derecha, el, y su cavallo cubiertos de brocado, y plata todo muy en orden. Seguian le dos reyes de armas con sus vestidos conformes de brocado en terciopelo negro, bordados todos de aguilas. Detras estavan dos maceros con sus maças hermosissimas Imperiales : y luego detras venia la Magestad Cesarea sobre un cavallo Español todo hermosissimo, y armado, con un sayo de brocado de oro de tres altos, hecho con una muy hermosa divisa, con medias mangas, mostrando por debaxo las armas, y con su cavallo cubierto, con el bonete (que dixe arriba) haziendo de si maravillosa muestra. Junto a la puerta de la ciudad esperavan a su Magestad catorze mancebos, los mas hermosos, y nobles de la ciudad de Boloña con un pallio todo de brocado de oro, y con sayos de brocado de plata, cubiertos de raso blanco acuchillado. Estava alli la procession de todas las religiones en orden, y entrando el Emperador por la puerta, el obispo de la Ciudad le dio para adorar la cruz, y cantando himnos y psalmos al proposito, entro debaxo del pallio. Siguiendo su Magestad el camino, tenia dos grandes hombres uno de cada lado, con dos bolsas de brocado de oro colgando al cuello, llenas de reales y ducados, que yvan echando por tierra los doblones, y ducados, señaladamente donde avia damas. Tras el Emperador venia el Marques de Astorga, y el conde Nasau con otros diez Señores todos armados, las armas, y los cavallos cubiertos de plata. Despues desto venian ciento y cinquenta cavalleros, y señores todos armados, con sus vestidos, y las cubiertas de los cavallos de brocado de oro en diversas maneras, entre los quales avia uno que llevava el yelmo del Emperador, todo cubierto de aguilas y de plumas negras. Por toda la ciudad gritavan *Imperio, Imperio*, y muchos de ternura lloravan. A estos seguian los otros hombres de armas, y infanteria en la orden ya dicha, pero muy mejor vestido. Llegando el Emperador a la plaça de Boloña, el Capitan general de la ciudad tomo del freno del cavallo de su. M., y lo llevo hasta las escaleras de S. Petronio, donde el Emperador se apeo, teniendole el estrivo el Rector del estudio de leyes, dexando el Capitan el freno, luego los moços de espuelas del Emperador lo quitaron a cavallo : y doze Doctores de los mas antiguos de Boloña, vestidos de unas ropas largas de terciopelo, con becas aforradas de pieles bayas, tomaron el palio, y lo llevaron hasta el llano del cada halso, el qual avia sido hecho sobre el llano de la escalera de S. Petronio cubierto de ramos medio secos con un sobre cielo de paño de lana y los asientos de los Cardenales estavan con respaldos aderaçados de yedra, y la silla del Papa Clemente septimo estava cubierta de raso carmesi, con flores de oro, donde estava assentado su Santidad con el baculo, y la mitra de perlas y de joias preciosas, y los Cardenales con vestidos y capas coloradas, los quales con el Papa juntamente antes que llegasse el Emperador, se avian ydo a sus asientos : al subir del cado halso el Emperador hablo a los suyos en Español, diziendoles, pare el tropel : el maestro de la cerimonia advertio a su magestad de algunos, y el Emperador ceño con la mano a los primeros cavalleros, que algunos dellos le siguiessen. Despues que su magestad subio en el cada halso, dixo en Italiano buelto a tras, resti il drapello, y se adelanto con real gravedad hazia el Papa, y antes que llegasse a los pies de su sanctidad, dos vezes inclinandose hasta tierra con la rodilla derecha, hizo reverencia. Junto que fue al Papa Clemente, los dos principes se demudaron y arrodillandose su magestad le beso el pie, y despues alçandose le beso la mano : el Papa quitando le los suyos la mitra le beso en el carrillo : hecho esto el Emperador se bolvio a rodillar, y el Papa congesto de favor dezia : tu magestad se levante : y estando assi, se llego uno : y le dio un pedaço de oro, que avia sacado de la bolsa de brocado, y el Cesar offreciendolo al Papa en beneficio de todo su poder, y thesoro, dixo : « Gracias sean al altissimo Dios, que me concedio tanta gracia, que seguramente llegasse a besar el pie de vuestra Sanctidad, y a ser recebido della benigna, y graciosomente, mas que merescemos, y assi me pongo en la custodia della. » A las quales palabras respondio el Papa diziendo : « Tu. M. Cesarea a sido de nos otros muy desseada, gracias hazemos a Dios, que te quiso dar gracia, que te ayamos recebido, pero no como meresce tu. M. Cesarea, y assi nos ponemos baxo de tu custodia. » Dichas semeiantes palabras, el Maestro de la cerimonia alço para arriba al Emperador, y lo puso a la mano yzquierda del Papa, el qual luego se partio con los reverendissimos cardenales, dexando solamente en compañia del Emperador quatro cardenales, que fueron Napoli, Salviati, Ravena, y Ridolfi : los quales acompañaron al Emperador a la yglesia a hazer oracion, y despues al palacio de los señores ancianos de la ciudad de Boloña (esta puesto sobre la plaça a la parte occidental) donde fueron aloiados el Papa y su. M., y a la mano derecha hazia. S. Mamolo sobre la puerta fue rompido el muro haziendole una vetana ancha hasta en suelo, de la qual se començo una puente de Madera, y atravesando la plaça se estendia a la puerta de medio de la yglesia de S. Petronio, la qual esta en la plaça hazia medio dia, y por ay andava la puente continuada hasta el altar mayor, toda entretexida de yedra y laurel, con muchas armas pintadas assi del Emperador como de su. S. Estruvieron los dos dos meses y medio en Bolonia.

(Vallès, f° 290 v° et suivants.)

Page 147. *J'ay leu cela dans un livre espagnol....*

En este medio el Prospero, y el Marques de Pescara juzgando la intencion del enemigo con cierta conjectura determinaron de cercar el Castillo con una obra noble, y no usada, tomada la forma delos Comentarios de Iulio Cesar, el qual aviendo hecho dos trincheas contrarias en altura en Alexia, qué oy es Arras en Flandes, dichosamente burlo los desiguos de los cercados, y de los enemigos de fuera. (Vallès, f° 59 v°.)

Pages 147-148. *Ce fut en ce siège du chasteau de Milan... dict le livre.*

Dos dias despues cavalgando Marco Antonio Coluna en medio del Pontiremo Frances, y del Capitan Camillo, hijo Trivulcio, estando en la mas alta parte de la trinchea con muchos Capitanes Suyceros entorno, fue miserablemente hecho pedaços con Camillo de un golpe de una colubrina gruessa : era este hombre entre los Italianos si se comparan las dotes del animo, en toda cosa grave, y sabio, y de grande cuerpo : y si las del rostro varonil con los dones de la fortuna, dignissimo de loor militar. El Prospero como convenia a hijo de un su hermano, y a Capitan Romano de tanta esperança, lo lloro con muy verdaderas lagrimas, y recibiendolo de su enemigo, lo enterro con grandissima honrra. Dizen, que el Prospero visto aquel corrillo de enemigos muy luzido, y mirado por las armas, y plumas, del todo ignorante, a quien se aparejasse la muerte, despues que uvo por gran espacio de tiempo asestado aquella culebrina con sus propias manos, mando que fuesse desarmada : por la qual desventura tuvo gran dolor el tristissimo tio, con pensar que el avia aparejado con sus manos una desdicha tan iniqua. (Vallès, f° 61 r°.)

Page 149. *Cela se trouve dans aucuns livres espagnols dont je le tiens :*

Vino tambien en aquella casa el Pescara, el qual saludando los otros Capitanes, y besando la mano al Cardenal de Medicis le dixo riendo alegremente : « Monseñor Legado, no me aveys de dar gracias un dia, por lo que yo he hecho oy. » Estas palabras punçaron tan profundamete el animo del Prospero, paresciendole, que el Marques de Pescara solo se usurpava el loor de toda la victoria, el qual refrenando con dificultad la colera, engreyda la cerviz, con semblante muy rustico le pregunto : que era aquello, que el avia hecho tan solo. A esto respondio el Marques de Pescara, puesto en una terrible yra, y la mano a la espada con gesto desdeñoso diziendo ironicamete, que el no avia hecho nada : sin duda estava estonces determinado de hazer algun desastre de poca honra, y cruel, si la colera movida en un punto de tiempo no se sossegara con la razon : y el legado puesta la mano en medio en habito de pacificar los no los amansara, honrando al uno, y al otro con muchos loores (Vallès, f° 52 r°.)

Page 151. *Le marquis de La Padule.*

Ce que Brantôme en dit est tiré des f°s 7 r°, 10 r°, 12 v°, et 16 v° de Vallès. Il aurait pu ajouter que le marquis de la Padule ayant gagné un homme d'armes français s'était sauvé de prison (f° 15 r°).

Page 154. *Les Espagnols ont écrit et disent encore.* Le passage espagnol cité se trouve au f° 11 v° de Vallès.

Page 156. *Les Espagnols pour lors parloient de luy de cette façon :* El conde Pedro de Navarra...

Dans sa citation Brantôme a ajouté au texte de Vallès (f° 6 v°) les mots suivants : *y singular sciencia, y maravilloso artificio y manna en tomar fortallezzas.*

Page 158. A *la prise du château de Milan, il* (Pierre de Navarre) *cuyda mourir soubz la mine et les pierres qui le couvrirent tout, non sans grand danger de sa vie.*

Il serait possible que Brantôme eût fait ici une confusion, car le même fait et dans des termes à peu près identiques est raconté par Vallès pour le marquis del Guast. Il s'agit toujours du château de Milan : Y falto poco que no murio alli Don Alonso Davalos, marques del Guasto ; porque siendo rompido cierto muro del golpe de un tiro, y saltando unos pequeños pedaços de las piedras, recibio muchas heridas pequeñas en la pierna yzquierda (page 60 v°).

Page 163. *Il* (Antoine de Lève) *s'avisa de la ruse dont les histoires en parlent sans que je la die; mais la plus plaisante fut* (racontent les Espagnols) *que* tomo toda la plata, *etc.*

Brantôme a allongé et altéré le texte que nous rétablissons : Tomo la plata consagrada de los templos, prometiendo a los santos, si quedava vencedor, cosas harto mayores que las que el tomava, y hizo batir dinero grosseramente (f° 133 r°).

Quant à la ruse dont parle Brantôme, il me semble avoir mis sur le compte d'Antoine de Lève ce que Vallès (*ibid.*) attribue au marquis de Pescaire.

Page 171. *C'est ce que dist une fois ce grand marquis de Pescayre à M. le légat.... Monseñor legado,...*

Dans Vallès (f° 57 v°), Pescaire parle au légat à la troisième personne.

Page 181. *Il faut sçavoir que dom Hermand d'Avalos fut extraict* (*disent les historiens d'Espaigne et de Naples*)....

Les faits racontés aux pages 181 et 182 sont tirés des premières pages de Vallès (f° 1-3).

Page 184. *En remonstrant à Sa Magesté* que como nuevo soldado....

La phrase espagnole se retrouve au f° 14 v°, de Vallès, et a été un peu modifiée.

Page 196. *Les braves Espagnolz de ce temps disoient par une gentile rodomontade :* que non murio d'alguna enfermedad...

Voici le texte de Vallès : Murio no vencido en medio de la flor de su edad, como ya viejo cansado de la multitud y peso delas victorias, con tal opinion de las hombres, que si la fortuna le uviera concedido entero espacio de vida, y mayor facultad de executar el imperio, sin duda ninguna ygualara con la gloria de los antiguos capitanes, de los que fueron grandissimos (f° 204 r°).

Page 244. « *Il y eut un moulin que j'ay veu, mais M. de Montluc n'en parle pas, qui par deux fois en ce jour fut pris et repris des nostres et des leurs.* »

Vallès dit à ce sujet : ... un molino que estava en el rio de la Magdalena, quatro o cinco vezes fue en un mismo dia ganado, y perdido por las dos partes ; pero al fin del dia quedo por los Franceses (f° 266 v°).

Page 259. *Ils se lassarent jamais... de tuer jusques à ce qu'ilz en furent las et non pas saoulz,* hasta a non hartarse, *dict le mot espagnol.*

Les mots *hasta a non hartarse* ne sont pas appliqués par Vallès au massacre qui suivit la prise de Rome, mais bien au danger qui menaçait les habitants de Milan si on faisait entrer dans leur ville quelques compagnies de soldats espagnols (f° 217 r°).

Tout le récit de la page 261 est tiré de Vallès, f° 219 v°.

Page 262. *Vous, mes vaillants capitaines....* Voici le texte espagnol que Brantôme a traduit :

O generosos, y prudentissimos Capitanes mios, y vosotros soldados valerosos de qualquiera orden, oy por el amor y fe que tengo en vosotros, no solo, como hermanos y hijos, mas aun como en muy honrados padres, en los quales reconozco yo tener ser mi honra y mi vida de vuestro valor, con palabras muy breves os quiero descubrir todo mi secreto, y toda mi intencion, que dando me vosotros de vuestra virtud tal muestra, como yo confio, en muy pocos dias enriqueciendo os de la sobervia Roma, os prometo de hazer os señores poniendo en vuestras manos gallardas, y ufanas el pueblo, senadores, mugeres, perlados, y el consistorio de los cardenales con sus haziendas, juntamente con el Papa Clemente, que possee el lugar de San Pedro, no se quan dignamente : porque en un punto sean rehechos vuestros trabajos, y esto quiero que os baste para agora. (Vallès, f° 248 r°.)

Page 266. Despues que las estrellas fueron esclarescidas por otro mayor resplendor del sol y de las armas tan bien luzidas de los soldados que se apperejavan al assalto. « *Après que les estoilles se furent obscurcyes pour plus grand resplandeur du soleil et aussi des armes reluisantes des soldatz qui s'apprestoient pour aller à l'assaut* » (gentilz motz que voylà)....

Le compliment revient non pas à Vallès mais à Brantôme lui-même, qui a singulièrement allongé la phrase espagnole, que voici :

Despues que las estrellas fueron escurecidas por otro mayor resplandor, puso en ordenança los esquadrones.... (f° 249 v°).

II. EPISTOLAS FAMILIARES DE DON ANTONIO DE GUEVARA.

Il a été question plus haut (p. 164. note 2) des *Epistolas familiares* de Guevara. Brantôme a fait à ce livre plus d'un emprunt. C'est là, dans une lettre de Guevara à don Juan de Padilla, qu'il a pris l'énumération (p. 220, 221) des seigneurs et des roturiers engagés dans la ligue des *Comuneros* et dont il a estropié en partie les noms Voici le texte espagnol :

Quando ogaño me fuistes à hablar en Medina del Campo, y fuy con vos à ver al frenero, y à Villoria el pellegero, y à Bobadilla el tundidor, y à Penuelas el perayle, y à Ontoria el cerragero, y à Mendez el librero, y à Larez el alferez, cabeças y inventores que fueron de los comuneros de Valladolid, Burgos, Leon, Çamorra, Salamanca, Avila y Medina; yo, Señor, me espante y escandalize.... (*Epistolas familiares*, Anvers 1603, 8, 1re partie, p. 345).

C'est encore du même ouvrage que Brantôme (p. 221) a tiré l'histoire plaisante du curé de Médiane. Voici le texte espagnol; il se trouve dans une lettre adressée par Guevara à l'évêque de Zamorra, don Antonio de Acuña, l'un des chefs des Comuneros :

Si vos y vuestros comuneros, dit-il, quereis otro Rey y otra ley, juntaos con el cura de Mediana, que cada domingo pone y quita reyes en Castilla. Es el caso, que en un lugar que se llama Mediana, que está cabe la Palomera de Avila, avia alli un clerigo Bizcayno medio loco, el qual tomó tanta affection a Juan de Padilla, que al tiempo de echar las fiestas en las Iglesias, las echava en esta manera :

Encomiendo os, hermanos mios, un Ave Maria por la santissima comunidad, porque nunca cayga :

Encomiendo os otra Ave Maria por Su Majestad del Rey Juan de Padilla, porque Dios le prospere :

Encomiendo os otra Ave Maria por su Alteza de la Reyna, nuestra señora dona Maria de Padilla, porque Dios la guarde, que a la verdad estos son los reyes verdaderos, que todos los de hasta aqui eran tyranos.

Duraron estas plegarias poco mas o menos de tres semanas, despues de las quales passó por alli Juan de Padilla con gente de guerra, y como los soldados que posaron en casa del clerigo, le sossacassen a su manceba, le beviessen el vino, le matassen las gallinas, y le comiessen el tocino, dixo en la Iglesia luego el siguente domingo : Ya sabeis, hermanos mios, como passó por aqui Juan de Padilla, y como sus soldados no me dexaron gallina, y me comieron un tocino, y me bevieron una tinaja, y me llevaron a mi Catalina. Digo lo, porque de aqui adelante no rogueis a Dios por el, sino por el Rey don Carlos, y por la Reyna dona Juana, que son reyes verdaderos, y dad al diablo estos Reyes Toledanos. (*Epistolas familiares*, 1re partie p. 331, 332.)

Enfin, c'est à la page 303 du même ouvrage que se trouve le mot de Pescaire sur l'Italie cité par Brantôme (p. 189), qui le met dans la bouche du marquis s'entretenant avec François Ier. Voici l'espagnol :

Italia es muy apazible para bivir, y muy peligrosa para se salvar.

§ 2.

Epitaphe du connétable de Bourbon.

Page 254. *Les Espagnolz.... luy bastirent ainsin sa sépulture :* La Francia me dio la leche; l'Espagna la gloria y l'adventura, l'Italia la sepultura.

Ce texte est inexactement rapporté. Voici, en effet, ce que nous lisons, à l'article *Gaeta*, dans un dictionnaire géographique publié au commencement du siècle; seulement l'auteur ne s'est pas douté que l'épitaphe était en vers, et l'a écrite comme de la prose :

All' incontro la porta della chiesa del castello, vedesi lo scheletro del famoso Carlo di Borbone, generale di Carlo V, coll' iscrizione :

> Francia me dió la leche,
> España fuerza y ventura.
> Roma me dió la muerte,
> Y Gaeta la sepultura.

(*Dizionario geografico-ragionato del regno di Napoli*, di Lorenzo Giustiniani. Napoli, 1802, 8, tome V, p. 19.)

§ 3.

Inventaire des joyaux engagés par le connétable de Bourbon pour le service de l'empereur.

Brantôme parle (p. 259 et 284) de la détresse où se trouva souvent Bourbon en Italie, et du manque de foi dont l'empereur usa envers ce prince, en ne tenant aucune des promesses qu'il lui avait faites. Voici un petit document qui vient confirmer ses dires. Nous le tirons du manuscrit 3182 (f° 124-126) du Fonds français (*Olim* Béthune) :

Mémoire et inventaire de plusieurs bagues et joyaulx que feu Mr de Bourbon emporta et qu'il engaigea pour le service de l'Empereur, et de plusieurs autres choses en quoy ledict s^r Empereur luy estoit redevable.

S'ensuit les bagues qui appartenoient à M. de Bourbon, baillées ès mains des gens de l'Empereur pour engaiger à Gênes et ailleurs, pour le service dudit Empereur.

Prémièrement. Audit Gênes, le petit collier de diamens et perles, et la riche croix de diamens et de rubys engaigez seullement pour III^m escus sol.

Item, le quinziesme febvrier oudit an[1], fut baillé par ledict sieur au camp de la Motte, à M. de Beaulprams le gros ruby ballay de Bourbon.

Plus, le xxve mars ensuyvant, au camp Saint-Georges,

---

1. L'année n'est pas indiquée.

fut baillé par ledict sieur de Bourbon au visroy de Naples [1] et audict sieur de Beaulprans pour engaiger, à savoir :

Le grand collier de ballais,

Cinq autres ballais sur une carte,

Et neuf roses de diamens.

Oultre plus, autres bagues qui depuys furent engaigées à M. le duc de Savoye [2].

Item, plus fut laissé et engaigé en Lorène, ès pays d'Allemaigne, pour le service dudit Empereur, le riche ruby de Montpensier.

S'ensuict les bagues appartenant à M. de Bourbon, enguigées pour le service de l'Empereur à M. le duc de Savoye, par l'évesque de Genesve [3], *qui en bailla son récépicé du* XXI[e] *jour de jung, mil* V[c] XXIIII :

Un Jésus de diamens avecques troys perles, le dernier [4] esmaillé de rouge clair, là où est Nostre-Dame, Sainct-Christofle et Saincte-Marguerite.

Plus un gros de diamens, taillé à losenges avec une grosse perle, en façon de poyre, pendant audict diament. Ledict diament enchassé en ung A sans esmailleure.

Plus une grosse esmeraulde enchassée en or, le bord esmaillé de rouge avec troys perles faictes en poyre y pendantes.

Plus, ung collier d'or faict à K et à S [5], esmaillé de noir, où il y a cinq diamens taillez à losenges, et une poincte qui sont dix diamens, cinq cailloux de rubys et douze perles.

Plus, douze gros diamens dont les quatre sont en poincte, six en tables et deux en losenges.

---

1. Charles de Lannoy. — 2. Charles III.
3. Le cardinal Pierre de la Baume.
4. Le derrière, le revers.
5. Initiales du nom du connétable (Karolus) et celui de sa femme Suzanne de Bourbon.

Plus, le gros escarboucle de Bourgoigne, pendu avec une petite chaisne d'or.

Plus, quatre ballais enchassés en or.

Plus, ung tableau d'or où il y a dessus le mistère de la Passion en diamens.

Plus ung gros ballay faict en façon de cœur, enchassé en or, et allentour des cordellières esmaillées de noir.

Plus ung brasselet faict à double chaisne d'or, là où il y dix diamens enchassez.

Autres bagues dudict sieur de Bourbon, encore par luy baillées audict visroy de Naples pour engaiger pour le service dudict Empereur, par son récépicé du XVIIe *jour de febvrier mil* v^c xxv.

Premier, ung grand cœur de diament enchassé en ung aneau d'or, faict à cordellières, esmaillé de blanc et de noir.

Une petite poincte de diament en ung aneau d'or esmaillé de rouge clair.

Une autre poincte de diament sans esmail.

Ung autre gros diament où il y a ung A sans esmail.

Un gros saphir esmaillé de noir.

Deux esmerauldes en deux aneaulx, sans esmail.

Ung ruby cabochon.

Une grande table de ruby esmaillé de noir.

Ung autre ruby en roche, en façon de cœur, esmaillé de noir.

Et fault entendre que les récépicés et mémoires de tout ce que dessus estoyent en la boyte dudict feu sieur de Bourbon, lors de son décès, qui fut portée incontinant vers l'Empereur, comme de tout sçauroient bien parler les sieurs du Péschin, Montbardon, Le Pellou et autres qui y estoient.

Plus, ledict sieur de Bourbon emporta avecques luy et ses gens qui le suyvèrent grandes quantités de lingos d'or et d'argent des vesselles d'or et d'argent et autres bagues qu'il avoyt faict fondre, pour porter plus aysément avecques beaucoup d'or monnoyé, le tout employé par le service dudict Empereur.

Plus estoit deub audict sieur de Bourbon, lors de son décès, tous les estatz et penctions que ledict sieur Empereur luy avoit données et promises depuys l'an v^c xxiii qu'il se retira vers luy, jusques en l'an v^c xxvii qu'il décéda, qui sont cinq années, monstans grandz sommes de deniers.

Aussy estoit deub audict sieur de Bourbon, lors de son décès, lxx^m l. restans à payer de cent mil livres que ledict sieur Empereur luy avoit baillées et assignées pour sa récompanse des droictz qu'il prétendoit sur la duché de Sora et autres terres du royaulme de Naples; lesquelz cent mil livres se debvoit payer par dix années consécutives à dix mil livres par an, dont il ne receut jamais que les troys premières années. Parquoy luy en restoit sept années, monstant ladicte somme de lxx^m l.

FIN DE L'APPENDICE.

TABLE DES MATIÈRES.

Notice sur Brantôme et ses écrits, i.
Titre, préface et dédicace de la première rédaction de Brantôme, i.
Sommaire de ses manuscrits, p. 2; sa maladie, 4; sa dédicace à Marguerite de Valois, 5.
Titre et dédicace de la seconde rédaction, 7.
Les Vies des grands capitaines estrangers, 9.
Préface de Brantôme, *ibid.*

L'EMPEREUR CHARLES. Notice, p. 10 à 74.

Charles d'Autriche, appelé Charles *qui triche*, 10 et 12. Picards grands ocquineurs, 11. Mauvaise foi de l'empereur, 12. Son entretien avec l'amiral de Châtillon; trêve de Vaucelles; le comte de Lalaing, 12. Ce que l'empereur dit des grands capitaines de son temps; Annibal et Scipion; Anne de Montmorency; le duc d'Albe; Henri II, 13. François de Vendôme; François de Lorraine, duc de Guise; goutte de l'empereur, 14. Scipion Émilien et Fabius Maximus, 15, 16. Charles V ne se met que tard au métier de Mars, 16; reproche que lui fait à ce sujet François Ier; larmes de César au tombeau d'Alexandre, 17; Soliman II chassé de Hongrie, 18; devise de Charles, 19, 26; parallèle de lui et de César, 19. Ses guerres contre François Ier et Henri II; comparaisons de ses guerres et de celles de Charlemagne contre les Saxons; sa victoire à Mühlberg, 20; sa tromperie à l'égard de l'électeur de Saxe, Jean-Frédéric; le landgrave Philippe de Hesse, 21. Jean de Guevara, 21; Louis d'Avila et Sleidan, cités, 18, 19, 20, 22; Saint-Georges révéré par les Turcs, 22; botte de l'électeur de Saxe; goutte de l'empereur, 23; quatrain à ce sujet par les gens d'Arras, 24; combat de Renty, 22, 25; retraite de l'empereur au monastère de Yuste; ce qu'il dit à la nouvelle de la bataille de Saint-Quentin, 25; le capitaine J. de Bourdeille; M. d'Argy, mari de la belle Sourdis; le seigneur de Piennes, Beaudiné, Estauges et le jeune Dampierre vont trouver l'empereur à Vienne, 26, 27; discours qu'il leur tient, 28, 29; guerre de Parme, trêve avec Soliman, 28; édit portant defense de faire *caroux*, 30; conte de Mme de Fontaines-Chalandray à ce sujet, 31. L'empereur et son aïeule Isabelle de Castille aimaient à voir les gibets garnis, 32. Ses habitudes à table et en amour, 32, *note* 2, 33. Sa prédilection pour le jour de saint Mathias; ce qu'il disait de la langue française; proverbe turc, 33, *note* 2; parlait cinq ou six langues; Genus Bey, drogman de Soliman; Charles V fait traduire Philippe de Comines en plusieurs langues, 34. M. de Chievres lui est donné pour curateur par Louis XII; son courage et sa confiance en lui-même, 35; refuse de sommer Metz avant le siège; veut ériger la Gaule Belgique en royaume, 36 et suivantes; diablotins de Rabelais, 41; ce que des seigneurs espagnols disent à Charles V sur Frédéric Barberousse et Alexandre III, 39, *note*, 41, 47; description de son entrée et de son couronnement à Bologne, sa conduite avec Clément VII, 42 et suiv. et Appendice, p. 359. Bonnets usités au temps passé, bonnets de Charles IX, du duc de Guise, 43 et suivantes. Charles V veut se faire couronner empereur du Nouveau Monde; les Français en Floride; conquêtes des Espagnols en Amérique, 48; leurs cruautés envers les Indiens qu'ils veulent empêcher de se faire baptiser; dévotion d'Isabelle de Castille, 49; richesses, perles et pierreries rendues communes par la découverte de l'Amérique; insurrection des *Comuneros* provoquée par M. de Chièvres, 50. Voyage de Brantôme en Espagne et à Arles; son entretien avec Catherine de Médicis; flotte des Indes; ce qu'en dit Emmanuel-Philibert, duc de Savoie, 50, 51; perle de Fernand Cortez, 52, 53. Comment les Africains appellent leurs princes, 53. Projet de Charles V de se faire pape, comme le duc Aimé de Savoie; ce qu'un soldat espagnol dit à Brantôme, 54; André Vesale, médecin de Charles V; conversion et retraite de celui-ci, 55 et suivantes; assemblée des états où il abdique en faveur de son fils, 58 et suivantes. Philippe II lui retranche une partie de ses revenus, et l'Inquisition veut le faire déterrer, 60; persécution contre Barthélemy de Carranza, archevêque de Tolède, 61;

deux étranges métamorphoses ; comparaison de Rome et de Charles V; proverbe espagnol, 62, 63. Commentaires de Charles V, cités par Belleforest et traduits par G. Marindre, 64 ; ses obsèques à Bruxelles, 65 et suivantes; inscription antique de Pompée, 69 ; tableaux injurieux pour François Ier, à Rome, détruits par les Français, 70 ; premier voyage de Brantôme à Rome, 71 ; expédition désastreuse de Charles V contre Alger, 71 et suivantes. Vers à ce sujet. 73.

L'EMPEREUR MAXIMILIAN. Notice, p. 74 à 80.

Il était grand capitaine ; son mariage avec Marie de Bourgogne ; sa lutte contre Louis XI, 74 et suiv.; son manque de foi envers Charles VIII et Louis XII, 74, *note*, 78 ; ses libéralités, 75, *note* 8. — Portrait de Marie; mot de Mme de Ravestein, sa gouvernante, 76, 77 ; enfants de Maximilien, sa mort, 77, 78 ; ses victoires à Guinegate, 75, *note*, 79 ; siége de Padoue; M. de La Palice ; roman de M. de Bayard, 79 ; confiance de l'empereur dans le Grec Constantin ; le bon capitaine Jacob, 80.

L'EMPEREUR FERDINAND. Notice, p. 81 à 89.

Les protestants le prennent pour arbitre ; opposition du pape Paul IV à son élection, 81. Diète à Augsbourg ; MM. de Bourdillon et de Marillac envoyés en ambassade près de lui par Henri II, 82 ; réponse qu'on leur fait ; mécontentement du roi, 83 ; François II lui envoie pour ambassadeur M. de Montpezac auquel il donne un buffet d'argent qui est montré à Brantôme, 83-85 ; promotion de chevaliers de l'ordre du roi à Poissy, 84. Ferdinand, malheureux dans les guerres faites par ses lieutenants; Roquandolf et Philippe II (et *non Frédéric II, comme nous l'avons dit par erreur*), comte Palatin, au siége de Vienne, 85. Ferdinand, suivant la coutume d'Espagne, n'hérite rien de sa mère ; refuse de se joindre aux princes protestants, 86 ; envoie du secours à M. de Bourbon, *ibid.*; est aidé par son frère, 87 ; plus froid que son frère, plus homme de bien que son aïeul Ferdinand ; porte les cheveux longs comme celui-ci, *ibid.*; filleuls tenant de leurs parrains, *ibid., note*. Charles V le prie de résigner l'empire à Philippe II ; Maximilien II, fils de Ferdinand, refuse, 88, 89.

L'EMPEREUR MAXIMILIAN, DERNIER DE CE NOM. Notice, p. 89 à 92.

Estime qu'en faisait Henri III qu'il avait bien traité à son retour de Pologne, 89; guerre qu'il eut à soutenir contre Soliman qui meurt au siége de Szigeth, 90, 91, 92; secours que lui amène son beau-frère, Alphonse II, duc de Ferrare, 90, 91. M. de Guise va le trouver avec plusieurs seigneurs français, 91. Sigismond Bathori, prince de Transylvanie, 92.

L'EMPEREUR RODOLPHE. Notice, p. 92 à 94.

Ses guerres contre les Turcs, 93. Charles, comte de Mansfeld; Philippe-Emmanuel, duc de Mercœur, *ibid.*

LE DUC D'ALBE. Notice, p. 94 à 116.

Il mène l'avant-garde au voyage de Charles V en Italie, 94; anecdote sur son voyage en France avec Charles V, 95, 96. Le Peloux, compagnon du connétable de Bourbon; sa conduite en France, 96, 97; comment il est traité par Charles V, *ibid.*; sert celui-ci dans ses amours, 96, *note,* 97. Postérité que l'empereur laisse en France, *ibid.* Portrait de Le Peloux, dans le cabinet de Mme de Fontaines-Chalandray, 97, 98. Le duc d'Albe, grand capitaine, 98; commande avec M. de Savoie l'avant-garde à la bataille de Mühlberg, et présente à l'empereur le duc de Saxe prisonnier, 99; ses échecs en Piémont, 99; siége de Vulpian; défense de Santia par Bonnivet et Birague; prise de Montecalvo, par J. de Salvoyson, 100; campagne du duc contre le pape Paul IV et le duc de Guise, 101; est lieutenant de l'empereur au siége de Metz; est envoyé en Flandre contre les *Gueux*, 102; introduit les gros mousquets dans son armée, 103; ses *mousquetaires;* Brantôme va les voir passer en Lorraine, et forme avec un gentilhomme nommé Valon le projet de les suivre en Flandre, 104; il est bien accueilli du duc d'Albe; composition de l'armée de celui-ci; ses officiers (dom Sanche de Lève, Julian Romero, Gonzalès de Bracquamont, Chiapino Vitelli), 105, 106; courtisanes qui accompagnent l'armée, 106. Ferdinand, grand prieur de l'ordre de Saint-Jean, fils naturel du duc d'Albe, est fait prisonnier par Charles de Bourbon, 106 ; est remis en liberté et vient à Amboise ; Brantôme le voit à Malte, 107. Le duc d'Albe se fait ériger une statue à Anvers, 107, 108 ; objets bénits envoyés par Pie V au duc d'Albe, par Paul III à Charles V, par Jules II aux Suisses, par Paul IV à Henri II, 108, 109. Le duc d'Albe, disgrâcié à cause de son fils, est chargé par une lettre de Philippe II de conquérir le Portugal, 109, 110 ; il aimait mieux Charles V que Philippe II ; ses remords au lit de la mort ; ce que Philippe II lui fait dire à ce sujet, 111, 112 ; sa conduite et celle du connétable de Montmorency à l'entrevue d'Élisabeth, reine d'Espagne, avec Charles IX à Bayonne, 113 ; ce qu'il présageait de celui-ci, 114 ; les soldats l'appelaient leur *bon père*, 115.

EL GRAND COMMENDADOR (don Louis de Zuniga et de Requesens). Notice, p. 116.

Il est envoyé dans les Pays-Bas en remplacement du duc d'Albe ; se distingue à la bataille de Lépante, 116.

M. LE CONNÉTABLE DE MONTMORENCY. Notice, p. 116, note 3.

LE ROY FERDINAND D'ARRAGON. Notice, p. 116 à 129.

Sa mauvaise foi envers Charles VIII ; il vend son oncle Frédéric III de Naples à Louis XII, 117 ; ses perfidies et son châtiment, 118. Digression de Brantôme sur les parjures au quinzième et au seizième siècles, 118-124 ; Louis XI, Charles VIII et les Pisans ; Alexandre VI, César Borgia, Maximilien Ier, les Vénitiens, Louis Sforce, le cardinal Ascanio, les Génois, les Florentins, les Siennois, Jean-François de Gonzague, marquis de Mantoue, 119 ; Léon X, Clément VII, Charles V, Philippe II ; jeu des bateleurs ; accusations contre François Ier ; sa guerre contre Charles-Emmanuel, duc de Savoie ; assassinat de ses ambassadeurs Maraveille, Frégouse et Rincon, 120. Reproches à Henri II au sujet de la rupture de la trève de Vaucelles, 121 ; il abandonne les Siennois, les Toscans et les Corses ; François II et Louis Ier, prince de Condé, 121 ; Charles IX et la Saint-Barthélemy ; Henri III et les Guises ; loyauté de Henri IV, 122 ; Henri VIII ; doctrine des prédicateurs en faveur des parjures, 123 ; vengeance de Dieu sur les parjures, 124. Ferdinand V, son avarice; sa conquête de Grenade, 124; dévotion de sa femme Isabelle; il arrive au trône par la mort de son frère aîné; fait découvrir l'Amérique par Christophe Colomb; durée de son règne, 125; perd son fils unique don Jean; sa fille Jeanne devient folle, 126; il se remarie avec Germaine de Foix, nièce de Louis XII; entrevue des deux rois à Savone, 126, 127; parallèle que l'on fait d'eux, 127; leurs seconds mariages, leur mort, 128; Ferdinand, surnommé *Jean Gipon*, par les Français, *ibid.*; François Ier, appelé *Grand Colas* et *bonhomme Colas*, 129; conquête de la Navarre sur Jean d'Albret excommunié par Jules II, *ibid.*

LE DUC D'ALBE FÉDÉRIC, LE CONQUERRANT DE NAVARRE.
Notice, p. 129, 130.

Il conquiert la Navarre, et soutient un siége dans Pampelune, 130; *La conquista di Navarra*, citée, *ibid.*

DON CONSALVO HERNANDEZ DE CORDOVA. Notice, p. 130 à 136.

Il est surnommé le *Grand Capitaine*, 130; est battu par d'Aubigny à la bataille de Seminara, et s'enfuit jusqu'à Reggio, 131; Guichardin, cité; mort de Jacques d'Armagnac, duc de Nemours, 131; siége de Venouse; Louis d'Ars, 132; devise de Gonzalve, *ibid.*; il est jalousé par Ferdinand, 132, 133; il assiste à l'entrevue de Louis XII et de Ferdinand, à Savone, *ibid.* Brantôme visite le champ de bataille de Garigliano, *ibid.*; François de Bourdeille, père de Brantôme est blessé à cette bataille avec Bayard; Belleforest, cité, 134. Harangue du comte de Montelon à ses soldats, 135; bon accueil de Ferdinand à Louis d'Ars et à Bayard, à Savone, 135; mort de Gonsalve, ses obsèques, et celles de Lautrec, 135, 136; ingratitude des princes; mot de Thémistocle, *ibid.*; mot de Jacques de Brézé à Louis XI sur sa chapelle et ses chantres, 136.

DON DIEGO DE QUIGNONES[1]. Notice, p. 137.

Sa mort à la bataille de Ravenne, 137.

---

1. De la maison de Benavente. La généalogie de cette famille se trouve dans le *Nobiliario genealogico* de Alonzo Lopez de Haro, 1622, f°, t. I, liv. 5, p. 597.

DOM RAYMOND DE CORDONNA (Cardona), VICE-ROY DE NAPLES.
Notice, p. 137, 138.

Sa fuite honteuse à la bataille de Ravenne, 137, 138; *Question de Amor*, cité, 137.

FABRICIO ET PROSPERO COLUMNE, COUSINS DE PERE.

FABRICIO. Notice, p. 138 à 145.

Son ingratitude à l'égard de Charles VIII, 138 ; est pris à la bataille de Ravenne et sauvé par Alphonse Ier, duc de Ferrare, 139, 140, 150 ; est pris dans Capoue par d'Aubigny ; les Français refusent de le livrer au pape Alexandre VI, 139 ; est battu à Soriano par Charles des Ursins et Vitelli, 140 ; service qu'il rend au duc de Ferrare, en le faisant sortir de Rome, 140, 142 ; mot de Jules II sur Ferrare, 140 ; Jules III et Henri III, 141, *note;* concile de Bâle, 142, *note* 4 ; humiliation imposée par le pape Léon X aux cardinaux Bernardin de Caravajal et Frédéric de San-Severino, 142-144 ; Louis d'Este, cardinal de Ferrare, 143 ; Louis XII, partisan du concile de Bâle, 144 ; Fabricio Colonna, l'un des interlocuteurs du traité *Dell'arte della guerra* de Machiavel, *ibid.*

PROSPERO. Notice, p. 145 à 151.

Son ingratitude à l'égard de Charles VIII, 138, 145 ; est élu chef de la Ligue contre la France, *ibid.*; est pris à Villefranche par les Français qu'il comptait prendre, *ibid.*; est emmené prisonnier à Montaigu en Poitou, 146 ; Imbercourt, Bayard et La Palice, *ibid.*; Montaigu rasé par Albert de Gondi, maréchal de Raiz ; colère du prince de Condé à ce sujet, *ibid.*; entrevue du roi de Navarre et de Catherine de Médicis à Cognac, *ibid.*; prise du château de Dampierre par Condé, *ibid.*, *note* 6 ; prise du château de Milan par Prosper Colonne, 147 ; siége par César d'Alésia qu'un livre espagnol dit être Arras, *ibid.* et Appendice, p. 363. Blaise de Vigenère, cité, *ibid.*; siége d'Amiens par Henri IV, *ibid.*; Prosper Colonne tue son neveu Marc-Antoine, 148, et Appendice p. 364 ; Pontdormy et Camille Trivulce, *ibid.*; de Langeay, cité, *ibid.* Habileté de P. Colonne à fortifier les places, *ibid.*; ses querelles avec le marquis de Pescaire, mari de sa nièce Vittoria Colonna, 149, et Appendice, p. 364. Dissentiments entre les maréchaux de Tavannes et de Brissac, 150; conduite de Fabrice Colonne à la bataille de Ravenne; son indignation contre Pierre de Navarre, *ibid.*

LE MARQUIS DE LA PADULE. Notice, p. 151.

Il est blessé et pris à la bataille de Ravenne; commande quelque temps à l'infanterie espagnole; le capitaine Solys, 154.

DOM PEDRO DE PAX. Notice, p. 151, 152.

Sa petitesse et sa vaillance, 151; sa conduite à la bataille de Ravenne, 152.

DOM CARAVAJAL. Notice, p. 152, 153.

Il commande six cents génetaires à la bataille de Ravenne, 152. Dom Cornejo, 153.

LE SEIGNEUR ALARCON. Notice, p. 153, 154.

Il commande l'infanterie espagnole puis toute l'armée après la mort de Prosper Colonne, 153; est chargé de la garde de François Ier; meurt d'apoplexie à la cour de l'empereur, 154.

LE DUC DE TERMENS. Notice, p. 154.

Capitaine de l'Église; commande à cent hommes d'armes à la bataille de Ravenne, 154.

DOM PEDRO DE NAVARRE. Notice, p 155 à 161.

Sa conduite à la bataille de Ravenne où il est pris, 150, 154, 155, 157; commande une expédition en Barbarie, 156; son habileté à prendre les places, 157; Ferdinand ne veut pas le tirer de prison, *ibid.*; il passe au service de François Ier, et se distingue à la prise du château de Milan où il faillit être tué, *ibid.* et Appendice p. 365; commande sous Lautrec aux bandes des Gascons; assiége et prend le prince de Melfe, *ibid.*; échoue au siége de Naples avec Lautrec qui y meurt, 159; est pris à Aversa, mené à Naples et étranglé par ordre de l'empereur, 159; des soldats espagnols racontent le fait à Brantôme en lui montrant la prison où Pierre de Navarre était mort, *ibid.*; il avait été pris quelques années auparavant à Gênes, 160; Gonzalve Fernand de Cordoue lui fait ériger à Santa-Maria de la Nova, à Naples, un mausolée semblable à celui de Lautrec, *ibid.*; épitaphe qu'on y lisait, 160, 161.

DOM ANTOINE DE LÈVE. Notice, p. 161 à 180.

Sa conduite à la bataille de Ravenne, 161, 162; se distingue au siège de Pavie, 162; lettre que lui écrit l'Aretin, *ibid.*; il prend pour devise une ruche, 163; dépouille les églises pour payer les soldats, *ibid.* et Appendice p. 366; trait de Denis l'Ancien, 164, *note* 1; trait de Maria de Padilla, suivant Guevara, 164, 165; statue de saint Georges donnée par Charles le Téméraire à l'église de Saint-Lambert, à Liége, 165-166; cupidité de Maximilien Ier et de Charles V, *ibid.*; apologies pour François Ier et Henri II, au sujet de leur alliance avec le Turc, 167; reproches adressés à Charles V au sujet de sa conduite envers les protestants, de l'*intérim* qu'il publie à Augsbourg et de son occupation de Plaisance, 167, 168. Charles V consulte son confesseur au sujet de la reddition de Plaisance; marie sa fille naturelle au duc de Parme, 169; son ingratitude à l'égard du connétable de Bourbon, de M. de Savoie et du marquis François de Saluces, 169-170 et Appendice, p. 371. Insatiabilité des grands, 170; ce que le marquis de Pescaire dit au légat (Clément VII) sur les désordres des soldats qui ne peuvent servir à Mars et à Christ, 170-171; anecdote sur M. de Cypierre et le légat Hippolyte d'Este, au siège d'Orléans, 171-174; le livre de *Summa Benedicti*, cité, 174. Débuts à la guerre d'Antoine de Lève, *ibid.*; ses infirmités; avait un esprit familier, 175; anecdote sur un grand de la cour qui le contrefaisait, 175-176; il s'empare de Fossano, et, trompé par le prince de Melfe, engage Charles V à envahir la Provence, 176-177; sa mort; est enterré à Milan, 177; sa naissance; *Question de Amor*, cité, 178; ses richesses et ses honneurs; son fils dom Sanche de Lève; son portrait, 178; accusé de la mort de François-Marie Sforce, duc de Milan, 179; son ambition d'avoir la tête couverte devant l'empereur, *ibid.*, 181; rang des princes du sang en France et en Espagne, 180.

LE MARQUIS DE PESCAIRE. Notice, p. 180 à 200.

Sa visite en Espagne à Charles V, 180; sa généalogie, 181; beau trait de son bisaïeul Rodrigo d'Avalos, 181; Alfonse d'Avalos, père du marquis de Pescaire, est assassiné par un esclave more, 182; anecdote sur le bouffon d'Alfonse Ier, roi d'Aragon et de Naples, 183. Le marquis de Pescaire est pris et blessé à la bataille de Ravenne, 183, 184; est relâché par la faveur du maréchal de Trivulce, 184; prend Gênes; ses victoires sur les Vénitiens et Barthélemy d'Alviane, sur Lautrec à La Bicoque; Retraite de Bonnivet, 185; mort de Bayard et de Vandenesse, 186. Gloire acquise par Pescaire à la bataille de Pavie, *ibid.*; sa visite à François Ier prisonnier, 186 à 188; ce qu'il dit sur l'Italie, 188; Rabelais, cité, 189. Pescaire adhère à une ligue formée en Italie contre Charles V; le pape l'en proclame chef, 189; et lui fait offrir le royaume de Naples par son secrétaire Mentebona, et par Jérome Morone, 190; perplexité de Pescaire, 191, 192. Antoine de Lève découvre le complot; Louise de Savoie et Pescaire le dévoilent à Charles V, 193. Pescaire fait arrêter Morone qui est plus tard délivré par le connétable de Bourbon, 193, 194; meurtre de Mentebona; haine des Italiens contre Pescaire, 194; trahison de certains ligueurs en France, 195; mort de Pescaire, 196, 198 et Appendice, p. 637; il recommande en mourant au marquis del Gouast, sa femme Victoria Colonna, et les soldats espagnols, 197, 198; livre qu'il compose pendant sa captivité après la bataille de Ravenne, 197. Platon, cité, *ibid.*; obsèques du marquis, 198; il est enterré à Naples où Brantôme voit son cercueil; sa femme rencontre son corps à Viterbe; il fait le marquis del Gouast son héritier, 199; son épitaphe par Arioste, 199, 200.

LE MARQUIS DEL GOUAST. Notice, p. 200 à 216.

Cousin du marquis de Pescaire, 201; ses paroles à l'empereur lorsqu'il était lieutenant général de l'armée pendant l'expédition de Tunis; Paul Jove, cité, 201, 202; Charles d'Anjou et Alaud, 202; le marquis est nommé lieutenant général en Italie; ses exploits; fait lever le siége de Nice à Barberousse, 202, 203; ses bravades avant la bataille de Cerisoles où il est défait, 203, 204; railleries de son bouffon, 205; fait assassiner César

Frégose et Rincon, ambassadeurs du roi de France, 205, 207, 209; Brantôme voit le lieu où ils furent tués, 207; ses réflexions à ce sujet, 207; visite que le marquis fait à François I*er*, à Carmagnole, 208, 209; réflexions de Brantôme, 209, 210; le comte de Charolais et le duc de Calabre, à Conflans, 210; dîner de Charles-Quint avec André Doria et le marquis del Gouast, 211; Henri IV et Don Pedro de Tolède, connétable de Castille, *ibid.*; mort du marquis del Gouast, 212; réflexions de Comines et de Brantôme sur les entrevues des rois, 213; conduite du marquis à la bataille de Cérisoles, 213, 234; ses quatre enfants que Brantôme voit à Milan et ailleurs, 213-215; ses devises, 215, 216.

M. DE CHIÈVRES. Notice, p. 216 à 224.]

Il est choisi par Louis XII pour gouverneur de Charles d'Autriche, 217, 219; ce qu'il dit une fois à M. de Genlis, sur l'éducation du jeune prince, 217, *note;* est nommé vice-roi d'Espagne, *ibid.*, 219; son avarice cause l'insurrection des *Comuneros*, 219, 222; ignorance et perversité de François de Bourdeille, évêque de Périgueux, 220. Don Antonio de Acugna, évêque de Zamorra, Don Juan de Padilla, Maria de Padilla et autres chefs des révoltés d'Espagne, *ibid.* et Appendice, p. 369. Leurs capitaines comparés à ceux de la ligue en France : René le parfumeur, Chanet le brodeur, Bussy Leclerc, 221. Anecdote sur un curé partisan de Juan de Padilla, 221, 222 et Appendice, p. 369. Invasion de M. de Lesparre en Espagne, 218, *note*, 222. Projet que M. de Chièvres avait formé avec M. de Boisy, gouverneur de François I*er*, 218, *note*, 223. La Palice cède son office de grand maître à M. de Boisy, 218, *note*, 224; énumération des grands maîtres, *ibid.*

CHARLES DE L'AUNOY (Charles de Lannoy). Notice, p. 224 à 235.

Affection de Charles V pour les Flamands, 224, 225; plaintes et lettres injurieuses du marquis de Pescaire à l'empereur sur Charles de Lannoy, 225, 226; le roi de Navarre pris à Pavie, se sauve de prison, grâce à son page, 226, 227. Charles de Lannoy trompe les capitaines impériaux; fait transférer François I*er* en Espagne, 227, 228, 231. Plaintes du connétable de Bourbon, 228, 229; réponse de Charles V, 229; jalousie des Espagnols contre Lannoy, comblé de biens par l'empereur, 230, 231; service que rend Lannoy à celui-ci, 233; émeute contre lui des soldats espagnols à Alicante; danger que court François Ier, 233; intrépidité du marquis de Pescaire dans une émeute de soldats, 234. Conduite de Philippe de Lannoy, fils de Charles, à Cérisoles, 234.

DON HUGUES DE MONTCADA. Notice, p. 235 à 238.

Il succède comme vice-roi de Naples à Charles de Lannoy; est pris par André Doria, et renvoyé sans rançon par Louise de Savoie, 235; sa vaillance et sa mort dans un combat naval près de Salerne, 236. M. de Lautrec, le sieur de Saint-Remy, le seigneur de Croq; Du Bellay, cité; joie de Clément VII à la nouvelle de la mort de Moncade, 238; un des petits-fils de celui-ci est tué dans un combat naval, 237, 238.

LE PRINCE D'ORANGE (Philibert de Chalon, prince d'Orange). Notice, p. 238 à 245.

Il est élu général par l'armée à la place de Hugues de Moncade. Illustration de sa maison, 238; trait de Louis de Chalon, prince d'Orange, 239. Philibert est trois ans prisonnier en France; mal reçu à la cour de François Ier, il quitte le parti du roi pour aller servir l'empereur, 240; prend le commandement de l'armée qui assiégeait Rome, après la mort du connétable de Bourbon, 240, 241; sa belle retraite devant Lautrec qui l'assiége dans Naples; est élu général par les assiégés; réflexions de Brantôme, 241. Le prince s'enrichit lui et ses gens de guerre à Naples, 242; il est tué au siége de Florence, 242, 243; voulait épouser Catherine de Médicis, 242. Meurtre de Ferruci par Maramaldo, 243; vaillance du prince; sa haine des Français; ce que ses gardes ont raconté de lui à Brantôme, 244. René de Nassau, neveu de Philibert est blessé à mort devant Saint-Dizier, 245, 301, 302; Charles V va le visiter, 245, 246 : victoire de Martin Rossen sur René; prise de Dueren par Charles V, 246.

FERDINAND DE GONZAGUE. Notice, p. 247 à 250.

Il est élu général par l'armée après la mort du prince d'Orange, 247; ses exploits en Italie, en France et en Flandre, 248; il est nommé vice-roi de Sicile, *ibid.;* prend René de Montejean et Claude Gouffier, seigneur de Boisy, *ibid.* Sa conduite au sac de Rome; est accusé par Montecuculli, 249, 250.

LE CONTE DE NANSAU (Henri, comte de Nassau). Notice, p. 250 à 254.

Son mariage avec la princesse d'Orange; il est envoyé en France par Charles d'Autriche, 250. Sa guerre contre Robert de La Marck; il assiége inutilement Mézières et Péronne où le comte de Dampmartin est tué, 251, 252; sa réponse à Marie d'Autriche, reine de Hongrie; contribue au traité de Madrid, 252. Comte de Nassau que Brantôme voit chez le cardinal de Lorraine à Vic, 253.

M. DE BOURBON. Notice, p. 254.

Épitaphe que lui font les Espagnols, p. 254, et Appendice, p. 370; se distingue à la bataille de Marignan où son frère est tué, 254; est lieutenant-général en Milanais; persécuté par Louise de Savoie; le commandement de l'avant-garde lui est ôté lors de l'expédition de Valenciennes; sa fuite avec Pompérant, 255; duel de Pompérant avec Chissay qui est tué; complainte de Marot à ce sujet, 256. Bourbon contribue au gain de la bataille de Pavie; chanson en son honneur, 247; chanson des soldats romains sur César, 258. Bourbon est tué devant Rome; son mécontentement contre l'empereur, 259, 260; est compris dans le traité de Madrid; est fait lieutenant-général de l'empereur en Italie; ravages de ses soldats; emprunts qu'il lève sur les Milanais, 261; son expédition contre Rome; sa conférence avec le duc de Ferrare; ses harangues à ses soldats, 262 et Appendice, p. 367; son entrevue avec C. de Lannoy; passe près de Florence sans l'attaquer; ses soldats saccagent le château de la Piève, 263; sa harangue à ses soldats, 264-266; donne l'assaut à Rome, sa mort; ses dernières paroles au capitaine Gogna, 267. Brantôme entend dire à Rome qu'il a été tué par un prêtre; chanson des aventuriers sur lui, 268, 269; récit de la prise de Rome; Jean d'Avalos; le capitaine Cuaço, 269, 270 ; les cardinaux Armellino et de Santi-Quattro; le grand Camérier, 271 ; valeur du prince d'Orange, 272; horribles cruautés commises par les soldats envers les prêtres et les femmes, 272 et suivantes; les *Reliques du sac de Rome*, 275; femmes suivant les Espagnols après la prise d'Amiens, 275 ; Lucrèce, 276. Malédiction attachée aux Impériaux qui avaient saccagé Rome et aux massacreurs de la Saint-Barthélemy, 277. Rencontre que fait Brantôme à Naples d'un vieux trompette de M. de Bourbon, 277-287; sac d'Anvers par les Espagnols, 278-280; ligue contre l'empereur, 280; les Impériaux en quittant Rome emportent le corps du connétable qu'ils déposent dans la chapelle de Gaëte, 281 ; visite de Brantôme et de Quélus au château de Gaëte; le gouverneur leur fait voir le tombeau du connétable, 282-283 ; et leur donne à déjeuner, 287; anecdotes qu'il leur raconte, 283 et suivantes; détresse du connétable; chanson espagnole sur lui, 284-285 ; description du tombeau, 286 ; tradition sur une roche fendue, à Gaëte, 287; épitaphe italienne du connétable traduite en vers français, 288; la porte et le seuil de son hôtel à Paris sont peints en jaune, en signe de trahison, *ibid.*; le tombeau est ôté de la chapelle par ordre du concile de Trente, 289; comparaison du connétable et de Robert d'Artois, 289-290 ; Denis de Morbeq ; Édouard III; le roi Jean, 290; conduite de Charles V envers Mme de Montpensier, sœur du connétable, 291.

LE MARQUIS DE MARIGNAN. Notice, p. 291 à 304.

Son origine et ses noms, 291 ; s'empare du château de Chiavenne, *ibid.*; trait de lâcheté des Grisons au service de France, avant la bataille de Pavie, 292; M. de Lescun ; François-Marie-Sforce, duc de Milan, 292-293. Le marquis de Marignan s'attache à François Ier et s'empare de Monguzzo sur le comte Alexandre de Bentivoglio, 293 ; il repousse Ludovic Barbiano de Belgiojoso et est battu par Antoine de Lève à Carata, 293-294. Galeazzo Capella, cité, 293 ; le marquis passe au service de Charles V qui le nomme colonel général de l'infanterie italienne; il sert au siége de Metz, 294-295. Comtés et marquisats communs en Italie, 294; conduite du marquis au siége de Sienne et sa victoire sur Strozzi, 295-296. Astolfe ou Ridolfe Baillon; siége de Nicosie par les Turcs, 295; le comte de Saint-Fior; Chapin Vitelli; don Juan de Luna; don Diego de Luna, 296; M. de Montluc; M. de Saint-Auban; récit à la reine mère par M. de la Chapelle des Ursins d'un assaut donné à Sienne, 296-297; peintures que fait faire à ce sujet Côme de Médicis dans l'église Saint-Jean, à Florence, 297-298. *La conquista de Sena*, citée; M. de Montluc; capitulation de Sienne; Cornelio Bentivoglio et le marquis de Marignan, 298-300; critique de M. de Montluc, 300-301. Paradin, cité; M. de Lansac, 300. Mort du marquis maltraité par Charles V, 301; il donne sa place à la tranchée de Saint-Dizier au prince d'Orange qui est tué; 246, 301-302. Discours du duc d'Albe à ses enfants avant de mourir, 302-304; éloge qu'il fait du marquis de Pescaire, du marquis del Gouast, d'Antoine de Lève, de Ferdinand de Gonzague, du connétable de Bourbon, du connétable de Montmorency, du marquis de Marignan dont le frère devient pape, *ibid.*; de Ferdinand, grand-prieur de Castille, 304. M. de Lansac le jeune, *ibid.*

M. LE CONTE DE MANSFELD. Notice, p. 304 à 309.

Il est grand capitaine, 304; est assiégé dans Yvoi par les Français; furieuse batterie contre la ville, qu'il est forcé de rendre par la lâcheté des lansquenets, 300 à 307. Charles le Téméraire trahi par Campo-Basso; Louis Sforce par les Suisses à Novare; Plaintes de celui-ci, 306. Ce que Mansfeld dit au connétable de Montmorency, 306; il est mené devant Henri II; MM. d'Andelot et de Sypierre, prisonniers de l'empereur, 307; le comte se met au service de Charles IX et est blessé à Montcontour, 308; éloge de son fils Charles qui épouse Mlle de Brissac, 308; et meurt en Hongrie, 309.

CÆSAR DE NAPLES. Notice, p. 309 à 313.

Ses entreprises manquées sur Turin; est gouverneur de Volpiano qu'il garde vingt ans et où il est assiégé par M. d'Aumale, 310, ruse du maréchal de Brissac lors de la capitulation, 311-312; reddition du château dont Alvaro de Sande fait pendre le capitaine, 313.

M. DE BURE. Notice, p. 313 à 319.

Il a été grand brûleur, 314; récit de sa mort à Bruxelles, 314 à 317; André Vesale, le cardinal de Granvelle, 314; le comte d'Aremberg, 315 ; mort de Marie Stuart, 318 ; funérailles de don Juan d'Autriche, *ibid*.

M. DU RU. Notice, p. 319-320.

Sa haine des Français ; il attaque en pleine paix M. de Villebon, 319. M. du Ry, *ibid*.

M. D'ANCHIMONT. Notice, p. 320.

Il est gouverneur de Bapaume, 320.

LE CONTE PALATIN. Notice, p. 320 à 324.

Sa glorieuse défense de Vienne contre les Turcs, 320 et suivantes ; conduite de Soliman au moment de lever le siége, 321 ; le baron de la Garde ; Rocandolph, le comte de Salm, 322 ; Wolfang Oder ; Frédéric, électeur palatin, 323.

LE PRINCE DE CAZIMIR. Notice, p. 324 à 326.

Il est élevé à la cour de Henri II ; son ingratitude ; vient au secours du prince de Condé, 324 ; son triomphe en Allemagne après la *paix de Monsieur* ; ses projets contre Henri IV, 325.

DON ALVARO DE SANDE. Notice, p. 326 à 328.

Il commande l'infanterie à la bataille de Mühlberg, 326 ; ce que raconte de lui à Brantôme le capitaine Vallefrenière qui est tué à Bourg-sur-Mer ; le capitaine Rouvray, 326. Sande guerroye contre M. de Montluc en Piémont ; est pris à la bataille des Gerbes, conduit à Constantinople, et mis en liberté par l'entremise de Charles IX qui envoie le chevalier de Salviati à Soliman, 327-328 ; devient vice-roi d'Oran, 323 ; exploits de l'infanterie espagnole, *ibid*.

JOUAN D'ORBINA. Notice, p. 329.

Sa conduite à la prise de Gênes ; ses cruautés à Rome ; sa mort, 329.

CAPITAINES ESPAGNOLS, p. 330 à 334.

Liste de cent-onze capitaines, 330-334. Réflexions de Brantôme sur le titre de *don*, 334-335. Alonzo Pimentel, vice-roi de la Goulette, brûlé par l'inquisition, 335. Infanterie en honneur chez les Espagnols; *los Gusmanes*, 335-336; arquebusiers espagnols à la bataille de Pavie, 336, 337, 343. Conversation à ce sujet de Brantôme avec Henri, duc de Guise, 338, 340; les reîtres, M. de Thoré, 339; combat d'Auneau; les Suisses; attaque des protestants contre Charles IX, près de Meaux, 340. M. de Montluc à la bataille de Cérisoles; bataille de Montlhéry; Ph. de Comine et du Bellay, cités; M. d'Enghien et M. d'Aussun à Cérisoles, 341. J. Bouchet, cité; ordonnance de Louise de Savoie pour exciter à se servir de l'arquebuse les Français, qui ont peine à renoncer à leurs arbalètes, 342.

LE CONTE LUDOVIC LODRON. Notice, p. 343 à 346.

Il sert le roi Ferdinand en Hongrie, 343; tue son cheval avant un combat contre les Turcs, près de Gran; est blessé et fait prisonnier, 344; est massacré avec d'autres capitaines; leurs têtes sont apportées à Constantinople à Soliman, qui commande qu'on massacre les autres prisonniers; ils sont sauvés par les janissaires, 345; les soldats à la Saint-Barthélemy font le métier de bouchers et de bourreaux, *ibid.* Brantôme voit un seigneur de Lodron à Malte, 345, 346.

ALISPRAND MANDRUZZO. Notice, p. 346 à 349.

Frère du cardinal de Trente, 346; bataille entre Albert de Brandebourg et Maurice de Saxe; ce que Brantôme entend raconter à M. d'Aumale, *ibid.*, note 2. Albert quitte le service de Henri II; fait M. d'Aumale prisonnier; mort de René de Rohan; échecs d'Albert devant Metz, 347, note, 5. Fanfaronnade de Mandruzzo, 347; son combat singulier avec La Mole à Cérisoles, 347, 348; critique des cavaliers de la cour aux combats de barrière; combat singulier de Lorges et de Vaudray, au siége de Mézières, 349; du Bellay, cité; frères de La Mole; Joseph de La Mole, exécuté à Paris, *ibid.*

LE COMTE GUILLAUME DE FUSTEMBERG. Notice, p. 349 à 352.

Vaillant capitaine, mais sans foi et pillard, 349; accusé d'avoir voulu tuer François Ier; les *Cent Nouvelles* de la reine de Navarre, citées; la maison de Savoie sortie de celle de Saxe, 350; le comte passe au service de Charles V; est pris en sondant la Marne, *ibid.*; est mis à la Bastille; l'empereur ne s'y fiait point; lui et ses lansquenets brûlent Vitry, 351. P. Jove, cité, *ibid.*; Wolfgang de Furstemberg tué à la bataille de Cérisoles; réflexions de Brantôme sur le nom de Vulcan et sur les noms italiens et allemands; seigneurie de Mercure en France, 352.

MARTIN ROSSEN. Notice, p. 352-353.

Capitaine au service du duc de Clèves; il défait le prince d'Orange, 352; passe au service de l'empereur, 353.

LE COURONNEL FRAMSBERQ. Notice, p. 353-355.

Horreurs commises par ses troupes au siége de Rome; chaînes étranges que portaient des soldats et capitaines allemands, 353; et Brassaut, gentilhomme d'Anjou, 354; chaîne d'or que Framsberq avait fait faire pour étrangler le pape; il est malade à Ferrare, *ibid.*; conduite des lansquenets à Naples; ils ne sont pas bons dans une place; M. de Lautrec; Antoine de Lève; M. de Montluc, 355.

APPENDICE.

§ I. Sources espagnoles où a puisé Brantôme, p. 357 à 374.

I. Historia del marques de Pescara, par Vallès, p. 357 à 368.

Entrée de Charles V à Bologne, p. 359 à 363; Alesia, Arras, p. 363. Mort de Marc-Antoine Colonne au siége du château de Milan, 364. Querelle de Pescaire et de Prosper Colonne, 364. Le marquis de la Padule, 365. Danger que court Pierre de Navarre au siége du château de Milan, *ibid.* Ruse d'Antoine de Lève, p. 366. Mort de Pescaire, 367. Moulin sur la Madeleine, *ibid.* Harangue de Bourbon à son armée, 367 à 368.

II. Epistolas familiares de don Antonio de Guevara.

Noms des seigneurs et roturiers engagés dans la ligue des *Comuneros*, 369. Histoire du curé de Médiane, p. 369, 370. Mot de Pescaire sur l'Italie, 370.

§ 2. Épitaphe du connétable de Bourbon à Gaëte, 370.

§ 3. Inventaire des joyaux engagés par le connétable de Bourbon pour le service de l'empereur, p. 371.

FIN DE LA TABLE DES MATIÈRES.

TABLE ALPHABÉTIQUE.

Alarcon (le seigneur)	153
Albe (le duc d') Fédéric le conquerrant de Navarre	129
Albe (le duc d')	94
Alisprand, voyez Mandruzzo.	
Anchimont (M. d')	320
Bourbon (M. de)	254
Bure (M. de)	313
Cæsar de Naples	309
Capitaines espagnols	330
Caravajal (Dom)	152
Cardona, voyez Cordonna.	
Cazimir (le prince de)	324
Charles (l'empereur)	10
Chièvres (M. de)	216
Columne (Fabricio et Prospero)	138, 145
Commendador (el grand)	116
Consalvo, voyez Cordova.	
Cordonna (Dom Raymond de)	137
Cordova (Dom Consalvo Hernandez de)	130
Ferdinand d'Arragon (le roy)	116
Framsberg (le couronnel)	353
Fustemberg (le conte Guillaume de)	349
Gonsalve, voyez Cordova.	
Gonzague (Ferdinand de)	247
Gouast (le marquis del)	200
Jouan d'Orbina	329
Lannoy, voyez l'Aunoy.	
La Padule (le marquis de)	151
L'Aunoy (Charles de)	224
Lève (Dom Antoine de)	161
Lodron (le conte Ludovic)	343
Mandruzzo (Alisprand)	346
Mansfeld (M. le conte de)	304
Marignan (le marquis de)	291

Maximilian (l'empereur).................................. 74
Maximilian (l'empereur) dernier de ce nom................. 89
Montcada (Don Hugues de)............................... 235
Montmorency (le connétable de).................... (note 3) 116
Nansau (le conte de)................................... 250
Navarre, voyez Pedro.
Orange (le prince d')................................... 238
Palatin (le comte)..................................... 320
Pax (Dom Pedro de).................................... 151
Pedro de Navarre (Dom)................................ 155
Pescayre (le marquis de)................................ 180
Quignognes (Don Diego de)............................. 137
Rodolphe (l'empereur).................................. 92
Rossen (Martin)....................................... 352
Ru (M. de)... 319
Sande (Alvaro de)..................................... 326
Zuniga, voyez Commendador.

FIN DE LA TABLE ALPHABÉTIQUE.

ADDITIONS ET CORRECTIONS.

Page 85, note 2 : *Frédéric II*, lisez : *Philippe II*.
— 104. Remplacez la note 3 par celle-ci : François-Ferdinand d'Avalos, marquis de Pescaire, mort en 1571.
— 151, note 2 : *Nomini*, lisez : *Uomini*.
— 153. A la note (3) sur Alarcon, il faut ajouter que sa vie a été publiée au dix-septième siècle sous le titre de : *Comentarios de los hechos del señor Alarcon, marques de la Valle Siciliana, y de Renda, y de las guerras en que se halló por espacio de cinquenta y ocho años. Escrivio los D. Antonio Suarez de Alarcon, hijo del marques de Trocifal, conde de Torres vedras, publica los don Alonso de Alarcon, canonigo de la santa iglesia de Ciudad-Rodrigo. En Madrid, Diaz de la correra, 1665, f°.*
— 161, note 2 : *Mort en 1536*, lisez : *Le 15 septembre 1536, à Asais en Provence.*
— 258, note 1 : *Voyez plus loin, p.* lisez : *Page 285.*

PARIS. — IMPRIMERIE GÉNÉRALE DE CH. LAHURE
Rue de Fleurus, 9.

www.ingramcontent.com/pod-product-compliance
Lightning Source LLC
Chambersburg PA
CBHW052040230426
43671CB00011B/1721